T0169759

PHILÈBE

LES DIALOGUES DE PLATON

Présenter de chaque Dialogue de Platon un commentaire suivi qui soit attentif au mouvement souvent accidenté de la pensée, en dégage les différentes méthodes et articule les problèmes soulevés, telle est l'ambition de cette collection. Mais puisque la compréhension d'un texte philosophique et sa traduction se déterminent réciproquement, le commentaire s'accompagnera d'une traduction originale. Cette circularité s'impose d'autant plus que c'est avec Platon que le langage de la philosophie s'élabore : il faut tenter d'en faire percevoir la nouveauté éternellement nouvelle. Priorité sera donc donnée aux références au corpus platonicien ainsi qu'aux auteurs auxquels Platon renvoie explicitement ou implicitement.

Pourquoi le texte grec, alors que le nombre de ceux capables de le lire ne cesse de diminuer ? Pour leur en fournir un qui soit aisément accessible, mais aussi pour rappeler que nous lisons un texte dont plusieurs versions nous ont été transmises, entre lesquelles il faut parfois choisir. Les termes grecs, translittérés, figurant dans le commentaire marquent l'écart existant entre les deux langues. Cet écart n'est pas seulement lexical : il existe en grec ancien une voix moyenne, ni active ni passive ; un temps du commencement de l'action, l'aoriste, ni passé ni présent ; un nombre, le duel, ni singulier ni pluriel, et un genre neutre, ni masculin ni féminin. En prendre conscience pourrait, c'est du moins le pari de cette collection, amener le lecteur à penser un peu autrement, à penser en grec.

BIBLIOTHÈQUE DES TEXTES PHILOSOPHIQUES

PLATON

PHILÈBE

Introduction, traduction (texte grec en vis-à-vis)
et commentaire
par

Sylvain DELCOMMINETTE

PARIS
LIBRAIRIE PHILOSOPHIQUE J. VRIN
6 place de la Sorbonne, V ͤ
2022

Les Dialogues de Platon

sous la direction de

Monique Dixsaut, Sylvain Delcomminette
et Dimitri El Murr

© *Librairie Philosophique J. VRIN*, 2022

Imprimé en France

ISSN 0249-7972

ISBN 978-2-7116-3027-1

www.vrin.fr

INTRODUCTION

Quel est le sujet du *Philèbe*? Très vite, la tradition a tranché : dès l'Antiquité, le *Philèbe* fut placé dans le genre « éthique » et sous-titré « Du plaisir » (Περὶ ἡδονῆς). Certes, la partie du dialogue directement consacrée au thème du plaisir occupe près de la moitié du texte (31b-55c). Mais que faire du reste, et en particulier de la longue discussion qui précède (11a-31b), où sont abordées des questions aussi diverses que les relations entre l'un et le multiple, la nature et la fonction de la dialectique, une division de « tout ce qui est maintenant dans le tout » en quatre genres (parmi lesquels la limite et l'illimité), et même la cosmologie? Cette section « introductive », dont la longueur représente plus du tiers du dialogue, a parfois été présentée comme une sorte de « purgatoire » visant à préparer le lecteur à la pièce de résistance qui suit, qui ne pourrait toutefois pas être identifiée à un paradis philosophique tant les difficultés y abondent, notamment quant à la marche de la discussion elle-même[1]. De fait, les transitions du *Philèbe* ont paru problématiques dès l'Antiquité, à tel point que Galien leur a consacré un traité entier (malheureusement perdu)[2] et que certains commentateurs modernes ont pu considérer ce dialogue comme « un assemblage de

---

1. Voir D. Frede, *Plato : Philebus*, translated, with introduction and notes, Indianapolis, Hackett, 1993, p. XIII-XV.
2. *Cf.* Galien, *De Libris Propriis*, XIV (vol. XIX, p. 46 Kühn), où est mentionné un traité Περὶ τῶν ἐν Φιλήβῳ μεταβάσεων.

morceaux primitivement distincts et dépourvus d'unité organique »[1]. Dialogue mal aimé et relativement négligé jusqu'à une date récente, le *Philèbe* semble effectivement avoir tout pour décourager le lecteur potentiel.

Ce dernier aurait tort, pourtant. Le *Philèbe* est en réalité un paradis philosophique de sa première à sa dernière page. Il ne s'agit pas là d'une simple figure de style : littéralement, l'investigation dialectique en tant que telle *est* le bien suprême pour Platon, et le *Philèbe* présente la particularité de le démontrer – ce qui lui confère une importance tout à fait décisive. Si ce dialogue a paru désordonné, c'est tout simplement parce qu'on a été incapable d'en retrouver l'ordre, certes extrêmement complexe, mais néanmoins parfaitement rigoureux. Afin de dégager celui-ci, il convient toutefois de commencer par se mettre d'accord sur son objet.

Celui-ci est explicitement énoncé dès les premières lignes : plutôt que le plaisir, il s'agit du bien (*to agathon*). Mais quel bien ? La question était déjà discutée par les néoplatoniciens : s'agit-il du bien pour nous, de l'Idée du bien ou du bien absolu au-delà de tout[2] ? Depuis l'Antiquité, la majorité des commentateurs ont opté pour la première réponse : le bien dont il est question dans le *Philèbe*, c'est le bien humain, à l'exclusion de l'Idée du bien (et plus encore de ce « bien absolu » que les néoplatoniciens placent au-delà de celle-ci). Cela

---

1. G. Rodier, « Remarques sur le *Philèbe* » [1900], repris dans *Études de philosophie grecque*, Paris, Vrin, 1957, p. 74.

2. Voir en particulier deux articles du recueil dirigé par M. Dixsaut, *La Fêlure du plaisir. Études sur le* Philèbe *de Platon. 2 : Contextes*, Paris, Vrin, 1999 : G. Van Riel, « Le *Philèbe* dans l'interprétation de Jamblique », p. 169-190, et D. O'Meara, « Lectures néoplatoniciennes du *Philèbe* », p. 191-201, ainsi que l'introduction de G. Van Riel à son édition du *Commentaire sur le Philèbe de Platon* de Damascius (Paris, Les Belles Lettres, CUF, 2008, notamment p. XXVI-XXXII).

distinguerait le *Philèbe* du livre VI de la *République*, où la question du bien suscite une envolée jusqu'à l'Idée du bien comme ce qui procure la vérité et l'être aux choses connues[1]. Rien de tel dans le *Philèbe*, assure-t-on : dans ce dialogue tardif, Platon garderait fermement les pieds sur terre et s'attacherait uniquement à la question « éthique » de déterminer « le bien suprême accessible dans une vie individuelle pour l'Athénien ordinaire »[2]. Assagi par le grand âge, il se rapprocherait ainsi du « pragmatisme » aristotélicien et formulerait une réponse à cette question qui relèverait d'un « compromis » entre les exigences du plaisir et celles de la pensée, présentant un idéal de vie qui ne serait plus réservé aux philosophes mais pourrait également être atteint par des non-philosophes.

De telles affirmations ont de quoi surprendre. Tout d'abord, la vie bonne que met en avant le dialogue est certes un mélange, mais un mélange qui ne comprend que les plaisirs jugés compatibles avec les sciences[3]; et s'il inclut toutes les sciences, y compris les moins pures comme la médecine et l'agriculture, c'est seulement sous la condition de posséder les plus vraies[4], c'est-à-dire en particulier la dialectique. Ainsi, la vie bonne décrite à la fin du dialogue est très clairement celle du dialecticien – ce qui ne veut pas dire qu'elle n'est pas en droit accessible à chacun, mais à condition de pratiquer la dialectique. Ensuite, l'Idée du bien est explicitement mentionnée à deux reprises à la fin du dialogue[5], où Socrate se présente

1. *République*, VI, 504e-509c.
2. D. Frede, *Plato : Philebus, op. cit.*, p. XV, qui représente sans doute l'expression la plus lucide et la plus accomplie de ce type d'interprétation, encore largement dominant.
3. *Philèbe*, 63d-64a.
4. *Philèbe*, 62c-d.
5. *Philèbe*, 64a, 65a

comme voulant, « en portant son regard sur le mélange et l'alliage le plus beau et le plus dépourvu de conflits internes possible, tâcher d'apprendre en lui ce que peut être dans l'homme et dans le tout le bien par nature et quelle Idée il faut deviner qu'il est » [1].

Il reste que cette ambition semble très différente de celle, en apparence beaucoup plus modeste, annoncée dans les premières pages du dialogue, où il était simplement question de « s'efforcer de mettre au jour une certaine condition de l'âme et une certaine disposition qui puisse procurer à tous les êtres humains la vie heureuse » [2]. N'y a-t-il pas ici une tension entre deux objectifs radicalement distincts, dont l'un pourrait être caractérisé comme « éthique » et l'autre comme « métaphysique » ?

Cette apparente tension est en réalité tout l'enjeu du dialogue, comme d'ailleurs de la philosophie de Platon dans son ensemble. À la différence d'Aristote, Platon n'a jamais cherché à diviser la philosophie en différentes parties dont chacune aurait son objet et ses principes propres. Tous les dialogues de Platon touchent à une diversité de questions qui, du point de vue d'Aristote ou de la Modernité qui en est l'héritière, relèvent de domaines différents. De ce point de vue, le *Philèbe* n'a rien d'une exception ; et la discussion sur le bien du livre VI de la *République* procède exactement de la même manière, puisque le « merveilleux débordement » [3] de Socrate sur les fonctions gnoséologique et ontologique de l'Idée du bien y intervient dans la continuité d'une discussion « éthique » sur les controverses entre ceux qui identifient le bien au plaisir et ceux qui l'identifient

1. *Philèbe*, 63e-64a ; voir aussi 64c.
2. *Philèbe*, 11d.
3. *République*, VI, 509b.

à la pensée[1] – sans parler du contexte « politique » de ce dialogue dans son ensemble. Platon ne connaît tout simplement pas de telles distinctions – ce qui ne signifie pas qu'il est victime de confusions, mais au contraire qu'il revendique le caractère *unitaire* de sa philosophie. Or ce caractère unitaire se fonde précisément dans le rôle éminent qu'y joue la question du bien.

Qu'est-ce en effet que le bien ? C'est avant tout ce dont la possession est capable de nous rendre heureux ; et puisque nous désirons tous être heureux, le bien est l'objet ultime du désir de tout homme. Cette idée, présente dès les premiers dialogues de Platon[2], se retrouve aussi bien dans la *République*[3] que dans le *Philèbe*[4]. Elle situe d'emblée la question du bien dans l'horizon de la question « comment dois-je vivre ? », que Socrate considère comme la question la plus importante de toutes[5]. Or c'est cette question, et donc la question du bien, qui nous oblige à faire la différence entre l'être et l'apparence, parce que nul ne peut se satisfaire de paraître heureux sans l'être[6] ; et c'est dès lors elle également qui nous oblige à rechercher une connaissance qui ne soit pas de l'ordre de la simple opinion, et dont l'Idée du bien constituerait l'objet d'étude le plus important (*megiston mathèma*)[7]. Avec la question du bien, « éthique », « ontologie » et « gnoséologie » sont inextricablement

---

1. *République*, VI, 505b-d.
2. Voir par exemple *Hippias majeur*, 297b ; *Lysis*, 218c-220e ; *Euthydème*, 278e-279a.
3. *République*, VI, 505d-e.
4. *Philèbe*, 11d, 20d et *passim*.
5. *Gorgias*, 487e-488a, 500c ; *République*, I, 352d ; IX, 578c ; X, 618b-c.
6. *République*, VI, 505d.
7. *République*, VI, 505a.

liées; ou plus exactement, la distinction entre de tels domaines perd tout sens avant même d'être instituée.

Mais n'y a-t-il pas tout de même un saut dans le passage du bien à *l'Idée* du bien? Seulement si l'on oublie raison d'être des Idées platoniciennes et que, victime de l'imagerie mythique que l'on trouve dans certains dialogues, et plus encore sans doute des critiques aristotéliciennes, on les transforme en entités métaphysiques infiniment transcendantes formant l'objet d'une « théorie » qui étudierait avant tout leur statut d'Idées, statut qui les distinguerait radicalement de leurs participants sensibles au point de rendre leur connaissance sans lien avec ceux-ci. Or c'est là manquer tout l'enjeu des Idées et des raisons de leur introduction. Les Idées ne sont pas destinées à fournir le contenu d'une quelconque théorie, mais correspondent à une *hypothèse* posée par le philosophe en vue de rendre la connaissance possible [1] – et ce jusque dans le *Philèbe* [2]. En elle-même, cette hypothèse est non problématique : elle est certes « naïve », mais au sens où elle est absolument sûre et ne prête pas le flanc à la critique [3]. En effet, elle ne fait que poser l'objet qu'elle étudie « dans les *logoi* », c'est-à-dire en tant qu'objet d'une connaissance purement intellectuelle (au sens de « non sensible ») et discursive – les deux allant toujours de pair selon Platon, contrairement à ce que maintient une tradition tenace. L'intérêt d'une telle connaissance, qui n'est autre que la dialectique, ne se porte pas sur le *statut* de l'« entité » ainsi posée, mais bien sur le *contenu* qu'elle nous permet d'examiner – autrement dit, non pas sur l'Idée *en tant qu'Idée*, mais sur *ce dont* l'Idée

1. *Phédon*, 99d-100b.
2. Cf. *Philèbe*, 15b, 16d.
3. *Phédon*, 100c-e.

est Idée. Dès lors, elle nous renseigne également sur les participants de cette Idée, puisque ceux-ci ne peuvent être dits y participer que s'ils partagent ses traits définitoires.

Il en va de même pour l'Idée du bien, qui se comporte à cet égard exactement comme n'importe quelle Idée et fait l'objet du même type de connaissance que toutes les autres [1] – là encore contrairement à une tradition durable selon laquelle l'Idée du bien (qui est pourtant introduite comme le *megiston mathèma*!) serait inconnaissable, ou du moins ne ferait pas l'objet d'une connaissance discursive. L'Idée du bien n'a rien d'une entité métaphysique mystérieuse : il s'agit simplement du bien – ce bien dont la possession est capable de nous rendre heureux – *considéré en tant qu'objet de connaissance*, c'est-à-dire de manière purement intelligible. Cela ne signifie évidemment pas qu'elle soit aisée à connaître : les livres VI et VII de la *République* insistent au contraire sur la difficulté de la saisir, non pas en raison d'une quelconque absence d'intelligibilité, mais au contraire en raison de l'intensité de son intelligibilité – de même que le soleil est difficile à voir en raison de son extrême luminosité. C'est pour cette raison qu'une longue préparation est nécessaire avant de l'approcher, préparation qui est l'objectif visé par le programme éducatif du livre VII de la *République*.

Il reste que dans le livre VI de ce dialogue, le passage des controverses sur le bien comme plaisir ou pensée à l'Idée du bien comme source de la vérité et de l'être est pour le moins abrupt et inexpliqué. Il n'en va pas de même dans le *Philèbe*, dont toute la progression argumentative peut être considérée comme destinée à franchir cet apparent « gouffre » entre le bien comme

---

1. Cf. *République*, VII, 534b-c.

« disposition capable de nous rendre heureux » et l'Idée du bien dont la portée dépasse l'homme pour s'étendre au tout. C'est ce qui nous vaut ce retour de Platon sur la question du plaisir, qu'il n'a cessé de reprendre depuis le *Protagoras* jusqu'aux *Lois* en passant par le *Gorgias* et la *République*, et qui fait ici l'objet d'un degré de sophistication inédit – d'ailleurs rarement égalé dans l'histoire de la philosophie. Pourquoi cette question insiste-t-elle et stimule-t-elle tellement la pensée platonicienne ? Précisément parce que le plaisir s'impose de prime abord à tout un chacun – non seulement aux hommes, mais également aux autres animaux – comme la figure la plus évidente du bien, celle qui constitue l'objet immédiat de ses désirs les plus profonds, et qui dès lors l'empêche d'accéder à ce type de désir radicalement différent qu'est la pensée. Il convenait donc de manifester la priorité de la pensée sur le plaisir, non seulement d'un point de vue axiologique, mais également d'un point de vue psychologique, en ce sens que tout plaisir, pour autant qu'il accède à la conscience, présuppose la pensée comme sa condition d'émergence, voire comme sa cause. Or ainsi promue à titre de « cause du bien », la pensée fait exploser le cadre « éthique » de la discussion pour l'étendre aux questions de la connaissance, de la cosmologie, de l'esthétique et de l'être en général. Là réside l'importance capitale du *Philèbe* : il opère la liaison entre les préoccupations « éthiques » les plus immédiates et les questions « métaphysiques » les plus profondes, au cours d'un cheminement dialectique qui réunit les différents fils de la philosophie platonicienne en une argumentation unique et continue placée sous l'égide du bien. Pour comprendre le *Philèbe*, il convient donc de dégager l'articulation entre les différentes questions qui y sont posées et l'unité organique qu'elle permet de mettre au jour – non seulement celle du dialogue, mais celle de la pensée de Platon dans son ensemble.

C'est dès lors à retracer la continuité de l'argumentation du dialogue dans toute sa complexité que s'attachera avant tout le commentaire qui suit. On l'aura compris, celui-ci s'inscrit dans une perspective « unitarienne ». Par rapport à la philosophie platonicienne dans son ensemble, d'abord, en ce sens qu'il considère le *Philèbe* moins comme le signe d'une évolution tardive de la pensée de Platon que comme l'accomplissement de celle-ci, dont les prémices remontent aux premiers dialogues et qui est explicitement annoncé comme une tâche dans la *République*. Par rapport au dialogue lui-même, ensuite, dont il cherche à reconstruire la cohérence interne sans pour autant négliger ses détours et ses méandres. Ces deux objectifs ne sont nullement contradictoires : au contraire, c'est par un commentaire *interne* du dialogue que sa position éminente dans l'œuvre de Platon est appelée à apparaître[1].

Mais avant tout commentaire, il importe de lire et de relire le texte lui-même.

---

1. Le commentaire qui suit la traduction dérive de mon ouvrage antérieur *Le* Philèbe *de Platon. Introduction à l'agathologie platonicienne*, Leiden, Brill, 2006, qui discute sur chaque point l'essentiel de la littérature consacrée à ce dialogue avant cette date. Bien que j'aie lu la plus grosse partie des publications ultérieures, mon interprétation générale du dialogue n'a pas fondamentalement changé. Il m'a toutefois semblé utile d'en présenter une version dépouillée des discussions critiques pour mieux faire ressortir le fil argumentatif général du dialogue. Le lecteur intéressé pourra trouver les arguments philologiques et philosophiques qui appuient ma lecture dans le précédent ouvrage.

Le texte grec

Le texte a été préparé à partir de celui établi par J. Burnet, *Platonis Opera*, tome II contenant les tétralogies III et IV, Oxford, Clarendon Press, 1901. L'édition d'A. Diès, *Platon. Œuvres complètes*, t. IX, 2ᵉ partie : *Philèbe*, Paris, Les Belles Lettres, CUF, 1941 a également été utilisée.

L'apparat se limite à indiquer les modifications apportées au texte de Burnet et à fournir les renseignements utiles sur les variantes discutées dans les notes. Il ne signale donc pas systématiquement les écarts par rapport au texte des manuscrits.

Les références données en marge du texte grec (par exemple 21a, puis 5, 10, etc.) suivent la linéation de l'édition Burnet. Les barres insérées dans le texte grec marquent le début de chaque ligne.

Sigles utilisés dans l'apparat critique

B = Cod. Bodleianus Clarke 39, copié en 895 par Jean le Calligraphe pour Arethas de Césarée.

T = Cod. Venetus Append. Class. 4, cod. 1, Constantinople, 2ᵉ moitié du Xᵉ siècle.

W = Vindobonensis 54, Suppl. philos. gr. 7, 2ᵉ moitié du XIᵉ siècle.

T², W² = corrections anciennes aux mss. T et W.

Ven. 189 = Cod. Venetus 189, XIVᵉ siècle.

La traduction et les notes

La traduction vise la fidélité, aussi bien quant à la précision de la langue et de la pensée que quant au style. En particulier, elle cherche à rendre autant que possible le ton si particulier du *Philèbe*, avec son humour parfois un peu lourd, ses innombrables jeux de mots, les mouvements d'humeur des personnages, etc.

Les notes de bas de pages se bornent à préciser les principaux renvois et à fournir les indications historiques et culturelles indispensables. Les notes de fin discutent le texte des passages les plus difficiles ou corrompus et justifient les choix opérés, notamment lorsqu'ils s'écartent de ceux de Burnet.

PLATON

PHILÈBE

ΦΙΛΗΒΟΣ

ΦΙΛΗΒΟΣ

ΣΩΚΡΑΤΗΣ ΠΡΩΤΑΡΧΟΣ ΦΙΛΗΒΟΣ

11a ΣΩ. Ὅρα δή, Πρώταρχε, τίνα λόγον μέλλεις παρὰ
Φιλήβου δέχεσθαι νυνὶ καὶ πρὸς τίνα τῶν[1] παρ᾽ ἡμῖν
b ἀμφισβητεῖν, | ἐὰν μή σοι κατὰ νοῦν ᾖ λεγόμενος. βούλει
συγκεφαλαιωσώμεθα ἑκάτερον;

ΠΡΩ. Πάνυ μὲν οὖν.

ΣΩ. Φίληβος μὲν τοίνυν ἀγαθὸν εἶναί φησι τὸ χαίρειν
5 | πᾶσι ζῴοις καὶ τὴν ἡδονὴν καὶ τέρψιν, καὶ ὅσα τοῦ γένους
ἐστὶ τούτου σύμφωνα· τὸ δὲ παρ᾽ ἡμῶν ἀμφισβήτημά ἐστι
μὴ ταῦτα, ἀλλὰ τὸ φρονεῖν καὶ τὸ νοεῖν καὶ μεμνῆσθαι
καὶ τὰ τούτων αὖ συγγενῆ, δόξαν τε ὀρθὴν καὶ ἀληθεῖς
λογισμούς, τῆς γε ἡδονῆς ἀμείνω καὶ λῴω γίγνεσθαι
c σύμπασιν ὅσαπερ | αὐτῶν δυνατὰ μεταλαβεῖν· δυνατοῖς
δὲ μετασχεῖν ὠφελιμώτατον ἁπάντων εἶναι πᾶσι τοῖς οὖσί
τε καὶ ἐσομένοις. μῶν οὐχ οὕτω πως λέγομεν, ὦ Φίληβε,
ἑκάτεροι;

ΦΙ. Πάντων μὲν οὖν μάλιστα, ὦ Σώκρατες. |

5 ΣΩ. Δέχῃ δὴ τοῦτον τὸν νῦν διδόμενον, ὦ Πρώταρχε,
λόγον;

---

1. a2 τῶν BTW : τὸν Schleiermacher Burnet Diès

PHILÈBE

SOCRATE, PROTARQUE, PHILÈBE

Socrate — Considère donc, Protarque, quelle thèse tu **11a**
t'apprêtes à recevoir de Philèbe et laquelle des nôtres [1]
tu vas devoir disputer, si son énoncé ne s'accorde pas à **b**
ta pensée. Veux-tu que nous récapitulions chacune des
deux ?

Protarque — Oui, bonne idée.

Socrate — Eh bien, de son côté, Philèbe affirme que
ce qui est bon pour tous les êtres vivants, c'est le fait de
jouir, le plaisir, la volupté et tout ce qui est consonant
avec ce genre de choses. Quant à nous, nous objectons
que ce n'est pas cela, mais que le fait de penser, d'être
intelligent, de se souvenir, ainsi que tout ce qui leur est
apparenté – l'opinion droite et les raisonnements vrais –
se révèlent à tout le moins meilleurs et plus avantageux
que le plaisir pour l'ensemble de ce qui est précisément
capable d'y prendre part : pour tous ceux qui en sont et **c**
en seront capables, y participer est ce qu'il y a de plus
bénéfique. N'est-ce pas à peu près ainsi que chacun de
nous s'exprime, Philèbe ?

Philèbe — Mais si, tout à fait, Socrate.

Socrate — Alors, Protarque, acceptes-tu la thèse qui
t'est ainsi confiée ?

ΠΡΩ. Ἀνάγκη δέχεσθαι· Φίληβος γὰρ ἡμῖν ὁ καλὸς ἀπείρηκεν.

ΣΩ. Δεῖ δὴ περὶ αὐτῶν τρόπῳ παντὶ τἀληθές πῃ
10 περαν|θῆναι; |

d ΠΡΩ. Δεῖ γὰρ οὖν.

ΣΩ. Ἴθι δή, πρὸς τούτοις διομολογησώμεθα καὶ τόδε.

ΠΡΩ. Τὸ ποῖον;

ΣΩ. Ὡς νῦν ἡμῶν ἑκάτερος ἕξιν ψυχῆς καὶ διάθεσιν
5 | ἀποφαίνειν τινὰ ἐπιχειρήσει τὴν δυναμένην ἀνθρώποις πᾶσι τὸν βίον εὐδαίμονα παρέχειν. ἆρ᾽ οὐχ οὕτως;

ΠΡΩ. Οὕτω μὲν οὖν.

ΣΩ. Οὐκοῦν ὑμεῖς μὲν τὴν τοῦ χαίρειν, ἡμεῖς δ᾽ αὖ τὴν τοῦ φρονεῖν; |

10 ΠΡΩ. Ἔστι ταῦτα.

ΣΩ. Τί δ᾽ ἂν ἄλλη τις κρείττων τούτων φανῇ; μῶν οὐκ,
e | ἂν μὲν ἡδονῇ μᾶλλον φαίνηται συγγενής, ἡττώμεθα μὲν ἀμφότεροι τοῦ ταῦτα ἔχοντος βεβαίως βίου, κρατεῖ δὲ ὁ
12a τῆς | ἡδονῆς τὸν τῆς φρονήσεως;

ΠΡΩ. Ναί.

ΣΩ. Ἂν δέ γε φρονήσει, νικᾷ μὲν φρόνησις τὴν ἡδονήν, ἡ δὲ ἡττᾶται; ταῦθ᾽ οὕτως ὁμολογούμενά φατε, ἢ πῶς; |

Protarque — Il le faut bien, que je l'accepte, puisque le beau Philèbe s'est défilé !

Socrate — Nous devons donc faire tout ce que nous pouvons pour déterminer la vérité à ce sujet en prenant la chose par tous les côtés ?

Protarque — Nous le devons, en effet.   **d**

Socrate — Allons ! Mettons-nous encore d'accord sur un point supplémentaire.

Protarque — Lequel ?

Socrate — Que chacun de nous va à présent s'efforcer de mettre au jour une certaine condition de l'âme et une certaine disposition qui puisse procurer à tous les êtres humains la vie heureuse. N'en est-il pas ainsi ?

Protarque — Si, tout à fait.

Socrate — Et que pour vous, c'est celle de la jouissance ; pour nous, au contraire, celle de la pensée ?

Protarque — C'est bien cela.

Socrate — Mais que se passerait-il si une autre condition apparaissait, qui soit meilleure que celles-là ? Si elle paraît plus apparentée au plaisir, d'un côté, **e** n'avons-nous pas tous deux le dessous par rapport à la vie qui possède ces caractéristiques de manière stable, mais de l'autre, la vie de plaisir ne l'emporte-t-elle pas **12a** sur la vie de pensée ?

Protarque — Si.

Socrate — Mais si c'est à la pensée qu'elle est apparentée, la pensée ne vainc-t-elle pas le plaisir, et celui-ci n'a-t-il pas le dessous ? Affirmez-vous votre accord sur ce point, oui ou non ?

5 ΠΡΩ. Ἐμοὶ γοῦν δοκεῖ.

ΣΩ. Τί δὲ Φιλήβῳ; τί φῄς;

ΦΙ. Ἐμοὶ μὲν πάντως νικᾶν ἡδονὴ δοκεῖ καὶ δόξει· σὺ δέ, Πρώταρχε, αὐτὸς γνώσῃ.

ΠΡΩ. Παραδούς, ὦ Φίληβε, ἡμῖν τὸν λόγον οὐκ ἂν
10 | ἔτι κύριος εἴης τῆς πρὸς Σωκράτη ὁμολογίας ἢ καὶ τοὐναντίον. |

b ΦΙ. Ἀληθῆ λέγεις· ἀλλὰ γὰρ ἀφοσιοῦμαι καὶ μαρτύρομαι νῦν αὐτὴν τὴν θεόν.

ΠΡΩ. Καὶ ἡμεῖς σοι τούτων γε αὐτῶν συμμάρτυρες ἂν εἶμεν, ὡς ταῦτα ἔλεγες ἃ λέγεις. ἀλλὰ δὴ τὰ μετὰ ταῦτα
5 | ἑξῆς, ὦ Σώκρατες, ὅμως καὶ μετὰ Φιλήβου ἑκόντος ἢ ὅπως ἂν ἐθέλῃ πειρώμεθα περαίνειν.

ΣΩ. Πειρατέον, ἀπ᾽ αὐτῆς δὴ τῆς θεοῦ, ἣν ὅδε Ἀφροδίτην μὲν λέγεσθαί φησι, τὸ δ᾽ ἀληθέστατον αὐτῆς ὄνομα ἡδονὴν εἶναι. |

10 ΠΡΩ. Ὀρθότατα. |

c ΣΩ. Τὸ δ᾽ ἐμὸν δέος, ὦ Πρώταρχε, ἀεὶ πρὸς τὰ τῶν θεῶν ὀνόματα οὐκ ἔστι κατ᾽ ἄνθρωπον, ἀλλὰ πέρα τοῦ μεγίστου φόβου. καὶ νῦν τὴν μὲν Ἀφροδίτην, ὅπῃ ἐκείνῃ φίλον, ταύτῃ
5 προσαγορεύω· τὴν δὲ ἡδονὴν οἶδα ὡς ἔστι ποικίλον, | καὶ ὅπερ εἶπον, ἀπ᾽ ἐκείνης ἡμᾶς ἀρχομένους ἐνθυμεῖσθαι δεῖ καὶ σκοπεῖν ἥντινα φύσιν ἔχει. ἔστι γάρ, ἀκούειν μὲν οὕτως ἁπλῶς, ἕν τι, μορφὰς δὲ δήπου παντοίας εἴληφε καί τινα τρόπον ἀνομοίους ἀλλήλαις. ἰδὲ γάρ· ἥδεσθαι

Protarque — C'est mon opinion, en tout cas.

Socrate — Et qu'en est-il de Philèbe ? Qu'est-ce que tu en dis, toi ?

Philèbe — Moi, mon opinion est et restera que le plaisir est complètement victorieux. Mais tu le reconnaîtras toi-même, Protarque.

Protarque — Puisque tu nous as confié la discussion, Philèbe, tu n'as plus à être maître de l'accord ou du désaccord avec Socrate.

Philèbe — Tu dis vrai ; mais c'est que je m'en lave **b** les mains, et j'en prends maintenant à témoin la déesse elle-même !

Protarque — Et nous aussi, nous pourrons témoigner d'une seule voix que tu as dit ce que tu dis. Cependant, Socrate, que ce soit avec ou sans le bon vouloir de Philèbe, essayons de mener la suite à son terme.

Socrate — Oui, il faut essayer, en partant de la déesse elle-même dont notre ami dit que bien qu'elle soit appelée Aphrodite, son nom le plus vrai est plaisir.

Protarque — Très juste.

Socrate — Ma crainte envers les noms des dieux, **c** Protarque, a toujours été plus qu'humaine, elle dépasse toute limite ! Maintenant encore, j'appellerai Aphrodite de la manière qu'elle préfère, quelle qu'elle soit. Mais le plaisir, je sais que c'est une chose variée, et, comme je viens de le dire, c'est à partir de lui qu'il nous faut commencer à réfléchir en examinant sa nature. En effet, à l'entendre ainsi nommer simplement, il est quelque chose d'un ; mais sans doute a-t-il pris des formes diverses et même, sous certains aspects, dissemblables les unes aux autres. Réfléchis, en effet : nous affirmons qu'éprouve

d μέν φαμεν | τὸν ἀκολασταίνοντα ἄνθρωπον, ἥδεσθαι δὲ
καὶ τὸν σωφρονοῦντα αὐτῷ τῷ σωφρονεῖν· ἥδεσθαι δ' αὖ
καὶ τὸν ἀνοηταίνοντα καὶ ἀνοήτων δοξῶν καὶ ἐλπίδων
μεστόν, ἥδεσθαι δ' αὖ τὸν φρονοῦντα αὐτῷ τῷ φρονεῖν·
5 καὶ τούτων τῶν ἡδονῶν | ἑκατέρας πῶς ἄν τις ὁμοίας
ἀλλήλαις εἶναι λέγων οὐκ ἀνόητος φαίνοιτο ἐνδίκως;

ΠΡΩ. Εἰσὶ μὲν γὰρ ἀπ' ἐναντίων, ὦ Σώκρατες, αὗται
πραγμάτων, οὐ μὴν αὐταί γε ἀλλήλαις ἐναντίαι. πῶς γὰρ
e | ἡδονή γε ἡδονῇ[1]; μὴ[2] οὐχ ὁμοιότατον ἂν εἴη, τοῦτο
αὐτὸ ἑαυτῷ, πάντων χρημάτων;

ΣΩ. Καὶ γὰρ χρῶμα, ὦ δαιμόνιε, χρώματι· κατά
γε αὐτὸ τοῦτο οὐδὲν διοίσει τὸ χρῶμα εἶναι πᾶν, τό γε
5 μὴν μέλαν | τῷ λευκῷ πάντες γιγνώσκομεν ὡς πρὸς τῷ
διάφορον εἶναι καὶ ἐναντιώτατον ὂν τυγχάνει. καὶ δὴ καὶ
σχῆμα σχήματι κατὰ ταὐτόν· γένει μέν ἐστι πᾶν ἕν, τὰ δὲ
13a μέρη τοῖς μέρεσιν | αὐτοῦ τὰ μὲν ἐναντιώτατα ἀλλήλοις,
τὰ δὲ διαφορότητ' ἔχοντα μυρίαν που τυγχάνει, καὶ
πολλὰ ἕτερα οὕτως ἔχονθ' εὑρήσομεν. ὥστε τούτῳ γε τῷ
λόγῳ μὴ πίστευε, τῷ πάντα τὰ ἐναντιώτατα ἓν ποιοῦντι.
5 φοβοῦμαι δὲ μή τινας ἡδονὰς | ἡδοναῖς εὑρήσομεν
ἐναντίας.

ΠΡΩ. Ἴσως· ἀλλὰ τί τοῦθ' ἡμῶν βλάψει τὸν λόγον;

---

1. e1 ἡδονή γε ἡδονῇ TW Diès : ἡδονήν γε ἡδονῇ B : ἡδονῇ γε
ἡδονὴ Burnet
2. e1 μὴ BTW Diès : secl. Badham Burnet

du plaisir l'homme licencieux, mais aussi le modéré par d
le fait même d'être modéré ; et encore qu'éprouve du
plaisir celui qui est dépourvu d'intelligence, tout gorgé
d'opinions et d'espoirs vides d'intelligence, et à son tour
celui qui pense par le fait même de penser ; or comment
quelqu'un qui déclarerait semblables l'un à l'autre
chacun de ces deux types de plaisirs ne paraîtrait-il pas
lui-même dépourvu d'intelligence, et ce à juste titre ?

Protarque — Oui, mais c'est qu'ils viennent de
sources opposées, Socrate, sans pour autant être
eux-mêmes opposés les uns aux autres. Car comment
un plaisir serait-il opposé à un plaisir ? Cette chose même e
pourrait-elle donc, parmi toutes, ne pas être ce qu'il y a
de plus semblable à elle-même [II] ?

Socrate — Tout comme une couleur à une couleur,
merveilleux ami ! Certes, dans la mesure où la couleur
est totalement elle-même, elle n'aura aucune différence ;
mais nous savons tous que le noir est différent du blanc,
et même qu'il se trouve lui être absolument opposé ! Et
il en va de même pour deux figures : par le genre, toute
figure est une, mais il se trouve que parmi ses parties,
certaines sont absolument opposées les unes aux autres, 13a
tandis que d'autres ont pour ainsi dire une myriade de
différences entre elles ; et nous trouverons de nombreux
autres cas qui se comportent ainsi. C'est pourquoi tu ne
dois pas faire confiance à cet argument qui réduit à l'unité
toutes les choses absolument opposées. Au contraire, j'ai
bien peur que nous ne trouvions certains plaisirs opposés
à d'autres plaisirs !

Protarque — Peut-être, mais en quoi cela devrait-il
nuire à notre thèse ?

ΣΩ. Ὅτι προσαγορεύεις αὐτὰ ἀνόμοια ὄντα ἑτέρῳ, φήσομεν, ὀνόματι· λέγεις γὰρ ἀγαθὰ πάντ' εἶναι τὰ ἡδέα. τὸ μὲν οὖν μὴ οὐχὶ ἡδέα εἶναι τὰ ἡδέα λόγος οὐδεὶς

b ἀμφισβητεῖ· | κακὰ δ' ὄντα αὐτῶν τὰ πολλὰ καὶ ἀγαθὰ δέ, ὡς ἡμεῖς φαμέν, ὅμως πάντα σὺ προσαγορεύεις ἀγαθὰ αὐτά, ὁμολογῶν ἀνόμοια εἶναι, τῷ λόγῳ εἴ τίς σε προσαναγκάζοι. τί οὖν δὴ ταὐτὸν ἐν ταῖς κακαῖς

5 ὁμοίως καὶ ἐν ἀγαθαῖς ἐνὸν πάσας ἡδονὰς | ἀγαθὸν εἶναι προσαγορεύεις;

ΠΡΩ. Πῶς λέγεις, ὦ Σώκρατες; οἴει γάρ τινα συγχωρήσεσθαι, θέμενον ἡδονὴν εἶναι τἀγαθόν, εἶτα

c ἀνέξεσθαί σου | λέγοντος τὰς μὲν εἶναί τινας ἀγαθὰς ἡδονάς, τὰς δέ τινας ἑτέρας αὐτῶν κακάς;

ΣΩ. Ἀλλ' οὖν ἀνομοίους γε φήσεις αὐτὰς ἀλλήλαις εἶναι καί τινας ἐναντίας. |

5 ΠΡΩ. Οὔτι καθ' ὅσον γε ἡδοναί.

ΣΩ. Πάλιν εἰς τὸν αὐτὸν φερόμεθα λόγον, ὦ Πρώταρχε, οὐδ' ἄρα ἡδονὴν ἡδονῆς διάφορον, ἀλλὰ πάσας ὁμοίας εἶναι φήσομεν, καὶ τὰ παραδείγματα ἡμᾶς τὰ νυνδὴ λεχθέντα οὐδὲν τιτρώσκει, πειρασόμεθα[1] δὲ

d καὶ ἐροῦμεν ἅπερ οἱ πάντων | φαυλότατοί τε καὶ περὶ λόγους ἅμα νέοι.

ΠΡΩ. Τὰ ποῖα δὴ λέγεις;

ΣΩ. Ὅτι σε μιμούμενος ἐγὼ καὶ ἀμυνόμενος ἐὰν τολμῶ λέγειν ὡς τὸ ἀνομοιότατόν ἐστι τῷ ἀνομοιοτάτῳ

5 πάντων | ὁμοιότατον, ἕξω τὰ αὐτὰ σοὶ λέγειν, καὶ φανούμεθά γε νεώτεροι τοῦ δέοντος, καὶ ὁ λόγος ἡμῖν

---

1. c9 πειρασόμεθα T Diès : πειρόμεθα B : πειρώμεθα i. m. W[2] : πεισόμεθα Badham Burnet

Socrate — En ce que, dirons-nous, ces choses qui sont dissemblables, tu les appelles d'un second nom ! En effet, tu dis que tout ce qui est plaisant est bon. Or, que ce qui est plaisant ne soit pas plaisant, aucun argument ne le prétend ; mais alors que, parmi les plaisirs, la plupart sont **b** mauvais et quelques autres bons, comme nous l'affirmons pour notre part, toi, tu les appelles cependant tous bons, tout en accordant qu'ils sont dissemblables, si l'on t'y contraint par un argument. Quel est donc cet élément identique présent semblablement dans les mauvais et dans les bons qui te fait donner le nom de bon à tous les plaisirs ?

Protarque — Quoi ? Que dis-tu, Socrate ? T'imagines-tu donc qu'après avoir posé que le bien est plaisir, on acceptera sans broncher que tu dises que certains plaisirs **c** sont bons et d'autres mauvais ?

Socrate — Mais tu admettras au moins qu'ils sont dissemblables entre eux, et parfois même opposés ?

Protarque — Certainement pas en tant que plaisirs !

Socrate — Nous revoilà à notre point de départ, Protarque ! Ainsi, nous ne dirons plus qu'un plaisir diffère d'un plaisir, mais qu'ils sont tous semblables, et, sans nous laisser aucunement atteindre par les exemples que nous venons de citer, nous nous évertuerons à parler **III** comme les plus médiocres et immatures de tous ceux qui **d** se mêlent des arguments.

Protarque — Mais enfin, que veux-tu dire ?

Socrate — Que si moi, pour me défendre en t'imitant, je vais jusqu'à dire que le plus dissemblable est ce qu'il y a de plus semblable au plus dissemblable, j'aurai de quoi te répondre : nous ferons alors montre d'une plus

ἐκπεσὼν οἰχήσεται. πάλιν οὖν αὐτὸν ἀνακρουώμεθα,
καὶ τάχ' ἂν ἰόντες εἰς τὰς ὁμοίας ἴσως ἄν πως ἀλλήλοις
συγχωρήσαιμεν. |

e ΠΡΩ. Λέγε πῶς;

ΣΩ. Ἐμὲ θὲς ὑπὸ σοῦ πάλιν ἐρωτώμενον, ὦ Πρώταρχε.

ΠΡΩ. Τὸ ποῖον δή;

ΣΩ. Φρόνησίς τε καὶ ἐπιστήμη καὶ νοῦς καὶ πάνθ'
5 ὁπόσα | δὴ κατ' ἀρχὰς ἐγὼ θέμενος εἶπον ἀγαθά,
διερωτώμενος ὅτι ποτ' ἐστὶν ἀγαθόν[1], ἆρ' οὐ ταὐτὸν
πείσονται τοῦτο ὅπερ ὁ σὸς λόγος;

ΠΡΩ. Πῶς;

ΣΩ. Πολλαί τε αἱ συνάπασαι ἐπιστῆμαι δόξουσιν εἶναι
10 | καὶ ἀνόμοιοί τινες αὐτῶν ἀλλήλαις· εἰ δὲ καὶ ἐναντίαι
14a πῃ | γίγνονταί τινες, ἆρα ἄξιος ἂν εἴην τοῦ διαλέγεσθαι
νῦν, εἰ φοβηθεὶς τοῦτο αὐτὸ μηδεμίαν ἀνόμοιον φαίην
ἐπιστήμην ἐπιστήμῃ γίγνεσθαι, κἄπειθ' ἡμῖν οὕτως
ὁ λόγος ὥσπερ μῦθος ἀπολόμενος οἴχοιτο, αὐτοὶ δὲ
5 σῳζοίμεθα ἐπί τινος | ἀλογίας;

ΠΡΩ. Ἀλλ' οὐ μὴν δεῖ τοῦτο γενέσθαι, πλὴν τοῦ
σωθῆναι. τό γε μήν μοι ἴσον τοῦ σοῦ τε καὶ ἐμοῦ λόγου
ἀρέσκει· πολλαὶ μὲν ἡδοναὶ καὶ ἀνόμοιοι γιγνέσθων,
πολλαὶ δὲ ἐπιστῆμαι καὶ διάφοροι. |

b ΣΩ. Τὴν τοίνυν διαφορότητα, ὦ Πρώταρχε, τοῦ
ἀγαθοῦ[2] τοῦ τ' ἐμοῦ καὶ τοῦ σοῦ μὴ ἀποκρυπτόμενοι,
κατατιθέντες δὲ εἰς τὸ μέσον, τολμῶμεν, ἄν πῃ
ἐλεγχόμενοι μηνύσωσι πότερον ἡδονὴν τἀγαθὸν δεῖ

---

1. e6 ἀγαθόν B Burnet : τἀγαθόν TW Diès
2. b1 τοῦ ἀγαθοῦ BTW : secl. Bury Burnet Diès

grande immaturité qu'il ne convient, et notre discussion échouera et fera naufrage. Remettons-la donc à flot, et peut-être bien que, en nous offrant les mêmes prises, nous pourrons nous rapprocher quelque peu l'un de l'autre.

Protarque — Je t'écoute.   e

Socrate — Suppose qu'à l'inverse, ce soit moi qui sois interrogé par toi, Protarque.

Protarque — Et de quelle façon ?

Socrate — La pensée, la science, l'intelligence et toutes les choses que j'ai posées depuis le début comme bonnes lorsqu'on me pressait de répondre à la question « qu'est-ce qui est bon ? » [IV] ne subiront-elles pas le même sort que ta propre thèse ?

Protarque — Comment cela ?

Socrate — Les sciences dans leur ensemble paraîtront être multiples, et parfois dissemblables les unes aux autres ; et si certaines se révèlent même opposées d'une 14a quelconque manière, serais-je encore digne de discuter si, pris de panique, j'affirmais qu'aucune science n'est jamais dissemblable à aucune autre, et que, alors que notre discussion échouerait comme une histoire qui n'est pas arrivée à bon port, nous recourrions à une absurdité comme planche de salut ?

Protarque — Voilà qui ne doit pas arriver, sauf notre salut ! Mais ça me plaît, cette égalité entre ta thèse et la mienne. Allez, que les plaisirs soient multiples et dissemblables, et les sciences aussi, multiples et différentes !

Socrate — Bon ! Mais n'allons pas dissimuler b la différence entre ton bien et le mien [V], Protarque. Plaçons-la au contraire au centre et ayons l'audace de les scruter pour voir s'ils révèlent lequel du plaisir, de la

5 λέγειν ἢ φρόνησιν ἤ τι τρίτον ἄλλο εἶναι. | νῦν γὰρ οὐ
δήπου πρός γε αὐτὸ τοῦτο φιλονικοῦμεν, ὅπως ἁγὼ
τίθεμαι, ταῦτ᾽ ἔσται τὰ νικῶντα, ἢ ταῦθ᾽ ἃ σύ, τῷ δ᾽
ἀληθεστάτῳ δεῖ που συμμαχεῖν ἡμᾶς ἄμφω.

ΠΡΩ. Δεῖ γὰρ οὖν. |

c ΣΩ. Τοῦτον τοίνυν τὸν λόγον ἔτι μᾶλλον δι᾽
ὁμολογίας βεβαιωσώμεθα.

ΠΡΩ. Τὸν ποῖον δή;

ΣΩ. Τὸν πᾶσι παρέχοντα ἀνθρώποις πράγματα ἑκοῦσί
5 τε | καὶ ἄκουσιν ἐνίοις καὶ ἐνίοτε.

ΠΡΩ. Λέγε σαφέστερον.

ΣΩ. Τὸν νυνδὴ παραπεσόντα λέγω, φύσει πως
πεφυκότα θαυμαστόν. ἓν γὰρ δὴ τὰ πολλὰ εἶναι καὶ τὸ ἓν
πολλὰ θαυμαστὸν λεχθέν, καὶ ῥᾴδιον ἀμφισβητῆσαι τῷ
10 τούτων | ὁποτερονοῦν τιθεμένῳ.

ΠΡΩ. Ἆρ᾽ οὖν λέγεις ὅταν τις ἐμὲ φῇ Πρώταρχον
d ἕνα | γεγονότα φύσει πολλοὺς εἶναι πάλιν τοὺς ἐμὲ καὶ
ἐναντίους ἀλλήλοις, μέγαν καὶ σμικρὸν τιθέμενος καὶ
βαρὺν καὶ κοῦφον τὸν αὐτὸν καὶ ἄλλα μυρία;

ΣΩ. Σὺ μέν, ὦ Πρώταρχε, εἴρηκας τὰ δεδημευμένα
5 τῶν | θαυμαστῶν περὶ τὸ ἓν καὶ πολλά, συγκεχωρημένα
δὲ ὡς ἔπος εἰπεῖν ὑπὸ πάντων ἤδη μὴ δεῖν τῶν τοιούτων
ἅπτεσθαι, παιδαριώδη καὶ ῥᾴδια καὶ σφόδρα τοῖς λόγοις
ἐμπόδια ὑπολαμβανόντων γίγνεσθαι, ἐπεὶ μηδὲ τὰ τοιάδε,

pensée ou d'un quelconque troisième terme il faut dire qu'est le bien. C'est que, j'imagine, nous ne sommes pas en train de nous battre pour la victoire, afin que ce soit la thèse de l'un ou l'autre de nous deux qui soit victorieuse, mais il nous faut plutôt unir nos forces et combattre au service de ce qu'il y a de plus vrai.

Protarque — C'est effectivement ce qu'il faut faire.

Socrate — Alors scellons encore plus fermement c notre accord sur la question suivante.

Protarque — Laquelle ?

Socrate — Une question qui cause bien des soucis à tous les hommes, les uns avec leur consentement, mais d'autres, quelquefois, contre leur gré.

Protarque — Parle plus clairement !

Socrate — Je fais allusion à celle qui vient juste de nous tomber dessus, et qui recèle des merveilles dans sa nature la plus intime, si je puis dire. Car que le multiple soit dit être un et l'un multiple, c'est assurément merveilleux, et il est facile d'entrer en contestation avec celui qui énonce l'une ou l'autre thèse.

Protarque — Ah ! Tu veux dire quand quelqu'un affirme que moi, Protarque, qui suis un par nature, je d suis d'un autre côté de nombreux « moi », et même des « moi » opposés les uns aux autres, parce qu'il me pose, moi qui suis le même, comme étant à la fois grand et petit, lourd et léger, et des milliers d'autres choses ?

Socrate — Protarque, tu cites là les merveilles sur l'un et le multiple qui sont devenues des banalités, et à propos desquelles tout le monde, pour ainsi dire, concède désormais qu'il ne faut plus y toucher : qu'elles sont puériles, triviales, mais peuvent constituer de graves

e ὅταν τις | ἑκάστου τὰ μέλη τε καὶ ἅμα μέρη διελὼν τῷ
λόγῳ, πάντα ταῦτα τὸ ἓν ἐκεῖνο εἶναι διομολογησάμενος,
ἐλέγχῃ καταγελῶν ὅτι τέρατα διηνάγκασται φάναι, τό τε
ἓν ὡς πολλά ἐστι καὶ ἄπειρα, καὶ τὰ πολλὰ ὡς ἓν μόνον. |

5   ΠΡΩ. Σὺ δὲ δὴ ποῖα, ὦ Σώκρατες, ἕτερα λέγεις, ἃ
μήπω συγκεχωρημένα δεδήμευται περὶ τὸν αὐτὸν τοῦτον
λόγον; |

15a   ΣΩ. Ὁπόταν, ὦ παῖ, τὸ ἓν μὴ τῶν γιγνομένων τε καὶ
ἀπολλυμένων τις τιθῆται, καθάπερ ἀρτίως ἡμεῖς εἴπομεν.
ἐνταυθοῖ μὲν γὰρ καὶ τὸ τοιοῦτον ἕν, ὅπερ εἴπομεν
νυνδή, συγκεχώρηται τὸ μὴ δεῖν ἐλέγχειν· ὅταν δέ τις ἕνα
5 ἄνθρωπον | ἐπιχειρῇ τίθεσθαι καὶ βοῦν ἕνα καὶ τὸ καλὸν
ἓν καὶ τὸ ἀγαθὸν ἕν, περὶ τούτων τῶν ἑνάδων καὶ τῶν
τοιούτων ἡ πολλὴ σπουδὴ μετὰ διαιρέσεως ἀμφισβήτησις
γίγνεται.

ΠΡΩ. Πῶς; |

b   ΣΩ. Πρῶτον μὲν εἴ τινας δεῖ τοιαύτας εἶναι μονάδας
ὑπολαμβάνειν ἀληθῶς οὔσας· εἶτα πῶς αὖ ταύτας,
μίαν ἑκάστην οὖσαν ἀεὶ τὴν αὐτὴν καὶ μήτε γένεσιν
μήτε ὄλεθρον προσδεχομένην, ὅμως εἶναι βεβαιότατα
5 μίαν ταύτην· μετὰ | δὲ τοῦτ᾽ ἐν τοῖς γιγνομένοις αὖ καὶ
ἀπείροις εἴτε διεσπασμένην καὶ πολλὰ γεγονυῖαν θετέον,
εἴθ᾽ ὅλην αὐτὴν αὐτῆς χωρίς, ὃ δὴ πάντων ἀδυνατώτατον

obstacles à la discussion si on les prend au sérieux. De même celle-ci : lorsque, après avoir divisé chaque chose **e** en ses membres et en ses parties par le langage et s'être mis d'accord que cette chose une est bien tout cela, on s'expose à la moquerie parce qu'on est forcé de proférer des monstruosités – que l'un est multiple et illimité, et que le multiple est seulement un.

Protarque — Mais alors, quelles sont ces autres merveilles dont tu parles, Socrate, celles qui ne font pas l'objet d'un consensus et ne sont pas banales, à propos de cette même question ?

Socrate — C'est, mon enfant, lorsqu'on ne pose pas **15a** l'un dans les choses qui naissent et qui périssent, à la manière dont nous nous exprimions à l'instant. Dans ce cas, en effet, on convient qu'un tel un, celui dont nous venons tout juste de parler, ne mérite pas examen. Mais chaque fois qu'on entreprend de poser l'homme comme un, le bœuf comme un, le beau comme un et le bien comme un, la grande ardeur pour la division à propos de ces unités et de celles du même type engendre la dispute.

Protarque — Comment cela ?

Socrate — D'abord, la question de savoir s'il faut **b** supposer que de telles unités sont des êtres véritables ; ensuite, comment il faut supposer que celles-ci, dont chacune est une, toujours la même et n'admet ni génération ni destruction, sont néanmoins [VI] très fermement *cette* unité ; et après cela, dans les choses qui sont en devenir et qui sont illimitées – que l'on doive l'y poser comme dispersée, et donc comme devenue multiple, ou comme un tout séparé de lui-même (ce qui paraîtrait la chose la plus impossible de toutes !) –, comment il faut supposer qu'une telle unité advient, une et identique, en

φαίνοιτ' ἄν, ταὐτὸν καὶ ἓν ἅμα ἐν ἑνί τε καὶ πολλοῖς
c γίγνεσθαι. ταῦτ' ἔστι τὰ | περὶ τὰ τοιαῦτα ἓν καὶ πολλά,
ἀλλ' οὐκ ἐκεῖνα, ὦ Πρώταρχε, ἁπάσης ἀπορίας αἴτια μὴ
καλῶς ὁμολογηθέντα καὶ εὐπορίας ἂν[1] αὖ καλῶς.

ΠΡΩ. Οὐκοῦν χρὴ τοῦθ' ἡμᾶς, ὦ Σώκρατες, ἐν τῷ νῦν
5 | πρῶτον διαπονήσασθαι;

ΣΩ. Ὡς γοῦν ἐγὼ φαίην ἄν.

ΠΡΩ. Καὶ πάντας τοίνυν ἡμᾶς ὑπόλαβε συγχωρεῖν
σοι τούσδε τὰ τοιαῦτα· Φίληβον δ' ἴσως κράτιστον ἐν τῷ
νῦν ἐπερωτῶντα μὴ κινεῖν εὖ κείμενον. |

d ΣΩ. Εἶεν· πόθεν οὖν τις ταύτης ἄρξηται πολλῆς οὔσης
καὶ παντοίας περὶ τὰ ἀμφισβητούμενα μάχης; ἆρ' ἐνθένδε;

ΠΡΩ. Πόθεν;

ΣΩ. Φαμέν που ταὐτὸν ἓν καὶ πολλὰ ὑπὸ λόγων
5 γιγνό|μενα περιτρέχειν πάντῃ καθ' ἕκαστον τῶν
λεγομένων ἀεί, καὶ πάλαι καὶ νῦν. καὶ τοῦτο οὔτε μὴ
παύσηταί ποτε οὔτε ἤρξατο νῦν, ἀλλ' ἔστι τὸ τοιοῦτον, ὡς
ἐμοὶ φαίνεται, τῶν λόγων αὐτῶν ἀθάνατόν τι καὶ ἀγήρων
πάθος ἐν ἡμῖν· ὁ δὲ πρῶτον αὐτοῦ γευσάμενος ἑκάστοτε
e τῶν νέων, ἡσθεὶς ὥς | τινα σοφίας ηὑρηκὼς θησαυρόν,
ὑφ' ἡδονῆς ἐνθουσιᾷ τε καὶ πάντα κινεῖ λόγον ἄσμενος,
τοτὲ μὲν ἐπὶ θάτερα κυκλῶν καὶ συμφύρων εἰς ἕν, τοτὲ δὲ
πάλιν ἀνειλίττων καὶ διαμερίζων, εἰς ἀπορίαν αὐτὸν μὲν

---

1. c3 ἄν BTW Diès : secl. Badham Burnet

même temps dans l'un et dans le multiple. Ce sont ces merveilles, Protarque – celles qui concernent l'un et le **c** multiple de ce type –, et non les précédentes, qui sont la cause de toute difficulté lorsqu'on ne s'est pas bien mis d'accord à leur sujet et à l'inverse de facilité si l'on y parvient VII.

Protarque — N'est-ce donc pas en vue d'un tel accord que nous devons à présent faire nos premiers efforts, Socrate ?

Socrate — C'est en tout cas ce que je dirais, pour ma part.

Protarque — Bon, considère que nous tous en convenons également avec toi. Quant à Philèbe, mieux vaut peut-être dans l'immédiat ne pas réveiller l'eau qui dort en l'interrogeant…

Socrate — Soit. Mais par où allons-nous amorcer **d** cette bataille sur les points disputés, qui est si terrible et si complexe ? Serait-ce par ici ?

Protarque — Par où ?

Socrate — Nous affirmons, j'imagine, que cette identité de l'un et du multiple produite par le langage circule partout, dans tout ce qu'on a jamais pu ou puisse jamais dire, autrefois comme de nos jours. Et cela ne date pas d'hier ni ne risque de s'arrêter un jour, mais c'est plutôt, à ce qu'il me semble, une caractéristique immortelle et sans âge du langage lui-même en nous. Or dès qu'un jeune y goûte pour la première fois, il jubile **e** comme s'il avait découvert un trésor de sagesse ; il est possédé par le plaisir et s'amuse à agiter toute parole, tantôt en enveloppant des choses diverses et en les confondant en une unité, tantôt à l'inverse en développant et en partageant à tout rompre. Ce faisant, il se jette d'abord

5 πρῶτον καὶ μάλιστα καταβάλλων, | δεύτερον δ᾽ ἀεὶ
τὸν ἐχόμενον, ἄντε νεώτερος ἄντε πρεσβύτερος ἄντε
ἧλιξ ὢν τυγχάνῃ, φειδόμενος οὔτε πατρὸς οὔτε μητρὸς
16a | οὔτε ἄλλου τῶν ἀκουόντων οὐδενός, ὀλίγου δὲ καὶ τῶν
ἄλλων ζῴων, οὐ μόνον τῶν ἀνθρώπων, ἐπεὶ βαρβάρων
γε οὐδενὸς ἂν φείσαιτο, εἴπερ μόνον ἑρμηνέα ποθὲν ἔχοι.

ΠΡΩ. Ἆρ᾽, ὦ Σώκρατες, οὐχ ὁρᾷς ἡμῶν τὸ πλῆθος,
5 ὅτι | νέοι πάντες ἐσμέν, καὶ οὐ φοβῇ μή σοι μετὰ
Φιλήβου συνεπιθώμεθα, ἐὰν ἡμᾶς λοιδορῇς; ὅμως
δὲ μανθάνομεν γὰρ ὃ λέγεις, εἴ τις τρόπος ἔστι καὶ
μηχανὴ τὴν μὲν τοιαύτην ταραχὴν ἡμῖν ἔξω τοῦ λόγου
b εὐμενῶς πως ἀπελθεῖν, ὁδὸν δέ | τινα καλλίω ταύτης
ἐπὶ τὸν λόγον ἀνευρεῖν, σύ τε προθυμοῦ τοῦτο καὶ ἡμεῖς
συνακολουθήσομεν εἰς δύναμιν· οὐ γὰρ σμικρὸς ὁ παρὼν
λόγος, ὦ Σώκρατες.

ΣΩ. Οὐ γὰρ οὖν, ὦ παῖδες, ὥς φησιν ὑμᾶς προσαγο-
5 | ρεύων Φίληβος. οὐ μὴν ἔστι καλλίων ὁδὸς οὐδ᾽ ἂν
γένοιτο ἧς ἐγὼ ἐραστὴς μέν εἰμι ἀεί, πολλάκις δέ με ἤδη
διαφυγοῦσα ἔρημον καὶ ἄπορον κατέστησεν.

ΠΡΩ. Τίς αὕτη; λεγέσθω μόνον. |

c ΣΩ. Ἥν δηλῶσαι μὲν οὐ πάνυ χαλεπόν, χρῆσθαι δὲ
παγχάλεπον· πάντα γὰρ ὅσα τέχνης ἐχόμενα ἀνηυρέθη
πώποτε, διὰ ταύτης φανερὰ γέγονε. σκόπει δὲ ἣν λέγω.

lui-même tête baissée dans les difficultés, et ensuite
également tout qui se trouve dans les parages, qu'il soit
plus jeune, plus vieux ou du même âge, sans épargner
ni père, ni mère, ni aucun de ceux qui l'écoutent. Pour **16a**
un peu, il s'acharnerait même sur les autres animaux, et
pas seulement sur les hommes, puisqu'il n'épargnerait en
tout cas aucun barbare, si seulement il pouvait se trouver
un interprète !

Protarque — Mais enfin, Socrate, ne vois-tu pas
combien nous sommes nombreux, et tous jeunes ? Tu
n'as donc pas peur que nous ne nous joignions à Philèbe
pour te tomber dessus tous ensemble, si tu nous insultes ?
Mais soit ! Nous comprenons ce que tu veux dire. S'il y a
pour nous un moyen ou un artifice quelconque d'écarter
en douceur un tel trouble du langage et de découvrir
une meilleure voie pour l'approcher que la précédente, **b**
vas-y, mets-y tout ton cœur, et nous, nous te suivrons
du mieux que nous pourrons. C'est que la question dont
nous discutons n'est pas mince, Socrate.

Socrate — Non, on peut le dire, mes enfants – pour
parler comme Philèbe lorsqu'il s'adresse à vous ! Ce
qui est sûr, c'est qu'il n'y a pas ni ne pourrait y avoir de
meilleure voie que celle dont j'ai pour ma part toujours
été amoureux ; mais bien des fois déjà, elle m'a échappé,
me laissant seul et démuni.

Protarque — De quelle voie parles-tu ? Nous sommes
tout ouïe.

Socrate — Elle n'est pas du tout difficile à montrer, **c**
mais très difficile à emprunter ; car tout ce qui a jamais
été découvert dans le domaine de l'art, c'est par elle qu'il
s'est manifesté. Examine attentivement la voie que je
veux dire…

ΠΡΩ. Λέγε μόνον. |

5 ΣΩ. Θεῶν μὲν εἰς ἀνθρώπους δόσις, ὥς γε
καταφαίνεται ἐμοί, ποθὲν ἐκ θεῶν ἐρρίφη διά τινος
Προμηθέως ἅμα φανοτάτῳ τινὶ πυρί· καὶ οἱ μὲν παλαιοί,
κρείττονες ἡμῶν καὶ ἐγγυτέρω θεῶν οἰκοῦντες, ταύτην
φήμην παρέδοσαν, ὡς ἐξ ἑνὸς μὲν καὶ πολλῶν ὄντων
10 τῶν ἀεὶ λεγομένων εἶναι, | πέρας δὲ καὶ ἀπειρίαν ἐν
d αὐτοῖς σύμφυτον ἐχόντων. δεῖ | οὖν ἡμᾶς τούτων οὕτω
διακεκοσμημένων ἀεὶ μίαν ἰδέαν περὶ παντὸς ἑκάστοτε
θεμένους ζητεῖν – εὑρήσειν γὰρ ἐνοῦσαν – ἐὰν οὖν
μεταλάβωμεν, μετὰ μίαν δύο, εἴ πως εἰσί, σκοπεῖν, εἰ δὲ μή,
5 τρεῖς ἤ τινα ἄλλον ἀριθμόν, καὶ τῶν ἓν ἐκείνων | ἕκαστον
πάλιν ὡσαύτως, μέχριπερ ἂν τὸ κατ᾽ ἀρχὰς ἓν μὴ ὅτι ἓν
καὶ πολλὰ καὶ ἄπειρά ἐστι μόνον ἴδῃ τις, ἀλλὰ καὶ ὁπόσα·
τὴν δὲ τοῦ ἀπείρου ἰδέαν πρὸς τὸ πλῆθος μὴ προσφέρειν
πρὶν ἄν τις τὸν ἀριθμὸν αὐτοῦ πάντα κατίδῃ τὸν | μεταξὺ
e τοῦ ἀπείρου τε καὶ τοῦ ἑνός, τότε δ᾽ ἤδη τὸ ἓν ἕκαστον
τῶν πάντων εἰς τὸ ἄπειρον μεθέντα χαίρειν ἐᾶν. οἱ μὲν
οὖν θεοί, ὅπερ εἶπον, οὕτως ἡμῖν παρέδοσαν σκοπεῖν
καὶ μανθάνειν καὶ διδάσκειν ἀλλήλους· οἱ δὲ νῦν τῶν
17a ἀν|θρώπων σοφοὶ ἓν μέν, ὅπως ἂν τύχωσι, καὶ πολλὰ
θᾶττον καὶ βραδύτερον ποιοῦσι τοῦ δέοντος, μετὰ δὲ
τὸ ἓν ἄπειρα εὐθύς, τὰ δὲ μέσα αὐτοὺς ἐκφεύγει – οἷς
διακεχώρισται τό τε διαλεκτικῶς πάλιν καὶ τὸ ἐριστικῶς
5 ἡμᾶς ποιεῖσθαι πρὸς | ἀλλήλους τοὺς λόγους.

Protarque — Mais vas-y, parle !

Socrate — C'est un don des dieux aux hommes, cela me semble évident, lancé des régions divines par quelque Prométhée en même temps qu'un feu éclatant ! Et les anciens, qui étaient meilleurs que nous et habitaient plus près des dieux, nous l'ont transmis comme une révélation : que ce qui est à chaque fois dit être est fait d'un et de multiple, et que, de plus, il possède limite et illimitation naturellement associées en lui ; que, puisque les choses **d** sont organisées de cette manière, il faut toujours chercher une Idée unique pour toute chose, après l'avoir à chaque fois posée – car nous l'y trouverons présente –; qu'une fois que nous l'avons appréhendée, il faut examiner si, après une, il ne s'en trouverait pas deux, ou sinon, trois ou quelque autre nombre ; qu'on doit procéder de la même manière pour chacune de ces unités, jusqu'à ce qu'on ne voie plus seulement que l'unité originelle est une et multiple et illimitée, mais aussi *combien* elle est ; qu'il ne faut pas appliquer l'Idée de l'illimité à la pluralité avant d'avoir discerné son nombre total, l'intermédiaire **e** entre l'illimité et l'unité ; et que c'est seulement alors qu'on peut relâcher chacune de toutes ces unités dans l'illimité et lui dire « Au plaisir ! ». De cette manière, les dieux, comme je l'ai dit, nous ont transmis la faculté d'examiner, d'apprendre et de nous enseigner les uns aux autres ; mais les hommes sages de maintenant font « un » **17a** au petit bonheur la chance, et « multiple » plus vite ou plus lentement qu'il ne faut ; après l'un, ils passent tout de suite à l'illimité, et les intermédiaires leur échappent – ces intermédiaires qui distinguent la manière dialectique de la manière opposée, éristique, de nous engager dans des discussions les uns avec les autres.

ΠΡΩ. Τὰ μέν πως, ὦ Σώκρατες, δοκῶ σου μανθάνειν, τὰ δὲ ἔτι σαφέστερον δέομαι ἃ λέγεις ἀκοῦσαι.

ΣΩ. Σαφὲς μήν, ὦ Πρώταρχε, ἐστὶν ἐν τοῖς γράμμασιν ὃ λέγω, καὶ λάμβαν᾽ αὐτὸ ἐν τούτοις οἷσπερ καὶ b | πεπαίδευσαι.

ΠΡΩ. Πῶς;

ΣΩ. Φωνὴ μὲν ἡμῖν ἐστί που μία διὰ τοῦ στόματος ἰοῦσα, καὶ ἄπειρος αὖ πλήθει, πάντων τε καὶ ἑκάστου. |

5 ΠΡΩ. Τί μήν;

ΣΩ. Καὶ οὐδὲν ἑτέρῳ γε τούτων ἐσμέν πω σοφοί, οὔτε ὅτι τὸ ἄπειρον αὐτῆς ἴσμεν οὔθ᾽ ὅτι τὸ ἕν· ἀλλ᾽ ὅτι πόσα τ᾽ ἐστὶ καὶ ὁποῖα, τοῦτό ἐστι τὸ γραμματικὸν ἕκαστον ποιοῦν ἡμῶν. |

10 ΠΡΩ. Ἀληθέστατα.

ΣΩ. Καὶ μὴν καὶ τὸ μουσικὸν ὃ τυγχάνει ποιοῦν, τοῦτ᾽ ἔστι ταὐτόν.

ΠΡΩ. Πῶς; |

c ΣΩ. Φωνὴ μέν που καὶ τὸ[1] κατ᾽ ἐκείνην τὴν τέχνην ἐστὶ μία ἐν αὐτῇ.

ΠΡΩ. Πῶς δ᾽ οὔ;

ΣΩ. Δύο δὲ θῶμεν βαρὺ καὶ ὀξύ, καὶ τρίτον ὁμότονον. 5 | ἢ πῶς;

ΠΡΩ. Οὕτως.

---

1. c1 καὶ τὸ TW Burnet : om. B Diès : καὶ Hermann

Protarque — Parmi les choses que tu as dites, Socrate, il y en a que je crois avoir plus ou moins comprises, mais aussi d'autres que j'ai besoin d'entendre formulées plus clairement encore !

Socrate — Ce que je veux dire est clair dans le cas des lettres de l'alphabet, Protarque : saisis-le dans celles-là mêmes que tu as étudiées.

Protarque — De quelle façon ?   b

Socrate — Le son émis par notre bouche, à tous et à chacun, est d'une certaine manière un, mais d'un autre côté, il est illimité dans sa multitude.

Protarque — Assurément.

Socrate — Or nous ne sommes encore en rien savants sous prétexte que nous saurions soit qu'il est illimité soit qu'il est un ; mais savoir combien il y a de sons et quels ils sont, c'est cela qui fait que chacun de nous sait lire et écrire.

Protarque — Parfaitement.

Socrate — Et il se trouve que c'est exactement la même chose qui rend musicien.

Protarque — Comment cela ?

Socrate — Le son, c'est-à-dire l'objet de cet art, est   c
d'une certaine manière un en lui [VIII].

Protarque — Comment ne serait-ce pas le cas ?

Socrate — Posons donc ces deux-ci, le grave et l'aigu ; et encore ce troisième, l'unisson. Ou bien comment procéder ?

Protarque — Comme cela.

ΣΩ. Ἀλλ᾽ οὔπω σοφὸς ἂν εἴης τὴν μουσικὴν εἰδὼς ταῦτα μόνα, μὴ δὲ εἰδὼς ὥς γ᾽ ἔπος εἰπεῖν εἰς ταῦτα οὐδενὸς ἄξιος ἔσῃ. |

10 ΠΡΩ. Οὐ γὰρ οὖν.

ΣΩ. Ἀλλ᾽, ὦ φίλε, ἐπειδὰν λάβῃς τὰ διαστήματα ὁπόσα ἐστὶ τὸν ἀριθμὸν τῆς φωνῆς ὀξύτητός τε πέρι καὶ
d βαρύτητος, | καὶ ὁποῖα, καὶ τοὺς ὅρους τῶν διαστημάτων, καὶ τὰ ἐκ τούτων ὅσα συστήματα γέγονεν – ἃ κατιδόντες οἱ πρόσθεν παρέδοσαν ἡμῖν τοῖς ἑπομένοις ἐκείνοις καλεῖν αὐτὰ ἁρμονίας –, ἔν τε ταῖς κινήσεσιν αὖ τοῦ
5 σώματος ἕτερα τοιαῦτα ἐνόντα | πάθη γιγνόμενα, ἃ δὴ δι᾽ ἀριθμῶν μετρηθέντα δεῖν αὖ φασι ῥυθμοὺς καὶ μέτρα ἐπονομάζειν, καὶ ἅμα ἐννοεῖν ὡς οὕτω δεῖ περὶ παντὸς
e ἑνὸς καὶ πολλῶν σκοπεῖν – ὅταν γὰρ αὐτά | τε λάβῃς οὕτω, τότε ἐγένου σοφός, ὅταν τε ἄλλο τῶν ἓν ὁτιοῦν ταύτῃ σκοπούμενος ἕλῃς, οὕτως ἔμφρων περὶ τοῦτο γέγονας· τὸ δ᾽ ἄπειρόν σε ἑκάστων καὶ ἐν ἑκάστοις πλῆθος ἄπειρον ἑκάστοτε ποιεῖ τοῦ φρονεῖν καὶ οὐκ
5 ἐλλόγιμον οὐδ᾽ | ἐνάριθμον, ἅτ᾽ οὐκ εἰς ἀριθμὸν οὐδένα ἐν οὐδενὶ πώποτε ἀπιδόντα.

ΠΡΩ. Κάλλιστα, ὦ Φίληβε, ἔμοιγε τὰ νῦν λεγόμενα εἰρηκέναι φαίνεται Σωκράτης. |

Socrate — Toutefois, tu ne serais pas encore savant en musique en ne sachant que cela ; mais si tu ne le savais pas, tu ne serais pour ainsi dire bon à rien dans ce domaine.

Protarque — Non, en effet.

Socrate — Mais, mon ami, lorsque tu auras saisi combien d'intervalles constituent le nombre du son sous le rapport du plus aigu et du plus grave, et quels ils **d** sont, ainsi que les bornes de ces intervalles, et combien de systèmes combinatoires en résultent – ceux que les anciens ont discernés et nous ont appris, à nous leurs successeurs, à appeler « harmonies » – ; et encore quelles autres affections de cette sorte se produisent dans les mouvements corporels, affections qui sont mesurées arithmétiquement et qu'il faut, affirment-ils, nommer « rythmes » et « mesures », en même temps qu'il faut se mettre dans la pensée que c'est de cette manière qu'on doit procéder à l'examen de tout un et multiple – quand, en effet, tu auras saisi cela de cette manière, alors tu **e** seras devenu savant ; et quand tu te seras emparé d'une quelconque autre unité en l'examinant selon la même méthode, c'est ainsi que tu en auras acquis l'intelligence. Mais la multitude illimitée de toutes choses et de chacune te jette à chaque fois dans une ignorance sans limite et sans pensée et t'empêche de compter au nombre des savants, parce que ton regard ne se fixe jamais en aucun cas sur aucun nombre.

Protarque — Ce sont de bien belles paroles, Philèbe, que Socrate vient de prononcer, à mon avis en tout cas !

18a   ΦΙ. Καὶ ἐμοὶ [1] ταῦτά γε αὐτά· ἀλλὰ τί δή ποτε πρὸς ἡμᾶς ὁ λόγος οὗτος νῦν εἴρηται καὶ τί ποτε βουλόμενος;

ΣΩ. Ὀρθῶς μέντοι τοῦθ' ἡμᾶς, ὦ Πρώταρχε, ἠρώτηκε Φίληβος. |

5   ΠΡΩ. Πάνυ μὲν οὖν, καὶ ἀποκρίνου γε αὐτῷ.

ΣΩ. Δράσω ταῦτα διελθὼν σμικρὸν ἔτι περὶ αὐτῶν τούτων. ὥσπερ γὰρ ἐν ὁτιοῦν εἴ τίς ποτε λάβοι, τοῦτον, ὥς φαμεν, οὐκ ἐπ' ἀπείρου φύσιν δεῖ βλέπειν εὐθὺς ἀλλ' ἐπί τινα ἀριθμόν, οὕτω καὶ τὸ ἐναντίον ὅταν τις τὸ **b** ἄπειρον | ἀναγκασθῇ πρῶτον λαμβάνειν, μὴ ἐπὶ τὸ ἓν εὐθύς, ἀλλ' ἐπ' [2] ἀριθμὸν αὖ τινα πλῆθος ἕκαστον ἔχοντά τι κατανοεῖν, τελευτᾶν τε ἐκ πάντων εἰς ἕν. πάλιν δὲ ἐν τοῖς γράμμασι τὸ νῦν λεγόμενον λάβωμεν. |

5   ΠΡΩ. Πῶς;

ΣΩ. Ἐπειδὴ φωνὴν ἄπειρον κατενόησεν εἴτε τις θεὸς εἴτε καὶ θεῖος ἄνθρωπος – ὡς λόγος ἐν Αἰγύπτῳ Θεῦθ τινα τοῦτον γενέσθαι λέγων –, ὃς πρῶτος τὰ φωνήεντα ἐν τῷ ἀπείρῳ κατενόησεν οὐχ ἓν ὄντα ἀλλὰ πλείω, καὶ **c** πάλιν | ἕτερα φωνῆς μὲν οὔ, φθόγγου δὲ μετέχοντά τινος, ἀριθμὸν δέ τινα καὶ τούτων εἶναι, τρίτον δὲ εἶδος γραμμάτων διεστήσατο τὰ νῦν λεγόμενα ἄφωνα ἡμῖν· τὸ μετὰ τοῦτο διῄρει τά τε ἄφθογγα καὶ ἄφωνα μέχρι ἑνὸς 5 ἑκάστου, καὶ τὰ φωνή|εντα καὶ τὰ μέσα κατὰ τὸν αὐτὸν

---

1. a1 καὶ ἐμοὶ TW Diès : καὶ μοὶ B : κἀμοὶ Badham Burnet
2. b1 ἐπ' BTW Diès : secl. Liebhold Burnet

Philèbe — Oui, voilà au moins un point sur lequel je **18a**
suis d'accord; mais... pourquoi donc nous adresser ce
discours dans le contexte actuel? Qu'est-ce qu'il peut
bien avoir en vue?

Socrate — Philèbe a tout à fait raison de nous
demander cela, Protarque!

Protarque — Je ne te le fais pas dire; qu'attends-tu
pour lui répondre?

Socrate — Je le ferai après avoir ajouté un petit
quelque chose à ce propos. En effet, tout comme, nous
l'affirmons, celui qui saisit une unité quelconque ne doit
pas immédiatement porter son regard vers la nature de
l'illimité, mais vers un certain nombre, de même aussi,
à l'inverse, lorsqu'on est au contraire contraint de saisir **b**
d'abord l'illimité, on ne doit pas porter son regard
immédiatement vers l'un, mais à nouveau vers un certain
nombre, chaque nombre offrant une pluralité déterminée
à la pensée [IX], et aboutir à une unité à partir de tous. Mais
reprenons ce que je viens de dire à propos des lettres.

Protarque — Comment cela?

Socrate — Lorsqu'il comprit que le son est illimité,
celui – qu'il ait été un dieu ou un homme divin (comme
le fut ce Theuth dont parle la tradition en Égypte) [X] – qui
le premier comprit que dans cet illimité, il y a les voyelles
qui sont non pas une, mais plusieurs; que, par ailleurs,
il y en a d'autres qui n'ont pas part au son, mais à un **c**
certain bruit, qui ont également un nombre déterminé; et
qui posa à part une troisième espèce de lettres, celles que
nous appelons aujourd'hui « muettes »; après tout cela,
il divisa celles qui n'ont ni bruit ni son pour atteindre
chaque unité singulière, et de même pour les voyelles et

τρόπον, ἕως ἀριθμὸν αὐτῶν λαβὼν ἑνί τε ἑκάστῳ καὶ
σύμπασι στοιχεῖον ἐπωνόμασε· καθορῶν δὲ ὡς οὐδεὶς
ἡμῶν οὐδ᾽ ἂν ἓν αὐτὸ καθ᾽ αὑτὸ ἄνευ πάντων αὐτῶν
d μάθοι, τοῦτον τὸν δεσμὸν αὖ λογισάμενος ὡς | ὄντα
ἕνα καὶ πάντα ταῦτα ἕν πως ποιοῦντα μίαν ἐπ᾽ αὐτοῖς ὡς
οὖσαν γραμματικὴν τέχνην ἐπεφθέγξατο προσειπών.

ΦΙ. Ταῦτ᾽ ἔτι σαφέστερον ἐκείνων αὐτά γε πρὸς
ἄλληλα, ὦ Πρώταρχε, ἔμαθον· τὸ δ᾽ αὐτό μοι τοῦ λόγου
5 νῦν τε καὶ | σμικρὸν ἔμπροσθεν ἐλλείπεται.

ΣΩ. Μῶν, ὦ Φίληβε, τὸ τί πρὸς ἔπος αὖ ταῦτ᾽ ἐστίν;

ΦΙ. Ναί, τοῦτ᾽ ἔστιν ὃ πάλαι ζητοῦμεν ἐγώ τε καὶ
Πρώταρχος.

ΣΩ. Ἦ μὴν ἐπ᾽ αὐτῷ γε ἤδη γεγονότες ζητεῖτε, ὡς φῄς,
e | πάλαι.

ΦΙ. Πῶς;

ΣΩ. Ἆρ᾽ οὐ περὶ φρονήσεως ἦν καὶ ἡδονῆς ἡμῖν ἐξ
ἀρχῆς ὁ λόγος, ὁπότερον αὐτοῖν αἱρετέον; |

5 ΦΙ. Πῶς γὰρ οὔ;

ΣΩ. Καὶ μὴν ἕν γε ἑκάτερον αὐτοῖν εἶναί φαμεν.

les intermédiaires, jusqu'au moment où, ayant saisi leur nombre, il leur donna, à chacune et à toutes ensemble, le nom d'« élément »[1]; et, remarquant qu'aucun de nous ne pourrait apprendre l'une d'entre elles en et par elle-même sans les apprendre toutes, ayant en outre conclu que ce lien était unique et les rendait en quelque sorte d elles-mêmes toutes une, il fit entendre à grand bruit qu'un art unique s'occuperait d'elles, qu'il nomma « art de lire et d'écrire ».

Philèbe — J'ai encore mieux compris ces explications, Protarque, en tout cas par comparaison avec les précédentes; mais à mes yeux, il manque au présent discours la même chose qu'un peu auparavant.

Socrate — Serait-ce donc à nouveau, Philèbe, le rapport de tout ceci avec notre discussion?

Philèbe — Oui, c'est ce que nous cherchons depuis un bon bout de temps, Protarque et moi.

Socrate — C'est que vous cherchez depuis un bon bout de temps, comme tu dis, ce qui se trouve déjà là, à e vos pieds!

Philèbe — Comment cela?

Socrate — Notre discussion ne concerne-t-elle pas depuis le début la pensée et le plaisir, pour déterminer lequel des deux il faut choisir?

Philèbe — Si, en effet.

Socrate — Or nous affirmons que chacun des deux est un.

---

1. En grec, le terme στοιχεῖον qui apparaît ici signifie à la fois « élément » et « lettre de l'alphabet », ce qui le distingue de γράμμα qui était utilisé jusqu'à ce point du texte pour désigner les lettres.

ΦΙ. Πάνυ μὲν οὖν.

ΣΩ. Τοῦτ' αὐτὸ τοίνυν ἡμᾶς ὁ πρόσθεν λόγος ἀπαιτεῖ, πῶς ἔστιν ἓν καὶ πολλὰ αὐτῶν ἑκάτερον, καὶ πῶς μὴ ἄπειρα 19a | εὐθύς, ἀλλὰ τινά ποτε ἀριθμὸν ἑκάτερον ἔμπροσθεν κέκτηται τοῦ ἄπειρα αὐτῶν ἕκαστα γεγονέναι;

ΠΡΩ. Οὐκ εἰς φαῦλόν γε ἐρώτημα, ὦ Φίληβε, οὐκ οἶδ' ὅντινα τρόπον κύκλῳ πως περιαγαγὼν ἡμᾶς ἐμβέβληκε 5 | Σωκράτης. καὶ σκόπει δὴ πότερος ἡμῶν ἀποκρινεῖται τὸ νῦν ἐρωτώμενον. ἴσως δὴ γελοῖον τὸ ἐμὲ τοῦ λόγου διάδοχον παντελῶς ὑποστάντα διὰ τὸ μὴ δύνασθαι τὸ νῦν ἐρωτηθὲν ἀποκρίνασθαι σοὶ πάλιν τοῦτο προστάττειν· b γελοιό|τερον δ' οἶμαι πολὺ τὸ μηδέτερον ἡμῶν δύνασθαι. σκόπει δὴ τί δράσομεν. εἴδη γάρ μοι δοκεῖ νῦν ἐρωτᾶν ἡδονῆς ἡμᾶς Σωκράτης εἴτε ἔστιν εἴτε μή, καὶ ὁπόσα ἐστὶ καὶ ὁποῖα· τῆς τ' αὖ φρονήσεως πέρι κατὰ ταὐτὰ ὡσαύτως. |

5 ΣΩ. Ἀληθέστατα λέγεις, ὦ παῖ Καλλίου· μὴ γὰρ δυνάμενοι τοῦτο κατὰ παντὸς ἑνὸς καὶ ὁμοίου καὶ ταὐτοῦ δρᾶν καὶ τοῦ ἐναντίου, ὡς ὁ παρελθὼν λόγος ἐμήνυσεν, οὐδεὶς εἰς οὐδὲν οὐδενὸς ἂν ἡμῶν οὐδέποτε γένοιτο ἄξιος. |

Philèbe — Absolument.

Socrate — Eh bien, ce que nous demande l'argument précédent, c'est comment chacun des deux est un et multiple, et comment chacun n'est pas immédiatement illimité, mais peut bien posséder un nombre déterminé **19a** avant que tout ce qui lui appartient soit devenu illimité.

Protarque — Ce n'est pas une mince question, Philèbe, que celle dans laquelle Socrate, je ne sais trop comment, en nous faisant en quelque sorte tourner en rond, vient de nous précipiter ! Examine dès lors lequel de nous deux va répondre à ce qu'on nous demande à présent. Certes, il est peut-être ridicule que moi, qui me suis pleinement engagé à prendre ta succession dans la discussion, je me retourne vers toi avec mes exigences, sous prétexte que je ne suis pas capable de répondre à la question qui vient d'être posée ! Mais je crois qu'il serait **b** bien plus ridicule encore qu'aucun de nous deux n'en soit capable. Examine donc ce que nous devons faire. Car il me semble que Socrate nous demande à présent si le plaisir a des espèces ou non, et combien il en a, et de quelles sortes ; et la même chose pour la pensée.

Socrate — Tu dis la pure vérité, fils de Callias. C'est que si nous ne sommes pas capables de procéder ainsi à propos de tout ce qui est un, semblable et identique et de ce qui lui est opposé, de la manière qui nous a été révélée par le propos précédent, aucun de nous ne pourra à aucun moment devenir bon à rien sur aucun sujet.

c ΠΡΩ. Σχεδὸν ἔοικεν οὕτως, ὦ Σώκρατες, ἔχειν. ἀλλὰ καλὸν μὲν τὸ σύμπαντα γιγνώσκειν τῷ σώφρονι, δεύτερος δ᾽ εἶναι πλοῦς δοκεῖ μὴ λανθάνειν αὐτὸν αὑτόν. τί δή μοι τοῦτο εἴρηται τὰ νῦν; ἐγώ σοι φράσω. σὺ τήνδε
5 ἡμῖν τὴν | συνουσίαν, ὦ Σώκρατες, ἐπέδωκας πᾶσι καὶ σεαυτὸν πρὸς τὸ διελέσθαι τί τῶν ἀνθρωπίνων κτημάτων ἄριστον. Φιλήβου γὰρ εἰπόντος ἡδονὴν καὶ τέρψιν καὶ χαρὰν καὶ πάνθ᾽ ὁπόσα τοιαῦτ᾽ ἐστί, σὺ πρὸς αὐτὰ
d ἀντεῖπες ὡς οὐ ταῦτα | ἀλλ᾽ ἐκεῖνά ἐστιν ἃ πολλάκις ἡμᾶς αὐτοὺς ἀναμιμνήσκομεν ἑκόντες, ὀρθῶς δρῶντες, ἵν᾽ ἐν μνήμῃ παρακείμενα ἑκάτερα βασανίζηται. φὴς δ᾽, ὡς ἔοικε, σὺ τὸ προσρηθησόμενον ὀρθῶς ἄμεινον ἡδονῆς
5 γε ἀγαθὸν εἶναι νοῦν, ἐπιστήμην, | σύνεσιν, τέχνην καὶ πάντα αὖ τὰ τούτων συγγενῆ, <ἃ> κτᾶσθαι δεῖν ἀλλ᾽ οὐχὶ ἐκεῖνα. τούτων δὴ μετ᾽ ἀμφισβητήσεως ἑκατέρων
e λεχθέντων ἡμεῖς σοι μετὰ παιδιᾶς ἠπειλήσαμεν | ὡς οὐκ ἀφήσομεν οἴκαδέ σε πρὶν ἂν τούτων τῶν λόγων πέρας ἱκανὸν γένηταί τι διορισθέντων, σὺ δὲ συνεχώρησας καὶ ἔδωκας εἰς ταῦθ᾽ ἡμῖν σαυτόν, ἡμεῖς δὲ δὴ λέγομεν, καθάπερ οἱ παῖδες, ὅτι τῶν ὀρθῶς δοθέντων ἀφαίρεσις

Protarque — La situation semble bien être à peu **c**
près celle-là, Socrate. Mais s'il est beau pour le sage de
connaître toutes choses, il semble y avoir une « seconde
navigation » [1] : ne pas s'ignorer soi-même. À quoi rime
ce langage que je viens de tenir ? Je vais te le dire, moi !
Tu nous as librement fait don à tous de cette réunion et de
toi-même, Socrate, dans le but de distinguer le meilleur
des biens humains. En effet, alors que Philèbe disait que
c'était le plaisir, la volupté, la joie et toutes les choses
de cette sorte, toi tu as répliqué que ce n'était pas ça,
mais ces choses que nous ne cessons de rappeler encore **d**
et encore, à dessein et à raison, afin que, disposant ces
deux candidats l'un à côté de l'autre dans notre mémoire,
nous puissions les mettre chacun à l'épreuve. Toi, tu
affirmes, à ce qu'il semble, que le bien qui mérite d'être
appelé meilleur que le plaisir, c'est l'intelligence, la
science, la compréhension, l'art, ainsi que tout ce qui leur
est apparenté, et que ce sont eux qu'il faut se procurer,
et non pas les autres. Une fois énoncée chacune de ces
deux thèses rivales, nous t'avons menacé en plaisantant
de ne pas te laisser rentrer à la maison avant que leur **e**
détermination ne conduise la discussion à un terme
satisfaisant. Et toi, tu y as concédé, et c'est à cette fin
que tu t'es offert à nous ; alors maintenant, nous, nous
disons comme les enfants que « donner, c'est donner,

1. Expression proverbiale, dont on trouve deux autres occurrences
célèbres chez Platon (*Phédon*, 99c et *Politique*, 300c), et qui renvoie
au recours aux rames lorsque les vents ne sont pas favorables à la
navigation. La question de savoir si ce second choix est un « pis-aller »
ou peut au contraire s'avérer supérieur au précédent est discutée. Ici,
Platon joue clairement sur l'ambiguïté : ce qui aux yeux de Protarque
n'est qu'un « pis-aller » représente en réalité l'idéal que Socrate oppose
à la prétention omnisciente des sophistes.

5 οὐκ ἔστι· παῦσαι | δὴ τὸν τρόπον ἡμῖν ἀπαντῶν τοῦτον ἐπὶ τὰ νῦν λεγόμενα.

ΣΩ. Τίνα λέγεις; |

20a ΠΡΩ. Εἰς ἀπορίαν ἐμβάλλων καὶ ἀνερωτῶν ὧν μὴ δυναίμεθ᾽ ἂν ἱκανὴν ἀπόκρισιν ἐν τῷ παρόντι διδόναι σοι. μὴ γὰρ οἰώμεθα τέλος ἡμῖν εἶναι τῶν νῦν τὴν πάντων ἡμῶν ἀπορίαν, ἀλλ᾽ εἰ δρᾶν τοῦθ᾽ ἡμεῖς ἀδυνατοῦμεν, σοὶ 5 δραστέον· | ὑπέσχου γάρ. βουλεύου δὴ πρὸς ταῦτα αὐτὸς πότερον ἡδονῆς εἴδη σοι καὶ ἐπιστήμης διαιρετέον ἢ καὶ ἐατέον, εἴ πη καθ᾽ ἕτερόν τινα τρόπον οἷός τ᾽ εἶ καὶ βούλει δηλῶσαί πως ἄλλως τὰ νῦν ἀμφισβητούμενα παρ᾽ ἡμῖν. |

b ΣΩ. Δεινὸν μὲν τοίνυν ἔτι προσδοκᾶν οὐδὲν δεῖ τὸν ἐμέ, ἐπειδὴ τοῦθ᾽ οὕτως εἶπες· τὸ γὰρ εἰ βούλει ῥηθὲν λύει πάντα φόβον ἑκάστων πέρι. πρὸς δὲ αὖ τοῖς μνήμην τινὰ δοκεῖ τίς μοι δεδωκέναι θεῶν ἡμῖν. |

5 ΠΡΩ. Πῶς δὴ καὶ τίνων;

ΣΩ. Λόγων ποτέ τινων πάλαι ἀκούσας ὄναρ ἢ καὶ ἐγρηγορὼς νῦν ἐννοῶ περί τε ἡδονῆς καὶ φρονήσεως, ὡς οὐδέτερον αὐτοῖν ἐστι τἀγαθόν, ἀλλὰ ἄλλο τι τρίτον, ἕτερον μὲν τούτων, ἄμεινον δὲ ἀμφοῖν. καίτοι τοῦτό γε

et reprendre, c'est voler ! » [1]. Bref, finis-en avec cette manière de nous approcher dans la présente discussion.

Socrate — De quelle manière veux-tu parler ?

Protarque — En nous jetant dans les difficultés et **20a** en nous posant des questions auxquelles nous serions incapables de te donner une réponse satisfaisante dans l'immédiat. Car n'allons pas croire que la fin que nous poursuivons dans cette discussion soit de nous trouver tous en difficulté ! Mais si nous ne pouvons répondre nous-mêmes, c'est à toi de le faire, car tu l'as promis. Délibère donc à part toi pour décider s'il te faut diviser les espèces du plaisir et de la science toi-même, ou s'il faut laisser cela de côté, au cas où tu pourrais – et voudrais – mettre en lumière d'une quelconque autre manière et par un quelconque autre moyen ce qui fait l'objet de notre présent débat.

Socrate — Oh ! Alors, mon petit moi n'a encore **b** rien de bien terrible à redouter, si tu t'exprimes ainsi ! Car la formule « au cas où tu le voudrais » dissipe toute crainte à quelque propos que ce soit. Et puis j'ai comme l'impression qu'un dieu vient de me faire don d'un certain souvenir à notre bénéfice...

Protarque — Comment ça ? Un souvenir de quoi ?

Socrate — De certains propos que j'ai entendus il y a bien longtemps en rêve, ou peut-être même tout éveillé [2], et qui me reviennent maintenant à l'esprit, concernant le plaisir et la pensée : à savoir que le bien n'est aucun de ces deux-là, mais quelque chose d'autre, un troisième

1. Littéralement : « on ne peut reprendre ce qui a été donné dans les règles ».
2. Cf. *République*, VI, 505b-509c.

c ἂν ἐναρ|γῶς ἡμῖν φανῇ νῦν, ἀπήλλακται μὲν ἡδονὴ τοῦ
νικᾶν· τὸ γὰρ ἀγαθὸν οὐκ ἂν ἔτι ταὐτὸν αὐτῇ γίγνοιτο.
ἢ πῶς;

ΠΡΩ. Οὕτως.

ΣΩ. Τῶν δέ γε εἰς τὴν διαίρεσιν εἰδῶν ἡδονῆς οὐδὲν
5 ἔτι | προσδεησόμεθα κατ᾽ ἐμὴν δόξαν. προϊὸν δ᾽ ἔτι
σαφέστερον δείξει.

ΠΡΩ. Κάλλιστ᾽ εἰπὼν οὕτω καὶ διαπέραινε.

ΣΩ. Μίκρ᾽ ἄττα τοίνυν ἔμπροσθεν ἔτι διομολογησώμεθα.

ΠΡΩ. Τὰ ποῖα; |

d ΣΩ. Τὴν τἀγαθοῦ μοῖραν πότερον ἀνάγκη τέλεον ἢ
μὴ τέλεον εἶναι;

ΠΡΩ. Πάντων δήπου τελεώτατον, ὦ Σώκρατες.

ΣΩ. Τί δέ; ἱκανὸν τἀγαθόν; |

5 ΠΡΩ. Πῶς γὰρ οὔ; καὶ πάντων γε εἰς τοῦτο διαφέρειν
τῶν ὄντων.

ΣΩ. Τόδε γε μήν, ὡς οἶμαι, περὶ αὐτοῦ ἀναγκαιότατον
εἶναι λέγειν, ὡς πᾶν τὸ γιγνῶσκον αὐτὸ θηρεύει καὶ
ἐφίεται βουλόμενον ἑλεῖν καὶ περὶ αὐτὸ κτήσασθαι, καὶ
10 τῶν ἄλλων | οὐδὲν φροντίζει πλὴν τῶν ἀποτελουμένων
ἅμα ἀγαθοῖς.

ΠΡΩ. Οὐκ ἔστι τούτοις ἀντειπεῖν. |

terme, différent d'eux et meilleur que tous deux. Et en
vérité, si du moins cela nous apparaissait à présent en c
toute clarté, le plaisir se verrait écarté de la victoire ; car
le bien ne pourrait plus lui être identique. Je me trompe ?

Protarque — Non.

Socrate — Mais alors, nous n'aurons en tout cas plus
aucun besoin de tout ce qui concerne la division des
espèces de plaisir, à mon avis. Mais cela se manifestera
encore plus clairement au fil de notre progression.

Protarque — Bien dit ! Maintenant, poursuis ainsi
jusqu'au bout.

Socrate — Commençons donc par nous mettre
d'accord sur quelques petits points supplémentaires…

Protarque — Lesquels ?

Socrate — Le lot du bien, est-il nécessaire que ce soit d
d'être complet ou incomplet ?

Protarque — Tout ce qu'il y a de plus complet, je
suppose, Socrate.

Socrate — Eh quoi ! Que le bien soit suffisant ?

Protarque — Comment ne le serait-ce pas, en effet ?
Et même que c'est en cela qu'il diffère de tous les êtres.

Socrate — Mais assurément, ce qu'il est le plus
nécessaire de dire à son sujet, c'est ceci, je crois : que
tout qui le connaît le prend en chasse et tend vers lui, dans
l'intention de l'attraper et de l'acquérir pour soi-même,
et qu'il ne se préoccupe de rien d'autre que de ce dont
l'accomplissement s'accompagne de biens.

Protarque — Rien à redire à cela.

e ΣΩ. Σκοπῶμεν δὴ καὶ κρίνωμεν τόν τε ἡδονῆς καὶ τὸν φρονήσεως βίον ἰδόντες χωρίς.

ΠΡΩ. Πῶς εἶπες;

ΣΩ. Μήτε ἐν τῷ τῆς ἡδονῆς ἐνέστω φρόνησις μήτ᾽ ἐν
5 | τῷ τῆς φρονήσεως ἡδονή. δεῖ γάρ, εἴπερ πότερον αὐτῶν ἔστι τἀγαθόν [1], μηδὲν μηδενὸς ἔτι προσδεῖσθαι· δεόμενον
21a δ᾽ | ἂν φανῇ πότερον, οὐκ ἔστι που τοῦτ᾽ ἔτι τὸ ὄντως ἡμῖν ἀγαθόν.

ΠΡΩ. Πῶς γὰρ ἄν;

ΣΩ. Οὐκοῦν ἐν σοὶ πειρώμεθα βασανίζοντες ταῦτα; |

5 ΠΡΩ. Πάνυ μὲν οὖν.

ΣΩ. Ἀποκρίνου δή.

ΠΡΩ. Λέγε.

ΣΩ. Δέξαι᾽ ἄν, Πρώταρχε, σὺ ζῆν τὸν βίον ἅπαντα ἡδόμενος ἡδονὰς τὰς μεγίστας; |

10 ΠΡΩ. Τί δ᾽ οὔ;

ΣΩ. Ἆρ᾽ οὖν ἔτι τινὸς ἄν σοι προσδεῖν ἡγοῖο, εἰ τοῦτ᾽ ἔχεις παντελῶς;

ΠΡΩ. Οὐδαμῶς.

ΣΩ. Ὅρα δή, τοῦ φρονεῖν καὶ τοῦ νοεῖν καὶ λογίζεσθαι
b | τὰ δέοντα [2] καὶ ὅσα τούτων ἀδελφά, μῶν μὴ δέοι᾽ ἄν [3] τι;

ΠΡΩ. Καὶ τί; πάντα γὰρ ἔχοιμ᾽ ἄν που τὸ χαίρειν ἔχων.

---

1. e6 ἔστι τἀγαθόν B Diès : ἔστ᾽ ἀγαθὸν TW Burnet
2. b1 τὰ δέοντα BTW : secl. Badham Burnet Diès
3. b1 μὴ δέοι᾽ ἄν Klitsh Burnet Diès : μηδὲ ὁρᾶν BTW

Socrate — Bon, alors examinons la vie de plaisir et **e**
la vie de pensée et jugeons-les après les voir considérées
séparément l'une de l'autre.

Protarque — Que veux-tu dire?

Socrate — Qu'il n'y ait ni pensée dans la vie de plaisir
ni plaisir dans la vie de pensée! Car il faut, si vraiment
l'un ou l'autre est le bien [XI], qu'il n'ait plus aucun besoin
de quoi que ce soit; mais si l'un des deux s'avérait être **21a**
dans le besoin, j'imagine qu'il ne serait plus ce qui vaut
pour nous comme le bien véritable.

Protarque — De fait, comment le pourrait-il?

Socrate — Et si nous tentions de les mettre à l'épreuve
en toi?

Protarque — Oui, très bien, faisons cela!

Socrate — Eh bien réponds.

Protarque — Parle!

Socrate — Toi, Protarque, accepterais-tu de vivre ta
vie entière en jouissant des plaisirs les plus grands?

Protarque — Et comment!

Socrate — Considérerais-tu avoir encore besoin de
quelque chose d'autre, si tu possédais cette condition de
manière achevée?

Protarque — En aucun cas.

Socrate — Mais fais attention: la pensée,
l'intelligence, le calcul de ce qui est nécessaire [XII], et tout **b**
ce qui est de la même famille, n'en aurais-tu pas quelque
besoin [XIII]?

Protarque — Pourquoi donc? J'aurais tout, si j'avais
la jouissance.

ΣΩ. Οὐκοῦν οὕτω ζῶν ἀεὶ μὲν διὰ βίου ταῖς μεγίσταις ἡδοναῖς χαίροις ἄν; |

5 ΠΡΩ. Τί δ᾽ οὔ;

ΣΩ. Νοῦν δέ γε καὶ μνήμην καὶ ἐπιστήμην καὶ δόξαν μὴ κεκτημένος ἀληθῆ, πρῶτον μὲν τοῦτο αὐτό, εἰ χαίρεις ἢ μὴ χαίρεις, ἀνάγκη δήπου σε ἀγνοεῖν, κενόν γε ὄντα πάσης φρονήσεως; |

10 ΠΡΩ. Ἀνάγκη. |

c ΣΩ. Καὶ μὴν ὡσαύτως μνήμην μὴ κεκτημένον ἀνάγκη δήπου μηδ᾽ ὅτι ποτὲ ἔχαιρες μεμνῆσθαι, τῆς τ᾽ ἐν τῷ παραχρῆμα ἡδονῆς προσπιπτούσης μηδ᾽ ἡντινοῦν μνήμην ὑπομένειν· δόξαν δ᾽ αὖ μὴ κεκτημένον ἀληθῆ μὴ δοξάζειν
5 χαίρειν | χαίροντα, λογισμοῦ δὲ στερόμενον μηδ᾽ εἰς τὸν ἔπειτα χρόνον ὡς χαιρήσεις δυνατὸν εἶναι λογίζεσθαι, ζῆν δὲ οὐκ ἀνθρώπου βίον, ἀλλά τινος πλεύμονος ἢ τῶν ὅσα θαλάττια μετ᾽ ὀστρεΐνων ἔμψυχά ἐστι σωμάτων. ἔστι
d ταῦτα, ἢ παρὰ | ταῦτα ἔχομεν ἄλλα διανοηθῆναι;

ΠΡΩ. Καὶ πῶς;

ΣΩ. Ἆρ᾽ οὖν αἱρετὸς ἡμῖν βίος ὁ τοιοῦτος;

ΠΡΩ. Εἰς ἀφασίαν παντάπασί με, ὦ Σώκρατες, οὗτος
5 ὁ | λόγος ἐμβέβληκε τὰ νῦν.

ΣΩ. Μήπω τοίνυν μαλθακιζώμεθα, τὸν δὲ τοῦ νοῦ μεταλαβόντες αὖ βίον ἴδωμεν.

ΠΡΩ. Τὸν ποῖον δὴ λέγεις;

Socrate — Ainsi, vivant toujours de cette manière, tu jouirais toute ta vie durant des plaisirs les plus grands ?

Protarque — Mais enfin, pourquoi pas ?

Socrate — En tout cas, ne possédant ni intelligence, ni mémoire, ni science, ni opinion vraie, je suppose que tu serais avant tout nécessairement dans l'ignorance sur la question même de savoir si tu jouis ou si tu ne jouis pas, puisque tu serais vide de toute pensée ?

Protarque — Nécessairement...

Socrate — Et de même, puisque tu ne posséderais c pas de mémoire, il serait impossible, je suppose, que tu te souviennes avoir joui autrefois, et que le plaisir qui survient dans l'instant te laisse un quelconque souvenir ; bien plus, dépourvu d'opinion vraie, tu ne pourrais croire jouir lorsque tu jouis, et, privé de la faculté de calculer, tu ne serais pas non plus capable de prévoir ta jouissance à venir ; tu ne vivrais pas une vie d'homme, mais celle d'une sorte de mollusque ou de l'un de ces animaux marins dont le corps est emprisonné dans une coquille. En est-il bien ainsi, ou avons-nous d'autres pensées sur d la question en plus de celles-là ?

Protarque — C'est malin ! Comment serait-ce possible ?

Socrate — Alors, une telle vie nous paraît-elle digne de choix ?

Protarque — Socrate, le présent argument m'a plongé dans le mutisme le plus complet !

Socrate — Ne nous ramollissons pas encore pour autant, mais change-toi, revêts la vie d'intelligence, et considérons-la à son tour.

Protarque — De quel type de vie veux-tu donc parler ?

ΣΩ. Εἴ τις δέξαιτ' ἂν αὖ ζῆν ἡμῶν φρόνησιν μὲν
10 καὶ | νοῦν καὶ ἐπιστήμην καὶ μνήμην πᾶσαν πάντων
e κεκτημένος, | ἡδονῆς δὲ μετέχων μήτε μέγα μήτε σμικρόν,
μηδ' αὖ λύπης, ἀλλὰ τὸ παράπαν ἀπαθὴς πάντων τῶν
τοιούτων.

ΠΡΩ. Οὐδέτερος ὁ βίος, ὦ Σώκρατες, ἔμοιγε τούτων
αἱρετός, οὐδ' ἄλλῳ μή ποτε, ὡς ἐγῷμαι, φανῇ. |

22a ΣΩ. Τί δ' ὁ συναμφότερος, ὦ Πρώταρχε, ἐξ ἀμφοῖν
συμμειχθεὶς κοινὸς γενόμενος;

ΠΡΩ. Ἡδονῆς λέγεις καὶ νοῦ καὶ φρονήσεως;

ΣΩ. Οὕτω καὶ τὸν τοιοῦτον λέγω [1] ἔγωγε.

ΠΡΩ. Πᾶς δήπου τοῦτόν γε αἱρήσεται πρότερον ἢ
5 'κεί|νων ὁποτερονοῦν, καὶ πρὸς τούτοις γε [2] οὐχ ὁ μέν, ὁ
δ' οὔ.

ΣΩ. Μανθάνομεν οὖν ὅτι νῦν ἡμῖν ἐστι τὸ συμβαῖνον
ἐν τοῖς παροῦσι λόγοις;

ΠΡΩ. Πάνυ μὲν οὖν, ὅτι γε τρεῖς μὲν βίοι προυτέθησαν,
b | τοῖν δυοῖν δ' οὐδέτερος ἱκανὸς οὐδὲ αἱρετὸς οὔτε
ἀνθρώπων οὔτε ζῴων οὐδενί.

ΣΩ. Μῶν οὖν οὐκ ἤδη τούτων γε πέρι δῆλον ὡς
οὐδέτερος αὐτοῖν εἶχε τἀγαθόν; ἢν γὰρ ἂν ἱκανὸς καὶ
5 τέλεος | καὶ πᾶσι φυτοῖς καὶ ζῴοις αἱρετός, οἷσπερ

---

1. a4 λέγω BTW Diès : secl. Burnet
2. a6 γε BW Diès : om. T Burnet

Socrate — Si l'un de nous acceptait au contraire de vivre en possédant toute la pensée, toute l'intelligence, toute la science et toute la mémoire de toutes choses, sans avoir peu ou prou part au plaisir – ni, d'un autre **e** côté, à la douleur –, mais en demeurant totalement inaffecté par toutes les choses de cette sorte.

Protarque — Aucune de ces deux vies ne me paraîtrait digne de choix, Socrate, pas plus d'ailleurs qu'à aucun autre, j'imagine.

Socrate — Mais… et celle qui les combinerait **22a** ensemble, Protarque ? La vie commune qui résulterait de leur mélange à toutes les deux ?

Protarque — Tu veux dire de plaisir, et d'intelligence et de pensée ?

Socrate — Oui, c'est bien d'une telle vie que je parle.

Protarque — Tout le monde, je suppose, choisira celle-ci de préférence à n'importe laquelle des deux précédentes, et même en dehors de ceux ici présents, il n'arrivera pas, en tout cas, que l'un la choisisse et l'autre non.

Socrate — Comprenons-nous bien ce qui vient de nous arriver dans la présente discussion ?

Protarque — Mais oui, absolument : trois vies ont été proposées, dont deux ne se sont avérées ni suffisantes ni **b** dignes de choix pour aucun homme ni aucun être vivant.

Socrate — Mais alors, n'est-il pas d'emblée évident à leur sujet qu'aucune de ces deux vies ne possédait le bien ? Sinon, en effet, elle serait suffisante, complète et digne de choix pour toutes les plantes et tous les êtres vivants qui seraient capables de vivre toujours ainsi durant toute leur vie. Mais si l'un de nous choisissait

δυνατὸν ἦν οὕτως ἀεὶ διὰ βίου ζῆν· εἰ δέ τις ἄλλα ᾑρεῖθ᾽ ἡμῶν, παρὰ φύσιν ἂν τὴν τοῦ ἀληθῶς αἱρετοῦ ἐλάμβανεν ἄκων ἐξ ἀγνοίας ἤ τινος ἀνάγκης οὐκ εὐδαίμονος.

ΠΡΩ. Ἔοικε γοῦν ταῦθ᾽ οὕτως ἔχειν. |

c ΣΩ. Ὡς μὲν τοίνυν τήν γε Φιλήβου θεὸν οὐ δεῖ διανοεῖσθαι ταὐτὸν καὶ τἀγαθόν, ἱκανῶς εἰρῆσθαί μοι δοκεῖ.

ΦΙ. Οὐδὲ γὰρ ὁ σὸς νοῦς, ὦ Σώκρατες, ἔστι τἀγαθόν, ἀλλ᾽ ἕξει που ταὐτὰ ἐγκλήματα. |

5 ΣΩ. Τάχ᾽ ἄν, ὦ Φίληβε, ὅ γ᾽ ἐμός· οὐ μέντοι τόν γε ἀληθινὸν ἅμα καὶ θεῖον οἶμαι νοῦν, ἀλλ᾽ ἄλλως πως ἔχειν. τῶν μὲν οὖν νικητηρίων πρὸς τὸν κοινὸν βίον οὐκ ἀμφισβητῶ πω ὑπὲρ νοῦ, τῶν δὲ δὴ δευτερείων ὁρᾶν
d καὶ σκοπεῖν χρὴ πέρι | τί δράσομεν· τάχα γὰρ ἂν τοῦ κοινοῦ τούτου βίου αἰτιώμεθ᾽ ἂν ἑκάτερος ὁ μὲν τὸν νοῦν αἴτιον, ὁ δ᾽ ἡδονὴν εἶναι, καὶ οὕτω τὸ μὲν ἀγαθὸν τούτων ἀμφοτέρων οὐδέτερον ἂν εἴη, τάχα δ᾽ ἂν αἴτιόν
5 τις ὑπολάβοι πότερον αὐτῶν εἶναι. τούτου δὴ | πέρι καὶ μᾶλλον ἔτι πρὸς Φίληβον διαμαχοίμην ἂν ὡς ἐν τῷ μεικτῷ τούτῳ βίῳ, ὅτι ποτ᾽ ἔστι τοῦτο ὃ λαβὼν ὁ βίος οὗτος γέγονεν αἱρετὸς ἅμα καὶ ἀγαθός, οὐχ ἡδονὴ ἀλλὰ νοῦς τούτῳ συγγενέστερον καὶ ὁμοιότερόν ἐστι, καὶ
e κατὰ τοῦτον | τὸν λόγον οὔτ᾽ ἂν τῶν πρωτείων οὐδ᾽ αὖ τῶν δευτερείων ἡδονῇ μετὸν ἀληθῶς ἄν ποτε λέγοιτο· πορρωτέρω δ᾽ ἐστὶ τῶν τριτείων, εἴ τι τῷ ἐμῷ νῷ δεῖ πιστεύειν ἡμᾶς τὰ νῦν.

autre chose, il s'en emparerait sans égard pour la nature de ce qui est vraiment digne de choix et contre son gré, par ignorance ou par quelque nécessité malheureuse.

Protarque — Il semble bien en aller ainsi.

Socrate — Que donc il ne faille en tout cas pas penser c que la déesse de Philèbe est identique au bien, voilà qui me paraît suffisamment expliqué.

Philèbe — C'est que ton intelligence non plus n'est pas le bien, Socrate ; mais elle encourra les mêmes griefs, j'imagine !

Socrate — La mienne, peut-être, Philèbe ; mais certainement pas, s'il faut m'en croire, l'intelligence véritable, qui est en même temps divine ! Au contraire, celle-là se trouve dans une tout autre condition. Mais je ne dispute pas pour l'instant des titres de victoire contre la vie commune au nom de l'intelligence ; en revanche, c'est à propos de la deuxième place qu'il nous faut voir et examiner ce que nous devons faire. En effet, peut-être d que lorsque chacun de nous deux assignera une cause à cette vie commune, moi, je dirai que c'est l'intelligence qui en est la cause, et toi, le plaisir ; et de cette manière, le bien ne serait aucun des deux, mais peut-être pourrait-on supposer que l'un des deux en est la cause. Or sur ce point, c'est encore plus énergiquement que je soutiendrais contre Philèbe que dans cette vie mixte, quoi que ce soit dont la possession rende cette vie digne de choix en même temps que bonne, ce n'est pas le plaisir, mais l'intelligence qui lui est plus apparentée et plus semblable ; et selon ce raisonnement, on ne pourrait avec vérité attribuer au e plaisir ni la première place, ni même la deuxième : il est encore en deçà de la troisième place, s'il nous faut à présent accorder quelque crédit à mon intelligence.

ΠΡΩ. Ἀλλὰ μήν, ὦ Σώκρατες, ἔμοιγε δοκεῖ νῦν
5 μὲν | ἡδονή σοι πεπτωκέναι καθαπερεὶ πληγεῖσα ὑπὸ
τῶν νυνδὴ λόγων· τῶν γὰρ νικητηρίων πέρι μαχομένη
23a κεῖται. τὸν δὲ | νοῦν, ὡς ἔοικε, λεκτέον ὡς ἐμφρόνως οὐκ
ἀντεποιεῖτο τῶν νικητηρίων· τὰ γὰρ αὐτ᾽ ἔπαθεν ἄν. τῶν
δὲ δὴ δευτερείων στερηθεῖσα ἡδονὴ παντάπασιν ἄν τινα
καὶ ἀτιμίαν σχοίη πρὸς τῶν αὑτῆς ἐραστῶν· οὐδὲ γὰρ
5 ἐκείνοις ἔτ᾽ ἂν ὁμοίως | φαίνοιτο καλή.

ΣΩ. Τί οὖν; οὐκ ἄμεινον αὐτὴν ἐᾶν ἤδη καὶ μὴ
τὴν ἀκριβεστάτην αὐτῇ προσφέροντα βάσανον καὶ
ἐξελέγχοντα λυπεῖν;

ΠΡΩ. Οὐδὲν λέγεις, ὦ Σώκρατες. |

b   ΣΩ. Ἆρ᾽ ὅτι τὸ ἀδύνατον εἶπον, λυπεῖν ἡδονήν;

ΠΡΩ. Οὐ μόνον γε ἀλλ᾽ ὅτι καὶ ἀγνοεῖς ὡς οὐδείς πώ
σε ἡμῶν μεθήσει πρὶν ἂν εἰς τέλος ἐπεξέλθῃς τούτων τῷ
λόγῳ. |

5   ΣΩ. Βαβαῖ ἄρα, ὦ Πρώταρχε, συχνοῦ μὲν λόγου τοῦ
λοιποῦ, σχεδὸν δὲ οὐδὲ ῥᾳδίου πάνυ τι νῦν. καὶ γὰρ δὴ
φαίνεται δεῖν ἄλλης μηχανῆς, ἐπὶ τὰ δευτερεῖα ὑπὲρ
νοῦ πορευόμενον οἷον βέλη ἔχειν ἕτερα τῶν ἔμπροσθεν
λόγων· ἔστι δὲ ἴσως ἔνια καὶ ταὐτά. οὐκοῦν χρή; |

Protarque — Mais en réalité, Socrate, à moi aussi, il me semble maintenant que le plaisir est comme tombé sous le coup des arguments que tu viens d'énoncer : dans son combat pour la victoire, le voilà à terre ! Quant à l'intelligence, il faut dire, à ce qu'il semble, que ce fut **23a** sage de sa part de ne pas riposter en prétendant au titre de vainqueur ; car elle aurait subi le même sort. Toutefois, privé de la deuxième place, le plaisir s'attacherait sans aucun doute un certain déshonneur aux yeux de ses amoureux ; en effet, même à eux, il ne paraîtrait plus aussi beau !

Socrate — Mais quoi ? Ne vaudrait-il pas mieux le laisser aller dès à présent, plutôt que de lui faire de la peine en lui infligeant l'épreuve la plus rigoureuse et en le mettant à la question ?

Protarque — Tu dis des non-sens, Socrate.

Socrate — Serait-ce parce que j'ai énoncé cette **b** impossibilité, « faire de la peine au plaisir » ?

Protarque — Pas seulement, mais aussi parce que tu n'as pas l'air de te rendre compte qu'aucun de nous ne te lâchera avant que tu n'aies conduit la discussion de ces questions jusqu'à son plein accomplissement.

Socrate — Oh là, mon cher Protarque ! C'est une bien longue discussion qu'il nous reste à mener, et qui, là tout de suite, n'a vraiment rien de facile, j'en ai peur ! C'est qu'en effet, il semble qu'on ait besoin d'un nouvel artifice, si l'on veut marcher au nom de l'intelligence pour la conquête de la deuxième place : on doit disposer, pour ainsi dire, d'autres flèches que nos précédents arguments – mais peut-être certaines sont-elles également les mêmes. Alors, faut-il se lancer ?

10 ΠΡΩ. Πῶς γὰρ οὔ; |

c ΣΩ. Τὴν δέ γε ἀρχὴν αὐτοῦ διευλαβεῖσθαι πειρώμεθα τιθέμενοι.

ΠΡΩ. Ποίαν δὴ λέγεις;

ΣΩ. Πάντα τὰ νῦν ὄντα ἐν τῷ παντὶ διχῇ διαλάβωμεν,
5 | μᾶλλον δ', εἰ βούλει, τριχῇ.

ΠΡΩ. Καθ' ὅτι, φράζοις ἄν;

ΣΩ. Λάβωμεν ἄττα τῶν νυνδὴ λόγων.

ΠΡΩ. Ποῖα;

ΣΩ. Τὸν θεὸν ἐλέγομέν που τὸ μὲν ἄπειρον δεῖξαι τῶν
10 | ὄντων, τὸ δὲ πέρας;

ΠΡΩ. Πάνυ μὲν οὖν.

ΣΩ. Τούτω δὴ τῶν εἰδῶν τὰ δύο τιθώμεθα, τὸ δὲ
d τρίτον | ἐξ ἀμφοῖν τούτοιν ἕν τι συμμισγόμενον. εἰμὶ δ',
ὡς ἔοικεν, ἐγὼ γελοῖός τις ἱκανῶς[1] κατ' εἴδη διιστὰς καὶ
συναριθμούμενος.

ΠΡΩ. Τί φής, ὦγαθέ; |

5 ΣΩ. Τετάρτου μοι γένους αὖ προσδεῖν φαίνεται.

ΠΡΩ. Λέγε τίνος.

ΣΩ. Τῆς συμμείξεως τούτων πρὸς ἄλληλα τὴν αἰτίαν
ὅρα, καὶ τίθει μοι πρὸς τρισὶν ἐκείνοις τέταρτον τοῦτο.

ΠΡΩ. Μῶν οὖν σοι καὶ πέμπτου προσδεήσει διάκρισίν
10 | τινος δυναμένου;

---

1. d2 τις ἱκανῶς TW Diès : τις ἱκανὸς B : τις ἄνθρωπος Badham
Burnet : τις καὶ ἄνου Apelt

Protarque — Comment y renoncer?

Socrate — Tâchons toutefois d'être bien attentifs en **c** posant notre principe.

Protarque — De quel principe parles-tu donc?

Socrate — Séparons tout ce qui est maintenant dans le tout en deux – ou plutôt, si tu veux bien, en trois.

Protarque — Sous quel rapport, vas-tu le dire?

Socrate — Empruntons certaines choses aux propos qui viennent d'être tenus.

Protarque — Lesquelles?

Socrate — Nous avons dit[1], si je me souviens bien, que la divinité nous a montré la présence de l'illimité et de la limite parmi les êtres.

Protarque — Absolument.

Socrate — Posons donc ces deux-là comme espèces, et comme troisième, une certaine unité qui résulte de leur **d** mélange à tous les deux. Mais j'ai l'air d'être quelqu'un de passablement ridicule[XIV], avec mes divisions en espèces et mes énumérations!

Protarque — Que veux-tu dire, très cher?

Socrate — Il semble que j'aie encore besoin d'un quatrième genre!

Protarque — Dis-moi lequel.

Socrate — Considère la cause du mélange des deux premiers, et pose-moi ce quatrième genre en plus des trois précédents.

Protarque — Mais dis-moi, n'aurais-tu pas encore besoin d'un cinquième genre, qui soit capable de séparer?

1. *Cf.* 16c.

ΣΩ. Τάχ᾽ ἄν· οὐ μὴν οἶμαί γε ἐν τῷ νῦν· ἂν δέ τι δέῃ,
e | συγγνώσῃ πού μοι σὺ μεταδιώκοντι πέμπτον τι ὄν[1].

ΠΡΩ. Τί μήν;

ΣΩ. Πρῶτον μὲν δὴ τῶν τεττάρων τὰ τρία διελόμενοι,
τὰ δύο τούτων πειρώμεθα, πολλὰ ἑκάτερον ἐσχισμένον
5 καὶ | διεσπασμένον ἰδόντες, εἰς ἓν πάλιν ἑκάτερον
συναγαγόντες, νοῆσαι πῇ ποτε ἦν αὐτῶν ἓν καὶ πολλὰ
ἑκάτερον.

ΠΡΩ. Εἴ μοι σαφέστερον ἔτι περὶ αὐτῶν εἴποις, τάχ᾽
ἂν ἑποίμην. |

24a ΣΩ. Λέγω τοίνυν τὰ δύο ἃ προτίθεμαι ταῦτ᾽ εἶναι
ἅπερ νυνδή, τὸ μὲν ἄπειρον, τὸ δὲ πέρας ἔχον· ὅτι δὲ
τρόπον τινὰ τὸ ἄπειρον πολλ᾽ ἐστί, πειράσομαι φράζειν.
τὸ δὲ πέρας ἔχον ἡμᾶς περιμενέτω. |

5 ΠΡΩ. Μένει.

ΣΩ. Σκέψαι δή. χαλεπὸν μὲν γὰρ καὶ ἀμφισβητήσιμον
ὃ κελεύω σε σκοπεῖν, ὅμως δὲ σκόπει. θερμοτέρου καὶ
ψυχροτέρου πέρι πρῶτον ὅρα πέρας εἴ ποτέ τι νοήσαις
ἄν, ἢ τὸ μᾶλλόν τε καὶ ἧττον ἐν αὐτοῖς οἰκοῦν<τε>
b τοῖς γένεσιν, | ἕωσπερ ἂν ἐνοικῆτον, τέλος οὐκ ἂν
ἐπιτρεψαίτην γίγνεσθαι· γενομένης γὰρ τελευτῆς καὶ
αὐτὼ τετελευτήκατον.

ΠΡΩ. Ἀληθέστατα λέγεις.

---

1. e1 τι ὄν conj. Schleiermacher Diès : βίον BTW : βίᾳ Apelt : secl.
Schütz Burnet

Socrate — Peut-être, mais pas pour l'instant – à ce que je crois, du moins ! Cependant, s'il s'avérait que le besoin s'en fasse sentir, tu m'excuserais, j'imagine, de **e** me mettre à la poursuite de la nature du cinquième [XV].

Protarque — Cela va de soi.

Socrate — Bon ! Pour commencer, prenons-en à part trois des quatre et, pour deux d'entre eux, après avoir remarqué que chacun est multiple, disséminé et dispersé, puis à l'inverse avoir rassemblé l'un et l'autre en une unité, tâchons de penser comment chacun des deux est un et multiple.

Protarque — Si tu m'expliquais tout cela un peu plus clairement, peut-être serais-je à même de te suivre…

Socrate — J'explique donc. Les deux que je pose sont **24a** précisément ceux dont je viens de parler : l'illimité et ce qui a le caractère d'une limite. Que l'illimité soit d'une certaine manière multiple, c'est ce que je vais essayer de te montrer ; quant à ce qui a le caractère d'une limite, il n'a qu'à nous attendre !

Protarque — Il reste en place.

Socrate — Examine dès lors attentivement. C'est que ce que je t'encourage à examiner est difficile et sujet à disputes ! Mais examine-le tout de même. Vois d'abord si, dans le cas du plus chaud et du plus froid, tu peux jamais penser une limite quelconque, ou si le plus et le moins résident dans ces genres eux-mêmes et ne souffriraient pas, aussi longtemps qu'ils y résident, la réalisation d'un **b** terme final ; car une fois qu'un terme se réalise, tous deux atteignent également le terme de leur existence.

Protarque — Ce que tu dis est parfaitement vrai.

ΣΩ. Ἀεὶ δέ γε, φαμέν, ἔν τε τῷ θερμοτέρῳ καὶ
5 ψυχροτέρῳ | τὸ μᾶλλόν τε καὶ ἧττον ἔνι.

ΠΡΩ. Καὶ μάλα.

ΣΩ. Ἀεὶ τοίνυν ὁ λόγος ἡμῖν σημαίνει τούτω μὴ τέλος
ἔχειν· ἀτελῆ δ᾽ ὄντε δήπου παντάπασιν ἀπείρω γίγνεσθον.

ΠΡΩ. Καὶ σφόδρα γε, ὦ Σώκρατες. |

10   ΣΩ. Ἀλλ᾽ εὖ γε, ὦ φίλε Πρώταρχε, ὑπέλαβες καὶ
c | ἀνέμνησας ὅτι καὶ τὸ σφόδρα τοῦτο, ὃ σὺ νῦν ἐφθέγξω,
καὶ τό γε ἠρέμα τὴν αὐτὴν δύναμιν ἔχετον τῷ μᾶλλόν
τε καὶ ἧττον· ὅπου γὰρ ἂν ἐνῆτον, οὐκ ἐᾶτον εἶναι
ποσὸν ἕκαστον, ἀλλ᾽ ἀεὶ σφοδρότερον ἡσυχαιτέρου καὶ
5 τοὐναντίον ἑκάσταις | πράξεσιν ἐμποιοῦντε τὸ πλέον καὶ
τὸ ἔλαττον ἀπεργάζεσθον, τὸ δὲ ποσὸν ἀφανίζετον. ὃ γὰρ
ἐλέχθη νυνδή, μὴ ἀφανίσαντε τὸ ποσόν, ἀλλ᾽ ἐάσαντε
d αὐτό τε καὶ τὸ μέτριον ἐν τῇ | τοῦ μᾶλλον καὶ ἧττον καὶ
σφόδρα καὶ ἠρέμα ἕδρα ἐγγενέσθαι, αὐτὰ ἔρρει ταῦτα ἐκ
τῆς αὑτῶν χώρας ἐν ᾗ ἐνῆν. οὐ γὰρ ἔτι θερμότερον οὐδὲ
ψυχρότερον εἴτην ἂν λαβόντε τὸ ποσόν· προχωρεῖ γὰρ
5 καὶ οὐ μένει τό τε θερμότερον ἀεὶ καὶ τὸ | ψυχρότερον

Socrate — Ainsi, c'est toujours, affirmons-nous, que le plus et le moins se trouvent dans le plus chaud et le plus froid[1].

Protarque — Oui, et pas qu'un peu !

Socrate — Toujours, donc, l'argument nous le signifie, ceux-ci sont dépourvus de terme final ; et parce qu'ils sont sans fin, ils s'avèrent, j'imagine, absolument illimités.

Protarque — Oui, et fortement, Socrate !

Socrate — Eh, mais c'est que tu m'as très bien compris, mon cher Protarque ! Et tu me rappelles que ce c « fortement » que tu viens de prononcer, de même que le « doucement », ont le même effet que le plus et le moins : où qu'ils se trouvent, ils ne permettent pas que la chose, en chaque cas, ait une quantité déterminée, mais toujours, en introduisant le plus fortement relativement au plus calmement et son contraire dans chaque action, ils réalisent le plus et le moins et font disparaître la quantité déterminée. C'est ce que nous venons de dire, en effet : s'ils ne faisaient pas disparaître la quantité déterminée, mais permettaient à celle-ci et à la juste mesure de se produire dans le siège du plus et du moins d ou du fortement et du doucement, ces derniers n'auraient plus qu'à quitter leur propre place, celle dans laquelle ils se trouvaient. En effet, plus chaud ou plus froid, tous deux ne le seraient plus, une fois saisis par la quantité déterminée ; car le plus chaud va toujours de l'avant sans

1. L'apparence de truisme n'existe pas en grec, où les comparatifs s'expriment par l'ajout d'un suffixe aux adjectifs plutôt qu'en les faisant précéder d'adverbes correspondant à « plus » et à « moins ».

ὡσαύτως, τὸ δὲ ποσὸν ἔστη καὶ προϊὸν ἐπαύσατο. κατὰ δὴ τοῦτον τὸν λόγον ἄπειρον γίγνοιτ᾽ ἂν τὸ θερμότερον καὶ τοὐναντίον ἅμα.

ΠΡΩ. Φαίνεται γοῦν, ὦ Σώκρατες· ἔστι δ᾽, ὅπερ εἶπες, οὐ ῥᾴδια ταῦτα συνέπεσθαι. τὸ δὲ εἰς αὖθίς τε καὶ αὖθις e | ἴσως λεχθέντα τόν τε ἐρωτῶντα καὶ τὸν ἐρωτώμενον ἱκανῶς ἂν συμφωνοῦντας ἀποφήναιεν.

ΣΩ. Ἀλλ᾽ εὖ μὲν λέγεις καὶ πειρατέον οὕτω ποιεῖν. νῦν μέντοι ἄθρει τῆς τοῦ ἀπείρου φύσεως εἰ τοῦτο δεξόμεθα 5 | σημεῖον, ἵνα μὴ πάντ᾽ ἐπεξιόντες μηκύνωμεν.

ΠΡΩ. Τὸ ποῖον δὴ λέγεις;

ΣΩ. Ὁπόσ᾽ ἂν ἡμῖν φαίνηται μᾶλλόν τε καὶ ἧττον γιγνόμενα καὶ τὸ σφόδρα καὶ ἠρέμα δεχόμενα καὶ τὸ λίαν 25a καὶ ὅσα | τοιαῦτα πάντα, εἰς τὸ τοῦ ἀπείρου γένος ὡς εἰς ἓν δεῖ πάντα ταῦτα τιθέναι, κατὰ τὸν ἔμπροσθεν λόγον ὃν ἔφαμεν ὅσα διέσπασται καὶ διέσχισται συναγαγόντας χρῆναι κατὰ δύναμιν μίαν ἐπισημαίνεσθαί τινα φύσιν, εἰ μέμνησαι. |

5 ΠΡΩ. Μέμνημαι.

ΣΩ. Οὐκοῦν τὰ μὴ δεχόμενα ταῦτα, τούτων δὲ τὰ ἐναντία πάντα δεχόμενα, πρῶτον μὲν τὸ ἴσον καὶ ἰσότητα, μετὰ δὲ τὸ ἴσον τὸ διπλάσιον καὶ πᾶν ὅτιπερ b ἂν πρὸς ἀριθμὸν ἀριθμὸς | ἢ μέτρον ἢ πρὸς μέτρον, ταῦτα σύμπαντα εἰς τὸ πέρας ἀπολογιζόμενοι καλῶς ἂν δοκοῖμεν δρᾶν τοῦτο. ἢ πῶς σὺ φῄς;

jamais rester en place, et de même le plus froid, tandis que la quantité déterminée est fixation et cessation de toute avancée. Ainsi, selon cet argument, le plus chaud, en même temps que son contraire, s'avéreraient illimités.

Protarque — À ce qu'il semble, en tout cas, Socrate ; mais comme tu l'as dit, ces choses-là ne sont pas faciles à suivre ! Probablement toutefois que, si on les répétait encore et encore, celui qui interroge et celui qui est e interrogé finiraient par manifester leur accord de manière satisfaisante.

Socrate — Voilà qui est bien parler ! C'est ce qu'il faut essayer de faire. Dans l'immédiat, cependant, vois si nous accepterons ce signe distinctif de la nature de l'illimité, afin de ne pas traîner en longueur en détaillant tous les cas.

Protarque — De quel signe parles-tu ?

Socrate — Tout ce qui nous paraît devenir plus et moins et admettre le fortement, le doucement, le trop et toutes les choses de cette sorte, tout cela, on doit 25a le poser dans le genre de l'illimité comme dans une unité, conformément à notre propos antérieur où nous affirmions qu'il faut, après avoir rassemblé tout ce qui est dispersé et éparpillé, lui apposer autant que possible le signe distinctif d'une certaine nature unique, si tu t'en souviens.

Protarque — Je m'en souviens.

Socrate — Dès lors, ce qui n'admet pas cela, mais admet tout le contraire – tout d'abord l'égal et l'égalité, et après l'égal, le double et tout ce qui serait comme nombre à nombre ou mesure à mesure –, en comptant l'ensemble b de toutes ces choses dans la limite, nous paraîtrions bien faire. Ou bien qu'en dis-tu ?

ΠΡΩ. Κάλλιστά γε, ὦ Σώκρατες. |

5　ΣΩ. Εἶεν· τὸ δὲ τρίτον τὸ μεικτὸν ἐκ τούτοιν ἀμφοῖν τίνα ἰδέαν φήσομεν ἔχειν;

ΠΡΩ. Σὺ καὶ ἐμοὶ φράσεις, ὡς οἶμαι.

ΣΩ. Θεὸς μὲν οὖν, ἄνπερ γε ἐμαῖς εὐχαῖς ἐπήκοος γίγνηταί τις θεῶν. |

10　ΠΡΩ. Εὔχου δὴ καὶ σκόπει.

ΣΩ. Σκοπῶ· καί μοι δοκεῖ τις, ὦ Πρώταρχε, αὐτῶν φίλος ἡμῖν νυνδὴ γεγονέναι. |

c　ΠΡΩ. Πῶς λέγεις τοῦτο καὶ τίνι τεκμηρίῳ χρῇ;

ΣΩ. Φράσω δῆλον ὅτι· σὺ δέ μοι συνακολούθησον τῷ λόγῳ.

ΠΡΩ. Λέγε μόνον. |

5　ΣΩ. Θερμότερον ἐφθεγγόμεθα νυνδή πού τι καὶ ψυχρότερον. ἢ γάρ;

ΠΡΩ. Ναί.

ΣΩ. Πρόσθες δὴ ξηρότερον καὶ ὑγρότερον αὐτοῖς καὶ πλέον καὶ ἔλαττον καὶ θᾶττον καὶ βραδύτερον καὶ
10　μεῖζον | καὶ σμικρότερον καὶ ὁπόσα ἐν τῷ πρόσθεν τῆς τὸ μᾶλλόν τε καὶ ἧττον δεχομένης ἐτίθεμεν εἰς ἓν φύσεως. |

d　ΠΡΩ. Τῆς τοῦ ἀπείρου λέγεις;

ΣΩ. Ναί. συμμείγνυ δέ γε εἰς αὐτὴν τὸ μετὰ ταῦτα τὴν αὖ τοῦ πέρατος γένναν.

ΠΡΩ. Ποίαν; |

Protarque — Oui, très bien faire, Socrate.

Socrate — Bon! Mais le troisième, le mélange qui résulte des deux premiers, quel caractère dirons-nous qu'il a?

Protarque — J'ai comme l'impression que c'est encore toi qui vas me l'expliquer…

Socrate — Un dieu, plutôt, si du moins l'un des dieux prête l'oreille à mes prières.

Protarque — Eh bien, prie et examine!

Socrate — J'examine... et il me semble que l'un d'eux vient de nous être favorable, Protarque!

Protarque — Qu'est-ce qui te fait dire cela? Sur c quelle preuve te fondes-tu?

Socrate — Je vais te l'expliquer, rassure-toi! De ton côté, suis attentivement mes paroles.

Protarque — Vas-y, parle.

Socrate — Nous venons tout juste d'appeler quelque chose plus chaud et plus froid, n'est-ce pas?

Protarque — Oui.

Socrate — Ajoutes-y plus sec et plus humide, plus nombreux et moins nombreux, plus rapide et plus lent, plus grand et plus petit, et tout ce qui relève de la nature qui accepte le plus et le moins, que nous avons posé précédemment comme une unité.

Protarque — Tu veux parler de la nature de l'illimité? d

Socrate — Oui. Mêle-la ensuite à la lignée de la limite.

Protarque — Quelle lignée?

5 ΣΩ. Ἦν καὶ νυνδή, δέον ἡμᾶς καθάπερ τὴν τοῦ ἀπείρου συνηγάγομεν εἰς ἕν, οὕτω καὶ τὴν τοῦ περατοειδοῦς συναγαγεῖν, οὐ συνηγάγομεν. ἀλλ᾽ ἴσως καὶ νῦν ταὐτὸν δράσει <εἰ>[1] τούτων ἀμφοτέρων συναγομένων[2] καταφανὴς κἀκείνη γενήσεται. |

10 ΠΡΩ. Ποίαν καὶ πῶς λέγεις;

ΣΩ. Τὴν τοῦ ἴσου καὶ διπλασίου, καὶ ὁπόση παύει
e πρὸς | ἄλληλα τἀναντία διαφόρως ἔχοντα, σύμμετρα δὲ καὶ σύμφωνα ἐνθεῖσα ἀριθμὸν ἀπεργάζεται.

ΠΡΩ. Μανθάνω· φαίνη γάρ μοι λέγειν μειγνὺς ταῦτα γενέσεις τινὰς ἐφ᾽ ἑκάστων αὐτῶν συμβαίνειν. |

5 ΣΩ. Ὀρθῶς γὰρ φαίνομαι.

ΠΡΩ. Λέγε τοίνυν.

ΣΩ. Ἆρα οὐκ ἐν μὲν νόσοις ἡ τούτων ὀρθὴ κοινωνία τὴν ὑγιείας φύσιν ἐγέννησεν; |

26a ΠΡΩ. Παντάπασι μὲν οὖν.

ΣΩ. Ἐν δὲ ὀξεῖ καὶ βαρεῖ καὶ ταχεῖ καὶ βραδεῖ, ἀπείροις οὖσιν, ἆρ᾽ οὐ ταὐτὰ ἐγγιγνόμενα[3] ταῦτα ἅμα πέρας τε ἀπηργάσατο καὶ μουσικὴν σύμπασαν τελεώτατα συνεστήσατο; |

5 ΠΡΩ. Κάλλιστά γε.

ΣΩ. Καὶ μὴν ἔν γε χειμῶσιν καὶ πνίγεσιν ἐγγενόμενα τὸ μὲν πολὺ λίαν καὶ ἄπειρον ἀφείλετο, τὸ δὲ ἔμμετρον καὶ ἅμα σύμμετρον ἀπηργάσατο.

1. d7 δράσει <εἰ> Vahlen Burnet : δράσει BTW : δράσασι Badham
Diès : δρᾷς εἰ Apelt
2. d7 συναγομένων BTW Burnet Diès : συμμισγομένων Jackson
3. a3 ἐγγιγνόμενα BTW Diès : secl. Burnet

Socrate — Celle qu'à l'instant même, nous n'avons pas rassemblée, alors que nous aurions dû, tout comme nous avons rassemblé en une unité celle de l'illimité, rassembler de la même manière également celle de l'espèce de la limite. Mais peut-être le résultat sera-t-il le même maintenant aussi si [XVI], en mettant ces deux-ci ensemble [XVII], celle-là devient également manifeste.

Protarque — Laquelle ? Que veux-tu dire ?

Socrate — Celle de l'égal et du double : toute celle qui met fin à l'opposition mutuelle des contraires et qui, **e** en y introduisant un nombre, les rend proportionnels et consonants.

Protarque — Je comprends ! Tu me donnes en effet l'apparence de vouloir dire que de leur mélange résultent en chaque cas certaines générations.

Socrate — L'apparence que je te donne est correcte.

Protarque — Alors parle.

Socrate — Dans le cas de maladies, leur union correcte n'engendre-t-elle pas la nature de la santé ?

Protarque — Absolument.   **26a**

Socrate — Et dans le cas de l'aigu et du grave, du rapide et du lent, qui sont des illimités, n'est-ce pas l'introduction [XVIII] de ces mêmes facteurs qui à la fois accomplit une limite et organise la musique tout entière dans sa perfection achevée ?

Protarque — Oui, et d'une bien belle manière !

Socrate — Et dans le cas des tempêtes et des canicules, leur présence supprime le beaucoup trop et l'illimité, et accomplit un caractère mesuré en même temps que proportionné.

ΠΡΩ. Τί μήν; |

b ΣΩ. Οὐκοῦν ἐκ τούτων ὧραί τε καὶ ὅσα καλὰ πάντα ἡμῖν γέγονε, τῶν τε ἀπείρων καὶ τῶν πέρας ἐχόντων συμμειχθέντων;

ΠΡΩ. Πῶς δ᾿ οὔ; |

5 ΣΩ. Καὶ ἄλλα γε δὴ μυρία ἐπιλείπω λέγων, οἷον μεθ᾿ ὑγιείας κάλλος καὶ ἰσχύν, καὶ ἐν ψυχαῖς αὖ πάμπολλα ἕτερα καὶ πάγκαλα. ὕβριν γάρ που καὶ σύμπασαν πάντων πονηρίαν αὕτη κατιδοῦσα ἡ θεός, ὦ καλὲ Φίληβε, πέρας οὔτε ἡδονῶν οὐδὲν οὔτε πλησμονῶν ἐνὸν ἐν 10 αὐτοῖς, νόμον καὶ | τάξιν πέρας ἔχοντ᾿ ἔθετο· καὶ σὺ μὲν c ἀποκναῖσαι φῂς | αὐτήν, ἐγὼ δὲ τοὐναντίον ἀποσῶσαι λέγω. σοὶ δέ, ὦ Πρώταρχε, πῶς φαίνεται;

ΠΡΩ. Καὶ μάλα, ὦ Σώκρατες, ἔμοιγε κατὰ νοῦν.

ΣΩ. Οὐκοῦν τὰ μὲν δὴ τρία ταῦτα εἴρηκα, εἰ συννοεῖς.|

5 ΠΡΩ. Ἀλλ᾿ οἶμαι κατανοεῖν· ἓν μὲν γάρ μοι δοκεῖς τὸ ἄπειρον λέγειν, ἓν δὲ καὶ δεύτερον τὸ πέρας ἐν τοῖς οὖσι· τρίτον δὲ οὐ σφόδρα κατέχω τί βούλει φράζειν.

ΣΩ. Τὸ γὰρ πλῆθός σε, ὦ θαυμάσιε, ἐξέπληξε τῆς τοῦ τρίτου γενέσεως· καίτοι πολλά γε καὶ τὸ ἄπειρον d παρέ|σχετο γένη, ὅμως δ᾿ ἐπισφραγισθέντα τῷ τοῦ μᾶλλον καὶ ἐναντίου γένει ἓν ἐφάνη.

Protarque — Mais oui !

Socrate — Et n'est-ce pas d'eux que naissent à notre **b** profit les saisons et toutes les belles choses – lorsque les illimités et ceux qui ont le caractère d'une limite sont mélangés ensemble ?

Protarque — Comment n'en irait-il pas ainsi ?

Socrate — Et encore, je laisse de côté des myriades d'autres cas ! Par exemple, avec la santé, beauté et vigueur, et, du côté des âmes, de bien nombreuses et bien belles autres choses. En effet, mon beau Philèbe, lorsqu'elle remarqua la démesure et la complète perversité de toutes choses, et que plaisirs et assouvissements n'avaient aucune limite, notre déesse [XIX] établit la loi et l'ordre, qui ont le caractère d'une limite. Et alors que toi, tu prétends qu'elle les a ainsi émoussés, moi j'affirme au contraire **c** qu'elle les a préservés ! Mais toi, Protarque, que t'en semble-t-il ?

Protarque — C'est également tout à fait ce que je pense pour ma part, Socrate.

Socrate — Tels sont donc les trois genres dont je parlais, si tu comprends.

Protarque — Mais je crois comprendre : l'un d'eux, me sembles-tu dire, est l'illimité, et un deuxième, la limite présente dans les êtres... quant au troisième, je ne saisis pas encore tout à fait ce que tu veux indiquer par là.

Socrate — C'est que tu es troublé par la multitude de la génération de ce troisième genre, admirable ami ! Cependant, l'illimité aussi présentait de | nombreux **d** genres, et pourtant il s'est manifesté dans son unité dès que lui fut apposé le sceau que constitue le genre du plus et de son contraire.

ΠΡΩ. Ἀληθῆ.

ΣΩ. Καὶ μὴν τό γε πέρας οὔτε <ὅτι> πολλὰ [1] εἶχεν,
5 οὔτ᾿ | ἐδυσκολαίνομεν ὡς οὐκ ἦν ἓν φύσει.

ΠΡΩ. Πῶς γὰρ ἄν;

ΣΩ. Οὐδαμῶς. ἀλλὰ τρίτον φάθι με λέγειν, ἓν τοῦτο
τιθέντα τὸ τούτων ἔκγονον ἅπαν, γένεσιν εἰς οὐσίαν ἐκ
τῶν μετὰ τοῦ πέρατος ἀπειργασμένων μέτρων. |

10 ΠΡΩ. Ἔμαθον. |

e ΣΩ. Ἀλλὰ δὴ πρὸς <τοῖς> [2] τρισὶ τέταρτόν τι τότε
ἔφαμεν εἶναι γένος σκεπτέον· κοινὴ δ᾿ ἡ σκέψις. ὅρα γὰρ
εἴ σοι δοκεῖ ἀναγκαῖον εἶναι πάντα τὰ γιγνόμενα διά τινα
αἰτίαν γίγνεσθαι. |

5 ΠΡΩ. Ἔμοιγε· πῶς γὰρ ἂν χωρὶς τούτου γίγνοιτο;

ΣΩ. Οὐκοῦν ἡ τοῦ ποιοῦντος φύσις οὐδὲν πλὴν
ὀνόματι τῆς αἰτίας διαφέρει, τὸ δὲ ποιοῦν καὶ τὸ αἴτιον
ὀρθῶς ἂν εἴη λεγόμενον ἕν;

ΠΡΩ. Ὀρθῶς. |

27a ΣΩ. Καὶ μὴν τό γε ποιούμενον αὖ καὶ τὸ γιγνόμενον
οὐδὲν πλὴν ὀνόματι, καθάπερ τὸ νυνδή, διαφέρον
εὑρήσομεν. ἢ πῶς;

ΠΡΩ. Οὕτως. |

5 ΣΩ. Ἆρ᾿ οὖν ἡγεῖται μὲν τὸ ποιοῦν ἀεὶ κατὰ φύσιν, τὸ
δὲ ποιούμενον ἐπακολουθεῖ γιγνόμενον ἐκείνῳ;

1. d4 οὔτε <ὅτι> πολλὰ Bury : οὔτε πολλὰ BTW Burnet : ὅτε
πολλὰ Apelt : οὔτε <ὡς> πολλὰ Schütz : οὔτε πολλὰ <οὐκ> Gloël Diès
2. e1 <τοῖς> add. Badham Diès

Protarque — C'est vrai.

Socrate — Quant à la limite, nous ne nous sommes irrités ni parce qu'elle avait beaucoup de genres ni sous prétexte qu'elle ne serait pas une par nature [XX].

Protarque — Comment l'aurions-nous fait, en effet?

Socrate — Nous ne le pouvions d'aucune manière. Eh bien, par ce troisième genre, dis-toi que je veux désigner, en la posant comme une unité, toute la descendance des deux premiers, qui est une génération de l'être à partir des mesures accomplies à l'aide de la limite.

Protarque — J'ai compris!

Socrate — Mais, en plus de ces trois genres [XXI], **e** nous avons dit tout à l'heure qu'il fallait en chercher un quatrième; faisons cette recherche en commun. Considère en effet s'il te semble nécessaire que tout ce qui advient advienne sous l'action d'une certaine cause.

Protarque — C'est bien ce qu'il me semble; car comment adviendrait-il sans cela?

Socrate — Or la nature de ce qui produit diffère-t-elle en rien de la cause, sinon par le nom? Et aurait-on raison de dire que ce qui produit et ce qui cause ne font qu'un?

Protarque — On aurait raison.

Socrate — Et bien entendu, nous ne trouverons d'un **27a** autre côté aucune différence, sinon nominale, entre ce qui est produit et ce qui advient, comme dans le cas précédent. Si?

Protarque — Non.

Socrate — Mais est-ce que ce qui produit n'a pas toujours et par nature la préséance, tandis que ce qui est produit lui fait suite en advenant?

ΠΡΩ. Πάνυ γε.

ΣΩ. Ἄλλο ἄρα[1] καὶ οὐ ταὐτὸν αἰτία τ᾽ ἐστὶ καὶ τὸ δουλεῦον εἰς γένεσιν αἰτία; |

10   ΠΡΩ. Τί μήν;

ΣΩ. Οὐκοῦν τὰ μὲν γιγνόμενα καὶ ἐξ ὧν γίγνεται πάντα τὰ τρία παρέσχετο ἡμῖν γένη;

ΠΡΩ. Καὶ μάλα. |

b   ΣΩ. Τὸ δὲ δὴ πάντα ταῦτα δημιουργοῦν λέγομεν τέταρτον, τὴν αἰτίαν, ὡς ἱκανῶς ἕτερον ἐκείνων δεδηλωμένον;

ΠΡΩ. Ἕτερον γὰρ οὖν.

ΣΩ. Ὀρθῶς μὴν ἔχει, διωρισμένων τῶν τεττάρων, ἑνὸς
5 | ἑκάστου μνήμης ἕνεκα ἐφεξῆς αὐτὰ καταριθμήσασθαι.

ΠΡΩ. Τί μήν;

ΣΩ. Πρῶτον μὲν τοίνυν ἄπειρον λέγω, δεύτερον δὲ πέρας, ἔπειτ᾽ ἐκ τούτων τρίτον μεικτὴν καὶ γεγενημένην οὐσίαν· τὴν δὲ τῆς μείξεως αἰτίαν καὶ γενέσεως τετάρτην
c | λέγων ἄρα μὴ πλημμελοίην ἄν τι;

ΠΡΩ. Καὶ πῶς;

ΣΩ. Φέρε δή, τὸ μετὰ τοῦθ᾽ ἡμῖν τίς ὁ λόγος, καὶ τί ποτε βουληθέντες εἰς ταῦτα ἀφικόμεθα; ἆρ᾽ οὐ τόδε
5 ἦν; | δευτερεῖα ἐζητοῦμεν πότερον ἡδονῆς γίγνοιτ᾽ ἂν ἢ φρονήσεως. οὐχ οὕτως ἦν;

ΠΡΩ. Οὕτω μὲν οὖν.

1. a8 ἄρα scripsi : ἄρα BTW Burnet Diès

Protarque — Absolument.

Socrate — Autres et non pas identiques sont également la cause et ce qui est au service de la cause pour la génération XXII ?

Protarque — Bien sûr !

Socrate — Mais ce qui advient et ce à partir de quoi il advient ne nous ont-ils pas fourni l'ensemble des trois genres ?

Protarque — Tout à fait.

Socrate — Nous disons donc que l'artisan de tout **b** cela en est un quatrième, la cause, considérant avoir suffisamment montré qu'il diffère des autres ?

Protarque — Il en diffère, c'est sûr !

Socrate — Bon ! Maintenant que ces quatre genres ont été distingués, il sera utile de les énumérer pour mémoire les uns à la suite des autres.

Protarque — Oui, certainement.

Socrate — Je dis donc que le premier est l'illimité, le deuxième la limite, puis le troisième, l'être mélangé qui est généré à partir des deux premiers ; et si je dis que le quatrième est la cause du mélange et de la génération, **c** commettrais-je une fausse note ?

Protarque — Bien sûr que non.

Socrate — Alors voyons ! Quel argument se présentera à nous après le précédent, et dans quelle intention en sommes-nous venus là ? N'était-ce pas celle-ci ? Nous cherchions lequel, du plaisir ou de la pensée, arriverait à la deuxième place. C'était cela, n'est-ce pas ?

Protarque — Oui, c'était bien cela.

ΣΩ. Ἆρ᾽ οὖν ἴσως νῦν, ἐπειδὴ ταῦτα οὕτω διειλόμεθα, κάλλιον ἂν καὶ τὴν κρίσιν ἐπιτελεσαίμεθα πρώτου πέρι
10 καὶ | δευτέρου, περὶ ὧν δὴ τὸ πρῶτον ἠμφεσβητήσαμεν;

ΠΡΩ. Ἴσως. |

d ΣΩ. Ἴθι δή· νικῶντα μὲν ἔθεμέν που τὸν μεικτὸν βίον ἡδονῆς τε καὶ φρονήσεως. ἦν οὕτως;

ΠΡΩ. Ἦν.

ΣΩ. Οὐκοῦν τοῦτον μὲν τὸν βίον ὁρῶμέν που τίς τέ
5 | ἐστι καὶ ὁποίου γένους;

ΠΡΩ. Πῶς γὰρ οὔ;

ΣΩ. Καὶ μέρος γ᾽ αὐτὸν φήσομεν εἶναι τοῦ τρίτου οἶμαι γένους· οὐ γὰρ [ὁ][1] δυοῖν τινοῖν ἐστι μεικτὸν ἐκεῖνο[2] ἀλλὰ συμπάντων τῶν ἀπείρων ὑπὸ τοῦ πέρατος
10 δεδεμένων, ὥστε | ὀρθῶς ὁ νικηφόρος οὗτος βίος μέρος ἐκείνου γίγνοιτ᾽ ἄν.

ΠΡΩ. Ὀρθότατα μὲν οὖν. |

e ΣΩ. Εἶεν· τί δὲ ὁ σός, ὦ Φίληβε, ἡδὺς καὶ ἄμεικτος ὤν; ἐν τίνι γένει τῶν εἰρημένων λεγόμενος ὀρθῶς ἄν ποτε λέγοιτο; ὧδε δ᾽ ἀπόκριναί μοι πρὶν ἀποφήνασθαι.

ΦΙ. Λέγε μόνον. |

5 ΣΩ. Ἡδονὴ καὶ λύπη πέρας ἔχετον, ἢ τῶν τὸ μᾶλλόν τε καὶ ἧττον δεχομένων ἐστόν;

---

1. d8 ὁ TW : om. B Burnet Diès
2. d8 μεικτὸν ἐκεῖνο Schütz Diès : μεικτὸς ἐκεῖνος BTW : ὁ… μεικτὸς ἐκεῖνος secl. Jackson Burnet

Socrate — Or peut-être que maintenant, après avoir ainsi effectué ces divisions, nous serons également mieux à même de procéder au jugement sur la première et la seconde places, au sujet desquelles portait précisément notre controverse initiale ?

Protarque — Peut-être bien.

Socrate — Allons-y donc. Comme vainqueur, nous **d** avons déclaré, je crois, la vie mixte de plaisir et de pensée. Non ?

Protarque — Si.

Socrate — Mais cette vie, ne voyons-nous pas ce qu'elle est et à quel genre elle appartient ?

Protarque — Comment ne le verrions-nous pas ?

Socrate — Et nous affirmerons, je pense, qu'elle est une partie du troisième genre ; car ce genre mixte [XXIII] n'est pas fait de deux composants quelconques, mais de tous les illimités liés par la limite, de sorte que cette vie victorieuse en deviendrait à juste titre une partie.

Protarque — À très juste titre.

Socrate — Eh bien ! Qu'en est-il de la tienne, Philèbe, **e** faite de plaisir et sans mélange ? Dans lequel des genres cités faut-il l'inclure pour en parler correctement ? Mais avant de nous le révéler, réponds d'abord à ceci.

Philèbe — Parle, je t'en prie.

Socrate — Le plaisir et la douleur ont-ils une limite, ou bien font-ils partie des choses qui admettent le plus et le moins ?

ΦΙ. Ναί, τῶν τὸ μᾶλλον, ὦ Σώκρατες· οὐ γὰρ ἂν ἡδονὴ πανάγαθον[1] ἦν, εἰ μὴ ἄπειρον ἐτύγχανε πεφυκὸς καὶ πλήθει καὶ τῷ μᾶλλον. |

28a ΣΩ. Οὐδέ γ' ἄν, ὦ Φίληβε, λύπη πάγκακον[2]· ὥστ' ἄλλο τι νῷν σκεπτέον ἢ τὴν τοῦ ἀπείρου φύσιν ὡς παρέχεταί τι μέρος ταῖς ἡδοναῖς ἀγαθοῦ. Τοῦτο[3] δή σοι τῶν ἀπεράντων γεγονὸς[4] ἔστω[5]· φρόνησιν δὲ καὶ ἐπιστήμην καὶ νοῦν εἰς
5 | τί ποτε τῶν προειρημένων, ὦ Πρώταρχέ τε καὶ Φίληβε, νῦν θέντες οὐκ ἂν ἀσεβοῖμεν; οὐ γάρ μοι δοκεῖ σμικρὸς ἡμῖν εἶναι ὁ κίνδυνος κατορθώσασι καὶ μὴ περὶ τὸ νῦν ἐρωτώμενον. |

b ΦΙ. Σεμνύνεις γάρ, ὦ Σώκρατες, τὸν σεαυτοῦ θεόν.

ΣΩ. Καὶ γὰρ σύ, ὦ ἑταῖρε, τὴν σαυτοῦ· τὸ δ' ἐρωτώμενον ὅμως ἡμῖν λεκτέον.

ΠΡΩ. Ὀρθῶς τοι λέγει Σωκράτης, ὦ Φίληβε, καὶ
5 αὐτῷ | πειστέον.

ΦΙ. Οὐκοῦν ὑπὲρ ἐμοῦ σύ, Πρώταρχε, προῄρησαι λέγειν;

ΠΡΩ. Πάνυ γε· νῦν μέντοι σχεδὸν ἀπορῶ, καὶ δέομαί γε, ὦ Σώκρατες, αὐτόν σε ἡμῖν γενέσθαι προφήτην, ἵνα μηδὲν ἡμεῖς σοι περὶ τὸν ἀγωνιστὴν ἐξαμαρτάνοντες
10 παρὰ | μέλος φθεγξώμεθά τι. |

1. e8 πανάγαθον Bekker Diès : πᾶν ἀγαθὸν BTW Burnet
2. a1 πάγκακον Bekker Diès : πᾶν κακόν BTW Burnet
3. a3 τοῦτο corr. Ven. 189 Diès : τούτων BTW : τοῦτῳ Burnet
4. a4 γεγονὸς BTW Diès : γε γένους Burnet : γένος Friedländer
5. a4 ἔστω BTW Diès : ἔστων Burnet

Philèbe — Assurément, de celles qui admettent le plus, Socrate; car le plaisir ne serait pas absolument bon [XXIV] s'il ne recevait naturellement en partage l'illimitation en multitude et en degré!

Socrate — Pas plus que la douleur ne serait absolument 28a mauvaise, Philèbe... De sorte qu'il nous faudra considérer que c'est quelque chose d'autre que la nature de l'illimité qui procure une part de bien aux plaisirs. Qu'il te soit donc accordé qu'il appartient aux illimités [XXV]. Mais la pensée, la science et l'intelligence, Protarque et Philèbe, dans lequel des genres précédemment mentionnés pourrions-nous les placer à présent sans risquer de commettre un sacrilège? Car le danger qui nous guette ne me semble pas mince, selon que nous accomplirons correctement ou non la tâche qui nous est désormais assignée.

Philèbe — Comme tu exaltes ton propre dieu, b Socrate!

Socrate — Et toi ta déesse, mon cher! N'empêche que nous devons répondre à la question posée.

Protarque — Socrate a bien raison de parler ainsi, Philèbe; il faut lui obéir!

Philèbe — Dis donc, Protarque, n'as-tu pas choisi de parler à ma place?

Protarque — Si, c'est vrai. Mais me voilà à présent bien embarrassé, et j'ai besoin, Socrate, que tu nous serves toi-même d'interprète, afin d'éviter que nous ne parlions contre la mesure en commettant la moindre faute à l'égard de ton champion!

c   ΣΩ. Πειστέον, ὦ Πρώταρχε· οὐδὲ γὰρ χαλεπὸν οὐδὲν
ἐπιτάττεις. ἀλλ᾽ ὄντως σε ἐγώ, καθάπερ εἶπε Φίληβος,
σεμνύνων ἐν τῷ παίζειν ἐθορύβησα, νοῦν καὶ ἐπιστήμην
ἐρόμενος ὁποίου γένους εἶεν; |

5   ΠΡΩ. Παντάπασί γε, ὦ Σώκρατες.

ΣΩ. Ἀλλὰ μὴν ῥάδιον· πάντες γὰρ συμφωνοῦσιν
οἱ σοφοί, ἑαυτοὺς ὄντως σεμνύνοντες, ὡς νοῦς ἐστι
βασιλεὺς ἡμῖν οὐρανοῦ τε καὶ γῆς. καὶ ἴσως εὖ λέγουσι.
διὰ μακροτέρων δ᾽, εἰ βούλει, τὴν σκέψιν αὐτοῦ τοῦ
γένους ποιησώμεθα. |

d   ΠΡΩ. Λέγ᾽ ὅπως βούλει, μηδὲν μῆκος ἡμῖν
ὑπολογιζόμενος, ὦ Σώκρατες, ὡς οὐκ ἀπεχθησόμενος.

ΣΩ. Καλῶς   εἶπες.   ἀρξώμεθα   δέ   πως   ὧδε
ἐπανερωτῶντες.

ΠΡΩ. Πῶς; |

5   ΣΩ. Πότερον, ὦ Πρώταρχε, τὰ σύμπαντα καὶ τόδε τὸ
καλούμενον ὅλον ἐπιτροπεύειν φῶμεν τὴν τοῦ ἀλόγου
καὶ εἰκῇ δύναμιν καὶ τὸ ὅπῃ ἔτυχεν, ἢ τἀναντία, καθάπερ
οἱ πρόσθεν ἡμῶν ἔλεγον, νοῦν καὶ φρόνησίν τινα
θαυμαστὴν συντάττουσαν διακυβερνᾶν; |

e   ΠΡΩ. Οὐδὲν τῶν αὐτῶν, ὦ θαυμάσιε Σώκρατες· ὃ μὲν
γὰρ σὺ νῦν λέγεις, οὐδὲ ὅσιον εἶναί μοι φαίνεται. τὸ δὲ
νοῦν πάντα διακοσμεῖν αὐτὰ φάναι καὶ τῆς ὄψεως τοῦ
κόσμου καὶ ἡλίου καὶ σελήνης καὶ ἀστέρων καὶ πάσης
5   τῆς | περιφορᾶς ἄξιον, καὶ οὐκ ἄλλως ἔγωγ᾽ ἄν ποτε περὶ
αὐτῶν εἴποιμι οὐδ᾽ ἂν δοξάσαιμι.

Socrate — Il faut t'obéir, Protarque; car ce que tu **c**
ordonnes n'a rien de difficile. Mais est-ce que je t'ai
vraiment troublé lorsque j'ai, selon le mot de Philèbe,
« exalté » par jeu l'intelligence et la science en demandant
à quel genre elles appartenaient?

Protarque — Mais absolument, Socrate!

Socrate — Pourtant, c'est facile; car tous les sages
sont d'accord pour dire – et ce faisant, c'est en réalité
eux-mêmes qu'ils exaltent! – que l'intelligence est pour
nous la reine du ciel et de la terre. Et peut-être font-ils
bien de le dire. Mais procédons plus longuement, si tu le
souhaites, à l'examen de son genre.

Protarque — Parle à ton aise, Socrate, sans tenir **d**
aucun compte de la longueur par égard pour nous, car tu
ne saurais nous irriter.

Socrate — Voilà qui est bien parler. Commençons
donc en reposant la question suivante.

Protarque — Laquelle?

Socrate — Que dirons-nous, Protarque? Que l'ensemble de toutes choses et ce qu'on appelle la totalité est
gouverné par la puissance de l'irrationnel, du hasard et
de l'aléatoire? ou bien au contraire, selon le mot de nos
ancêtres, qu'une intelligence, une pensée merveilleuse le
met en ordre et le dirige?

Protarque — Ce n'est pas du tout la même chose, **e**
Socrate, tu es extraordinaire! Car la première option
que tu viens d'évoquer me paraît même être impie. Mais
affirmer que l'intelligence organise tout cela, voilà qui
est digne du spectacle du monde, du soleil, de la lune,
des étoiles et de toute la révolution céleste, et jamais
je ne pourrais quant à moi avoir de parole ni d'opinion
différente à ce sujet.

ΣΩ. Βούλει δῆτά τι καὶ ἡμεῖς τοῖς ἔμπροσθεν
29a ὁμολογού|μενον συμφήσωμεν ὡς ταῦθ᾽ οὕτως ἔχει, καὶ
μὴ μόνον οἰώμεθα δεῖν τἀλλότρια ἄνευ κινδύνου λέγειν,
ἀλλὰ καὶ συγκινδυνεύωμεν καὶ μετέχωμεν τοῦ ψόγου,
ὅταν ἀνὴρ δεινὸς φῇ ταῦτα μὴ οὕτως ἀλλ᾽ ἀτάκτως
ἔχειν; |

5 ΠΡΩ. Πῶς γὰρ οὐκ ἂν βουλοίμην;

ΣΩ. Ἴθι δή, τὸν ἐπιόντα περὶ τούτων νῦν ἡμῖν λόγον
ἄθρει.

ΠΡΩ. Λέγε μόνον.

ΣΩ. Τὰ περὶ τὴν τῶν σωμάτων φύσιν ἁπάντων τῶν
10 | ζῴων, πῦρ καὶ ὕδωρ καὶ πνεῦμα καθορῶμέν που καὶ γῆν,
καθάπερ οἱ χειμαζόμενοι φασίν, ἐνόντα ἐν τῇ συστάσει. |

b ΠΡΩ. Καὶ μάλα· χειμαζόμεθα γὰρ ὄντως ὑπ᾽ ἀπορίας
ἐν τοῖς νῦν λόγοις.

ΣΩ. Φέρε δή, περὶ ἑκάστου τῶν παρ᾽ ἡμῖν λαβὲ τὸ
τοιόνδε. |

5 ΠΡΩ. Ποῖον;

ΣΩ. Ὅτι μικρόν τε τούτων ἕκαστον παρ᾽ ἡμῖν ἔνεστι
καὶ φαῦλον καὶ οὐδαμῇ οὐδαμῶς εἰλικρινὲς ὂν καὶ τὴν
δύναμιν οὐκ ἀξίαν τῆς φύσεως ἔχον. ἐν ἑνὶ δὲ λαβὼν περὶ
πάντων νόει ταὐτόν. οἷον πῦρ ἔστι μέν που παρ᾽ ἡμῖν,
10 | ἔστι δ᾽ ἐν τῷ παντί.

ΠΡΩ. Τί μήν; |

Socrate — Veux-tu alors que nous nous joignions à notre tour à l'accord de nos prédécesseurs pour affirmer **29a** qu'il en va ainsi, et que nous ne nous contentions pas de croire qu'il faut énoncer les opinions des autres sans prendre de risque, mais que nous partagions les risques et prenions part au blâme, au cas où un individu redoutable affirmerait qu'il n'en va pas ainsi, mais que tout est désordonné ?

Protarque — Comment ne le voudrais-je pas ?

Socrate — Alors poursuivons ! Prête attention à l'argument qui s'avance maintenant vers nous sur ce point.

Protarque — Parle.

Socrate — Ce qui a trait à la nature du corps de tous les êtres vivants, feu, eau, air et… terre ! – comme disent les marins ballottés par la tempête –, nous voyons, j'imagine, que cela fait partie de leur constitution.

Protarque — Très juste ! Car nous sommes vraiment **b** ballottés par la difficulté, dans cette discussion.

Socrate — Bon ! Alors, concernant chacun de nos constituants à nous, admets ceci.

Protarque — Quoi ?

Socrate — Que chez nous, chacun d'eux est présent en petite quantité et en médiocre qualité, sans la moindre pureté, et avec une puissance indigne de sa nature. Choisis-en un et applique la même pensée à tous. Par exemple, il y a du feu en nous, je suppose, mais il y en a aussi dans le tout.

Protarque — Bien sûr.

c　　ΣΩ. Οὐκοῦν σμικρὸν μέν τι τὸ παρ᾽ ἡμῖν καὶ ἀσθενὲς καὶ φαῦλον, τὸ δ᾽ ἐν τῷ παντὶ πλήθει τε θαυμαστὸν καὶ κάλλει καὶ πάσῃ δυνάμει τῇ περὶ τὸ πῦρ οὔσῃ.

ΠΡΩ. Καὶ μάλ᾽ ἀληθὲς ὃ λέγεις. |

5　　ΣΩ. Τί δέ; τρέφεται καὶ γίγνεται ἐκ τούτου καὶ ἄρχεται[1] τὸ τοῦ παντὸς πῦρ ὑπὸ τοῦ παρ᾽ ἡμῖν πυρός, ἢ τοὐναντίον ὑπ᾽ ἐκείνου τό τ᾽ ἐμὸν καὶ τὸ σὸν καὶ τὸ τῶν ἄλλων ζῴων ἅπαντ᾽ ἴσχει ταῦτα;

ΠΡΩ. Τοῦτο μὲν οὐδ᾽ ἀποκρίσεως ἄξιον ἐρωτᾷς. |

d　　ΣΩ. Ὀρθῶς· ταὐτὰ γὰρ ἐρεῖς οἶμαι περί τε τῆς ἐν τοῖς ζῴοις γῆς τῆς ἐνθάδε καὶ τῆς ἐν τῷ παντί, καὶ τῶν ἄλλων δὴ πάντων ὅσων ἠρώτησα ὀλίγον ἔμπροσθεν. οὕτως ἀποκρινῇ;

ΠΡΩ. Τίς γὰρ ἀποκρινόμενος ἄλλως ὑγιαίνων ἄν
5　ποτε | φανείη;

ΣΩ. Σχεδὸν οὐδ᾽ ὁστισοῦν· ἀλλὰ τὸ μετὰ τοῦτο ἑξῆς ἕπου. πάντα γὰρ ἡμεῖς ταῦτα τὰ νυνδὴ λεχθέντα ἆρ᾽ οὐκ εἰς ἓν συγκείμενα ἰδόντες ἐπωνομάσαμεν σῶμα;

ΠΡΩ. Τί μήν; |

e　　ΣΩ. Ταὐτὸν δὴ λαβὲ καὶ περὶ τοῦδε ὃν κόσμον λέγομεν. [διὰ] τὸν αὐτὸν γὰρ τρόπον ἂν εἴη που σῶμα, σύνθετον ὂν ἐκ τῶν αὐτῶν.

ΠΡΩ. Ὀρθότατα λέγεις. |

---

1. c5 ἄρχεται BTW Diès : αὔξεται Jackson Burnet

Socrate — Or celui de chez nous est en petite quantité, **c** faible et médiocre, tandis que celui qui est dans le tout est merveilleux par son abondance, sa beauté et toute cette puissance qui appartient au feu.

Protarque — C'est très vrai, ce que tu dis.

Socrate — Mais quoi? Est-ce que le feu du tout est nourri, engendré et dirigé XXVI par le feu de chez nous, ou bien est-ce au contraire de celui-là que mon feu, ton feu et le feu de tous les autres êtres vivants reçoivent ces bienfaits?

Protarque — La question que tu poses ne mérite même pas de réponse.

Socrate — Exact! Car tu en diras autant, j'imagine, **d** de la terre qui se trouve dans les êtres vivants ici même et de celle qui est dans le tout, et de toutes les autres choses au sujet desquelles je viens tout juste de t'interroger. C'est bien ainsi que tu répondras?

Protarque — De fait, qui pourrait répondre autrement et passer jamais pour sain d'esprit?

Socrate — Personne, je suppose. Mais suis bien ce qui en résulte. Car tous ces constituants dont nous venons de parler, lorsque nous les voyons rassemblés en une unité, ne nommons-nous pas cela un corps?

Protarque — Bien sûr.

Socrate — Admets donc aussi la même chose à **e** propos de ce que nous appelons le monde: je suppose que de la même manière, il doit être un corps, composé des mêmes constituants.

Protarque — Ce que tu dis est tout à fait juste.

5 ΣΩ. Πότερον οὖν ἐκ τούτου τοῦ σώματος ὅλως τὸ παρ' ἡμῖν σῶμα ἢ ἐκ τοῦ παρ' ἡμῖν τοῦτο τρέφεταί τε καὶ ὅσα νυνδὴ περὶ αὐτῶν εἴπομεν εἴληφέν τε καὶ ἔχει;

ΠΡΩ. Καὶ τοῦθ' ἕτερον, ὦ Σώκρατες, οὐκ ἄξιον ἐρωτήσεως. |

30a ΣΩ. Τί δέ; τόδε ἄρα ἄξιον; ἢ πῶς ἐρεῖς;

ΠΡΩ. Λέγε τὸ ποῖον.

ΣΩ. Τὸ παρ' ἡμῖν σῶμα ἆρ' οὐ ψυχὴν φήσομεν ἔχειν;

ΠΡΩ. Δῆλον ὅτι φήσομεν. |

5 ΣΩ. Πόθεν, ὦ φίλε Πρώταρχε, λαβόν, εἴπερ μὴ τό γε τοῦ παντὸς σῶμα ἔμψυχον ὂν ἐτύγχανε, ταὐτά γε ἔχον τούτῳ καὶ ἔτι πάντῃ καλλίονα;

ΠΡΩ. Δῆλον ὡς οὐδαμόθεν ἄλλοθεν, ὦ Σώκρατες.

ΣΩ. Οὐ γάρ που δοκοῦμέν γε, ὦ Πρώταρχε, τὰ 10 τέτταρα | ἐκεῖνα, πέρας καὶ ἄπειρον καὶ κοινὸν καὶ τὸ b τῆς αἰτίας γένος | ἐν ἅπασι τέταρτον ἐνόν, τοῦτο ἐν μὲν τοῖς παρ' ἡμῖν ψυχήν τε παρέχον καὶ σωμασκίαν ἐμποιοῦν καὶ πταίσαντος σώματος ἰατρικὴν καὶ ἐν ἄλλοις ἄλλα συντιθὲν καὶ ἀκούμενον πᾶσαν καὶ παντοίαν σοφίαν 5 ἐπικαλεῖσθαι, τῶν δ' αὐτῶν τούτων | ὄντων ἐν ὅλῳ τε οὐρανῷ καὶ κατὰ μεγάλα μέρη, καὶ προσέτι καλῶν καὶ εἰλικρινῶν, ἐν τούτοις δ' οὐκ ἄρα μεμηχανῆσθαι τὴν τῶν καλλίστων καὶ τιμιωτάτων φύσιν. |

Socrate — Dès lors, est-ce en général de ce corps que notre corps à nous se nourrit, qu'il a tiré et possède tout ce que nous venons de dire à propos de ses constituants, ou bien à l'inverse, celui-là du nôtre ?

Protarque — Encore une question qui ne méritait pas d'être posée, Socrate !

Socrate — Mais que diras-tu de celle-ci ? Le **30a** mérite-t-elle ?

Protarque — Énonce-la.

Socrate — Notre corps à nous, ne dirons-nous pas qu'il possède une âme ?

Protarque — Évidemment que nous le dirons !

Socrate — D'où la tiendrait-il, mon cher Protarque, s'il se trouvait que le corps du tout ne soit pas animé, lui qui possède en tout cas les mêmes constituants que le nôtre, mais plus beaux à tous points de vue ?

Protarque — Évidemment, de nulle part ailleurs, Socrate.

Socrate — De fait, pour en revenir aux quatre genres de tout à l'heure, la limite, l'illimité, leur communauté et le genre de la cause (présent en toutes choses comme le **b** quatrième), nous n'allons pas croire, Protarque, que ce dernier soit invoqué sous le nom de « sagesse universelle et variée » parce que chez nous, il apporte l'âme au corps, l'entretient par l'exercice, le soigne lorsqu'il est défaillant, et joue le rôle d'organisateur et de réparateur dans d'autres cas encore, mais que, alors que ces mêmes choses se trouvent dans le tout du monde en portions abondantes, et en outre de toute beauté et à l'état de pureté, il n'ait pas façonné en elles la nature de ce qu'il y a de plus beau et de plus précieux !

c ΠΡΩ. Ἀλλ᾽ οὐδαμῶς τοῦτό γ᾽ ἂν λόγον ἔχοι.

ΣΩ. Οὐκοῦν εἰ μὴ τοῦτο, μετ᾽ ἐκείνου τοῦ λόγου ἂν ἑπόμενοι βέλτιον λέγοιμεν ὡς ἔστιν, ἃ πολλάκις εἰρήκαμεν, ἄπειρόν τε ἐν τῷ παντὶ πολύ, καὶ πέρας 5 ἱκανόν, καί τις | ἐπ᾽ αὐτοῖς αἰτία οὐ φαύλη, κοσμοῦσά τε καὶ συντάττουσα ἐνιαυτούς τε καὶ ὥρας καὶ μῆνας, σοφία καὶ νοῦς λεγομένη δικαιότατ᾽ ἄν.

ΠΡΩ. Δικαιότατα δῆτα.

ΣΩ. Σοφία μὴν καὶ νοῦς ἄνευ ψυχῆς οὐκ ἄν ποτε 10 | γενοίσθην.

ΠΡΩ. Οὐ γὰρ οὖν. |

d ΣΩ. Οὐκοῦν ἐν μὲν τῇ τοῦ Διὸς ἐρεῖς φύσει βασιλικὴν μὲν ψυχήν, βασιλικὸν δὲ νοῦν ἐγγίγνεσθαι διὰ τὴν τῆς αἰτίας δύναμιν, ἐν δ᾽ ἄλλοις ἄλλα καλά, καθ᾽ ὅτι φίλον ἑκάστοις λέγεσθαι. |

5 ΠΡΩ. Μάλα γε.

ΣΩ. Τοῦτον δὴ τὸν λόγον ἡμᾶς μή τι μάτην δόξῃς, ὦ Πρώταρχε, εἰρηκέναι, ἀλλ᾽ ἔστι τοῖς μὲν πάλαι ἀποφηναμένοις ὡς ἀεὶ τοῦ παντὸς νοῦς ἄρχει σύμμαχος ἐκείνοις.

ΠΡΩ. Ἔστι γὰρ οὖν. |

10 ΣΩ. Τῇ δέ γε ἐμῇ ζητήσει πεπορικὼς ἀπόκρισιν, ὅτι e νοῦς | ἐστὶ γενούστης[1] τοῦ πάντων αἰτίου λεχθέντος· τῶν τεττάρων δ᾽ ἦν ἡμῖν ἓν τοῦτο[2]. ἔχεις γὰρ δήπου νῦν ἡμῶν ἤδη τὴν ἀπόκρισιν.

1. e1 γενούστης TW Porphyrius Proclus Damascius Hesychius Suidas schol. : γένους τῆς B Burnet : γένους τις Diès

2. e1-2 τῶν τεττάρων δ᾽ ἦν ἡμῖν ἓν τοῦτο Stallbaum Diès : τῶν τεττάρων ἦν ἡμῖν ἓν τοῦτο BTW : τῶν τεττάρων ὧν ἦν ἡμῖν ἓν τοῦτο i. m. T² s. lin. W² : secl. Badham Burnet

Protarque — Ah non ! Ce serait vraiment trop c absurde !

Socrate — Dès lors, s'il n'en va pas ainsi, nous ferions mieux de suivre l'argument précédent et de dire qu'il y a dans le tout ce que nous avons souvent mentionné : beaucoup d'illimité, suffisamment de limite, et, les surplombant, une cause qui n'est pas médiocre, qui ordonne et qui organise les années, les saisons et les mois, et qu'il serait très juste d'appeler sagesse et intelligence.

Protarque — Très juste, assurément.

Socrate — Or sagesse et intelligence ne pourraient jamais naître sans âme.

Protarque — Non, en effet.

Socrate — Tu diras donc que dans la nature de Zeus, d une âme royale et une intelligence royale sont introduites par la puissance de la cause, et dans les autres dieux, d'autres belles choses, selon la manière dont il plaît à chacun d'être appelé.

Protarque — Tout à fait.

Socrate — Cet argument, ne crois pas que nous l'ayons énoncé en vain, Protarque. Au contraire, c'est un allié de ceux qui ont proclamé jadis que toujours, l'intelligence gouverne le tout.

Protarque — Effectivement.

Socrate — En tout cas, il nous a fourni une réponse au point que je cherchais, à savoir que l'intelligence est e en intelligence [XXVII] avec le genre appelé cause de toutes choses ; et c'était là l'un de nos quatre genres [XXVIII]. Car tu l'as, maintenant, notre réponse, non ?

ΠΡΩ. Ἔχω καὶ μάλα ἱκανῶς· καίτοι με ἀποκρινάμενος
5 | ἔλαθες.

ΣΩ. Ἀνάπαυλα γάρ, ὦ Πρώταρχε, τῆς σπουδῆς
γίγνεται ἐνίοτε ἡ παιδιά.

ΠΡΩ. Καλῶς εἶπες. |

31a ΣΩ. Νοῦς δήπου[1], ὦ ἑταῖρε, οὗ μὲν γένους ἐστὶ καὶ
τίνα ποτὲ δύναμιν κέκτηται, σχεδὸν ἐπιεικῶς ἡμῖν τὰ νῦν
δεδήλωται.

ΠΡΩ. Πάνυ μὲν οὖν. |

5 ΣΩ. Καὶ μὴν ἡδονῆς γε ὡσαύτως πάλαι τὸ γένος
ἐφάνη.

ΠΡΩ. Καὶ μάλα.

ΣΩ. Μεμνώμεθα δὴ καὶ ταῦτα περὶ ἀμφοῖν, ὅτι νοῦς
μὲν αἰτίας ἦν συγγενὴς καὶ τούτου σχεδὸν τοῦ γένους,
ἡδονὴ δὲ ἄπειρός τε αὐτὴ καὶ τοῦ μήτε ἀρχὴν μήτε μέσα
10 μήτε τέλος | ἐν αὑτῷ ἀφ᾽ ἑαυτοῦ ἔχοντος μηδὲ ἕξοντός
ποτε γένους. |

b ΠΡΩ. Μεμνησόμεθα· πῶς γὰρ οὔ;

ΣΩ. Δεῖ δὴ τὸ μετὰ τοῦτο, ἐν ᾧ τέ ἐστιν ἑκάτερον
αὐτοῖν καὶ διὰ τί πάθος γίγνεσθον ὁπόταν γίγνησθον
ἰδεῖν ἡμᾶς. πρῶτον τὴν ἡδονήν· ὥσπερ τὸ γένος αὐτῆς
5 πρότερον | ἐβασανίσαμεν, οὕτω καὶ ταῦτα πρότερα.
λύπης δὲ αὖ χωρὶς τὴν ἡδονὴν οὐκ ἄν ποτε δυναίμεθα
ἱκανῶς βασανίσαι.

---

1. a1 νοῦς δήπου Bekker Diès : νῦν δὴ νοῦς B : νῦν δή που TW
Burnet

Protarque — Je l'ai, et de manière pleinement satisfaisante ! Pourtant, c'est l'air de rien que tu me l'as donnée…

Socrate — C'est que le jeu fournit parfois un peu de repos dans une discussion sérieuse, Protarque.

Protarque — Bien parlé.

Socrate — Je suppose, mon cher, que le genre auquel **31a** appartiennent l'intelligence XXIX et la puissance qu'elle peut bien posséder, ce que nous venons de dire nous l'a montré de manière à peu près convenable.

Protarque — Absolument.

Socrate — Quant au plaisir, cela fait longtemps que son genre nous est également apparu.

Protarque — Oui, tout à fait.

Socrate — Rappelons donc encore ceci à leur sujet à tous les deux : que l'intelligence est apparentée à la cause et appartient pour ainsi dire à ce genre, mais que le plaisir est illimité en lui-même et appartient au genre de ce qui n'a ni n'aura jamais en soi-même et par soi-même ni début, ni milieu, ni fin.

Protarque — Nous nous en rappellerons ; comment **b** l'oublier ?

Socrate — Bon. Après cela, il nous faut voir où résident l'un et l'autre et suite à quelle affection ils se produisent lorsqu'ils se produisent. D'abord le plaisir : tout comme c'est son genre que nous avons commencé par mettre à l'épreuve, de même nous commencerons également par lui cette fois-ci. D'un autre côté, il nous serait impossible de mettre le plaisir à l'épreuve de manière satisfaisante séparément de la douleur.

ΠΡΩ. Ἀλλ᾽ εἰ ταύτῃ χρὴ πορεύεσθαι, ταύτῃ πορευώμεθα.

ΣΩ. Ἆρ᾽ οὖν σοὶ καθάπερ ἐμοὶ φαίνεται τῆς γενέσεως αὐτῶν πέρι; |

c   ΠΡΩ. Τὸ ποῖον;

ΣΩ. Ἐν τῷ κοινῷ μοι γένει ἅμα φαίνεσθον λύπη τε καὶ ἡδονὴ γίγνεσθαι κατὰ φύσιν.

ΠΡΩ. Κοινὸν δέ γε, ὦ φίλε Σώκρατες, ὑπομίμνησκε
5 | ἡμᾶς τί ποτε τῶν προειρημένων βούλει δηλοῦν.

ΣΩ. Ἔσται ταῦτ᾽ εἰς δύναμιν, ὦ θαυμάσιε.

ΠΡΩ. Καλῶς εἶπες.

ΣΩ. Κοινὸν τοίνυν ὑπακούωμεν ὃ δὴ τῶν τεττάρων τρίτον ἐλέγομεν. |

10   ΠΡΩ. Ὃ μετὰ τὸ ἄπειρον καὶ πέρας ἔλεγες, ἐν ᾧ καὶ ὑγίειαν, οἶμαι δὲ καὶ ἁρμονίαν, ἐτίθεσο; |

d   ΣΩ. Κάλλιστ᾽ εἶπες. τὸν νοῦν δὲ ὅτι μάλιστ᾽ ἤδη πρόσεχε.

ΠΡΩ. Λέγε μόνον.

ΣΩ. Λέγω τοίνυν τῆς ἁρμονίας μὲν λυομένης ἡμῖν ἐν
5 | τοῖς ζῴοις ἅμα λύσιν τῆς φύσεως καὶ γένεσιν ἀλγηδόνων ἐν τῷ τότε γίγνεσθαι χρόνῳ.

ΠΡΩ. Πάνυ λέγεις εἰκός.

Protarque — Eh bien, si c'est ainsi qu'il faut procéder, procédons ainsi !

Socrate — As-tu la même impression que moi au sujet de leur génération ?

Protarque — Quelle impression ?   c

Socrate — C'est dans le genre commun que le plaisir et la douleur me semblent tous deux advenir.

Protarque — Mais par « genre commun », rappelle-nous un peu lequel de ceux qui ont été mentionnés tout à l'heure tu veux désigner, mon cher Socrate.

Socrate — Ainsi soit-il, dans la mesure du possible, admirable ami !

Protarque — Bien parlé.

Socrate — Eh bien, par « commun », entendons donc celui des quatre genres que nous avons cité en troisième.

Protarque — Celui que tu as cité après l'illimité et la limite, et dans lequel tu as placé la santé, mais aussi, je crois, l'harmonie ?

Socrate — Magnifiquement dit ! À présent, applique d
ton intelligence autant que possible.

Protarque — Parle.

Socrate — Eh bien, je dis que lorsque l'harmonie se dissout en nous, les êtres vivants, la dissolution de la nature et le surgissement des souffrances se produisent au même moment.

Protarque — Ce que tu dis là est tout à fait vraisemblable.

ΣΩ. Πάλιν δὲ ἁρμοττομένης τε καὶ εἰς τὴν αὑτῆς φύσιν ἀπιούσης ἡδονὴν γίγνεσθαι λεκτέον, εἰ δεῖ δι'
10 ὀλίγων περὶ | μεγίστων ὅτι τάχιστα ῥηθῆναι. |

e ΠΡΩ. Οἶμαι μέν σε ὀρθῶς λέγειν, ὦ Σώκρατες, ἐμφανέστερον δὲ ἔτι ταὐτὰ ταῦτα πειρώμεθα λέγειν.

ΣΩ. Οὐκοῦν τὰ δημόσιά που καὶ περιφανῆ ῥᾷστον συννοεῖν; |

5 ΠΡΩ. Ποῖα;

ΣΩ. Πείνη μέν που λύσις καὶ λύπη;

ΠΡΩ. Ναί.

ΣΩ. Ἐδωδὴ δέ, πλήρωσις γιγνομένη πάλιν, ἡδονή;

ΠΡΩ. Ναί. |

10 ΣΩ. Δίψος δ' αὖ φθορὰ καὶ λύπη [καὶ λύσις][1], ἡ δὲ
32a τοῦ | ὑγροῦ πάλιν τὸ ξηρανθὲν πληροῦσα δύναμις ἡδονή· διάκρισις δέ γ' αὖ καὶ διάλυσις ἡ παρὰ φύσιν, τοῦ πνίγους πάθη, λύπη, κατὰ φύσιν δ' ἡ πάλιν ἀπόδοσίς τε καὶ ψῦξις ἡδονή. |

5 ΠΡΩ. Πάνυ μὲν οὖν.

ΣΩ. Καὶ ῥίγους ἡ μὲν παρὰ φύσιν τοῦ ζῴου τῆς ὑγρότητος πῆξις λύπη· πάλιν δ' εἰς ταὐτὸν ἀπιόντων καὶ διακρινομένων ἡ κατὰ φύσιν ὁδὸς ἡδονή. καὶ ἑνὶ λόγῳ σκόπει εἴ σοι μέτριος ὁ λόγος, ὃς ἄν φῇ τὸ ἐκ τε[2] ἀπείρου

---

1. e10 καὶ λύσις TW : καὶ λῦσις B : secl. Schleiermacher Burnet Diès
2. a10 τε Ast Diès : τῆς BTW Stobaeus Burnet : τοῦ Stallbaum

Socrate — En revanche, lorsque l'harmonie se rétablit et qu'elle retourne à sa propre nature, on doit dire que c'est le plaisir qui survient, s'il faut s'exprimer en peu de mots et le plus rapidement possible à propos des choses les plus importantes.

Protarque — Je crois bien que ce que tu dis est **e** correct, Socrate, mais essayons de reprendre ces mêmes choses en les rendant encore plus claires.

Socrate — Le plus simple n'est-il pas de réfléchir aux exemples triviaux et connus de tous ?

Protarque — Quels exemples ?

Socrate — La faim, c'est bien une dissolution et une douleur ?

Protarque — Oui.

Socrate — Mais le fait de manger, en tant qu'il produit à nouveau la réplétion, est un plaisir ?

Protarque — Oui.

Socrate — La soif, de son côté, est une destruction et une douleur [XXX], tandis que l'action de l'humide, lorsqu'il **32a** remplit à nouveau ce qui est desséché, est plaisir. Ou bien encore, la séparation et la dissolution contre nature qui résultent de la canicule sont douleur, tandis que la restauration conforme à la nature et le rafraîchissement sont plaisir.

Protarque — Tout à fait.

Socrate — Et la condensation contre nature de l'humidité de l'être vivant produite par le gel est douleur ; en revanche, le processus naturel de retour à l'état initial et de dissolution est plaisir. En un mot, examine si te semble équilibrée la formule qui affirmerait que l'espèce animée, advenue par nature à partir de l'illimité b καὶ | πέρατος κατὰ φύσιν ἔμψυχον γεγονὸς εἶδος, ὅπερ ἔλεγον ἐν τῷ πρόσθεν, ὅταν μὲν τοῦτο φθείρηται, τὴν μὲν φθορὰν λύπην εἶναι, τὴν δ' εἰς τὴν αὐτῶν οὐσίαν ὁδόν, ταύτην δὲ αὖ πάλιν τὴν ἀναχώρησιν πάντων ἡδονήν. |

5 ΠΡΩ. Ἔστω· δοκεῖ γάρ μοι τύπον γέ τινα ἔχειν.

ΣΩ. Τοῦτο μὲν τοίνυν ἓν εἶδος τιθώμεθα λύπης τε καὶ ἡδονῆς ἐν τούτοις τοῖς πάθεσιν ἑκατέροις;

ΠΡΩ. Κείσθω.

ΣΩ. Τίθει τοίνυν αὐτῆς τῆς ψυχῆς κατὰ τὸ τούτων
c τῶν | παθημάτων προσδόκημα τὸ μὲν πρὸ τῶν ἡδέων ἐλπιζόμενον ἡδὺ καὶ θαρραλέον, τὸ δὲ πρὸ τῶν λυπηρῶν φοβερὸν καὶ ἀλγεινόν.

ΠΡΩ. Ἔστι γὰρ οὖν τοῦθ' ἡδονῆς καὶ λύπης ἕτερον εἶδος, τὸ χωρὶς τοῦ σώματος αὐτῆς τῆς ψυχῆς διὰ
5 προσδοκίας | γιγνόμενον.

ΣΩ. Ὀρθῶς ὑπέλαβες. ἐν γὰρ τούτοις οἶμαι, κατά γε τὴν ἐμὴν δόξαν, εἰλικρινέσιν τε ἑκατέροις γιγνομένοις, ὡς δοκεῖ, καὶ ἀμείκτοις <εἴδεσι> [1] λύπης τε καὶ ἡδονῆς,
d ἐμφανὲς ἔσεσθαι | τὸ περὶ τὴν ἡδονήν, πότερον ὅλον ἐστὶ τὸ γένος ἀσπαστόν, ἢ τοῦτο μὲν ἑτέρῳ τινὶ τῶν προειρημένων δοτέον ἡμῖν γενῶν, ἡδονῇ δὲ καὶ λύπῃ, καθάπερ θερμῷ καὶ ψυχρῷ καὶ πᾶσι τοῖς τοιούτοις,
5 τοτὲ μὲν ἀσπαστέον αὐτά, τοτὲ δὲ οὐκ ἀσπαστέον, | ὡς ἀγαθὰ μὲν οὐκ ὄντα, ἐνίοτε δὲ καὶ ἔνια δεχόμενα τὴν τῶν ἀγαθῶν ἔστιν ὅτε φύσιν.

1. c8 <εἴδεσι> add. Diès

et de la limite, comme nous l'avons dit auparavant[1], b
lorsqu'elle est détruite, cette destruction est douleur;
mais qu'en revanche, pour tous, le chemin de retour vers
leur être propre est plaisir.

Protarque — Soit! En tout cas, il me semble que nous
tenons là une première esquisse.

Socrate — Nous faut-il donc poser qu'il y a une
espèce unique de douleur et de plaisir dans chacune de
ces affections?

Protarque — Ça y est, c'est fait!

Socrate — Pose alors dans l'âme elle-même
l'anticipation de ces affections – plaisante et pleine de c
confiance lorsqu'elle espère des plaisirs, mais craintive
et pénible lorsque ce sont des douleurs.

Protarque — En effet, il y a là une autre espèce de
plaisir et de douleur : celle de l'âme elle-même séparée
du corps, produite par l'attente.

Socrate — Tu m'as bien compris. Car je pense – c'est
du moins mon opinion – que c'est dans ces espèces[XXXI]
de douleur et de plaisir, dont chacune advient à l'état de
pureté, à ce qu'il semble, et sans mélange, qu'il apparaîtra
clairement à propos du plaisir si son genre tout entier est d
le bienvenu, ou s'il nous faut conférer ce caractère à un
autre des genres précédemment mentionnés, tandis qu'en
ce qui concerne le plaisir et la douleur, de même que le
chaud, le froid et toutes ces sortes de choses, tantôt il faut
les accueillir tantôt non, parce qu'ils ne sont pas bons,
mais que quelques-uns reçoivent quelquefois la nature
qui appartient aux bonnes choses.

1. En 30a-b.

ΠΡΩ. Ὀρθότατα λέγεις, ὅτι ταύτῃ πῃ δεῖ διαπορηθῆναι τὸ νῦν μεταδιωκόμενον.

ΣΩ. Πρῶτον μὲν τοίνυν τόδε συνίδωμεν· [ὡς] e εἴπερ | ὄντως ἔστι τὸ λεγόμενον, διαφθειρομένων μὲν αὐτῶν ἀλγηδών, ἀνασῳζομένων δὲ ἡδονή, τῶν μήτε διαφθειρομένων μήτε ἀνασῳζομένων ἐννοήσωμεν πέρι, τίνα ποτὲ ἕξιν δεῖ τότε ἐν ἑκάστοις εἶναι τοῖς ζῴοις, ὅταν 5 οὕτως ἴσχῃ. Σφόδρα | δὲ προσέχων τὸν νοῦν εἰπέ· ἆρα οὐ πᾶσα ἀνάγκη πᾶν ἐν τῷ τότε χρόνῳ ζῷον μήτε τι λυπεῖσθαι μήτε ἥδεσθαι μήτε μέγα μήτε σμικρόν;

ΠΡΩ. Ἀνάγκη μὲν οὖν.

ΣΩ. Οὐκοῦν ἔστι τις τρίτη ἡμῶν ἡ τοιαύτη διάθεσις 33a | παρά τε τὴν τοῦ χαίροντος καὶ παρὰ τὴν τοῦ λυπουμένου;

ΠΡΩ. Τί μήν;

ΣΩ. Ἄγε δὴ τοίνυν, ταύτης προθυμοῦ μεμνῆσθαι. πρὸς γὰρ τὴν τῆς ἡδονῆς κρίσιν οὐ σμικρὸν μεμνῆσθαι 5 ταύτην | ἔσθ᾽ ἡμῖν ἢ μή. βραχὺ δέ τι περὶ αὐτῆς, εἰ βούλει, διαπεράνωμεν.

ΠΡΩ. Λέγε ποῖον.

ΣΩ. Τῷ τὸν τοῦ φρονεῖν ἑλομένῳ[1] βίον οἶσθ᾽ ὡς τοῦτον τὸν τρόπον οὐδὲν ἀποκωλύει ζῆν. |

b ΠΡΩ. Τὸν τοῦ μὴ χαίρειν μηδὲ λυπεῖσθαι λέγεις;

ΣΩ. Ἐρρήθη γάρ που τότε ἐν τῇ παραβολῇ τῶν βίων μηδὲν δεῖν μήτε μέγα μήτε σμικρὸν χαίρειν τῷ τὸν τοῦ νοεῖν καὶ φρονεῖν βίον ἑλομένῳ. |

---

1. a8 τῷ τὸν τοῦ φρονεῖν ἑλομένῳ BTW Diès : τῷ et mox ἑλομένῳ secl. Badham Burnet

Protarque — Ce que tu dis est tout à fait juste : c'est dans cette voie qu'il faut engager la suite de notre discussion.

Socrate — Pour commencer, considérons donc la chose suivante. Si ce qu'on a dit est vrai, à savoir que **e** lorsqu'il y a destruction, il y a souffrance, et lorsqu'il y a restauration, plaisir, réfléchissons à la situation où il n'y a ni destruction ni restauration. Dans quelle condition doit alors se trouver chacun des êtres vivants, lorsqu'il en est ainsi ? Applique intensément ton intelligence et dis-moi : n'y a-t-il pas nécessité absolue que tout être vivant n'éprouve à ce moment ni douleur ni plaisir, en grand ou en petit ?

Protarque — Si, c'est nécessaire.

Socrate — N'avons-nous pas là une troisième disposition, en plus de celle où l'on jouit comme de celle **33a** où l'on souffre ?

Protarque — Si, certainement.

Socrate — Alors vas-y ! Mets tout ton cœur à garder cette disposition en mémoire ! Car lors du jugement sur le plaisir, nous en souvenir ou non [XXXII] ne sera pas de médiocre importance. Mais si tu veux bien, faisons sur ce point une brève remarque.

Protarque — Laquelle ?

Socrate — Tu te rends compte que pour celui qui a choisi la vie de pensée, rien n'empêche de vivre de cette façon.

Protarque — Tu veux dire sans jouir ni souffrir ?   **b**

Socrate — C'est que, je crois, on a dit lors de la comparaison des vies qu'il fallait que celui qui choisirait la vie d'intelligence et de pensée n'ait aucune jouissance, grande ou petite.

5 ΠΡΩ. Καὶ μάλα οὕτως ἐρρήθη.

ΣΩ. Οὐκοῦν οὕτως ἂν ἐκείνῳ γε ὑπάρχοι· καὶ ἴσως οὐδὲν ἄτοπον εἰ πάντων τῶν βίων ἐστὶ θειότατος.

ΠΡΩ. Οὔκουν εἰκός γε οὔτε χαίρειν θεοὺς οὔτε τὸ ἐναντίον. |

10 ΣΩ. Πάνυ μὲν οὖν οὐκ εἰκός· ἄσχημον γοῦν αὐτῶν ἑκάτερον γιγνόμενόν ἐστιν. ἀλλὰ δὴ τοῦτο μὲν ἔτι καὶ
c εἰς | αὖθις ἐπισκεψόμεθα, ἐὰν πρὸς λόγον τι ᾖ, καὶ τῷ νῷ πρὸς τὰ δευτερεῖα, ἐὰν μὴ πρὸς τὰ πρωτεῖα δυνώμεθα προσθεῖναι, προσθήσομεν.

ΠΡΩ. Ὀρθότατα λέγεις. |

5 ΣΩ. Καὶ μὴν τό γε ἕτερον εἶδος τῶν ἡδονῶν, ὃ τῆς ψυχῆς αὐτῆς ἔφαμεν εἶναι, διὰ μνήμης πᾶν ἐστι γεγονός.

ΠΡΩ. Πῶς;

ΣΩ. Μνήμην, ὡς ἔοικεν, ὅτι ποτ᾽ ἔστιν πρότερον ἀναληπτέον, καὶ κινδυνεύει πάλιν ἔτι πρότερον αἴσθησιν
10 μνήμης, | εἰ μέλλει τὰ περὶ ταῦθ᾽ ἡμῖν κατὰ τρόπον φανερά πῃ γενήσεσθαι. |

d ΠΡΩ. Πῶς φῄς;

ΣΩ. Θὲς τῶν περὶ τὸ σῶμα ἡμῶν ἑκάστοτε παθημάτων τὰ μὲν ἐν τῷ σώματι κατασβεννύμενα πρὶν ἐπὶ τὴν ψυχὴν διεξελθεῖν ἀπαθῆ ἐκείνην ἐάσαντα, τὰ δὲ δι᾽ ἀμφοῖν ἰόντα
5 | καί τινα ὥσπερ σεισμὸν ἐντιθέντα ἴδιόν τε καὶ κοινὸν ἑκατέρῳ.

Protarque — Tout à fait, c'est ce qu'on a dit.

Socrate — Ainsi en irait-il donc pour lui. Et peut-être n'y aurait-il rien d'absurde si cette vie était la plus divine de toutes.

Protarque — De fait, il n'est en tout cas pas vraisemblable que les dieux éprouvent de la jouissance ou le contraire.

Socrate — Non, pas du tout vraisemblable. En tout cas, il serait inconvenant que l'une et l'autre se produisent chez eux. Mais nous reprendrons cet examen **c** plus tard, s'il s'avère en rapport avec notre argument, et nous l'ajouterons à l'avantage de l'intelligence pour la deuxième place, si nous ne pouvons le faire pour la première.

Protarque — Ce que tu dis est très juste.

Socrate — Quant à l'autre espèce de plaisirs, celle que nous avons dite appartenir à l'âme elle-même, c'est par l'intermédiaire de la mémoire que, dans sa totalité, elle advient.

Protarque — Comment cela ?

Socrate — Il nous faut d'abord retrouver ce que peut bien être la mémoire, à ce qu'il semble ! Et avant même la mémoire, la sensation, je le crains, si nous voulons gagner une clarté un tant soit peu acceptable sur ces phénomènes.

Protarque — Que veux-tu dire ?   **d**

Socrate — Parmi toutes nos affections corporelles, pose que certaines s'éteignent dans le corps avant d'atteindre l'âme et laissent celle-ci inaffectée, tandis que d'autres les traversent tous les deux et introduisent comme un ébranlement à la fois propre à chacun et commun aux deux.

ΠΡΩ. Κείσθω.

ΣΩ. Τὰ μὲν δὴ μὴ δι᾽ ἀμφοῖν ἰόντα ἐὰν τὴν ψυχὴν ἡμῶν φῶμεν λανθάνειν, τὰ δὲ δι᾽ ἀμφοῖν μὴ λανθάνειν,
10 ἆρ᾽ | ὀρθότατα ἐροῦμεν; |

e   ΠΡΩ. Πῶς γὰρ οὔ;

ΣΩ. Τὸ τοίνυν λεληθέναι μηδαμῶς ὑπολάβῃς ὡς λέγω λήθης ἐνταῦθά που γένεσιν· ἔστι γὰρ λήθη μνήμης ἔξοδος, ἡ δ᾽ ἐν τῷ λεγομένῳ νῦν οὔπω γέγονε. τοῦ δὴ
5 μήτε ὄντος | μήτε γεγονότος πω γίγνεσθαι φάναι τινὰ ἀποβολὴν ἄτοπον. ἢ γάρ;

ΠΡΩ. Τί μήν;

ΣΩ. Τὰ τοίνυν ὀνόματα μετάβαλε μόνον.

ΠΡΩ. Πῶς; |

10   ΣΩ. Ἀντὶ μὲν τοῦ λεληθέναι τὴν ψυχήν, ὅταν ἀπαθὴς αὕτη γίγνηται τῶν σεισμῶν τῶν τοῦ σώματος, ἣν νῦν
34a λήθην | καλεῖς ἀναισθησίαν ἐπονόμασον.

ΠΡΩ. Ἔμαθον.

ΣΩ. Τὸ δ᾽ ἐν ἑνὶ πάθει τὴν ψυχὴν καὶ τὸ σῶμα κοινῇ γιγνόμενον κοινῇ καὶ κινεῖσθαι, ταύτην δ᾽ αὖ τὴν κίνησιν
5 | ὀνομάζων αἴσθησιν οὐκ ἀπὸ τρόπου φθέγγοι᾽ ἄν.

ΠΡΩ. Ἀληθέστατα λέγεις.

ΣΩ. Οὐκοῦν ἤδη μανθάνομεν ὃ βουλόμεθα καλεῖν τὴν αἴσθησιν;

Protarque — C'est fait.

Socrate — Dès lors, si nous disons que celles qui ne les traversent pas tous deux sont dissimulées à notre âme, mais que celles qui les traversent ne lui sont pas dissimulées, ne parlerons-nous pas on ne peut plus correctement?

Protarque — De fait, comment ne serait-ce pas le cas?   e

Socrate — Dans ces conditions, ne va surtout pas croire que par cette dissimulation, j'entende quelque chose comme la naissance de l'oubli; car l'oubli est la fuite d'un souvenir, et ce dernier ne s'est pas encore manifesté dans la présente description. Or dire qu'il y a une perte de ce qui n'est pas et n'est pas encore apparu, ce serait absurde, non?

Protarque — Et comment!

Socrate — Alors, il te suffit de modifier les noms.

Protarque — Dans quel sens?

Socrate — Plutôt que de parler de dissimulation à l'âme dans les cas où celle-ci demeure inaffectée par les ébranlements du corps, ce que tu appelles maintenant « oubli », nomme-le « absence de sensation ».   34a

Protarque — C'est compris.

Socrate — Quand, d'un autre côté, l'âme et le corps se fondent dans une affection unique et se meuvent ensemble, tu ne t'exprimeras pas improprement en appelant ce mouvement « sensation ».

Protarque — Ce que tu dis est on ne peut plus vrai.

Socrate — Ainsi donc, nous comprenons à présent ce que nous voulons appeler la sensation?

ΠΡΩ. Τί μήν; |

10 ΣΩ. Σωτηρίαν τοίνυν αἰσθήσεως τὴν μνήμην λέγων ὀρθῶς ἄν τις λέγοι κατά γε τὴν ἐμὴν δόξαν. |

b ΠΡΩ. Ὀρθῶς γὰρ οὖν.

ΣΩ. Μνήμης δὲ ἀνάμνησιν ἆρ' οὐ διαφέρουσαν λέγομεν;

ΠΡΩ. Ἴσως.

ΣΩ. Ἆρ' οὖν οὐ τόδε; |

5 ΠΡΩ. Τὸ ποῖον;

ΣΩ. Ὅταν ἃ μετὰ τοῦ σώματος ἔπασχέν ποθ' ἡ ψυχή, ταῦτ' ἄνευ τοῦ σώματος αὐτὴ ἐν ἑαυτῇ ὅτι μάλιστα ἀναλαμβάνῃ, τότε ἀναμιμνήσκεσθαί που λέγομεν. ἦ γάρ;

ΠΡΩ. Πάνυ μὲν οὖν. |

10 ΣΩ. Καὶ μὴν καὶ ὅταν ἀπολέσασα μνήμην εἴτ' αἰσθήσεως εἴτ' αὖ μαθήματος αὖθις ταύτην ἀναπολήσῃ c πάλιν | αὐτὴ ἐν ἑαυτῇ, καὶ ταῦτα σύμπαντα ἀναμνήσεις καὶ μνήμας[1] που λέγομεν.

ΠΡΩ. Ὀρθῶς λέγεις.

ΣΩ. Οὗ δὴ χάριν ἅπαντ' εἴρηται ταῦτ', ἔστι τόδε. |

5 ΠΡΩ. Τὸ ποῖον;

ΣΩ. Ἵνα πῃ τὴν ψυχῆς ἡδονὴν χωρὶς σώματος ὅτι μάλιστα καὶ ἐναργέστατα λάβοιμεν, καὶ ἅμα ἐπιθυμίαν· διὰ γὰρ τούτων πως ταῦτα ἀμφότερα ἔοικεν δηλοῦσθαι.

---

1. c1 καὶ μνήμας BTW : secl. Gloël Burnet : οὐ μνήμας Diès

Protarque — Et comment !

Socrate — Dans ce cas, en disant que le souvenir est la conservation de la sensation, on parlerait correctement, à mon avis.

Protarque — Correctement, oui.   b

Socrate — Mais ne disons-nous pas que la réminiscence diffère du souvenir ?

Protarque — Peut-être bien.

Socrate — N'est-ce pas de la manière suivante ?

Protarque — Laquelle ?

Socrate — Lorsque l'âme reprend autant que possible par elle-même et en elle-même, sans le corps, les affections qu'elle a un jour éprouvées en compagnie du corps, nous disons alors, je crois, qu'elle a une réminiscence. Non ?

Protarque — Si, tout à fait.

Socrate — En outre, lorsque, alors qu'elle a perdu un souvenir, que ce soit d'une sensation ou d'une connaissance, elle y retourne encore et encore en et par   c
elle-même, tout cela aussi, nous disons, je crois, que ce sont des réminiscences et des souvenirs [XXXIII].

Protarque — Tu dis juste.

Socrate — La raison pour laquelle nous avons dit tout cela, la voici.

Protarque — Quelle est-elle ?

Socrate — C'était, je crois, afin de saisir autant et aussi clairement que possible le plaisir que l'âme éprouve séparément du corps, et, en même temps, le désir ; il semble bien en effet que ce soit par l'intermédiaire de ces affections que tous deux se manifestent.

ΠΡΩ. Λέγωμεν τοίνυν, ὦ Σώκρατες, ἤδη τὸ μετὰ ταῦτα. |

10 ΣΩ. Πολλά γε περὶ γένεσιν ἡδονῆς καὶ πᾶσαν τινα[1]
d | μορφὴν αὐτῆς ἀναγκαῖον, ὡς ἔοικε, λέγοντας σκοπεῖν. καὶ γὰρ νῦν πρότερον ἔτι φαίνεται ληπτέον ἐπιθυμίαν εἶναι τί ποτ᾽ ἔστι καὶ ποῦ γίγνεται.

ΠΡΩ. Σκοπῶμεν τοίνυν· οὐδὲν γὰρ ἀπολοῦμεν. |

5 ΣΩ. Ἀπολοῦμεν μὲν οὖν καὶ[2] ταῦτά γε, ὦ Πρώταρχε· εὑρόντες ὃ νῦν ζητοῦμεν, ἀπολοῦμεν τὴν περὶ αὐτὰ ταῦτα ἀπορίαν.

ΠΡΩ. Ὀρθῶς ἠμύνω· τὸ δ᾽ ἐφεξῆς τούτοις πειρώμεθα λέγειν. |

10 ΣΩ. Οὐκοῦν νυνδὴ πείνην τε καὶ δίψος καὶ πολλὰ
e ἕτερα | τοιαῦτα ἔφαμεν εἶναί τινας ἐπιθυμίας;

ΠΡΩ. Σφόδρα γε.

ΣΩ. Πρὸς τί ποτε ἄρα ταὐτὸν βλέψαντες οὕτω πολὺ διαφέροντα ταῦθ᾽ ἑνὶ προσαγορεύομεν ὀνόματι; |

5 ΠΡΩ. Μὰ Δί᾽ οὐ ῥάδιον ἴσως εἰπεῖν, ὦ Σώκρατες, ἀλλ᾽ ὅμως λεκτέον.

ΣΩ. Ἐκεῖθεν δὴ ἐκ τῶν αὐτῶν πάλιν ἀναλάβωμεν.

ΠΡΩ. Πόθεν δή;

---

1. c10 τινα Bury Diès : τὴν BTW : secl. Badham Burnet
2. d5 καὶ BTW : secl. Badham Burnet : ὡς Diès

Protarque — Disons alors à présent ce qui s'ensuit, Socrate.

Socrate — Lorsqu'on parle de la génération du plaisir et de chacune de ses formes particulières XXXIV, il y a bien des choses à examiner, à ce qu'il paraît! De fait, voilà **d** qu'à présent, il semble qu'il faille encore commencer par saisir ce que peut bien être le désir et où il se produit.

Protarque — Eh bien, examinons cela; nous n'y perdrons rien, en effet.

Socrate — Ah si! Nous perdrons au moins *ceci* XXXV, Protarque : une fois que nous aurons trouvé ce que nous sommes en train de chercher, nous perdrons notre embarras à ce sujet!

Protarque — Belle riposte! Mais tâchons d'énoncer la suite.

Socrate — Ne venons-nous pas d'affirmer que la faim, la soif et beaucoup d'autres affections de cette sorte sont des désirs [1]? **e**

Protarque — Si, et fortement.

Socrate — Que pouvons-nous bien avoir en vue d'identique parmi ces choses qui diffèrent beaucoup les unes des autres lorsque nous les nommons ainsi d'un seul nom?

Protarque — Par Zeus, voilà qui n'est peut-être pas facile à dire, Socrate! Et pourtant, il faut le dire.

Socrate — Alors, reprenons à partir de ce point, là.

Protarque — De quel point?

---

1. À strictement parler, rien de tel n'a encore été dit.

ΣΩ. Διψῇ γέ που λέγομεν ἑκάστοτέ τι; |

10 ΠΡΩ. Πῶς δ' οὔ;

ΣΩ. Τοῦτο δέ γ' ἐστὶ κενοῦται;

ΠΡΩ. Τί μήν;

ΣΩ. Ἆρ' οὖν τὸ δίψος ἐστὶν ἐπιθυμία;

ΠΡΩ. Ναί, πώματός γε. |

35a ΣΩ. Πώματος, ἢ πληρώσεως πώματος;

ΠΡΩ. Οἶμαι μὲν πληρώσεως.

ΣΩ. Ὁ κενούμενος ἡμῶν ἄρα, ὡς ἔοικεν, ἐπιθυμεῖ τῶν ἐναντίων ἢ πάσχει· κενούμενος γὰρ ἐρᾷ πληροῦσθαι. |

5 ΠΡΩ. Σαφέστατά γε.

ΣΩ. Τί οὖν; ὁ τὸ πρῶτον κενούμενος ἔστιν ὁπόθεν εἴτ' αἰσθήσει πληρώσεως ἐφάπτοιτ' ἂν εἴτε μνήμῃ, τούτου ὃ μήτ' ἐν τῷ νῦν χρόνῳ πάσχει μήτ' ἐν τῷ πρόσθεν πώποτε ἔπαθεν; |

10 ΠΡΩ. Καὶ πῶς; |

b ΣΩ. Ἀλλὰ μὴν ὅ γε ἐπιθυμῶν τινὸς ἐπιθυμεῖ, φαμέν.

ΠΡΩ. Πῶς γὰρ οὔ;

ΣΩ. Οὐκ ἄρα ὅ γε πάσχει, τούτου ἐπιθυμεῖ. διψῇ γάρ, τοῦτο δὲ κένωσις· ὁ δ' ἐπιθυμεῖ πληρώσεως. |

5 ΠΡΩ. Ναί.

Socrate — « Il a soif » : voilà du moins quelque chose qu'il nous arrive de dire en toute occasion ?

Protarque — Évidemment !

Socrate — Et cela revient à « il est vide » ?

Protarque — Certes.

Socrate — Mais la soif, n'est-ce pas un désir ?

Protarque — Si, un désir de boisson.

Socrate — De boisson, ou de se remplir de boisson ?   **35a**

Protarque — De se remplir, je crois.

Socrate — Celui d'entre nous qui est vide, à ce qu'il semble, désire le contraire de ce dont il est affecté : car il est vide, et il aspire à être rempli.

Protarque — Voilà au moins qui est très clair.

Socrate — Mais quoi ! Celui qui est vide pour commencer, comment pourrait-il entrer en contact, que ce soit par la sensation ou par le souvenir, avec la réplétion, c'est-à-dire avec une affection qu'il n'éprouve pas au moment présent ni n'a encore jamais éprouvée auparavant ?

Protarque — Oui, comment ?

Socrate — Mais celui qui désire, nous affirmons qu'il **b** désire quelque chose ?

Protarque — Comment ne pas l'affirmer ?

Socrate — Alors, en tout cas, ce n'est pas son affection présente qu'il désire. Car il a soif, et cela est un vide ; mais lui, il désire être rempli.

Protarque — Oui.

ΣΩ. Πληρώσεώς γ᾽ ἄρα πή τι τῶν τοῦ διψῶντος ἂν ἐφάπτοιτο.

ΠΡΩ. Ἀναγκαῖον.

ΣΩ. Τὸ μὲν δὴ σῶμα ἀδύνατον· κενοῦται γάρ που. |

10   ΠΡΩ. Ναί.

ΣΩ. Τὴν ψυχὴν ἄρα τῆς πληρώσεως ἐφάπτεσθαι c λοιπόν, | τῇ μνήμῃ δῆλον ὅτι· τῷ γὰρ ἂν ἔτ᾽ ἄλλῳ ἐφάψαιτο;

ΠΡΩ. Σχεδὸν οὐδενί.

ΣΩ. Μανθάνομεν οὖν ὃ συμβέβηχ᾽ ἡμῖν ἐκ τούτων τῶν λόγων; |

5   ΠΡΩ. Τὸ ποῖον;

ΣΩ. Σώματος ἐπιθυμίαν οὔ φησιν ἡμῖν οὗτος ὁ λόγος γίγνεσθαι.

ΠΡΩ. Πῶς;

ΣΩ. Ὅτι τοῖς ἐκείνου παθήμασιν ἐναντίαν ἀεὶ παντὸς 10 | ζῴου μηνύει τὴν ἐπιχείρησιν.

ΠΡΩ. Καὶ μάλα.

ΣΩ. Ἡ δ᾽ ὁρμή γε ἐπὶ τοὐναντίον ἄγουσα ἢ τὰ παθήματα δηλοῖ που μνήμην οὖσαν τῶν τοῖς παθήμασιν ἐναντίων. |

15   ΠΡΩ. Πάνυ γε. |

d   ΣΩ. Τὴν ἄρα ἐπάγουσαν ἐπὶ τὰ ἐπιθυμούμενα ἀποδείξας μνήμην ὁ λόγος ψυχῆς σύμπασαν τήν τε ὁρμὴν καὶ ἐπιθυμίαν καὶ τὴν ἀρχὴν τοῦ ζῴου παντὸς ἀπέφηνεν.

Socrate — Cette réplétion, il doit bien y avoir quelque chose de celui qui a soif qui est en contact avec elle d'une manière ou d'une autre.

Protarque — Nécessairement.

Socrate — Or il est impossible que ce soit le corps : en effet, celui-ci est vide.

Protarque — Oui.

Socrate — Reste donc que ce soit l'âme qui touche à la réplétion, et ce grâce au souvenir, évidemment ; sinon, **c** grâce à quoi d'autre y toucherait-elle ?

Protarque — Autant dire rien.

Socrate — Comprenons-nous bien ce qui résulte de ces propos ?

Protarque — Euh… quoi ?

Socrate — Il n'y a pas de désir du corps, voilà ce que cet argument nous affirme.

Protarque — Comment cela ?

Socrate — Parce qu'il nous indique que tout être vivant s'efforce toujours de s'opposer aux affections de ce dernier.

Protarque — Oui, tout à fait.

Socrate — Mais l'impulsion qui conduit vers le contraire de ces affections montre pour ainsi dire qu'il y a un souvenir des affections contraires à celles-là.

Protarque — Absolument.

Socrate — Ainsi, en démontrant que c'est le souvenir **d** qui oriente vers les objets de désir, cet argument a manifesté au grand jour que c'est à l'âme qu'appartient dans sa totalité l'impulsion, le désir, bref le principe de tout être vivant.

ΠΡΩ. Ὀρθότατα. |

5   ΣΩ. Διψῆν ἄρα ἡμῶν τὸ σῶμα ἢ πεινῆν ἤ τι τῶν τοιούτων πάσχειν οὐδαμῇ ὁ λόγος αἱρεῖ.

ΠΡΩ. Ἀληθέστατα.

ΣΩ. Ἔτι δὴ καὶ τόδε περὶ ταὐτὰ ταῦτα κατανοήσωμεν. βίου γὰρ εἶδός τί μοι φαίνεται βούλεσθαι δηλοῦν ὁ λόγος
10 | ἡμῖν ἐν τούτοις αὐτοῖς. |

e   ΠΡΩ. Ἐν τίσι καὶ ποίου πέρι βίου φράζεις;

ΣΩ. Ἐν τῷ πληροῦσθαι καὶ κενοῦσθαι καὶ πᾶσιν ὅσα περὶ σωτηρίαν τέ ἐστι τῶν ζῴων καὶ τὴν φθοράν, καὶ εἴ τις τούτων ἐν ἑκατέρῳ γιγνόμενος ἡμῶν ἀλγεῖ, τοτὲ δὲ
5   χαίρει | κατὰ τὰς μεταβολάς.

ΠΡΩ. Ἔστι ταῦτα.

ΣΩ. Τί δ᾽ ὅταν ἐν μέσῳ τούτων γίγνηται;

ΠΡΩ. Πῶς ἐν μέσῳ;

ΣΩ. Διὰ μὲν τὸ πάθος ἀλγῇ, μεμνῆται δὲ τῶν ἡδέων
10   <ὧν> | γενομένων παύοιτ᾽ ἂν τῆς ἀλγηδόνος, πληρῶται
36a   δὲ μήπω· τί | τότε; φῶμεν ἢ μὴ φῶμεν αὐτὸν ἐν μέσῳ τῶν παθημάτων εἶναι;

ΠΡΩ. Φῶμεν μὲν οὖν.

ΣΩ. Πότερον ἀλγοῦνθ᾽ ὅλως ἢ χαίροντα;

Protarque — À très juste titre.

Socrate — Donc, que notre corps éprouve la soif, la faim ou quelque autre affection de ce genre, voilà ce que notre argument n'admet en aucune manière.

Protarque — C'est très vrai.

Socrate — À propos de ces mêmes affections, considérons encore attentivement le point suivant. Car il me semble que c'est une certaine espèce de vie que cet argument cherche à nous faire voir en elles.

Protarque — Quelles affections? Et de quelle vie e parles-tu?

Socrate — Se remplir et se vider, et tout ce qui concerne la sauvegarde et la destruction des êtres vivants : si l'un de ces phénomènes se produit en chacun de nous, tantôt on souffre tantôt on se réjouit, selon les changements que l'on subit.

Protarque — C'est bien cela.

Socrate — Mais qu'est-ce qui se produit dans l'entre-deux?

Protarque — Comment ça, dans l'entre-deux?

Socrate — Lorsqu'on souffre en raison de ce qui affecte le corps, mais qu'on se souvient de choses plaisantes qui, si elles se produisaient, feraient cesser la douleur, sans pour autant déjà s'en remplir. Que se passe-t-il alors? Dirons-nous, oui ou non, qu'on se situe entre 36a ces deux affections?

Protarque — Oui, nous le dirons.

Socrate — Est-ce qu'on est totalement dans la souffrance, ou dans la jouissance?

ΠΡΩ. Μὰ Δί', ἀλλὰ διπλῇ τινὶ λύπῃ λυπούμενον,
5 κατὰ | μὲν τὸ σῶμα ἐν τῷ παθήματι, κατὰ δὲ τὴν ψυχὴν
προσδοκίας τινὶ πόθῳ.

ΣΩ. Πῶς, ὦ Πρώταρχε, τὸ διπλοῦν τῆς λύπης εἶπες;
ἆρ' οὐκ ἔστι μὲν ὅτε τις ἡμῶν κενούμενος ἐν ἐλπίδι
b φανερᾷ τοῦ | πληρωθήσεσθαι καθέστηκε, τοτὲ δὲ
τοὐναντίον ἀνελπίστως ἔχει;

ΠΡΩ. Καὶ μάλα γε.

ΣΩ. Μῶν οὖν οὐχὶ ἐλπίζων μὲν πληρωθήσεσθαι τῷ
5 | μεμνῆσθαι δοκεῖ σοι χαίρειν, ἅμα δὲ κενούμενος ἐν
τούτοις τοῖς χρόνοις[1] ἀλγεῖν;

ΠΡΩ. Ἀνάγκη.

ΣΩ. Τότε ἄρ' ἄνθρωπος καὶ τἆλλα ζῷα λυπεῖταί τε
ἅμα καὶ χαίρει. |

10 ΠΡΩ. Κινδυνεύει.

ΣΩ. Τί δ' ὅταν ἀνελπίστως ἔχῃ κενούμενος τεύξεσθαι
πληρώσεως; ἆρ' οὐ τότε τὸ διπλοῦν γίγνοιτ' ἂν περὶ τὰς
λύπας πάθος, ὃ σὺ νυνδὴ κατιδὼν ᾠήθης ἁπλῶς εἶναι
c | διπλοῦν;

ΠΡΩ. Ἀληθέστατα, ὦ Σώκρατες.

ΣΩ. Ταύτῃ δὴ τῇ σκέψει τούτων τῶν παθημάτων τόδε
χρησώμεθα. |

5 ΠΡΩ. Τὸ ποῖον;

---

1. b6 τοῖς χρόνοις BTW Diès : secl. Badham Burnet

Protarque — Par Zeus! Mais on est plutôt affligé d'une double douleur! Corporelle par son affection, et psychique par une sorte de regret résultant de l'attente.

Socrate — Comment entends-tu ce redoublement de douleur, Protarque? N'y a-t-il pas des cas où l'un de nous, tout en étant vide, est placé devant un clair espoir d'être **b** rempli, et d'autres où il est au contraire sans espoir?

Protarque — Si, tout à fait.

Socrate — Celui qui espère se remplir, ne te semble-t-il pas qu'il se réjouit à ce souvenir, bien qu'en ces mêmes moments, il souffre parce qu'il est vide?

Protarque — Si, nécessairement.

Socrate — En de telles occasions, donc, l'homme et les autres êtres vivants éprouvent simultanément douleur et jouissance.

Protarque — Il y a des chances.

Socrate — Mais qu'en est-il quand, vide, on est sans espoir d'atteindre la réplétion? N'est-ce pas à ce moment que se produit ce redoublement dans les douleurs, affection que tu avais en vue à l'instant et qui t'a fait croire que ce redoublement valait simplement, dans tous **c** les cas?

Protarque — C'est parfaitement vrai, Socrate.

Socrate — Bon. Alors faisons de notre examen de ces affections l'usage que voici.

Protarque — Lequel?

ΣΩ. Πότερον ἀληθεῖς ταύτας τὰς λύπας τε καὶ ἡδονὰς ἢ ψευδεῖς εἶναι λέξομεν; ἢ τὰς μέν τινας ἀληθεῖς, τὰς δ᾽ οὔ;

ΠΡΩ. Πῶς δ᾽, ὦ Σώκρατες, ἂν εἶεν ψευδεῖς ἡδοναὶ ἢ λῦπαι; |

10 ΣΩ. Πῶς δέ, ὦ Πρώταρχε, φόβοι ἂν ἀληθεῖς ἢ ψευδεῖς, ἢ προσδοκίαι ἀληθεῖς ἢ μή, ἢ δόξαι ἀληθεῖς ἢ ψευδεῖς; |

d ΠΡΩ. Δόξας μὲν ἔγωγ᾽ ἄν που συγχωροίην, τὰ δ᾽ ἕτερα ταῦτ᾽ οὐκ ἄν.

ΣΩ. Πῶς φής; λόγον μέντοι τινὰ κινδυνεύομεν οὐ πάνυ σμικρὸν ἐπεγείρειν. |

5 ΠΡΩ. Ἀληθῆ λέγεις.

ΣΩ. Ἀλλ᾽ εἰ πρὸς τὰ παρεληλυθότα, ὦ παῖ ʽκείνου τἀνδρός, προσήκοντα, τοῦτο σκεπτέον.

ΠΡΩ. Ἴσως τοῦτό γε.

ΣΩ. Χαίρειν τοίνυν δεῖ λέγειν τοῖς ἄλλοις μήκεσιν ἢ
10 καὶ | ὁτῳοῦν τῶν παρὰ τὸ προσῆκον λεγομένων.

ΠΡΩ. Ὀρθῶς. |

e ΣΩ. Λέγε δή μοι· θαῦμα γάρ μέ γε ἔχει διὰ τέλους ἀεὶ περὶ τὰ αὐτὰ ἃ νυνδὴ προυθέμεθα ἀπορήματα. πῶς δὴ φής; ψευδεῖς, αἱ δ᾽ ἀληθεῖς οὐκ εἰσὶν ἡδοναί;

ΠΡΩ. Πῶς γὰρ ἄν; |

Socrate — Dirons-nous que ces douleurs et ces plaisirs sont vrais, ou qu'ils sont faux ? Ou bien que certains sont vrais, et d'autres pas ?

Protarque — Mais comment des plaisirs et des douleurs pourraient-ils être faux, Socrate ?

Socrate — Et comment des craintes pourraient-elles être vraies ou fausses, Protarque, ou des attentes vraies ou non, ou des opinions vraies ou fausses ?

Protarque — En ce qui me concerne, je pourrais sans **d** doute y consentir dans le cas des opinions, mais pas dans les autres.

Socrate — Que dis-tu là ? Assurément, c'est loin d'être une petite discussion que nous risquons de mettre en branle !

Protarque — Tu dis vrai.

Socrate — Mais si elle a un rapport avec nos propos précédents, il faut examiner cette question, ô fils d'un tel homme !

Protarque — Peut-être bien.

Socrate — Dans ce cas, il nous faut dire « Au plaisir ! » à toutes les autres longueurs, ainsi qu'à tout ce qui est sans rapport avec notre propos.

Protarque — C'est juste.

Socrate — Alors dis-moi ; car je ne cesse jamais **e** d'être saisi d'étonnement à propos de ces difficultés auxquelles nous sommes présentement confrontés. Que dis-tu exactement ? N'y a-t-il pas des plaisirs faux, et d'autres qui sont vrais ?

Protarque — Mais enfin, comment cela pourrait-il être le cas ?

5 ΣΩ. Οὔτε δὴ ὄναρ οὔθ᾽ ὕπαρ, ὡς φῄς, [ἐστιν] οὔτ᾽ ἐν μανίαις οὔτ᾽ ἐν παραφροσύναις οὐδεὶς ἔσθ᾽ ὅστις ποτὲ δοκεῖ μὲν χαίρειν, χαίρει δὲ οὐδαμῶς, οὐδ᾽ αὖ δοκεῖ μὲν λυπεῖσθαι, λυπεῖται δ᾽ οὔ.

ΠΡΩ. Πάνθ᾽ οὕτω ταῦτα, ὦ Σώκρατες, ἔχειν πάντες
10 | ὑπειλήφαμεν.

ΣΩ. Ἆρ᾽ οὖν ὀρθῶς; ἢ σκεπτέον εἴτ᾽ ὀρθῶς εἴτε μὴ ταῦτα λέγεται;

ΠΡΩ. Σκεπτέον, ὥς γ᾽ ἐγὼ φαίην ἄν. |

37a ΣΩ. Διορισώμεθα δὴ σαφέστερον ἔτι τὸ νυνδὴ λεγόμενον ἡδονῆς τε πέρι καὶ δόξης. ἔστιν γάρ πού τι δοξάζειν ἡμῖν;

ΠΡΩ. Ναί. |

5 ΣΩ. Καὶ ἥδεσθαι;

ΠΡΩ. Ναί.

ΣΩ. Καὶ μὴν καὶ τὸ δοξαζόμενόν ἐστί τι;

ΠΡΩ. Πῶς δ᾽ οὔ;

ΣΩ. Καὶ τό γε ᾧ τὸ ἡδόμενον ἥδεται; |

10 ΠΡΩ. Καὶ πάνυ γε.

ΣΩ. Οὐκοῦν τὸ δοξάζον, ἄντε ὀρθῶς ἄντε μὴ ὀρθῶς δοξάζῃ, τό γε δοξάζειν ὄντως οὐδέποτε ἀπόλλυσιν. |

b ΠΡΩ. Πῶς γὰρ ἄν;

Socrate — Ni en rêve ni éveillé, prétends-tu, ni dans des cas de folie ou de démence, personne, qui que ce soit, ne croit jamais jouir alors qu'il ne jouit aucunement, ni ne croit souffrir alors qu'il ne souffre pas ?

Protarque — Qu'il en aille bien ainsi dans tous ces cas, c'est ce que nous supposons tous, Socrate.

Socrate — Mais est-ce à bon droit ? Ou bien faut-il examiner si on a raison ou non de s'exprimer ainsi ?

Protarque — Il faut l'examiner, dirais-je pour ma part !

Socrate — Alors déterminons encore plus clairement **37a** nos présents propos sur le plaisir et l'opinion. Il y a bien pour nous quelque chose comme le fait d'avoir une opinion ?

Protarque — Oui.

Socrate — Et le fait d'éprouver du plaisir ?

Protarque — Oui.

Socrate — Et le contenu de l'opinion, c'est également quelque chose ?

Protarque — Comment ne serait-ce pas quelque chose ?

Socrate — De même, ce à quoi prend plaisir ce qui éprouve du plaisir ?

Protarque — Absolument.

Socrate — Donc, ce qui opine, que son opinion soit correcte ou non, ne perd du moins jamais le fait d'avoir réellement une opinion.

Protarque — Comment pourrait-il le perdre ?   **b**

ΣΩ. Οὐκοῦν καὶ τὸ ἡδόμενον, ἄντε ὀρθῶς ἄντε μὴ ὀρθῶς ἥδηται, τό γε ὄντως ἥδεσθαι δῆλον ὡς οὐδέποτ' ἀπολεῖ.

ΠΡΩ. Ναί, καὶ τοῦθ' οὕτως ἔχει. |

5 ΣΩ. Τῷ[1] ποτὲ οὖν δὴ τρόπῳ δόξα ψευδής τε καὶ ἀληθὴς ἡμῖν φιλεῖ γίγνεσθαι, τὸ δὲ τῆς ἡδονῆς μόνον ἀληθές, δοξάζειν δ' ὄντως καὶ χαίρειν ἀμφότερα ὁμοίως εἴληχεν[2].

ΠΡΩ. Σκεπτέον. |

10 ΣΩ. Ἆρ' ὅτι δόξῃ μὲν ἐπιγίγνεσθον ψεῦδός τε καὶ
c | ἀληθές, καὶ ἐγένετο οὐ μόνον δόξα διὰ ταῦτα ἀλλὰ καὶ ποιά τις ἑκατέρα, σκεπτέον φῂς τοῦτ' εἶναι;

ΠΡΩ. Ναί.

ΣΩ. Πρὸς δέ γε τούτοις, εἰ καὶ τὸ παράπαν ἡμῖν τὰ
5 μέν | ἐστι ποί' ἄττα, ἡδονὴ δὲ καὶ λύπη μόνον ἅπερ ἐστί, ποιώ τινε δὲ οὐ γίγνεσθον, καὶ ταῦθ' ἡμῖν διομολογητέον.

ΠΡΩ. Δῆλον.

ΣΩ. Ἀλλ' οὐδὲν τοῦτό γε χαλεπὸν ἰδεῖν, ὅτι καὶ ποιώ τινε· πάλαι γὰρ εἴπομεν ὅτι μεγάλαι τε καὶ σμικραὶ καὶ
10 | σφόδρα ἑκάτεραι γίγνονται, λῦπαί τε καὶ ἡδοναί. |

d ΠΡΩ. Παντάπασι μὲν οὖν.

1. b5 τῷ corr. T[2] : ὅτῳ BTW Burnet Diès
2. b7-8 εἴληχεν BTW : εἴληχεν <σκεπτέον> Baiter Burnet Diès

Socrate — Et de même, ce qui éprouve du plaisir, qu'il l'éprouve correctement ou non, il est en tout cas évident qu'il ne perd jamais le fait d'éprouver réellement du plaisir.

Protarque — Oui, ici encore, il en va ainsi.

Socrate — Par quel moyen [XXXVI] l'opinion peut-elle donc bien avoir coutume d'être fausse aussi bien que vraie en nous, tandis que seul le vrai appartiendrait au plaisir, le fait d'opiner et le fait de jouir étant par ailleurs tous deux pris comme réels ?

Protarque — Il faut l'examiner.

Socrate — Qu'à l'opinion s'ajoutent le faux aussi bien que le vrai, et qu'elle devienne à cause d'eux **c** non seulement une opinion, mais une certaine opinion qualifiée d'une de ces deux manières, est-ce cela dont tu affirmes qu'il faut l'examiner ?

Protarque — Oui.

Socrate — Mais en outre, et de manière générale, est-ce que, pour nous, certaines choses sont qualifiées, mais que le plaisir et la douleur ne sont que ce qu'ils sont, sans jamais devenir quelque chose de qualifié ? Sur cela également, il faut nous mettre d'accord.

Protarque — Évidemment.

Socrate — Mais qu'ils puissent eux aussi devenir quelque chose de qualifié, cela, du moins, n'est nullement difficile à voir ; en effet, cela fait longtemps que nous avons dit que tous deux, douleurs comme plaisirs, pouvaient être grands, petits ou forts.

Protarque — Ah oui ! Absolument !   **d**

ΣΩ. Ἂν δέ γε πονηρία τούτων, ὦ Πρώταρχε, προσγίγνηταί τινι, πονηρὰν μὲν φήσομεν οὕτω γίγνεσθαι δόξαν, πονηρὰν δὲ καὶ ἡδονήν; |

5 ΠΡΩ. Ἀλλὰ τί μήν, ὦ Σώκρατες;

ΣΩ. Τί δ', ἂν ὀρθότης ἢ τοὐναντίον ὀρθότητι τινὶ τούτων προσγίγνηται; μῶν οὐκ ὀρθὴν μὲν δόξαν ἐροῦμεν, ἂν ὀρθότητα ἴσχῃ, ταὐτὸν δὲ ἡδονήν;

ΠΡΩ. Ἀναγκαῖον. |

e ΣΩ. Ἂν δέ γε ἁμαρτανόμενον τὸ δοξαζόμενον ᾖ, τὴν δόξαν τότε ἁμαρτάνουσάν γε οὐκ ὀρθὴν ὁμολογητέον οὐδ' ὀρθῶς δοξάζουσαν;

ΠΡΩ. Πῶς γὰρ ἄν; |

5 ΣΩ. Τί δ', ἂν αὖ λύπην ἤ τινα ἡδονὴν περὶ τὸ ἐφ' ᾧ λυπεῖται ἢ τοὐναντίον ἁμαρτάνουσαν ἐφορῶμεν, ὀρθὴν ἢ χρηστὴν ἤ τι τῶν καλῶν ὀνομάτων αὐτῇ προσθήσομεν;

ΠΡΩ. Ἀλλ' οὐχ οἷόν τε, εἴπερ ἁμαρτήσεταί γε ἡδονή. |

10 ΣΩ. Καὶ μὴν ἔοικέν γε ἡδονὴ πολλάκις οὐ μετὰ δόξης ὀρθῆς ἀλλὰ μετὰ ψεύδους ἡμῖν γίγνεσθαι.

ΠΡΩ. Πῶς γὰρ οὔ; καὶ τὴν μὲν δόξαν γε, ὦ Σώκρατες,
38a | ἐν τῷ τοιούτῳ καὶ τότε λέγομεν[1] ψευδῆ, τὴν δ' ἡδονὴν αὐτὴν οὐδεὶς ἄν ποτε προσείποι ψευδῆ.

---

1. a1 τότε λέγομεν Stallbaum Burnet : τότ' ἐλέγομεν BTW Diès

Socrate — Mais si la perversité s'ajoute à l'un d'eux, Protarque, nous dirons que l'opinion devient ainsi perverse, et pervers également le plaisir ?

Protarque — Mais bien sûr, Socrate !

Socrate — Et si c'est la rectitude ou le contraire de la rectitude qui s'ajoute à l'un d'eux ? Ne dirons-nous pas que l'opinion est correcte, si elle possède la rectitude, et la même chose pour le plaisir ?

Protarque — C'est nécessaire.

Socrate — Si au contraire le contenu de l'opinion se e trompe, il faut convenir qu'alors, l'opinion, puisqu'elle se trompe, n'est pas correcte, et qu'elle n'opine pas correctement ?

Protarque — De fait, comment serait-ce le cas ?

Socrate — Mais quoi ! Si nous observons à leur tour une certaine douleur ou un certain plaisir qui se trompent à propos de ce dont l'une est peinée et l'autre le contraire, les qualifierons-nous de correct, d'utile ou d'un quelconque terme élogieux ?

Protarque — Non, impossible… si du moins le plaisir peut se tromper !

Socrate — Mais en tout cas, le plaisir semble bien souvent se produire en nous accompagné non pas d'une opinion correcte, mais d'une opinion fausse.

Protarque — Bien sûr, comment n'en irait-il pas ainsi ? Mais alors, dans une telle situation, Socrate, c'est l'opinion que nous disons XXXVII fausse, tandis que **38a** le plaisir lui-même, personne ne le qualifierait jamais de faux.

ΣΩ. Ἀλλὰ προθύμως ἀμύνεις τῷ τῆς ἡδονῆς, ὦ Πρώταρχε, λόγῳ τὰ νῦν. |

5 ΠΡΩ. Οὐδέν γε, ἀλλ᾽ ἅπερ ἀκούω λέγω.

ΣΩ. Διαφέρει δ᾽ ἡμῖν οὐδέν, ὦ ἑταῖρε, ἡ μετὰ δόξης τε ὀρθῆς καὶ μετ᾽ ἐπιστήμης ἡδονὴ τῆς μετὰ τοῦ ψεύδους καὶ ἀνοίας[1] πολλάκις ἑκάστοις ἡμῶν ἐγγιγνομένης; |

b ΠΡΩ. Εἰκὸς γοῦν μὴ σμικρὸν διαφέρειν.

ΣΩ. Τῆς δὴ διαφορᾶς αὐτοῖν ἐπὶ θεωρίαν ἔλθωμεν.

ΠΡΩ. Ἄγ᾽ ὅπη σοι φαίνεται.

ΣΩ. Τῇδε δὴ ἄγω. |

5 ΠΡΩ. Πῇ;

ΣΩ. Δόξα, φαμέν, ἡμῖν ἔστι μὲν ψευδής, ἔστι δὲ καὶ ἀληθής;

ΠΡΩ. Ἔστιν.

ΣΩ. Ἕπεται μὴν ταύταις, ὃ νυνδὴ ἐλέγομεν, ἡδονὴ καὶ 10 | λύπη πολλάκις, ἀληθεῖ καὶ ψευδεῖ δόξῃ λέγω.

ΠΡΩ. Πάνυ γε.

ΣΩ. Οὐκοῦν ἐκ μνήμης τε καὶ αἰσθήσεως δόξα ἡμῖν καὶ τὸ διαδοξάζειν ἐγχειρεῖν γίγνεθ᾽ ἑκάστοτε; |

c ΠΡΩ. Καὶ μάλα.

ΣΩ. Ἆρ᾽ οὖν ἡμᾶς ὧδε περὶ ταῦτα ἀναγκαῖον ἡγούμεθ᾽ ἴσχειν;

1. a8 ἀνοίας BTW : ἀγνοίας Cornarius Burnet Diès

Socrate — Eh bien, Protarque ! Quelle ardeur tu mets maintenant à défendre la cause du plaisir !

Protarque — Oh, pas du tout ! Je ne fais que répéter ce que j'entends.

Socrate — Mais dis-moi, mon ami : le plaisir accompagné d'opinion correcte et de science ne diffère-t-il pour nous en rien de celui qui se produit bien souvent en chacun de nous accompagné d'opinion fausse ou de manque d'intelligence XXXVIII ?

Protarque — De fait, il semble que ce ne soit pas **b** médiocrement qu'il en diffère.

Socrate — Embarquons-nous donc dans l'étude de la différence entre les deux.

Protarque — Mène-moi où bon te semble.

Socrate — Eh bien ! Voici par où je te mène.

Protarque — Par où ?

Socrate — Notre opinion, affirmons-nous, est tantôt fausse, mais tantôt également vraie ?

Protarque — Elle l'est.

Socrate — À leur suite viennent bien souvent, comme nous venons de le dire, plaisir et douleur – je veux dire à la suite de l'opinion vraie et de l'opinion fausse.

Protarque — Absolument.

Socrate — N'est-ce pas à chaque fois à partir du souvenir et de la sensation que l'opinion et l'effort pour atteindre une opinion se produisent en nous ?

Protarque — Si, tout à fait.   **c**

Socrate — Ne pensons-nous pas que nous nous comportons nécessairement de la manière suivante à ce propos ?

ΠΡΩ. Πῶς; |

5 ΣΩ. Πολλάκις ἰδόντι τινὶ πόρρωθεν μὴ πάνυ σαφῶς τὰ καθορώμενα συμβαίνειν βούλεσθαι κρίνειν φαίης ἂν ταῦθ' ἅπερ ὁρᾷ;

ΠΡΩ. Φαίην ἄν.

ΣΩ. Οὐκοῦν τὸ μετὰ τοῦτο αὐτὸς αὑτὸν οὗτος
10 ἀνέροιτ' ἂν | ὧδε;

ΠΡΩ. Πῶς;

ΣΩ. Τί ποτ' ἄρ' ἔστι τὸ παρὰ τὴν πέτραν τοῦθ' ἑστάναι
d | φανταζόμενον ὑπό τινι δένδρῳ; ταῦτ' εἰπεῖν ἄν τις πρὸς ἑαυτὸν δοκεῖ σοι, τοιαῦτ' ἄττα κατιδὼν φαντασθέντα αὑτῷ ποτε;

ΠΡΩ. Τί μήν; |

5 ΣΩ. Ἆρ' οὖν μετὰ ταῦτα ὁ τοιοῦτος ὡς ἀποκρινόμενος ἂν πρὸς αὑτὸν εἴποι τοῦτο, ὡς ἔστιν ἄνθρωπος, ἐπιτυχῶς εἰπών;

ΠΡΩ. Καὶ πάνυ γε.

ΣΩ. Καὶ παρενεχθείς γε αὖ τάχ' ἂν ὡς ἔστι τινῶν
10 | ποιμένων ἔργον τὸ καθορώμενον ἄγαλμα προσείποι.

ΠΡΩ. Μάλα γε. |

e ΣΩ. Κἂν μέν τίς γ' αὐτῷ παρῇ, τά τε πρὸς αὑτὸν ῥηθέντα ἐντείνας εἰς φωνὴν πρὸς τὸν παρόντα αὐτὰ ταῦτ' ἂν πάλιν φθέγξαιτο, καὶ λόγος δὴ γέγονεν οὕτως ὃ τότε δόξαν ἐκαλοῦμεν; |

5 ΠΡΩ. Τί μήν;

Protarque — De quelle manière ?

Socrate — Dirais-tu qu'il arrive bien souvent à quelqu'un qui voit de loin et pas tout à fait clairement ce qu'il observe de vouloir déterminer ce qu'il est en train de voir ?

Protarque — Je le dirais.

Socrate — Cela étant, ce quelqu'un ne s'interrogera-t-il pas lui-même comme suit ?

Protarque — Comment ?

Socrate — « Que peut bien être ce qui m'apparaît debout contre ce rocher, sous un arbre ? » Te semble-t-il **d** qu'il se dirait cela à lui-même, lorsqu'il observe ce qui lui apparaît ainsi ?

Protarque — Bien sûr.

Socrate — Et après cela, notre quelqu'un, se répondant pour ainsi dire à lui-même, ne pourrait-il pas se dire que c'est un homme, et viser juste ?

Protarque — Si, absolument.

Socrate — Ou bien à l'inverse, il pourrait se fourvoyer et appeler ce qu'il observe une statue, œuvre de bergers.

Protarque — Certes.

Socrate — Et si quelqu'un se trouve près de lui, notre **e** homme, donnant voix à ce qu'il se dit à lui-même, ne l'exprimera-t-il pas une nouvelle fois à celui qui est présent, et ce que nous appelions « opinion » tout à l'heure n'est-il pas ainsi devenu « énoncé » ?

Protarque — Sans aucun doute.

ΣΩ. Ἂν δ᾽ ἄρα μόνος ᾖ τοῦτο ταὐτὸν πρὸς αὑτὸν διανοούμενος, ἐνίοτε καὶ πλείω χρόνον ἔχων ἐν αὑτῷ πορεύεται.

ΠΡΩ. Πάνυ μὲν οὖν.

ΣΩ. Τί οὖν; ἆρα σοὶ φαίνεται τὸ περὶ τούτων ὅπερ
10 | ἐμοί;

ΠΡΩ. Τὸ ποῖον;

ΣΩ. Δοκεῖ μοι τότε ἡμῶν ἡ ψυχὴ βιβλίῳ τινὶ προσεοικέναι.

ΠΡΩ. Πῶς; |

39a ΣΩ. Ἡ μνήμη ταῖς αἰσθήσεσι συμπίπτουσα εἰς ταὐτὸν κἀκεῖνα ἃ περὶ ταῦτ᾽ ἐστὶ τὰ παθήματα φαίνονταί μοι σχεδὸν οἷον γράφειν ἡμῶν ἐν ταῖς ψυχαῖς τότε λόγους· καὶ ὅταν μὲν ἀληθῆ γράφῃ τοῦτο τὸ πάθημα[1], δόξα τε
5 ἀληθὴς | καὶ λόγοι ἀπ᾽ αὐτοῦ συμβαίνουσιν ἀληθεῖς ἐν ἡμῖν γιγνόμενοι· ψευδῆ δ᾽ ὅταν ὁ τοιοῦτος παρ᾽ ἡμῖν γραμματεὺς γράψῃ, τἀναντία τοῖς ἀληθέσιν ἀπέβη. |

b ΠΡΩ. Πάνυ μὲν οὖν δοκεῖ μοι, καὶ ἀποδέχομαι τὰ ῥηθέντα οὕτως.

ΣΩ. Ἀποδέχου δὴ καὶ ἕτερον δημιουργὸν ἡμῶν ἐν ταῖς ψυχαῖς ἐν τῷ τότε χρόνῳ γιγνόμενον. |

5 ΠΡΩ. Τίνα;

ΣΩ. Ζωγράφον, ὃς μετὰ τὸν γραμματιστὴν τῶν λεγομένων εἰκόνας ἐν τῇ ψυχῇ τούτων γράφει.

ΠΡΩ. Πῶς δὴ τοῦτον αὖ καὶ πότε λέγομεν;

---

1. a4 τοῦτο τὸ πάθημα BTW Diès : secl. Badham Burnet

Socrate — Si en revanche il est seul, il rumine ces pensées en lui-même, et il lui arrive de poursuivre sa marche en les gardant encore plus longtemps en tête.

Protarque — Absolument.

Socrate — Eh bien! As-tu à ce sujet la même impression que moi?

Protarque — Quelle impression?

Socrate — Il me semble qu'en de telles occasions, notre âme ressemble à un livre.

Protarque — Comment cela?

Socrate — Le souvenir, dans sa coïncidence avec les **39a** sensations, et tout ce qui se rapporte à ces affections, me semblent alors pour ainsi dire écrire des énoncés dans nos âmes; et lorsque cette affection XXXIX écrit des choses vraies, une opinion vraie et des énoncés vrais en résultent et se produisent en nous; mais lorsque ce sont des choses fausses qu'écrit notre espèce de scribe, c'est le contraire des vrais qui en résulte.

Protarque — Il me semble que c'est tout à fait cela, et **b** j'accepte que l'on s'exprime ainsi.

Socrate — Alors accepte également qu'un autre artisan soit présent au même moment dans nos âmes.

Protarque — Quel artisan?

Socrate — Un peintre, qui, après le scribe, dessine en notre âme des copies de ces énoncés.

Protarque — Comment donc et à quel moment allons-nous dire que celui-ci opère à son tour?

ΣΩ. Ὅταν ἀπ' ὄψεως ἤ τινος ἄλλης αἰσθήσεως τὰ
10 τότε | δοξαζόμενα καὶ λεγόμενα ἀπαγαγών τις τὰς τῶν
c δοξασθέντων | καὶ λεχθέντων εἰκόνας ἐν αὑτῷ ὁρᾷ πως.
ἤ τοῦτο οὐκ ἔστι γιγνόμενον παρ' ἡμῖν;

ΠΡΩ. Σφόδρα μὲν οὖν.

ΣΩ. Οὐκοῦν αἱ μὲν τῶν ἀληθῶν δοξῶν καὶ λόγων
5 εἰκόνες | ἀληθεῖς, αἱ δὲ τῶν ψευδῶν ψευδεῖς;

ΠΡΩ. Παντάπασιν.

ΣΩ. Εἰ δὴ ταῦτ' ὀρθῶς εἰρήκαμεν, ἔτι καὶ τόδε ἐπὶ
τούτοις σκεψώμεθα.

ΠΡΩ. Τὸ ποῖον; |

10   ΣΩ. Εἰ περὶ μὲν τῶν ὄντων καὶ τῶν γεγονότων ταῦτα
ἡμῖν οὕτω πάσχειν ἀναγκαῖον, περὶ δὲ τῶν μελλόντων οὔ;

ΠΡΩ. Περὶ ἁπάντων μὲν οὖν τῶν χρόνων ὡσαύτως. |

d   ΣΩ. Οὐκοῦν αἵ γε διὰ τῆς ψυχῆς αὐτῆς ἡδοναὶ καὶ
λῦπαι ἐλέχθησαν ἐν τοῖς πρόσθεν ὡς πρὸ τῶν διὰ τοῦ
σώματος ἡδονῶν καὶ λυπῶν προγίγνοιντ' ἄν, ὥσθ' ἡμῖν
συμβαίνει τὸ προχαίρειν τε καὶ προλυπεῖσθαι περὶ τὸν
5 μέλλοντα χρόνον | εἶναι γιγνόμενον;

ΠΡΩ. Ἀληθέστατα.

ΣΩ. Πότερον οὖν τὰ γράμματά τε καὶ ζωγραφήματα,
ἃ σμικρῷ πρότερον ἐτίθεμεν ἐν ἡμῖν γίγνεσθαι, περὶ μὲν
e τὸν | γεγονότα καὶ τὸν παρόντα χρόνον ἐστίν, περὶ δὲ
τὸν μέλλοντα οὐκ ἔστιν;

ΠΡΩ. Σφόδρα γε.

Socrate — Lorsque, après avoir séparé de la vue ou de quelque autre sensation le contenu de l'opinion et de l'énoncé qui les accompagnaient alors, on voit pour ainsi dire en soi-même les copies du contenu des opinions et **c** des énoncés antérieurs. N'est-ce pas là ce qui se produit en nous ?

Protarque — Si, et comment !

Socrate — Or les copies des opinions et des énoncés vrais sont vraies, celles des faux, fausses ?

Protarque — Absolument.

Socrate — Alors, si ce que nous venons de dire est juste, examinons encore ceci à leur propos.

Protarque — Quoi donc ?

Socrate — S'il est nécessaire que nous éprouvions tout cela concernant le présent et le passé, mais pas concernant l'avenir ?

Protarque — Il en va de même pour tous les temps.

Socrate — Mais les plaisirs et les douleurs de l'âme **d** elle-même, n'a-t-on pas dit précédemment qu'ils peuvent se produire avant les plaisirs et les douleurs du corps, si bien qu'il nous arrive d'éprouver d'avance de la jouissance ou de la douleur à propos du temps à venir ?

Protarque — C'est tout à fait vrai.

Socrate — Donc, ces écritures et ces peintures, dont nous venons tout juste de poser qu'elles se produisent en nous, y en a-t-il à propos des temps passé et présent, mais **e** pas à propos du temps à venir ?

Protarque — Fortement, bien plutôt !

ΣΩ. Ἄρα σφόδρα λέγεις, ὅτι πάντ' ἐστὶ ταῦτα ἐλπίδες
5 | εἰς τὸν ἔπειτα χρόνον οὖσαι, ἡμεῖς δ' αὖ διὰ παντὸς τοῦ
βίου ἀεὶ γέμομεν ἐλπίδων;

ΠΡΩ. Παντάπασι μὲν οὖν.

ΣΩ. Ἄγε δή, πρὸς τοῖς νῦν εἰρημένοις καὶ τόδε
ἀπόκριναι.

ΠΡΩ. Τὸ ποῖον; |

10 ΣΩ. Δίκαιος ἀνὴρ καὶ εὐσεβὴς καὶ ἀγαθὸς πάντως ἆρ'
οὐ θεοφιλής ἐστιν;

ΠΡΩ. Τί μήν;

ΣΩ. Τί δέ; ἄδικός τε καὶ παντάπασι κακὸς ἆρ' οὐ
40a | τοὐναντίον ἐκείνῳ;

ΠΡΩ. Πῶς δ' οὔ;

ΣΩ. Πολλῶν μὴν ἐλπίδων, ὡς ἐλέγομεν ἄρτι, πᾶς
ἄνθρωπος γέμει; |

5 ΠΡΩ. Τί δ' οὔ;

ΣΩ. Λόγοι μήν εἰσιν ἐν ἑκάστοις ἡμῶν, ἃς ἐλπίδας
ὀνομάζομεν;

ΠΡΩ. Ναί.

ΣΩ. Καὶ δὴ καὶ τὰ φαντάσματα ἐζωγραφημένα· καί
10 | τις ὁρᾷ πολλάκις ἑαυτῷ χρυσὸν γιγνόμενον ἄφθονον
καὶ ἐπ' αὐτῷ πολλὰς ἡδονάς· καὶ δὴ καὶ ἐνεζωγραφημένον
αὐτὸν ἐφ' αὑτῷ χαίροντα σφόδρα καθορᾷ. |

b ΠΡΩ. Τί δ' οὔ;

Socrate — Dis-tu « fortement » parce que tout cela, ce sont des espoirs relativement au temps futur, et qu'en ce qui nous concerne, nous sommes toujours remplis d'espoirs tout au long de notre vie ?

Protarque — Oui, absolument.

Socrate — Allons ! Pour poursuivre ce qu'on vient de dire, réponds encore à cette question.

Protarque — Quelle question ?

Socrate — Un homme juste, pieux et absolument bon n'est-il pas aimé des dieux ?

Protarque — Et comment !

Socrate — Mais quoi ? Pour un homme injuste et absolument mauvais, n'est-ce pas tout le contraire ? **40a**

Protarque — Comment ne le serait-ce pas ?

Socrate — Or tout homme, comme nous venons de le dire, est rempli de nombreux espoirs ?

Protarque — Comment le nier ?

Socrate — Or ce sont des énoncés présents en chacun de nous que nous nommons « espoirs » ?

Protarque — Oui.

Socrate — Et aussi des simulacres peints ; et tel homme se voit souvent en possession d'or en abondance, avec, en sus, de nombreux plaisirs ; et en vérité, il s'observe peint en lui-même qui se réjouit fortement de son propre sort.

Protarque — Comment n'en irait-il pas ainsi ?   **b**

ΣΩ. Τούτων οὖν πότερα φῶμεν τοῖς μὲν ἀγαθοῖς ὡς τὸ πολὺ τὰ γεγραμμένα παρατίθεσθαι ἀληθῆ διὰ τὸ θεοφιλεῖς εἶναι, τοῖς δὲ κακοῖς ὡς αὖ <τὸ> πολὺ τοὐναντίον, ἢ μὴ φῶμεν; |

5   ΠΡΩ. Καὶ μάλα φατέον.

ΣΩ. Οὐκοῦν καὶ τοῖς κακοῖς ἡδοναί γε οὐδὲν ἧττον πάρεισιν ἐζωγραφημέναι, ψευδεῖς δὲ αὗταί που.

ΠΡΩ. Τί μήν; |

c   ΣΩ. Ψευδέσιν ἄρα ἡδοναῖς τὰ πολλὰ οἱ πονηροὶ χαίρουσιν, οἱ δ' ἀγαθοὶ τῶν ἀνθρώπων ἀληθέσιν.

ΠΡΩ. Ἀναγκαιότατα λέγεις.

ΣΩ. Εἰσὶν δὴ κατὰ τοὺς νῦν λόγους ψευδεῖς ἐν ταῖς
5   τῶν | ἀνθρώπων ψυχαῖς ἡδοναί, μεμιμημέναι μέντοι τὰς ἀληθεῖς ἐπὶ τὰ γελοιότερα, καὶ λῦπαι δὲ ὡσαύτως.

ΠΡΩ. Εἰσίν.

ΣΩ. Οὐκοῦν ἦν δοξάζειν μὲν ὄντως ἀεὶ τῷ τὸ παράπαν δοξάζοντι, μὴ ἐπ' οὖσι δὲ μηδ' ἐπὶ γεγονόσι μηδὲ ἐπ'
10 | ἐσομένοις ἐνίοτε.

ΠΡΩ. Πάνυ γε. |

d   ΣΩ. Καὶ ταῦτά γε ἦν οἶμαι τὰ ἀπεργαζόμενα δόξαν ψευδῆ τότε καὶ τὸ ψευδῶς δοξάζειν. ἦ γάρ;

ΠΡΩ. Ναί.

ΣΩ. Τί οὖν; οὐκ ἀνταποδοτέον ταῖς λύπαις τε καὶ
5 | ἡδοναῖς τὴν τούτων ἀντίστροφον ἕξιν ἐν ἐκείνοις;

Socrate — Ces écrits, devons-nous dire que les bons en sont pourvus la plupart du temps de vrais, parce qu'ils sont aimés des dieux, et les mauvais la plupart du temps de faux, ou ne devons-nous pas le dire ?

Protarque — Si, il faut tout à fait le dire.

Socrate — Donc, des plaisirs peints ne sont nullement moins présents chez les mauvais ; mais ils sont pour ainsi dire faux.

Protarque — Et comment !

Socrate — Les pervers jouissent dès lors le plus c souvent de plaisirs faux, et les hommes bons, de vrais.

Protarque — Ce que tu dis est absolument nécessaire.

Socrate — D'après nos propos actuels, il y a donc des plaisirs faux dans les âmes des hommes, qui imitent les vrais d'une façon tout à fait ridicule – et pareillement des douleurs.

Protarque — Il y en a.

Socrate — Or on a convenu que le fait d'opiner appartient toujours réellement à ce qui, dans l'absolu, opine, même si son opinion porte quelquefois sur ce qui n'est pas, ni n'a été, ni ne sera.

Protarque — Absolument.

Socrate — Et que c'est cela, je crois, qui produit alors d une opinion fausse et le fait d'opiner faussement. Non ?

Protarque — Si.

Socrate — Mais quoi ? Ne faut-il pas conférer aux douleurs et aux plaisirs la disposition corrélative au non-être présent, passé ou à venir XL que l'on trouve en ceux-là ?

ΠΡΩ. Πῶς;

ΣΩ. Ὡς ἦν μὲν χαίρειν ὄντως ἀεὶ τῷ τὸ παράπαν ὁπωσοῦν καὶ εἰκῇ χαίροντι, μὴ μέντοι ἐπὶ τοῖς οὖσι μηδ᾽ ἐπὶ τοῖς γεγονόσιν ἐνίοτε, πολλάκις δὲ καὶ ἴσως
10 πλειστάκις ἐπὶ | τοῖς μηδὲ μέλλουσί ποτε γενήσεσθαι. |

e   ΠΡΩ. Καὶ ταῦθ᾽ οὕτως ἀναγκαῖον, ὦ Σώκρατες, ἔχειν.

ΣΩ. Οὐκοῦν ὁ αὐτὸς λόγος ἂν εἴη περὶ φόβων τε καὶ θυμῶν καὶ πάντων τῶν τοιούτων, ὡς ἔστι καὶ ψευδῆ πάντα τὰ τοιαῦτα ἐνίοτε; |

5   ΠΡΩ. Πάνυ μὲν οὖν.

ΣΩ. Τί δέ; πονηρὰς δόξας καὶ χρηστὰς[1] ἄλλως ἢ ψευδεῖς γιγνομένας ἔχομεν εἰπεῖν;

ΠΡΩ. Οὐκ ἄλλως.

ΣΩ. Οὐδ᾽ ἡδονάς γ᾽ οἶμαι κατανοοῦμεν ὡς ἄλλον
10 τινὰ | τρόπον εἰσὶν πονηραὶ πλὴν τῷ ψευδεῖς εἶναι. |

41a   ΠΡΩ. Πάνυ μὲν οὖν τοὐναντίον, ὦ Σώκρατες, <ἢ> εἴρηκας[2]. σχεδὸν γὰρ τῷ ψεύδει μὲν οὐ πάνυ πονηρὰς ἄν τις λύπας τε καὶ ἡδονὰς θείη, μεγάλῃ δὲ ἄλλῃ καὶ πολλῇ συμπιπτούσας πονηρίᾳ. |

5   ΣΩ. Τὰς μὲν τοίνυν πονηρὰς ἡδονὰς καὶ διὰ πονηρίαν οὔσας τοιαύτας ὀλίγον ὕστερον ἐροῦμεν, ἂν ἔτι δοκῇ νῷν· τὰς δὲ ψευδεῖς κατ᾽ ἄλλον τρόπον ἐν ἡμῖν πολλὰς

---

1. e6 καὶ χρηστὰς BTW Burnet : κἀχρήστους Apelt Diès
2. a1 <ἢ> εἴρηκας Paley Diès : εἴρηκας BTW Burnet

Protarque — Comment cela?

Socrate — En ce que le fait de jouir appartient toujours réellement, disions-nous, à ce qui, dans l'absolu, jouit, de n'importe quelle manière, comme cela lui vient, même si sa jouissance porte quelquefois sur ce qui n'est pas ni n'a été, et fréquemment aussi, voire peut-être le plus souvent, sur ce qui jamais ne sera.

Protarque — Oui, ici aussi, il doit nécessairement en **e** aller ainsi, Socrate.

Socrate — Or le même argument ne vaudra-t-il pas à propos des craintes, des ardeurs et de toutes les affections de ce genre, à savoir que tout cela est également faux quelquefois?

Protarque — Si, absolument.

Socrate — Mais quoi? Avons-nous un autre moyen de dire si des opinions sont mauvaises ou utiles XLI que lorsqu'elles deviennent fausses?

Protarque — Non, aucun autre.

Socrate — Les plaisirs non plus, je crois, nous ne pensons pas qu'ils soient mauvais d'une autre manière qu'en étant faux.

Protarque — C'est tout le contraire de ce que tu viens **41a** de dire XLII, Socrate! Non, ce n'est pas du tout à cause de leur fausseté que l'on qualifie des douleurs et des plaisirs de mauvais, mais parce qu'on y rencontre une autre perversité, très grave et très répandue.

Socrate — Bon! Ces plaisirs mauvais qui sont tels par perversité, nous en parlerons un peu plus tard, si cela nous semble encore nécessaire, à toi et à moi. Mais il faut parler de ceux qui, d'une autre manière, sont faux

b καὶ πολ|λάκις ἐνούσας τε καὶ ἐγγιγνομένας λεκτέον.
τούτῳ γὰρ ἴσως χρησόμεθα πρὸς τὰς κρίσεις.

ΠΡΩ. Πῶς γὰρ οὔκ; εἴπερ γε εἰσίν.

ΣΩ. Ἀλλ᾽, ὦ Πρώταρχε, εἰσὶν κατά γε τὴν ἐμήν.
5 | τοῦτο δὲ τὸ δόγμα ἕως ἂν κέηται παρ᾽ ἡμῖν, ἀδύνατον
ἀνέλεγκτον δήπου γίγνεσθαι.

ΠΡΩ. Καλῶς.

ΣΩ. Περιιστώμεθα δὴ καθάπερ ἀθληταὶ πρὸς τοῦτον
αὖ τὸν λόγον. |

10 ΠΡΩ. Ἴωμεν.

ΣΩ. Ἀλλὰ μὴν εἴπομεν, εἴπερ μεμνήμεθα, ὀλίγον ἐν
c | τοῖς πρόσθεν, ὡς ὅταν αἱ λεγόμεναι ἐπιθυμίαι ἐν ἡμῖν
ὦσι, δίχα ἄρα τότε τὸ σῶμα καὶ χωρὶς τῆς ψυχῆς τοῖς
παθήμασι διείληπται.

ΠΡΩ. Μεμνήμεθα καὶ προερρήθη ταῦτα. |

5 ΣΩ. Οὐκοῦν τὸ μὲν ἐπιθυμοῦν ἦν ἡ ψυχὴ τῶν τοῦ
σώματος ἐναντίων ἕξεων, τὸ δὲ τὴν ἀλγηδόνα ἤ τινα διὰ
πάθος ἡδονὴν τὸ σῶμα ἦν τὸ παρεχόμενον;

ΠΡΩ. Ἦν γὰρ οὖν.

ΣΩ. Συλλογίζου δὴ τὸ γιγνόμενον ἐν τούτοις. |

10 ΠΡΩ. Λέγε. |

et se produisent en nous en grand nombre et bien **b**
souvent. C'est que cela nous sera peut-être utile en vue
des décisions à prendre.

Protarque — Comment n'en irait-il pas ainsi? Du
moins s'il y a de tels plaisirs…

Socrate — Oh! il y en a, Protarque, à mon avis du
moins. Mais tant que cette thèse n'est pas établie entre
nous, je suppose qu'il est impossible de la laisser sans
examen.

Protarque — Parfaitement.

Socrate — Tournons-nous donc, tels des athlètes,
vers l'argument suivant.

Protarque — Allons-y.

Socrate — Eh bien! Nous avons dit un peu
auparavant[1], si nous nous souvenons bien, que quand il **c**
y a en nous ce que nous appelons des désirs, le corps et
l'âme se trouvent isolés l'un de l'autre, séparés par leurs
affections.

Protarque — Nous nous en souvenons, cela a bien été
dit précédemment.

Socrate — Or ce qui désire, c'était l'âme, qui désire
des états contraires à ceux du corps; mais le corps, c'était
ce qui procure la souffrance ou un certain plaisir qui fait
suite à une affection?

Protarque — Oui, en effet.

Socrate — Alors, il te reste à conclure ce qui se passe
dans de tels cas.

Protarque — Parle.

1. En 35c-d.

d   ΣΩ. Γίγνεται τοίνυν, ὁπόταν ᾖ ταῦτα, ἅμα παρακεῖσθαι
λύπας τε καὶ ἡδονάς, καὶ τούτων αἰσθήσεις ἅμα παρ'
ἀλλήλας ἐναντίων οὐσῶν γίγνεσθαι, ὃ καὶ νυνδὴ ἐφάνη.

ΠΡΩ. Φαίνεται γοῦν. |

5   ΣΩ. Οὐκοῦν καὶ τόδε εἴρηται καὶ συνωμολογημένον
ἡμῖν ἔμπροσθε κεῖται;

ΠΡΩ. Τὸ ποῖον;

ΣΩ. Ὡς τὸ μᾶλλόν τε καὶ ἧττον ἄμφω τούτω δέχεσθον,
λύπη τε καὶ ἡδονή, καὶ ὅτι τῶν ἀπείρων εἴτην. |

10   ΠΡΩ. Εἴρηται. τί μήν;

ΣΩ. Τίς οὖν μηχανὴ ταῦτ' ὀρθῶς κρίνεσθαι; |

e   ΠΡΩ. Πῇ δὴ καὶ πῶς;

ΣΩ. Εἰ τὸ βούλημα ἡμῖν τῆς κρίσεως τούτων ἐν
τοιούτοις τισὶ διαγνῶναι βούλεται ἑκάστοτε τίς τούτων
πρὸς ἀλλήλας μείζων καὶ τίς ἐλάττων καὶ τίς μᾶλλον καὶ
5   τίς | σφοδροτέρα, λύπη τε πρὸς ἡδονὴν καὶ λύπη πρὸς
λύπην καὶ ἡδονὴ πρὸς ἡδονήν.

ΠΡΩ. Ἀλλ' ἔστι ταῦτά τε τοιαῦτα καὶ ἡ βούλησις τῆς
κρίσεως αὕτη.

ΣΩ. Τί οὖν; ἐν μὲν ὄψει τὸ πόρρωθεν καὶ ἐγγύθεν
42a   ὁρᾶν | τὰ μεγέθη τὴν ἀλήθειαν ἀφανίζει καὶ ψευδῆ ποιεῖ
δοξάζειν, ἐν λύπαις δ' ἄρα καὶ ἡδοναῖς οὐκ ἔστι ταὐτὸν
τοῦτο γιγνόμενον;

Socrate — Eh bien, ce qui se passe alors, c'est que **d** des douleurs et des plaisirs sont simultanément placés côte à côte, et que leurs sensations, toutes contraires qu'elles soient, se produisent en même temps l'une près de l'autre : c'est cela qui nous est apparu tout à l'heure.

Protarque — En tout cas, cela nous apparaît à présent !

Socrate — Et ce qui suit n'a-t-il pas également été dit et convenu plus tôt entre nous ?

Protarque — Quoi ?

Socrate — Que tous deux, douleur et plaisir, admettent le plus et le moins, et qu'ils appartiennent aux illimités [1].

Protarque — Ah si, cela a été dit ! Et comment !

Socrate — Alors, quel moyen avons-nous de les évaluer correctement ?

Protarque — Comment ça ? À quel point de vue ? **e**

Socrate — Si notre intention en les évaluant tend chaque fois, dans des cas de ce genre, à discerner par comparaison lequel d'entre eux est plus grand que l'autre, lequel est plus petit, lequel est plus intense, lequel est plus fort – une douleur par rapport à un plaisir, une douleur par rapport à une douleur et un plaisir par rapport à un plaisir.

Protarque — Oui, c'est bien cela, et telle est notre intention quand nous les évaluons.

Socrate — Mais quoi ? Dans le cas de la vue, le fait de voir les grandeurs de loin ou de près masque la **42a** vérité et nous fait opiner faux, mais la même chose ne se produirait pas dans le cas des douleurs et des plaisirs ?

1. *Cf.* 27e-28a.

5 ΠΡΩ. Πολὺ μὲν οὖν μᾶλλον, ὦ Σώκρατες. |

ΣΩ. Ἐναντίον δὴ τὸ νῦν τῷ σμικρὸν ἔμπροσθε γέγονεν.

ΠΡΩ. Τὸ ποῖον λέγεις;

ΣΩ. Τότε μὲν αἱ δόξαι ψευδεῖς τε καὶ ἀληθεῖς αὗται γιγνόμεναι τὰς λύπας τε καὶ ἡδονὰς ἅμα τοῦ παρ' αὐταῖς παθήματος ἀνεπίμπλασαν. |

b ΠΡΩ. Ἀληθέστατα.

ΣΩ. Νῦν δέ γε αὐταὶ διὰ τὸ πόρρωθέν τε καὶ ἐγγύθεν ἑκάστοτε μεταβαλλόμεναι θεωρεῖσθαι, καὶ ἅμα τιθέμεναι παρ' ἀλλήλας, αἱ μὲν ἡδοναὶ παρὰ τὸ λυπηρὸν μείζους 5 φαί|νονται καὶ σφοδρότεραι, λῦπαι δ' αὖ διὰ τὸ παρ' ἡδονὰς τοὐναντίον ἐκείναις.

ΠΡΩ. Ἀνάγκη γίγνεσθαι τὰ τοιαῦτα διὰ ταῦτα.

ΣΩ. Οὐκοῦν ὅσῳ μείζους τῶν οὐσῶν ἑκάτεραι καὶ ἐλάττους φαίνονται, τοῦτο ἀποτεμόμενος ἑκατέρων τὸ c φαινόμενον | ἀλλ' οὐκ ὄν, οὔτε αὐτὸ ὀρθῶς φαινόμενον ἐρεῖς, οὐδ' αὖ ποτε τὸ ἐπὶ τούτῳ μέρος τῆς ἡδονῆς καὶ λύπης γιγνόμενον ὀρθόν τε καὶ ἀληθὲς τολμήσεις λέγειν.

ΠΡΩ. Οὐ γὰρ οὖν. |

5 ΣΩ. Τούτων τοίνυν ἑξῆς ὀψόμεθα ἐὰν τῇδε ἀπαντῶμεν ἡδονὰς καὶ λύπας ψευδεῖς ἔτι μᾶλλον ἢ ταύτας φαινομένας τε καὶ οὔσας ἐν τοῖς ζῴοις.

Protarque — Oh, bien plus encore, Socrate !

Socrate — Il arrive donc maintenant le contraire de ce qui se passait un petit peu auparavant.

Protarque — De quoi parles-tu ?

Socrate — Tout à l'heure, c'étaient les opinions qui, parce qu'elles étaient elles-mêmes fausses et vraies, imprégnaient en même temps les douleurs et les plaisirs de leur propre condition.

Protarque — Parfaitement vrai.   b

Socrate — Tandis que maintenant, ce sont ces derniers qui, sans cesse changeants selon qu'ils sont considérés de loin ou de près, et placés simultanément l'un à côté de l'autre, apparaissent, les plaisirs, plus grands et plus forts par comparaison à l'état douloureux, et les douleurs, de leur côté, tout le contraire, parce qu'elles sont comparées aux plaisirs.

Protarque — Oui, de tels phénomènes doivent nécessairement se produire, pour les raisons indiquées.

Socrate — Donc, cette quantité par laquelle chacun des deux paraît plus grand ou plus petit qu'il n'est, tu n'iras pas dire, après l'en avoir retranchée, qu'alors   c
qu'elle apparaît sans être, elle apparaît elle-même correctement, et tu n'oseras jamais dire non plus que la part du plaisir ou de la douleur qui y correspond est correcte et vraie.

Protarque — Non, en effet.

Socrate — Voyons alors ensuite si nous n'en arrivons pas de cette manière à des plaisirs et des douleurs qui paraissent et qui sont encore plus faux que ceux-là chez les êtres vivants.

ΠΡΩ. Ποίας δὴ καὶ πῶς λέγεις;

ΣΩ. Εἴρηταί που πολλάκις ὅτι τῆς φύσεως ἑκάστων
10 | διαφθειρομένης μὲν συγκρίσεσι καὶ διακρίσεσι καὶ
d πλη|ρώσεσι καὶ κενώσεσι καί τισιν αὔξαις καὶ φθίσεσι
λῦπαί τε καὶ ἀλγηδόνες καὶ ὀδύναι καὶ πάνθ' ὁπόσα
τοιαῦτ' ὀνόματα ἔχει συμβαίνει γιγνόμενα.

ΠΡΩ. Ναί, ταῦτα εἴρηται πολλάκις. |

5 ΣΩ. Εἰς δέ γε τὴν αὑτῶν φύσιν ὅταν καθιστῆται,
ταύτην αὖ τὴν κατάστασιν ἡδονὴν ἀπεδεξάμεθα παρ'
ἡμῶν αὐτῶν.

ΠΡΩ. Ὀρθῶς.

ΣΩ. Τί δ' ὅταν περὶ τὸ σῶμα μηδὲν τούτων γιγνόμενον
10 | ἡμῶν ᾖ;

ΠΡΩ. Πότε δὲ τοῦτ' ἂν γένοιτο, ὦ Σώκρατες; |

e ΣΩ. Οὐδὲν πρὸς λόγον ἐστίν, ὦ Πρώταρχε, ὃ σὺ νῦν
ἤρου τὸ ἐρώτημα.

ΠΡΩ. Τί δή;

ΣΩ. Διότι τὴν ἐμὴν ἐρώτησιν οὐ κωλύει ἐμέ [1] διερέσθαι
5 | σε πάλιν.

ΠΡΩ. Ποίαν;

ΣΩ. Εἰ δ' οὖν μὴ γίγνοιτο, ὦ Πρώταρχε, φήσω, τὸ
τοιοῦτον, τί ποτε ἀναγκαῖον ἐξ αὐτοῦ συμβαίνειν ἡμῖν;

ΠΡΩ. Μὴ κινουμένου τοῦ σώματος ἐφ' ἑκάτερα φής; |

10 ΣΩ. Οὕτως.

---

1. e4 κωλύει ἐμέ B Diès : κωλύσεις με TW : κωλύεις με Burnet

Protarque — Lesquels ? Et qu'as-tu à en dire ?

Socrate — On a dit bien souvent[1], je crois, que c'est lorsque la nature de chaque être est corrompue par des agrégations, des séparations, des remplissages, **d** des évidements, ou encore certaines croissances et dépérissements que surviennent douleurs, souffrances, peines et tout ce qui porte un nom apparenté.

Protarque — Oui, on a dit cela bien souvent.

Socrate — Tandis que lorsqu'ils se rétablissent dans leur propre nature, nous sommes convenus entre nous que ce rétablissement est plaisir.

Protarque — C'est juste.

Socrate — Mais qu'en est-il lorsqu'aucun de ces processus ne se produit dans notre corps ?

Protarque — Quand cela pourrait-il bien se produire, Socrate ?

Socrate — Elle n'a aucun rapport avec l'argument, la **e** question que tu viens de poser, Protarque.

Protarque — Pourquoi donc ?

Socrate — Parce qu'elle ne m'empêche pas [XLIII] de reformuler ma propre question à ton endroit.

Protarque — Quelle question ?

Socrate — Eh bien, « Si de tels processus ne se produisaient pas, Protarque », dirai-je, « qu'est-ce qui en résulterait nécessairement pour nous ? »

Protarque — Tu veux dire, si le corps n'était mû dans aucun des deux sens ?

Socrate — C'est bien cela.

1. *Cf.* 31d, 32b, 32e.

ΠΡΩ. Δῆλον δὴ τοῦτό γε, ὦ Σώκρατες, ὡς οὔτε ἡδονὴ γίγνοιτ' ἂν ἐν τῷ τοιούτῳ ποτὲ οὔτ' ἄν τις λύπη. |

43a   ΣΩ. Κάλλιστ' εἶπες. ἀλλὰ γὰρ οἶμαι τόδε λέγεις, ὡς ἀεί τι τούτων ἀναγκαῖον ἡμῖν συμβαίνειν, ὡς οἱ σοφοί φασιν· ἀεὶ γὰρ ἅπαντα ἄνω τε καὶ κάτω ῥεῖ.

ΠΡΩ. Λέγουσι γὰρ οὖν, καὶ δοκοῦσί γε οὐ φαύλως
5 | λέγειν.

ΣΩ. Πῶς γὰρ ἄν, μὴ φαῦλοί γε ὄντες; ἀλλὰ γὰρ ὑπεκστῆναι τὸν λόγον ἐπιφερόμενον τοῦτον βούλομαι. τῇδ' οὖν διανοοῦμαι φεύγειν, καὶ σύ μοι σύμφευγε.

ΠΡΩ. Λέγε ὅπῃ. |

10   ΣΩ. Ταῦτα μὲν τοίνυν οὕτως ἔστω, φῶμεν πρὸς
b τούτους. | σὺ δ' ἀπόκριναι· πότερον ἀεὶ πάντα, ὁπόσα πάσχει τι τῶν ἐμψύχων, ταῦτ' αἰσθάνεται τὸ πάσχον, καὶ οὔτ' αὐξανόμενοι λανθάνομεν ἡμᾶς αὐτοὺς οὔτε τι τῶν τοιούτων οὐδὲν πάσχοντες, ἢ πᾶν τοὐναντίον ; |

5   ΠΡΩ. Ἅπαν δήπου τοὐναντίον· ὀλίγου γὰρ τά γε τοιαῦτα λέληθε πάνθ' ἡμᾶς.

ΣΩ. Οὐ τοίνυν καλῶς ἡμῖν εἴρηται τὸ νυνδὴ ῥηθέν, ὡς αἱ μεταβολαὶ κάτω τε καὶ ἄνω γιγνόμεναι λύπας τε καὶ ἡδονὰς ἀπεργάζονται. |

10   ΠΡΩ. Τί μήν; |

Protarque — Voilà au moins qui est évident, Socrate :
dans une telle circonstance ne se produirait ni plaisir ni
douleur.

Socrate — Bien parlé. Mais j'imagine que ce que tu   **43a**
veux dire, c'est que toujours, l'un de ces processus est
nécessairement en train de se produire en nous, comme le
disent les sages : de fait, toutes choses sont constamment
en train de s'écouler, vers le haut comme vers le bas.

Protarque — C'est bien ce qu'ils disent, et leurs
paroles ne semblent pas négligeables !

Socrate — Comment le seraient-elles, alors qu'eux-
mêmes sont tout sauf négligeables ? Mais justement, j'ai
bien l'intention de battre en retraite face à cet argument
qui nous assaille. Voilà par où je pense m'enfuir ; toi,
accompagne-moi dans cette fuite !

Protarque — Dis-moi par où.

Socrate — « Soit, qu'il en aille ainsi ! » : c'est ce
qu'il nous faut leur dire. Quant à toi, réponds-moi : est-ce   **b**
que tout ce dont est affecté un être animé, celui-ci en a
toujours la sensation lorsqu'il en est affecté ? Et ni notre
croissance ni d'autres affections de ce genre que nous
subissons ne nous demeurent-elles en rien dissimulées ?
ou bien est-ce plutôt tout le contraire ?

Protarque — Tout le contraire, je veux bien le croire !
En réalité, pratiquement toutes les affections de ce genre
nous demeurent dissimulées.

Socrate — Alors, ce que nous avons dit tout à l'heure
n'était pas bien formulé – à savoir que les changements
qui se produisent vers le haut comme vers le bas suscitent
douleurs et plaisirs.

Protarque — De fait !

c ΣΩ. Ὧδ' ἔσται κάλλιον καὶ ἀνεπιληπτότερον τὸ
λεγόμενον.

ΠΡΩ. Πῶς;

ΣΩ. Ὡς αἱ μὲν μεγάλαι μεταβολαὶ λύπας τε καὶ
5 ἡδονὰς | ποιοῦσιν ἡμῖν, αἱ δ' αὖ μέτριαί τε καὶ σμικραὶ τὸ
παράπαν οὐδέτερα τούτων.

ΠΡΩ. Ὀρθότερον οὕτως ἢ 'κείνως, ὦ Σώκρατες.

ΣΩ. Οὐκοῦν εἰ ταῦτα οὕτω, πάλιν ὁ νυνδὴ ῥηθεὶς βίος
ἂν ἥκοι. |

10 ΠΡΩ. Ποῖος;

ΣΩ. Ὃν ἄλυπόν τε καὶ ἄνευ χαρμονῶν ἔφαμεν εἶναι.

ΠΡΩ. Ἀληθέστατα λέγεις.

ΣΩ. Ἐκ δὴ τούτων τιθῶμεν τριττοὺς ἡμῖν βίους, ἕνα
d | μὲν ἡδύν, τὸν δ' αὖ λυπηρόν, τὸν δ' ἕνα μηδέτερα. ἢ πῶς
ἂν φαίης σὺ περὶ τούτων;

ΠΡΩ. Οὐκ ἄλλως ἔγωγε ἢ ταύτῃ, τρεῖς εἶναι τοὺς
βίους.

ΣΩ. Οὐκοῦν οὐκ ἂν εἴη τὸ μὴ λυπεῖσθαί ποτε ταὐτὸν
5 τῷ | χαίρειν;

ΠΡΩ. Πῶς γὰρ ἄν;

ΣΩ. Ὁπόταν οὖν ἀκούσῃς ὡς ἥδιστον πάντων ἐστὶν
ἀλύπως διατελεῖν τὸν βίον ἅπαντα, τί τόθ' ὑπολαμβάνεις
λέγειν τὸν τοιοῦτον; |

Socrate — La formule suivante serait meilleure et **c** prêterait moins le flanc à la critique.

Protarque — Laquelle ?

Socrate — Que ce sont les grands changements qui produisent en nous douleurs et plaisirs, tandis que ceux qui sont mesurés ou minimes ne suscitent aucun des deux.

Protarque — Oui, Socrate, cette formule est plus correcte que la précédente.

Socrate — Alors, s'il en est ainsi, c'est la vie dont on parlait tout à l'heure[1] qui resurgit à nouveau.

Protarque — Quelle vie ?

Socrate — Celle que nous avons dite être dépourvue de douleur comme de joies.

Protarque — Oui, ce que tu dis est tout à fait vrai.

Socrate — Posons par conséquent qu'il y a pour nous trois vies : l'une plaisante, l'autre douloureuse, et **d** la troisième qui n'est ni l'un ni l'autre. Ou bien comment t'exprimerais-tu à ce sujet, toi ?

Protarque — Pas autrement que tu ne viens de le faire : il y a trois vies.

Socrate — Dès lors, le fait de ne pas éprouver de douleur n'est jamais identique au fait d'éprouver du plaisir ?

Protarque — Comment pourrait-il l'être, en effet ?

Socrate — Dans ce cas, quand tu entends dire que ce qu'il y a de plus plaisant, c'est de passer sa vie entière sans douleur, comment comprends-tu de telles paroles ?

1. En 32d-33c.

10 ΠΡΩ. Ἡδὺ λέγειν φαίνεται ἔμοιγε οὗτος τὸ μὴ
λυπεῖσθαι. |

e ΣΩ. Τριῶν ὄντων οὖν ἡμῖν, ὧντινων βούλει, τίθει,
καλλίοσιν ἵνα ὀνόμασι χρώμεθα, τὸ μὲν χρυσόν, τὸ δ'
ἄργυρον, τρίτον δὲ τὸ μηδέτερα τούτων.

ΠΡΩ. Κεῖται. |

5 ΣΩ. Τὸ δὴ μηδέτερα τούτων ἔσθ' ἡμῖν ὅπως θάτερα
γένοιτο ἄν, χρυσὸς ἢ ἄργυρος;

ΠΡΩ. Καὶ πῶς ἄν;

ΣΩ. Οὐδ' ἄρα ὁ μέσος βίος ἡδὺς ἢ λυπηρὸς
λεγόμενος[1] ὀρθῶς ἄν ποτε οὔτ' εἰ δοξάζοι τις, δοξάζοιτο,
10 οὔτ' εἰ λέγοι, | λεχθείη, κατά γε τὸν ὀρθὸν λόγον.

ΠΡΩ. Πῶς γὰρ ἄν; |

44a ΣΩ. Ἀλλὰ μήν, ὦ ἑταῖρε, λεγόντων γε ταῦτα καὶ
δοξαζόντων αἰσθανόμεθα.

ΠΡΩ. Καὶ μάλα.

ΣΩ. Πότερον οὖν καὶ χαίρειν οἴονται τότε, ὅταν μὴ
5 | λυπῶνται;

ΠΡΩ. Φασὶ γοῦν.

ΣΩ. Οὐκοῦν οἴονται τότε χαίρειν· οὐ γὰρ ἄν ἔλεγόν
που.

ΠΡΩ. Κινδυνεύει.

ΣΩ. Ψευδῆ γε μὴν δοξάζουσι περὶ τοῦ χαίρειν, εἴπερ
10 | χωρὶς τοῦ μὴ λυπεῖσθαι καὶ τοῦ χαίρειν ἡ φύσις ἑκατέρου.

---

1. e8 λεγόμενος BTW Burnet : γεγόμενος Badham Diès

Protarque — Il me semble qu'elles prétendent qu'il est plaisant, cet état sans douleur !

Socrate — Eh bien ! De trois choses qui nous **e** appartiennent, celles que tu veux, pose, pour faire usage de noms raffinés, que l'une est de l'or, l'autre de l'argent, et la troisième ni l'un ni l'autre.

Protarque — C'est fait.

Socrate — Alors, ce qui n'est ni l'un ni l'autre, comment pourrions-nous admettre qu'il devienne l'un des deux autres, or ou argent ?

Protarque — Oui, comment ?

Socrate — Donc, cette vie intermédiaire, si on la prétend XLIV agréable ou douloureuse, que ce soit à titre d'opinion ou en paroles, on n'aurait jamais une opinion ni un discours corrects, du moins si on veut parler correctement.

Protarque — Comment en effet serait-ce le cas ?

Socrate — Et pourtant, mon ami, nous constatons **44a** qu'il y en a qui s'expriment ainsi et ont de telles opinions.

Protarque — Oui, et même beaucoup !

Socrate — Dans ces conditions, croient-ils éprouver du plaisir quand ils n'éprouvent pas de douleur ?

Protarque — Ils le disent, en tout cas.

Socrate — Donc, ils croient éprouver du plaisir à ce moment-là ? Sinon, ils ne le diraient pas, j'imagine.

Protarque — Cela risque bien d'être le cas.

Socrate — Ils ont donc une fausse opinion à propos du fait d'éprouver du plaisir, si du moins le fait de ne pas éprouver de douleur et celui d'éprouver du plaisir ont des natures distinctes.

ΠΡΩ. Καὶ μὴν χωρίς γε ἦν.

ΣΩ. Πότερον οὖν αἱρώμεθα παρ' ἡμῖν ταῦτ' εἶναι,
b καθάπερ | ἄρτι, τρία, ἢ δύο μόνα, λύπην μὲν κακὸν τοῖς
ἀνθρώποις, τὴν δ' ἀπαλλαγὴν τῶν λυπῶν, αὐτὸ τοῦτο
ἀγαθὸν ὄν, ἡδὺ προσαγορεύεσθαι;

ΠΡΩ. Πῶς δὴ νῦν τοῦτο, ὦ Σώκρατες, ἐρωτώμεθα
5 ὑφ' | ἡμῶν αὐτῶν; οὐ γὰρ μανθάνω.

ΣΩ. Ὄντως γὰρ τοὺς πολεμίους Φιλήβου τοῦδε, ὦ
Πρώταρχε, οὐ μανθάνεις;

ΠΡΩ. Λέγεις δὲ αὐτοὺς τίνας;

ΣΩ. Καὶ μάλα δεινοὺς λεγομένους τὰ περὶ φύσιν, οἳ
τὸ παράπαν ἡδονὰς οὔ φασιν εἶναι.

ΠΡΩ. Τί μήν; |

c ΣΩ. Λυπῶν ταύτας εἶναι πάσας ἀποφυγάς, ἃς νῦν οἱ
περὶ Φίληβον ἡδονὰς ἐπονομάζουσιν.

ΠΡΩ. Τούτοις οὖν ἡμᾶς πότερα πείθεσθαι
συμβουλεύεις, ἢ πῶς, ὦ Σώκρατες; |

5 ΣΩ. Οὔκ, ἀλλ' ὥσπερ μάντεσι προσχρῆσθαί
τισι, μαντευομένοις οὐ τέχνῃ ἀλλά τινι δυσχερείᾳ
φύσεως οὐκ ἀγεννοῦς, λίαν μεμισηκότων τὴν τῆς
ἡδονῆς δύναμιν καὶ νενομικότων οὐδὲν ὑγιές, ὥστε
d καὶ αὐτὸ τοῦτο αὐτῆς τὸ ἐπαγωγὸν γοήτευμα, | οὐχ
ἡδονήν εἶναι. τούτοις μὲν οὖν ταῦτα ἂν προσχρήσαιο,
σκεψάμενος ἔτι καὶ τὰ ἄλλα αὐτῶν δυσχεράσματα·

Protarque — Et elles sont distinctes, on l'a admis.

Socrate — Qu'allons-nous alors choisir? Que ces états en nous sont au nombre de trois, comme nous **b** venons de le dire, ou de deux seulement : la douleur, qui est mauvaise pour les hommes, et la délivrance des douleurs, qui s'identifie à cela même qui est bon et est appelée plaisante?

Protarque — Pourquoi donc en venons-nous à nous poser nous-mêmes cette question à ce stade, Socrate? Je ne comprends pas.

Socrate — À vrai dire, c'est que tu ne comprends pas qui sont les ennemis de notre Philèbe, Protarque!

Protarque — De quels ennemis parles-tu?

Socrate — De gens que l'on dit très habiles dans les questions naturelles, et qui affirment qu'il n'y a absolument pas de plaisirs.

Protarque — Eh bien!

Socrate — « Tout cela n'est qu'évasions des douleurs, **c** ce que les fidèles de Philèbe nomment à présent des plaisirs! »

Protarque — Mais enfin, Socrate, tu nous conseilles de leur faire confiance, ou quoi?

Socrate — Non, mais de les utiliser comme des devins, qui devinent sans art, mais par un certain dégoût émanant d'une nature non dépourvue de noblesse, et qui haïssent excessivement la puissance du plaisir en n'y reconnaissant rien de sain, au point que son caractère séduisant lui-même serait un sortilège plutôt **d** qu'un plaisir. Crois-moi, utilise-les de cette manière, en examinant encore les autres ramifications de leur dégoût!

μετὰ δὲ ταῦτα αἵ γέ μοι δοκοῦσιν ἡδοναὶ ἀληθεῖς εἶναι
πεύσῃ, ἵνα ἐξ ἀμφοῖν τοῖν λόγοιν σκεψάμενοι τὴν δύναμιν
5 αὐτῆς παρα|θώμεθα πρὸς τὴν κρίσιν.

ΠΡΩ. Ὀρθῶς λέγεις.

ΣΩ. Μεταδιώκωμεν δὴ τούτους, ὥσπερ συμμάχους,
κατὰ τὸ τῆς δυσχερείας αὐτῶν ἴχνος. οἶμαι γὰρ τοιόνδε
τι λέγειν αὐτούς, ἀρχομένους ποθὲν ἄνωθεν, ὡς εἰ
e βουληθεῖμεν ὁτουοῦν | εἴδους τὴν φύσιν ἰδεῖν, οἷον τὴν
τοῦ σκληροῦ, πότερον εἰς τὰ σκληρότατα ἀποβλέποντες
οὕτως ἂν μᾶλλον συννοήσαιμεν ἢ πρὸς τὰ πολλοστὰ
σκληρότητι; δεῖ δή σε, ὦ Πρώταρχε, καθάπερ ἐμοί, καὶ
τούτοις τοῖς δυσχερέσιν ἀποκρίνεσθαι. |

5 ΠΡΩ. Πάνυ μὲν οὖν, καὶ λέγω γε αὐτοῖς ὅτι πρὸς τὰ
πρῶτα μεγέθει.

ΣΩ. Οὐκοῦν εἰ καὶ τὸ τῆς ἡδονῆς γένος ἰδεῖν ἥντινά
ποτ᾽ ἔχει φύσιν βουληθεῖμεν, οὐκ εἰς τὰς πολλοστὰς
45a ἡδονὰς | ἀποβλεπτέον, ἀλλ᾽ εἰς τὰς ἀκροτάτας καὶ
σφοδροτάτας λεγομένας.

ΠΡΩ. Πᾶς ἄν σοι ταύτῃ συγχωροίη τὰ νῦν.

ΣΩ. Ἆρ᾽ οὖν, αἱ πρόχειροί γε αἵπερ καὶ μέγισται τῶν
5 | ἡδονῶν, ὃ λέγομεν πολλάκις, αἱ περὶ τὸ σῶμά εἰσιν
αὗται;

ΠΡΩ. Πῶς γὰρ οὔ;

ΣΩ. Πότερον οὖν καὶ μείζους εἰσὶ καὶ γίγνονται
περὶ τοὺς κάμνοντας ἐν ταῖς νόσοις ἢ περὶ ὑγιαίνοντας;
εὐλαβηθῶμεν δὲ μὴ προπετῶς ἀποκρινόμενοι πταίσωμέν
b πῃ. τάχα γὰρ | ἴσως φαῖμεν ἂν περὶ ὑγιαίνοντας.

Tu apprendras ensuite quels sont les plaisirs qui me semblent être vrais, afin qu'en l'examinant à partir de ces deux points de vue, nous placions la puissance du plaisir en face de nous pour rendre notre jugement.

Protarque — Tes paroles sont justes.

Socrate — Serrons-les donc de près, comme des alliés, et suivons la piste de leur dégoût. Je crois bien qu'ils disent quelque chose comme ceci, en partant d'un principe très élevé : si nous voulions percevoir la nature **e** de n'importe quelle espèce, celle du dur par exemple, est-ce que nous la comprendrions mieux en portant notre regard sur les choses les plus dures, ou sur celles dont la dureté est infime ? Vas-y, Protarque ! Il faut que tu répondes à nos dégoûtés comme tu me répondrais à moi.

Protarque — Absolument ! Et je leur dis que c'est sur ce qui est premier dans l'ordre de la grandeur.

Socrate — Donc, si nous voulions percevoir quelle peut bien être la nature du genre du plaisir, nous ne devrions pas porter notre regard vers les plaisirs infimes, mais vers ceux que l'on dit les plus extrêmes et **45a** les plus forts.

Protarque — Tout le monde s'accorderait avec toi sur ce point.

Socrate — Or les plaisirs à portée de main qui sont aussi les plus grands, nous le disons souvent, ce sont ceux qui concernent le corps ?

Protarque — Comment ne serait-ce pas eux ?

Socrate — Sont-ils et deviennent-ils plus grands chez ceux qui souffrent de maladies, ou chez les bien-portants ? Mais halte-là ! Attention à la chute en cas de réponse précipitée ! Peut-être en effet serions-nous tentés **b** de dire : chez les bien-portants.

ΠΡΩ. Εἰκός γε.

ΣΩ. Τί δ'; οὐχ αὗται τῶν ἡδονῶν ὑπερβάλλουσιν, ὧν ἂν καὶ ἐπιθυμίαι μέγισται προγίγνωνται; |

5 ΠΡΩ. Τοῦτο μὲν ἀληθές.

ΣΩ. Ἀλλ' οὐχ οἱ πυρέττοντες καὶ ἐν τοιούτοις νοσήμασιν ἐχόμενοι μᾶλλον διψῶσι καὶ ῥιγοῦσι καὶ πάντα ὁπόσα διὰ τοῦ σώματος εἰώθασι πάσχειν, μᾶλλόν τ' ἐνδείᾳ συγγίγνονται καὶ ἀποπληρουμένων μείζους
10 ἡδονὰς ἴσχουσιν; ἢ τοῦτο οὐ | φήσομεν ἀληθὲς εἶναι;

ΠΡΩ. Πάνυ μὲν οὖν νῦν ῥηθὲν φαίνεται. |

c ΣΩ. Τί οὖν; ὀρθῶς ἂν φαινοίμεθα λέγοντες ὡς εἴ τις τὰς μεγίστας ἡδονὰς ἰδεῖν βούλοιτο, οὐκ εἰς ὑγίειαν ἀλλ' εἰς νόσον ἰόντας δεῖ σκοπεῖν; ὅρα δὲ μή με ἡγῇ διανοούμενον ἐρωτᾶν σε εἰ πλείω χαίρουσιν οἱ σφόδρα
5 νοσοῦντες τῶν | ὑγιαινόντων, ἀλλ' οἴου μέγεθός με ζητεῖν ἡδονῆς, καὶ τὸ σφόδρα περὶ τοῦ τοιούτου ποῦ ποτε γίγνεται ἑκάστοτε. νοῆσαι γὰρ δεῖ φαμεν ἥντινα φύσιν ἔχει καὶ τίνα λέγουσιν οἱ φάσκοντες μηδ' εἶναι τὸ παράπαν αὐτήν. |

d ΠΡΩ. Ἀλλὰ σχεδὸν ἕπομαι τῷ λόγῳ σου.

ΣΩ. Τάχα, ὦ Πρώταρχε, οὐχ ἧττον δείξεις. ἀπόκριναι γάρ· ἐν ὕβρει μείζους ἡδονάς – οὐ πλείους λέγω, τῷ

Protarque — C'est vraisemblable.

Socrate — Mais quoi ? Parmi les plaisirs, ceux qui l'emportent ne sont-ils pas ceux qui sont également précédés par les plus grands désirs ?

Protarque — Si, c'est vrai.

Socrate — Mais ceux qui souffrent de la fièvre et de maladies semblables n'ont-ils pas plus soif, plus froid, et de même pour toutes les affections qu'ils subissent habituellement par l'intermédiaire de leur corps ? Ne sont-ils pas davantage sujets au manque, et, une fois celui-ci comblé, ne ressentent-ils pas de plus grands plaisirs ? Ou bien allons-nous dire que ce n'est pas vrai ?

Protarque — Si, absolument ! Aussitôt dit, cela semble évident.

Socrate — Eh quoi ? N'aurons-nous pas l'air de c parler correctement en disant que si l'on veut examiner les plus grands plaisirs, ce n'est pas vers la santé, mais vers la maladie qu'il nous faut aller regarder ? Attention toutefois ! Ne va pas penser que je te demande si ceux qui sont fortement malades ont des plaisirs plus nombreux que ceux qui sont en bonne santé ; mais considère que l'objet de ma recherche, c'est la grandeur du plaisir, ainsi que le lieu et le moment où le « fortement » se réalise à chaque fois à son propos. Il faut en effet, affirmons-nous, penser quelle est sa nature et quelle nature lui attribuent ceux qui affirment qu'il n'existe absolument pas.

Protarque — Ça va, je suis à peu près ton argument ! d

Socrate — Tu vas très vite pouvoir le prouver de manière non moins éclatante, Protarque ! Réponds en effet : est-ce dans l'excès que tu vois les plus grands plaisirs – je ne parle pas des plus nombreux, mais de

σφόδρα δὲ καὶ τῷ μᾶλλον ὑπερεχούσας – ὁρᾷς ἦ ἐν τῷ
5 σώφρονι βίῳ; | λέγε δὲ προσέχων τὸν νοῦν.

ΠΡΩ. Ἀλλ' ἔμαθον ὃ λέγεις, καὶ πολὺ τὸ διαφέρον
ὁρῶ. τοὺς μὲν γὰρ σώφρονάς που καὶ ὁ παροιμιαζόμενος
e | ἐπίσχει λόγος ἑκάστοτε, ὁ τὸ "μηδὲν ἄγαν"
παρακελευόμενος, ᾧ πείθονται· τὸ δὲ τῶν ἀφρόνων τε
καὶ ὑβριστῶν μέχρι μανίας ἡ σφοδρὰ ἡδονὴ κατέχουσα
περιβοήτους ἀπεργάζεται. |

5 ΣΩ. Καλῶς· καὶ εἴ γε τοῦθ' οὕτως ἔχει, δῆλον ὡς ἔν
τινι πονηρίᾳ ψυχῆς καὶ τοῦ σώματος, ἀλλ' οὐκ ἐν ἀρετῇ
μέγισται μὲν ἡδοναί, μέγισται δὲ καὶ λῦπαι γίγνονται.

ΠΡΩ. Πάνυ μὲν οὖν.

ΣΩ. Οὐκοῦν τούτων τινὰς προελόμενον δεῖ
10 σκοπεῖσθαι | τίνα ποτὲ τρόπον ἐχούσας ἐλέγομεν αὐτὰς
εἶναι μεγίστας. |

46a ΠΡΩ. Ἀνάγκη.

ΣΩ. Σκόπει δὴ τὰς τῶν τοιῶνδε νοσημάτων ἡδονάς,
τίνα ποτὲ ἔχουσι τρόπον.

ΠΡΩ. Ποίων; |

5 ΣΩ. Τὰς τῶν ἀσχημόνων, ἃς οὓς εἴπομεν δυσχερεῖς
μισοῦσι παντελῶς.

ΠΡΩ. Ποίας;

ΣΩ. Οἷον τὰς τῆς ψώρας ἰάσεις τῷ τρίβειν καὶ ὅσα
τοιαῦτα, οὐκ ἄλλης δεόμενα φαρμάξεως· τοῦτο γὰρ δὴ

ceux qui surpassent les autres par le « fortement » et le
« plus » –, ou dans la vie modérée ? Réfléchis bien avant
de parler.

Protarque — Oh, j'ai bien compris tes paroles, et je
vois là une grande différence. Car les modérés sont pour
ainsi dire à chaque fois retenus par la formule proverbiale, e
ce « rien de trop » dont ils suivent l'injonction ; tandis
que ceux qui vivent dans la déraison et dans l'excès, le
plaisir intense qui s'empare d'eux jusqu'à la folie les fait
crier à tue-tête [XLV].

Socrate — Bien. Et s'il en va ainsi, il est évident que
c'est dans une certaine perversité de l'âme et du corps,
et non dans la vertu, que se produisent les plus grands
plaisirs ainsi que les plus grandes douleurs.

Protarque — Absolument.

Socrate — Donc, après avoir choisi certains d'entre
eux, il faut examiner quel caractère ils possèdent qui
nous les fait dire les plus grands.

Protarque — Nécessairement.   46a

Socrate — Examine dès lors les plaisirs des maladies
de ce genre, pour voir quel caractère ils peuvent bien
posséder.

Protarque — De quelles maladies ?

Socrate — Ceux des maladies honteuses, que nos
dégoûtés ont en horreur absolue.

Protarque — Quel genre de plaisirs ?

Socrate — Par exemple, le soulagement de la gale
qu'on obtient en se grattant, et tous les cas de ce genre,
qui ne requièrent pas de traitement supplémentaire. Car
l'affection qui se produit alors en nous, dans quels termes

10 τὸ | πάθος ἡμῖν, ὦ πρὸς θεῶν, τί ποτε φῶμεν ἐγγίγνεσθαι;
πότερον ἡδονὴν ἢ λύπην;

ΠΡΩ. Σύμμεικτον τοῦτό γ' ἄρ', ὦ Σώκρατες, ἔοικε
γίγνεσθαί τι κακόν. |

b   ΣΩ. Οὐ μὲν δὴ Φιλήβου γε ἕνεκα παρεθέμην τὸν
λόγον· ἀλλ' ἄνευ τούτων, ὦ Πρώταρχε, τῶν ἡδονῶν καὶ
τῶν ταύταις ἑπομένων, ἂν μὴ κατοφθῶσι, σχεδὸν οὐκ ἂν
ποτε δυναίμεθα διακρίνασθαι τὸ νῦν ζητούμενον. |

5   ΠΡΩ. Οὐκοῦν ἰτέον ἐπὶ τὰς τούτων συγγενεῖς.

ΣΩ. Τὰς ἐν τῇ μείξει κοινωνούσας λέγεις;

ΠΡΩ. Πάνυ μὲν οὖν.

ΣΩ. Εἰσὶ τοίνυν μείξεις αἱ μὲν κατὰ τὸ σῶμα ἐν αὐτοῖς
c | τοῖς σώμασιν, αἱ δ' αὐτῆς τῆς ψυχῆς ἐν τῇ ψυχῇ· τὰς
δ' αὖ τῆς ψυχῆς καὶ τοῦ σώματος ἀνευρήσομεν λύπας
ἡδοναῖς μειχθείσας τοτὲ μὲν ἡδονὰς τὰ συναμφότερα,
τοτὲ δὲ λύπας ἐπικαλουμένας. |

5   ΠΡΩ. Πῶς;

ΣΩ. Ὁπόταν ἐν τῇ καταστάσει τις ἢ τῇ διαφθορᾷ
τἀναντία ἅμα πάθη πάσχῃ, ποτὲ ῥιγῶν θέρηται καὶ
θερμαινόμενος ἐνίοτε ψύχηται, ζητῶν, οἶμαι, τὸ μὲν ἔχειν,
τοῦ δὲ ἀπαλλάττεσθαι, τὸ δὴ λεγόμενον πικρῷ γλυκὺ
μεμειγμένον, μετὰ δυσαπαλλακτίας παρόν, ἀγανάκτησιν
d   καὶ ὕστερον σύντασιν | ἀγρίαν ποιεῖ.

devons-nous donc en parler, par les dieux ? comme d'un plaisir ou comme d'une douleur ?

Protarque — Cela semble plutôt être un mélange, Socrate, et un mauvais !

Socrate — Crois-moi, ce n'est pas en visant Philèbe **b** que je t'ai servi cet argument ; mais si nous ne prenions pas en vue ces plaisirs et ceux qui vont à la suite, nous ne pourrions pour ainsi dire jamais trancher la question qui fait l'objet de notre recherche actuelle, Protarque.

Protarque — Dans ce cas, il faut nous diriger vers ceux de cette famille.

Socrate — Tu veux dire ceux qui sont associés dans le mélange ?

Protarque — Absolument.

Socrate — Eh bien, il y a des mélanges corporels qui ont lieu dans les corps eux-mêmes ; d'autres qui relèvent **c** de l'âme elle-même et ont lieu dans l'âme ; enfin, nous découvrirons des douleurs de l'âme et du corps mélangées à des plaisirs, qui ensemble sont appelées tantôt plaisirs tantôt douleurs.

Protarque — Comment cela ?

Socrate — Lorsque, dans la restauration ou la destruction, on subit en même temps des affections contraires, par exemple quand, transi de froid, on se réchauffe, ou que, d'autres fois, ayant trop chaud, on se rafraîchit, en cherchant, je suppose, à atteindre l'une de ces conditions et à se délivrer de l'autre, alors la douceur chargée d'amertume, comme on dit, qui coexiste avec la difficulté de s'en délivrer, produit de l'irritation et, plus tard, une tension sauvage. **d**

ΠΡΩ. Καὶ μάλα ἀληθὲς τὸ νῦν λεγόμενον.

ΣΩ. Οὐκοῦν αἱ τοιαῦται μείξεις αἱ μὲν ἐξ ἴσων εἰσὶ
5 | λυπῶν τε καὶ ἡδονῶν, αἱ δ' ἐκ τῶν ἑτέρων πλειόνων;

ΠΡΩ. Πῶς γὰρ οὔ;

ΣΩ. Λέγε δὴ τὰς μέν, ὅταν πλείους λῦπαι τῶν ἡδονῶν
γίγνωνται, τὰς τῆς ψώρας λεγομένας νυνδὴ ταύτας εἶναι
10 καὶ τὰς τῶν γαργαλισμῶν. ὁπόταν ἐντὸς[1] τὸ ζέον | ᾖ καὶ
τὸ φλεγμαῖνον, τῇ τρίψει δὲ καὶ τῇ κνήσει[2] μὴ ἐφικνῆταί
e | τις, τὰ δ' ἐπιπολῆς[3] μόνον διαχέῃ, τοτὲ φέροντες εἰς πῦρ
αὐτὰ καὶ εἰς τοὐναντίον ἀπορίαις[4] μεταβάλλοντες, ἐνίοτε
ἀμηχάνους ἡδονάς, τοτὲ δὲ τοὐναντίον, τοῖς ἐντὸς πρὸς
τὰ τῶν ἔξω, λύπας ἡδοναῖς συγκερασθείσας, εἰς ὁπότερ'
5 ἂν ῥέψῃ, παρέσχοντο | τῷ τὰ συγκεκριμένα βίᾳ διαχεῖν
47a ἢ τὰ διακεκριμένα συγχεῖν, | καὶ[5] ὁμοῦ λύπας ἡδοναῖς
παρατιθέναι.

ΠΡΩ. Ἀληθέστατα.

ΣΩ. Οὐκοῦν ὁπόταν αὖ πλείων ἡδονὴ κατὰ τὰ
τοιαῦτα πάντα συμμειχθῇ, τὸ μὲν ὑπομεμειγμένον τῆς
5 λύπης γαρ|γαλίζει τε καὶ ἠρέμα ἀγανακτεῖν ποιεῖ, τὸ δ'
αὖ τῆς ἡδονῆς πολὺ πλέον ἐγκεχυμένον συντείνει τε καὶ
ἐνίοτε πηδᾶν ποιεῖ, καὶ παντοῖα μὲν χρώματα, παντοῖα
δὲ σχήματα, παντοῖα δὲ πνεύματα ἀπεργαζόμενον πᾶσαν
ἔκπληξιν καὶ βοὰς μετὰ ἀφροσύνης ἐνεργάζεται; |

1. d9 ἐντὸς BTW Diès : ἐντὸς <ἐν τοῖς> Burnet
2. d10 κνήσει Heusde Burnet Diès : κινήσει BTW
3. e1 τὰ δ' ἐπιπολῆς Schütz Diès : τὸ δ' ἐπὶ πολῆς BT : τὸ δ'
ἐπιπολλῆς W : τὸ δ' ἐπιπολῆς Burnet
4. e2 ἀπορίαις BT Diès : ἀπορίας W : ἀπυρίαις W² (πυ s. lin. et -αις
ex -ας) : πυρίαις Burnet
5. a1 καὶ BTW Diès : secl. Burnet

Protarque — Comme c'est vrai, ce que tu viens de dire !

Socrate — Or parmi de tels mélanges, certains contiennent des douleurs et des plaisirs à égalité, d'autres davantage l'un ou l'autre ?

Protarque — De fait, comment ne serait-ce pas le cas ?

Socrate — Dis-toi alors que ceux où les douleurs sont plus nombreuses que les plaisirs sont ceux de la gale dont nous venons de parler et ceux des démangeaisons. Lorsque le bouillonnement et l'inflammation sont internes, et qu'on ne les atteint pas par frottement ni par grattement [XLVI], mais qu'on dissout seulement ainsi les **e** parties superficielles, en portant ces parties vers le feu et en changeant en sens contraire en fonction des embarras, on procure tantôt des plaisirs insensés, tantôt, au contraire, des douleurs mêlées de plaisirs, aux parties internes par comparaison avec les parties externes, selon que la balance penche d'un côté ou de l'autre, par la dissolution de force de ce qui est mélangé ou le rassemblement de ce qui est dissous – et en même temps la juxtaposition des **47a** douleurs à des plaisirs [XLVII].

Protarque — Parfaitement vrai.

Socrate — Lorsque, en revanche, le plaisir est plus abondant dans de tels mélanges, la part de douleur qui y est mélangée chatouille et fait légèrement s'emporter, mais la part de plaisir versée en bien plus grande quantité s'intensifie et fait même quelquefois bondir ; suscitant toutes sortes de couleurs, toutes sortes de gesticulations, toutes sortes de halètements, elle produit chez l'individu une fureur généralisée et des cris de démence. Non ?

b ΠΡΩ. Μάλα γε.

ΣΩ. Καὶ λέγειν τε, ὦ ἑταῖρε, αὐτόν τε περὶ ἑαυτοῦ
ποιεῖ καὶ ἄλλον ὡς ταύταις ταῖς ἡδοναῖς τερπόμενος οἷον
ἀποθνῄσκει· καὶ ταύτας γε δὴ παντάπασιν ἀεὶ μεταδιώκει
5 τοσούτῳ | μᾶλλον ὅσῳ ἂν ἀκολαστότερός τε καὶ
ἀφρονέστερος ὢν τυγχάνῃ, καὶ καλεῖ δὴ μεγίστας ταύτας,
καὶ τὸν ἐν αὐταῖς ὅτι μάλιστ᾽ ἀεὶ ζῶντα εὐδαιμονέστατον
καταριθμεῖται.

ΠΡΩ. Πάντα, ὦ Σώκρατες, τὰ συμβαίνοντα πρὸς τῶν
πολλῶν ἀνθρώπων εἰς δόξαν διεπέρανας. |

c ΣΩ. Περί γε τῶν ἡδονῶν, ὦ Πρώταρχε, τῶν ἐν τοῖς
κοινοῖς παθήμασιν αὐτοῦ τοῦ σώματος τῶν ἐπιπολῆς
τε καὶ ἐντὸς κερασθέντων· περὶ δέ γ᾽ ὧν ψυχὴ σώματι
τἀναντία συμβάλλεται, λύπην τε ἅμα πρὸς ἡδονὴν καὶ
5 ἡδονὴν πρὸς | λύπην, ὥστ᾽ εἰς μίαν ἀμφότερα κρᾶσιν ἰέναι,
ταῦτα ἔμπροσθε μὲν διήλθομεν, ὡς, ὁπόταν αὖ [1] κενῶται,
πληρώσεως ἐπιθυμεῖ, καὶ ἐλπίζων μὲν χαίρει, κενούμενος
d δὲ ἀλγεῖ, ταῦτα δὲ τότε | μὲν οὐκ ἐμαρτυράμεθα, νῦν
δὲ λέγομεν ὡς ψυχῆς πρὸς σῶμα διαφερομένης ἐν πᾶσι
τούτοις πλήθει ἀμηχάνοις οὖσι μεῖξις μία λύπης τε καὶ
ἡδονῆς συμπίπτει γενομένη.

ΠΡΩ. Κινδυνεύεις ὀρθότατα λέγειν. |

---

1. c6 αὖ BTW : secl. Wohlrab Burnet Diès

Protarque — Si, c'est tout à fait ça !   b

Socrate — Et cela, mon ami, lui fait dire à son propre sujet et fait dire aux autres que c'est comme s'il mourait de jouir de ces plaisirs ; dès lors, il poursuit toujours ces plaisirs-là de toutes ses forces, d'autant plus qu'il s'avère davantage intempérant et dépourvu de pensée ; il les appelle les plus grands, et il compte celui qui vit toujours le plus possible parmi eux pour le plus heureux des hommes.

Protarque — Socrate, ta description de tout ce qui se produit chez la foule des hommes a été à la hauteur de nos attentes XLVIII.

Socrate — Du moins à propos des plaisirs qui se   c
produisent dans les affections communes du corps lui-même, Protarque, où se mêlent affections des parties externes et affections des parties internes. Mais à propos de ceux où l'âme apporte le contraire du corps, et simultanément, douleur contre plaisir ou plaisir contre douleur, de sorte que tous deux se combinent en un seul mélange, nous avons exposé précédemment que, lorsqu'on est à nouveau vide XLIX, on désire la réplétion, et qu'on jouit de cet espoir, tout en souffrant d'être vide[1]. Mais à ce moment-là, nous n'avons pas rendu   d
cela explicite et nous le disons donc à présent : lorsque l'âme s'oppose au corps dans tous ces cas en nombre extraordinaire, un alliage unique de douleur et de plaisir en vient à se produire.

Protarque — Tes paroles risquent bien d'être correctes.

_____

1. *Cf.* 35d-36c, mais aussi 37e-41a et 41a-42c.

5　ΣΩ. Ἔτι τοίνυν ἡμῖν τῶν μείξεων λύπης τε καὶ ἡδονῆς
λοιπὴ μία.

ΠΡΩ. Ποία, φής;

ΣΩ. Ἣν αὐτὴν τὴν ψυχὴν αὑτῇ πολλάκις λαμβάνειν
σύγκρασιν ἔφαμεν. |

10　ΠΡΩ. Πῶς οὖν δὴ τοῦτ' αὐτὸ λέγομεν; |

e　ΣΩ. Ὀργὴν καὶ φόβον καὶ πόθον καὶ θρῆνον καὶ
ἔρωτα καὶ ζῆλον καὶ φθόνον καὶ ὅσα τοιαῦτα, ἆρ' οὐκ
αὐτῆς τῆς ψυχῆς τίθεσαι ταύτας λύπας τινάς;

ΠΡΩ. Ἔγωγε. |

5　ΣΩ. Οὐκοῦν αὐτὰς ἡδονῶν μεστὰς εὑρήσομεν
ἀμηχάνων; ἢ δεόμεθα ὑπομιμνῄσκεσθαι τὸ "ὅς τε ἐφέηκε"
τοῖς θυμοῖς καὶ ταῖς ὀργαῖς τὸ "πολύφρονά περ χαλεπῆναι,
48a　ὅς τε[1] πολὺ γλυκίων μέλιτος καταλειβομένοιο", | καὶ
τὰς ἐν τοῖς θρήνοις καὶ πόθοις ἡδονὰς ἐν λύπαις οὔσας
ἀναμεμειγμένας;

ΠΡΩ. Οὔκ, ἀλλ' οὕτω ταῦτά γε καὶ οὐκ ἄλλως ἂν
συμβαίνοι γιγνόμενα. |

5　ΣΩ. Καὶ μὴν καὶ τάς γε τραγικὰς θεωρήσεις, ὅταν ἅμα
χαίροντες κλάωσι, μέμνησαι;

ΠΡΩ. Τί δ' οὔ;

---

1. e6-9 τὸ ὅς τε ἐφέηκε τοῖς θυμοῖς καὶ ταῖς ὀργαῖς τὸ πολύφρονά
περ χαλεπῆναι ὅς τε Waterfield : τὸ ὥστε ἐφέηκε τοῖς θυμοῖς καὶ ταῖς
ὀργαῖς τὸ πολύφρονά περ χαλεπῆναι ὥστε BTW : [τὸ <ἐν> τοῖς θυμοῖς
καὶ ταῖς ὀργαῖς] τὸ ὅς τε ἐφέηκε πολύφρονά περ χαλεπῆναι ὅς τε
Burnet (verba transposuit Stephanus et del. Fischer) : τὸ ὅς τε ἐφέηκε
πολύφρονά περ χαλεπῆναι ὅς τε Diès

Socrate — Dès lors, de ces mélanges de douleur et de plaisir, il ne reste plus qu'un.

Protarque — Lequel, dis-moi?

Socrate — Cet entremêlement que l'âme elle-même, nous venons de l'affirmer, se donne souvent à elle-même.

Protarque — Eh bien, qu'avons-nous donc à en dire?

Socrate — La colère, la crainte, le regret, la plainte, **e** l'amour, la jalousie, l'envie et toutes les affections de ce genre, ne les tiens-tu pas pour des douleurs de l'âme elle-même?

Protarque — Moi? si.

Socrate — Ne les trouvons-nous pas pleines de plaisirs insensés? ou avons-nous besoin qu'on nous rappelle « que cela incite à nuire », dans les cas d'ardeur et de colère, « même quand on est très avisé, et que c'est mille fois plus doux que le miel qui s'égoutte »[1], ainsi que les plaisirs qui sont mêlés aux douleurs dans les **48a** plaintes et les regrets[L]?

Protarque — Non, c'est bien ainsi que cela se passe, et pas autrement.

Socrate — Certes, tu te souviens également des spectacles tragiques, où on pleure en même temps qu'on se réjouit?

Protarque — Et comment!

---

1. *Iliade* XVIII, v. 108-109.

ΣΩ. Τὴν δ' ἐν ταῖς κωμῳδίαις διάθεσιν ἡμῶν τῆς ψυχῆς, ἆρ' οἶσθ' ὡς ἔστι κἂν τούτοις μεῖξις λύπης τε καὶ ἡδονῆς; |

10 ΠΡΩ. Οὐ πάνυ κατανοῶ. |

b ΣΩ. Παντάπασι γὰρ οὐ ῥᾴδιον, ὦ Πρώταρχε, ἐν τούτῳ συννοεῖν τὸ τοιοῦτον ἑκάστοτε πάθος.

ΠΡΩ. Οὔκουν ὥς γ' ἔοικεν ἐμοί.

ΣΩ. Λάβωμέν γε μὴν αὐτὸ τοσούτῳ μᾶλλον ὅσῳ 5 σκοτει|νότερόν ἐστιν, ἵνα καὶ ἐν ἄλλοις ῥᾷον καταμαθεῖν τις οἷός τ' ᾖ μεῖξιν λύπης τε καὶ ἡδονῆς.

ΠΡΩ. Λέγοις ἄν.

ΣΩ. Τό τοι νυνδὴ ῥηθὲν ὄνομα φθόνου πότερα λύπην τινὰ ψυχῆς θήσεις, ἢ πῶς; |

10 ΠΡΩ. Οὕτως.

ΣΩ. Ἀλλὰ μὴν ὁ φθονῶν γε ἐπὶ κακοῖς τοῖς τῶν πέλας ἡδόμενος ἀναφανήσεται. |

c ΠΡΩ. Σφόδρα γε.

ΣΩ. Κακὸν μὴν ἄνοια[1] καὶ ἣν δὴ λέγομεν ἀβελτέραν ἕξιν.

ΠΡΩ. Τί μήν;

ΣΩ. Ἐκ δὴ τούτων ἰδὲ τὸ γελοῖον ἥντινα φύσιν ἔχει. |

5 ΠΡΩ. Λέγε μόνον.

---

1. c2 ἄνοια BTW : ἄγνοια Cornarius Burnet Diès

Socrate — Mais la disposition de notre âme dans les comédies, ne sais-tu pas qu'il y a là aussi un mélange de douleur et de plaisir ?

Protarque — Là, je ne comprends pas tout à fait.

Socrate — C'est qu'il n'est pas du tout facile de **b** concevoir l'espèce d'affection qui se reproduit à chaque fois dans ce cas, Protarque !

Protarque — En tout cas pas pour moi, à ce qu'il semble…

Socrate — Eh bien, choisissons-la d'autant plus qu'elle est plus obscure, afin que, dans d'autres cas aussi, on puisse plus facilement repérer un mélange de douleur et de plaisir.

Protarque — Vas-y, parle !

Socrate — Voici. Ce nom d'envie qu'on vient de prononcer, le poses-tu comme une certaine douleur de l'âme – ou sinon comment ?

Protarque — Comme cela.

Socrate — Mais d'un autre côté, l'envieux manifestera du plaisir devant les maux de ses prochains ?

Protarque — Oui, et même fortement !   **c**

Socrate — Or c'est un mal, assurément, le manque d'intelligence [LI], et donc aussi ce que nous appelons une manière d'être sotte.

Protarque — Et comment !

Socrate — Eh bien, à partir de là, vois quelle est la nature du ridicule.

Protarque — Je t'écoute.

ΣΩ. Ἔστιν δὴ πονηρία μέν τις τὸ κεφάλαιον, ἕξεώς τινος ἐπίκλην λεγομένη· τῆς δ' αὖ πάσης πονηρίας ἐστὶ <τὸ>[1] τοὐναντίον πάθος ἔχον ἢ τὸ λεγόμενον ὑπὸ τῶν ἐν Δελφοῖς γραμμάτων. |

10 ΠΡΩ. Τὸ "γνῶθι σαυτὸν" λέγεις, ὦ Σώκρατες; |

d ΣΩ. Ἔγωγε. τοὐναντίον μὴν ἐκείνῳ δῆλον ὅτι τὸ μηδαμῇ γιγνώσκειν αὑτὸν λεγόμενον ὑπὸ τοῦ γράμματος[2] ἂν εἴη.

ΠΡΩ. Τί μήν;

ΣΩ. Ὦ Πρώταρχε, πειρῶ δὲ αὐτὸ τοῦτο τριχῇ τέμνειν. |

5 ΠΡΩ. Πῇ φῄς; οὐ γὰρ μὴ δυνατὸς ὦ.

ΣΩ. Λέγεις δὴ δεῖν ἐμὲ τοῦτο διελέσθαι τὰ νῦν;

ΠΡΩ. Λέγω, καὶ δέομαί γε πρὸς τῷ λέγειν.

ΣΩ. Ἆρ' οὖν οὐ τῶν ἀγνοούντων αὑτοὺς κατὰ τρία ἀνάγκη τοῦτο τὸ πάθος πάσχειν ἕκαστον; |

10 ΠΡΩ. Πῶς; |

e ΣΩ. Πρῶτον μὲν κατὰ χρήματα, δοξάζειν εἶναι πλουσιώτερον ἢ κατὰ τὴν αὑτῶν οὐσίαν.

ΠΡΩ. Πολλοὶ γοῦν εἰσὶν τὸ τοιοῦτον πάθος ἔχοντες.

---

1. c8 τὸ add. Ast Diès
2. d2 λεγόμενον ὑπὸ τοῦ γράμματος BTW Burnet : secl. Beck Diès

Socrate — C'est une certaine perversité, en somme, qui est nommée d'après une certaine manière d'être. Plus précisément, au sein de l'ensemble de la perversité, c'est celle LII qui a une affection contraire à ce qu'énonce l'inscription delphique.

Protarque — Tu veux parler du « Connais-toi toi-même », Socrate ?

Socrate — Eh oui ! Il est évident que ce serait le contraire, si l'inscription énonçait de ne se connaître aucunement soi-même LIII.   d

Protarque — Oui.

Socrate — Eh bien, Protarque, essaie de couper cela en trois.

Protarque — Dis-moi comment ! Car moi, je n'en serais pas capable.

Socrate — Es-tu en train de me dire que c'est moi qui vais devoir faire cette division ?

Protarque — Non seulement je te le dis, mais en plus de te le dire, je t'en prie !

Socrate — Bon. Pour chacun de ceux qui ne se connaissent pas eux-mêmes, n'y a-t-il pas trois manières de subir cette affection ?

Protarque — Lesquelles ?

Socrate — D'abord selon l'argent : ils croient être plus riches qu'ils ne le sont en réalité.   e

Protarque — C'est vrai, nombreux sont ceux qui souffrent d'une telle illusion.

ΣΩ. Πλείους δέ γε οἳ μείζους καὶ καλλίους αὑτοὺς
5 δοξά|ζουσι, καὶ πάντα ὅσα κατὰ τὸ σῶμα εἶναι
διαφερόντως τῆς οὔσης αὐτοῖς ἀληθείας.

ΠΡΩ. Πάνυ γε.

ΣΩ. Πολὺ δὲ πλεῖστοί γε οἶμαι περὶ τὸ τρίτον εἶδος
τὸ τῶν ἐν ταῖς ψυχαῖς διημαρτήκασιν, ἀρετῇ δοξάζοντες
10 | βελτίους ἑαυτούς, οὐκ ὄντες.

ΠΡΩ. Σφόδρα μὲν οὖν. |

49a   ΣΩ. Τῶν ἀρετῶν δ᾽ ἆρ᾽ οὐ σοφίας πέρι τὸ πλῆθος
πάντως ἀντεχόμενον μεστὸν ἐρίδων καὶ δοξοσοφίας ἐστὶ
ψευδοῦς;

ΠΡΩ. Πῶς δ᾽ οὔ;

ΣΩ. Κακὸν μὲν δὴ πᾶν ἄν τις τὸ τοιοῦτον εἰπὼν
5 ὀρθῶς | ἂν εἴποι πάθος.

ΠΡΩ. Σφόδρα γε.

ΣΩ. Τοῦτο τοίνυν ἔτι διαιρετέον, ὦ Πρώταρχε, δίχα,
εἰ μέλλομεν τὸν παιδικὸν ἰδόντες φθόνον ἄτοπον ἡδονῆς
καὶ λύπης ὄψεσθαι μεῖξιν.

ΠΡΩ. Πῶς οὖν τέμνομεν δίχα, λέγεις; [1] |

b   ΣΩ. Πάντες ὁπόσοι ταύτην τὴν ψευδῆ δόξαν
περὶ ἑαυτῶν ἀνοήτως δοξάζουσι, καθάπερ ἁπάντων
ἀνθρώπων, καὶ τούτων ἀναγκαιότατον ἕπεσθαι τοῖς μὲν
ῥώμην αὐτῶν καὶ δύναμιν, τοῖς δὲ οἶμαι τοὐναντίον. |

---

1. a9 πῶς ... λέγεις Protarcho tribuunt BTW Diès : Socrato tribuit
Burnet

Socrate — Plus nombreux encore, ceux qui se considèrent plus grands, plus beaux, et revêtus de toutes les qualités corporelles, sans commune mesure avec ce qu'il en est d'eux en vérité.

Protarque — Absolument.

Socrate — Mais de beaucoup les plus nombreux, je crois, sont ceux qui commettent la troisième espèce d'erreur, celle qui est localisée dans les âmes, et qui se considèrent eux-mêmes comme supérieurs en vertu, alors qu'ils ne le sont pas.

Protarque — Bien plus nombreux, oui !

Socrate — Or parmi les vertus, n'est-ce pas envers la **49a** sagesse que la foule a des prétentions absolues, rivalisant d'une apparence mensongère de sagesse dont elle se gorge ?

Protarque — Comment n'en irait-il pas ainsi ?

Socrate — On aurait donc raison de dire que toute affection de ce type est un mal.

Protarque — Oui, grandement raison.

Socrate — Alors, il faut encore diviser cette affection en deux, Protarque, si nous voulons considérer l'envie qui s'amuse pour y percevoir un étrange mélange de plaisir et de douleur.

Protarque — Quelle division en deux allons-nous donc effectuer, selon toi ? LIV

Socrate — Tous ceux qui se font stupidement cette **b** fausse opinion d'eux-mêmes, il est on ne peut plus nécessaire, je pense, que parmi eux comme parmi tous les hommes, certains soient pourvus de force et de puissance, et d'autres du contraire.

5   ΠΡΩ. Ἀνάγκη.

ΣΩ. Ταύτῃ τοίνυν δίελε, καὶ ὅσοι μὲν αὐτῶν εἰσι
μετ᾽ ἀσθενείας τοιοῦτοι καὶ ἀδύνατοι καταγελώμενοι
τιμωρεῖσθαι, γελοίους τούτους φάσκων εἶναι τἀληθῆ
φθέγξῃ· τοὺς δὲ δυνατοὺς τιμωρεῖσθαι καὶ ἰσχυροὺς
c φοβεροὺς καὶ ἐχθροὺς | προσαγορεύων ὀρθότατον
τούτων σαυτῷ λόγον ἀποδώσεις. ἄνοια[1] γὰρ ἡ μὲν τῶν
ἰσχυρῶν ἐχθρά τε καὶ αἰσχρά – βλαβερὰ γὰρ καὶ τοῖς
πέλας αὐτή τε καὶ ὅσαι εἰκόνες αὐτῆς εἰσιν – ἡ δ᾽ ἀσθενὴς
5 ἡμῖν τὴν τῶν γελοίων εἴληχε | τάξιν τε καὶ φύσιν.

ΠΡΩ. Ὀρθότατα λέγεις. ἀλλὰ γὰρ ἡ τῶν ἡδονῶν καὶ
λυπῶν μεῖξις ἐν τούτοις οὔπω μοι καταφανής.

ΣΩ. Τὴν τοίνυν τοῦ φθόνου λαβὲ δύναμιν πρῶτον.

ΠΡΩ. Λέγε μόνον. |

d   ΣΩ. Λύπη τις ἄδικος ἔστι[2] που καὶ ἡδονή;

ΠΡΩ. Τοῦτο μὲν ἀνάγκη.

ΣΩ. Οὐκοῦν ἐπὶ μὲν τοῖς τῶν ἐχθρῶν κακοῖς οὔτ᾽
ἄδικον οὔτε φθονερόν ἐστι τὸ χαίρειν; |

5   ΠΡΩ. Τί μήν;

ΣΩ. Τὰ δέ γε τῶν φίλων ὁρῶντας ἔστιν ὅτε κακὰ μὴ
λυπεῖσθαι, χαίρειν δέ, ἆρα οὐκ ἄδικόν ἐστιν;

ΠΡΩ. Πῶς δ᾽ οὔ;

ΣΩ. Οὐκοῦν τὴν ἄνοιαν[3] εἴπομεν ὅτι κακὸν πᾶσιν; |

---

1. c2 ἄνοια BTW : ἄγνοια Cornarius Burnet Diès
2. d1 ἄδικος ἔστι scripsi : ἄδικός ἐστί BTW Burnet Diès
3. d9 ἄνοια BTW : ἄγνοια Cornarius Burnet Diès

Protarque — Nécessairement.

Socrate — Eh bien, divise de cette manière ; et ceux d'entre eux qui sont accompagnés de faiblesse et sont incapables de se venger lorsqu'on se moque d'eux, on s'exprimerait avec vérité en les taxant de ridicules ; mais ceux qui sont forts et qui sont capables de se venger, c'est en les appelant redoutables et haïssables que tu t'en c rendras le plus juste compte. En effet, chez les forts, le manque d'intelligence est haïssable et repoussant – c'est qu'aussi bien lui-même que ses représentations sont nuisibles à leurs prochains ! –, tandis que chez le faible, nous lui assignons le rang et la nature du ridicule.

Protarque — Tu as tout à fait raison. Toutefois, le mélange de plaisirs et de douleurs qu'il y aurait là ne m'apparaît pas encore clairement.

Socrate — Eh bien, commence par saisir la nature de l'envie.

Protarque — Explique-toi.

Socrate — Y a-t-il une douleur et un plaisir d injustes ? [LV]

Protarque — Certes, nécessairement.

Socrate — Or se réjouir des maux de ceux qu'on hait, ce n'est ni injuste ni propre à l'envie ?

Protarque — Bien sûr que non !

Socrate — En revanche, ne pas être peiné à la vision des maux de ceux qu'on aime, mais s'en réjouir, n'est-ce pas injuste ?

Protarque — Comment ne le serait-ce pas ?

Socrate — Or n'avons-nous pas dit que le manque d'intelligence était un mal pour tout le monde ?

10   ΠΡΩ. Ὀρθῶς.

ΣΩ. Τὴν οὖν τῶν φίλων δοξοσοφίαν καὶ δοξοκαλίαν
e καὶ | ὅσα νυνδὴ διήλθομεν, ἐν τρισὶν λέγοντες εἴδεσιν
γίγνεσθαι, γελοῖα μὲν ὁπόσα ἀσθενῆ, μισητὰ δ᾽ ὁπόσα
ἐρρωμένα, <φῶμεν> ἢ μὴ φῶμεν ὅπερ εἶπον ἄρτι, τὴν
τῶν φίλων ἕξιν ταύτην ὅταν ἔχῃ τις τὴν ἀβλαβῆ τοῖς
ἄλλοις, γελοίαν εἶναι; |

5   ΠΡΩ. Πάνυ γε.

ΣΩ. Κακὸν δ᾽ οὐχ ὁμολογοῦμεν αὐτὴν ἄνοιάν[1] γε
οὖσαν εἶναι;

ΠΡΩ. Σφόδρα γε.

ΣΩ. Χαίρομεν δὲ ἢ λυπούμεθα, ὅταν ἐπ᾽ αὐτῇ
γελῶμεν; |

50a   ΠΡΩ. Δῆλον ὅτι χαίρομεν.

ΣΩ. Ἡδονὴν δὲ ἐπὶ τοῖς τῶν φίλων κακοῖς, οὐ φθόνον
ἔφαμεν εἶναι τὸν τοῦτ᾽ ἀπεργαζόμενον;

ΠΡΩ. Ἀνάγκη. |

5   ΣΩ. Γελῶντας ἄρα ἡμᾶς ἐπὶ τοῖς τῶν φίλων γελοίοις
φησὶν ὁ λόγος, κεραννύντας ἡδονὴν αὖ φθόνῳ, λύπῃ τὴν
ἡδονὴν συγκεραννύναι· τὸν γὰρ φθόνον ὡμολογῆσθαι
λύπην ψυχῆς ἡμῖν πάλαι, τὸ δὲ γελᾶν ἡδονήν, ἅμα
γίγνεσθαι δὲ τούτω ἐν τούτοις τοῖς χρόνοις. |

---

1. e6 ἄνοια BTW : ἄγνοια Cornarius Burnet Diès

Protarque — Si, et à juste titre.

Socrate — À propos de l'apparence de sagesse de ceux qu'on aime, leur apparence de beauté, et toutes les illusions que nous venons de détailler, en disant qu'elles se produisaient sous trois formes et que, faibles, elles étaient toutes ridicules et, fortes, toutes détestables, affirmons-nous, oui ou non, ce que je viens tout juste de répéter, à savoir que cet état, lorsqu'il appartient à quelqu'un qu'on aime et ne peut nuire aux autres, est ridicule ?

Protarque — Absolument.

Socrate — Mais ne sommes-nous pas d'accord que, en tant que manque d'intelligence, cet état est un mal ?

Protarque — Si, et un grand !

Socrate — Or éprouvons-nous du plaisir, ou de la douleur, lorsque nous en rions ?

Protarque — Du plaisir, évidemment.

Socrate — Mais le plaisir pris aux maux de ceux qu'on aime, n'avons-nous pas affirmé [1] que c'était l'envie qui le produisait ?

Protarque — C'est nécessaire.

Socrate — L'argument affirme donc que lorsque nous rions des traits ridicules de ceux que nous aimons, en mêlant un plaisir à l'envie, nous mélangeons un plaisir à une douleur. C'est que nous avons antérieurement reconnu l'envie comme une douleur de l'âme, et le fait de rire comme un plaisir ; or tous deux se produisent simultanément dans ces moments-là.

1. Du moins par implication, en 49d.

10 ΠΡΩ. Ἀληθῆ. |

b ΣΩ. Μηνύει δὴ νῦν ὁ λόγος ἡμῖν ἐν θρήνοις τε καὶ ἐν τραγῳδίαις <καὶ κωμῳδίαις>, μὴ τοῖς δράμασι μόνον ἀλλὰ καὶ τῇ τοῦ βίου συμπάσῃ τραγῳδίᾳ καὶ κωμῳδίᾳ, λύπας ἡδοναῖς ἅμα κεράννυσθαι, καὶ ἐν ἄλλοις δὴ μυρίοις. |

5 ΠΡΩ. Ἀδύνατον μὴ ὁμολογεῖν ταῦτα, ὦ Σώκρατες, εἰ καί τις φιλονικοῖ πάνυ πρὸς τἀναντία.

ΣΩ. Ὀργὴν μὴν καὶ πόθον καὶ θρῆνον καὶ φόβον καὶ
c | ἔρωτα καὶ ζῆλον καὶ φθόνον προυθέμεθα καὶ ὁπόσα τοιαῦτα, ἐν οἷς ἔφαμεν εὑρήσειν μειγνύμενα τὰ νῦν πολλάκις λεγόμενα. ἦ γάρ;

ΠΡΩ. Ναί. |

5 ΣΩ. Μανθάνομεν οὖν ὅτι θρήνου πέρι καὶ φθόνου καὶ ὀργῆς πάντα ἐστὶ τὰ νυνδὴ διαπερανθέντα;

ΠΡΩ. Πῶς γὰρ οὐ μανθάνομεν;

ΣΩ. Οὐκοῦν πολλὰ ἔτι τὰ λοιπά;

ΠΡΩ. Καὶ πάνυ γε. |

10 ΣΩ. Διὰ δὴ τί μάλισθ᾽ ὑπολαμβάνεις με δεῖξαί σοι τὴν ἐν τῇ κωμῳδίᾳ μεῖξιν; ἆρ᾽ οὐ πίστεως χάριν, ὅτι τὴν
d γε ἐν | τοῖς φόβοις καὶ ἔρωσι καὶ τοῖς ἄλλοις ῥᾴδιον κρᾶσιν ἐπιδεῖξαι· λαβόντα δὲ τοῦτο παρὰ σαυτῷ ἀφεῖναί με μηκέτι ἐπ᾽ ἐκεῖνα ἰόντα δεῖν μηκύνειν τοὺς λόγους,

Protarque — C'est vrai.

Socrate — Le présent argument nous indique donc **b**
que dans les lamentations comme dans les tragédies et
les comédies [LVI] – pas seulement au théâtre, mais dans
toute la tragédie et la comédie de la vie ! –, des douleurs
se mêlent simultanément aux plaisirs, de même qu'en des
milliers d'autres occasions.

Protarque — Impossible de ne pas t'accorder cela,
Socrate, même pour le contradicteur le plus acharné à la
victoire.

Socrate — Or nous avions convoqué la colère, le
regret, la plainte, la crainte, l'amour, la jalousie, l'envie **c**
et toutes les émotions de ce genre, où, avions-nous dit,
nous découvririons ces mélanges dont nous ne cessons
de parler[1]. N'est-ce pas ?

Protarque — Oui.

Socrate — Comprenons-nous bien que les explications que nous venons de mener à leur terme
concernaient toutes la plainte, l'envie et la colère ?

Protarque — Oui ; comment ne pas le comprendre ?

Socrate — Mais alors, il en reste encore beaucoup,
dans notre liste ?

Protarque — Beaucoup, oui.

Socrate — À ton avis, pourquoi donc t'ai-je montré
de préférence le mélange qui se produit dans le cas de la
comédie ? N'était-ce pas dans l'espoir de te convaincre
que l'alliage serait facile à manifester dans le cas des **d**
craintes, des amours et des autres émotions ? et que, après
t'être emparé de la question pour ton propre compte, tu

1. *Cf.* 47e-48a.

ἀλλ' ἀπλῶς λαβεῖν τοῦτο, ὅτι καὶ σῶμα ἄνευ ψυχῆς καὶ
5 ψυχὴ ἄνευ | σώματος καὶ κοινῇ μετ' ἀλλήλων ἐν τοῖς
παθήμασι μεστά ἐστι συγκεκραμένης ἡδονῆς λύπαις; νῦν
οὖν λέγε πότερα ἀφίῃς με ἢ μέσας ποιήσεις νύκτας; εἰπὼν
δὲ σμικρὰ οἶμαί σου τεύξεσθαι μεθεῖναί με· τούτων γὰρ
e ἀπάντων αὔριον | ἐθελήσω σοι λόγον δοῦναι, τὰ νῦν δὲ
ἐπὶ τὰ λοιπὰ βούλομαι στέλλεσθαι πρὸς τὴν κρίσιν ἣν
Φίληβος ἐπιτάττει.

ΠΡΩ. Καλῶς εἶπες, ὦ Σώκρατες· ἀλλ' ὅσα λοιπὰ ἡμῖν
διέξελθε ὅπῃ σοι φίλον. |

5 ΣΩ. Κατὰ φύσιν τοίνυν μετὰ τὰς μειχθείσας ἡδονὰς
ὑπὸ δή τινος ἀνάγκης ἐπὶ τὰς ἀμείκτους πορευοίμεθ' ἂν
ἐν τῷ μέρει. |

51a ΠΡΩ. Κάλλιστ' εἶπες.

ΣΩ. Ἐγὼ δὴ πειράσομαι μεταβαλὼν σημαίνειν ἡμῖν
αὐτάς. τοῖς γὰρ φάσκουσι λυπῶν εἶναι παῦλαν πάσας τὰς
ἡδονὰς οὐ πάνυ πως πείθομαι, ἀλλ' ὅπερ εἶπον, μάρτυσι
5 | καταχρῶμαι πρὸς τὸ τινὰς ἡδονὰς εἶναι δοκούσας,
οὔσας δ' οὐδαμῶς, καὶ μεγάλας ἑτέρας τινὰς ἅμα καὶ
πολλὰς φαντασθείσας, εἶναι δ' αὐτὰς συμπεφυρμένας
ὁμοῦ λύπαις τε καὶ ἀναπαύσεσιν ὀδυνῶν τῶν μεγίστων
περί τε σώματος καὶ ψυχῆς ἀπορίας. |

b ΠΡΩ. Ἀληθεῖς δ' αὖ τίνας, ὦ Σώκρατες, ὑπολαμβάνων
ὀρθῶς τις διανοοῖτ' ἄν;

me dispenserais de l'obligation de prolonger encore nos arguments en parcourant celles-là? mais que tu accepterais simplement ce qui suit : que le corps sans l'âme, l'âme sans le corps et la communauté de l'un et de l'autre sont, dans leurs affections, remplis de plaisir mêlé à des douleurs? À présent dis-moi : vas-tu m'en dispenser, ou me retenir jusqu'au milieu de la nuit? Mais je crois que si j'ajoute une petite chose, j'obtiendrai que tu me laisses aller : c'est que sur toutes ces questions, je consentirai à te fournir mes explications demain; mais **e** dans l'immédiat, j'ai envie de me préparer à affronter ce qui reste en vue du jugement que nous ordonne Philèbe.

Protarque — Bien parlé, Socrate. Quant à ce qui reste, expose-le-nous de la manière que tu préfères.

Socrate — Eh bien, conformément à la nature, il y aurait sans doute quelque nécessité à ce que, après les plaisirs mélangés, nous nous avancions vers ceux qui pour leur part sont sans mélange.

Protarque — Très belles paroles.   **51a**

Socrate — Je vais donc tenter de me tourner vers eux pour nous les rendre manifestes. Car à ceux qui déclarent que tous les plaisirs ne sont que cessation de douleurs, je n'accorde pour ainsi dire aucun crédit, mais ainsi que je l'ai dit, je les utilise comme des témoins envers certains plaisirs qui semblent être, mais ne sont aucunement, et d'autres qui paraissent grands en même temps que nombreux, mais qui sont confondus avec des douleurs et le soulagement des souffrances extrêmes liées aux embarras du corps ou de l'âme.

Protarque — Mais quels plaisirs faut-il supposer **b** vrais pour s'en faire une juste idée, Socrate?

ΣΩ. Τὰς περί τε τὰ καλὰ λεγόμενα χρώματα καὶ περὶ
τὰ σχήματα καὶ τῶν ὀσμῶν τὰς πλείστας καὶ τὰς τῶν
5 | φθόγγων καὶ ὅσα τὰς ἐνδείας ἀναισθήτους ἔχοντα καὶ
ἀλύπους τὰς πληρώσεις αἰσθητὰς καὶ ἡδείας καθαρὰς
λυπῶν[1] παραδίδωσιν.

ΠΡΩ. Πῶς δὴ ταῦτα, ὦ Σώκρατες, αὖ λέγομεν οὕτω;

ΣΩ. Πάνυ μὲν οὖν οὐκ εὐθὺς δῆλά ἐστιν ἃ λέγω,
c πει|ρατέον μὴν δηλοῦν. σχημάτων τε γὰρ κάλλος οὐχ
ὅπερ ἂν ὑπολάβοιεν οἱ πολλοὶ πειρῶμαι νῦν λέγειν, ἢ
ζῴων ἤ τινων ζωγραφημάτων, ἀλλ' εὐθύ τι λέγω, φησὶν
ὁ λόγος, καὶ περιφερὲς καὶ ἀπὸ τούτων δὴ τά τε τοῖς
5 τόρνοις γιγνό|μενα ἐπίπεδά τε καὶ στερεὰ καὶ τὰ τοῖς
κανόσι καὶ γωνίαις, εἴ μου μανθάνεις. ταῦτα γὰρ οὐκ
εἶναι πρός τι καλὰ λέγω, καθάπερ ἄλλα, ἀλλ' ἀεὶ καλὰ
d καθ' αὑτὰ πεφυκέναι καί τινας | ἡδονὰς οἰκείας ἔχειν,
οὐδὲν ταῖς τῶν κνήσεων προσφερεῖς· καὶ χρώματα δὴ
τοῦτον τὸν τύπον καλὰ καὶ ἡδονὰς ἔχοντα[2]. ἀλλ' ἆρα
μανθάνομεν, ἢ πῶς;

ΠΡΩ. Πειρῶμαι μέν, ὦ Σώκρατες· πειράθητι δὲ καὶ σὺ
5 | σαφέστερον ἔτι λέγειν.

ΣΩ. Λέγω δὴ ἠχὰς τῶν φθόγγων τὰς λείας καὶ
λαμπράς, τὰς ἔν τι καθαρὸν ἱείσας μέλος, οὐ πρὸς ἕτερον
καλὰς ἀλλ' αὐτὰς καθ' αὑτὰς εἶναι, καὶ τούτων συμφύτους
ἡδονὰς ἐπομένας. |

---

1. b6-7 καθαρὰς λυπῶν BTW Diès : secl. Stallbaum Burnet
2. d2 καλὰ καὶ ἡδονὰς ἔχοντα Richards Diès : ἔχοντα καλὰ καὶ
ἡδονάς BTW : ἔχοντα Stallbaum Burnet

Socrate — Ceux qui concernent les couleurs que l'on dit belles et les figures, ceux de très nombreuses odeurs, ceux des sons, et tous ceux dont les manques sont insensibles et sans douleur, mais qui procurent des réplétions sensibles et agréables, pures de douleurs [LVII].

Protarque — Une nouvelle fois, comment nous exprimons-nous à leur sujet, Socrate ?

Socrate — Ce que je veux dire n'est pas du tout évident de prime abord ; il faut tâcher de le mettre en lumière. C'est que la beauté des figures que j'essaie d'indiquer à présent n'est précisément pas ce que la plupart des gens entendraient par là, celle d'êtres vivants ou de certaines peintures, mais, affirme notre argument, c'est de quelque chose de droit que je parle, et de rond, ainsi que des surfaces et des solides qu'ils permettent de produire au moyen des compas, des règles et des équerres, si tu me comprends. En effet, je dis que ces choses-là ne sont pas belles relativement à autre chose, comme d'autres, mais qu'elles sont par nature toujours belles en elles-mêmes et comportent certains plaisirs qui leur sont propres, sans aucune comparaison avec ceux qu'on obtient en se grattant ; et les couleurs de ce type aussi sont belles et comportent des plaisirs [LVIII]. Mais comprenons-nous bien, oui ou non ?

Protarque — J'essaie, Socrate ; quant à toi, essaie de parler encore plus clairement.

Socrate — Eh bien, je dis que parmi les sons, les notes douces et limpides, émises dans un chant unique et pur, sont belles non pas relativement à autre chose, mais en et par elles-mêmes, et accompagnées de plaisirs qui leur sont naturellement associés.

10   ΠΡΩ. Ἔστι γὰρ οὖν καὶ τοῦτο. |

e   ΣΩ. Τὸ δὲ περὶ τὰς ὀσμὰς ἧττον μὲν τούτων θεῖον γένος ἡδονῶν· τὸ δὲ μὴ συμμεμεῖχθαι ἐν αὐταῖς ἀναγκαίους λύπας, καὶ ὅπῃ τοῦτο καὶ ἐν ὅτῳ τυγχάνει γεγονὸς ἡμῖν, τοῦτ᾽ ἐκείνοις τίθημι ἀντίστροφον ἅπαν.
5   ἀλλ᾽, εἰ κατανοεῖς, | ταῦτα εἴδη δύο λεγομένων[1] ἡδονῶν.

ΠΡΩ. Κατανοῶ.

ΣΩ. Ἔτι δὴ τοίνυν τούτοις προσθῶμεν τὰς περὶ τὰ
52a | μαθήματα ἡδονάς, εἰ ἄρα δοκοῦσιν ἡμῖν αὗται πείνας μὲν μὴ ἔχειν τοῦ μανθάνειν μηδὲ διὰ μαθημάτων πείνην ἀλγηδόνας ἐξ ἀρχῆς γιγνομένας.

ΠΡΩ. Ἀλλ᾽ οὕτω συνδοκεῖ. |

5   ΣΩ. Τί δέ; μαθημάτων πληρωθεῖσιν ἐὰν ὕστερον ἀποβολαὶ διὰ τῆς λήθης γίγνωνται, καθορᾷς τινας ἐν αὐταῖς ἀλγηδόνας;

ΠΡΩ. Οὔ τι φύσει γε, ἀλλ᾽ ἔν τισι λογισμοῖς τοῦ
b | παθήματος, ὅταν τις στερηθεὶς λυπηθῇ διὰ τὴν χρείαν.

ΣΩ. Καὶ μήν, ὦ μακάριε, νῦν γε ἡμεῖς αὐτὰ τὰ τῆς φύσεως μόνον παθήματα χωρὶς τοῦ λογισμοῦ διαπεραίνομεν.

ΠΡΩ. Ἀληθῆ τοίνυν λέγεις ὅτι χωρὶς λύπης ἡμῖν λήθη
5 | γίγνεται ἑκάστοτε ἐν τοῖς μαθήμασιν.

---

1. e5 λεγομένων BTW : ὧν λέγομεν Jackson Burnet Diès

Protarque — En effet, il en est bien ainsi.

Socrate — Le genre de plaisirs qui s'attache aux e
odeurs est moins divin qu'eux; mais comme ils ne sont
pas en eux-mêmes mélangés de douleurs nécessaires, par
quelque canal et en quelque endroit qu'il nous advienne,
je le tiens pour absolument corrélatif de ceux-là [LIX]. Eh
bien, si tu comprends, voilà deux espèces de ce qu'on
appelle des plaisirs [LX].

Protarque — Je comprends.

Socrate — Alors plaçons encore à leurs côtés les
plaisirs qui s'attachent aux connaissances, à condition du 52a
moins qu'ils nous semblent dépourvus d'une avidité de
connaître, ainsi que de souffrances initiales causées par
une telle avidité de connaissances.

Protarque — C'est ce qu'il me semble, à moi aussi.

Socrate — Mais quoi? Chez ceux qui ont été remplis
de connaissances, si plus tard surviennent les pertes de
l'oubli, y décèles-tu certaines souffrances?

Protarque — Non, aucune qui leur appartienne par
nature, en tout cas; mais elles apparaissent plutôt dans
certaines réflexions que l'on peut faire sur ce qu'on subit, b
lorsqu'on souffre d'être privé de ce dont on a besoin.

Socrate — Or pour le moment du moins, heureux
homme, nous ne traitons que des affections de la nature
elle-même, indépendamment de la réflexion.

Protarque — Alors tu dis vrai : dans le cas des
connaissances, c'est sans douleur que l'oubli se produit à
chaque fois en nous.

ΣΩ. Ταύτας τοίνυν τὰς τῶν μαθημάτων ἡδονὰς ἀμείκτους τε εἶναι λύπαις ῥητέον καὶ οὐδαμῶς τῶν πολλῶν ἀνθρώπων ἀλλὰ τῶν σφόδρα ὀλίγων.

ΠΡΩ. Πῶς γὰρ οὐ ῥητέον; |

c   ΣΩ. Οὐκοῦν ὅτε μετρίως ἤδη διακεκρίμεθα χωρὶς τάς τε καθαρὰς ἡδονὰς καὶ τὰς σχεδὸν ἀκαθάρτους ὀρθῶς ἂν λεχθείσας, προσθῶμεν τῷ λόγῳ ταῖς μὲν σφοδραῖς ἡδοναῖς ἀμετρίαν, ταῖς δὲ μὴ τοὐναντίον ἐμμετρίαν· καὶ
5   <τὰς> τὸ | μέγα καὶ τὸ σφοδρὸν αὖ <δεχομένας>, καὶ πολλάκις καὶ ὀλιγάκις γιγνομένας τοιαύτας, [τῆς][1] τοῦ ἀπείρου γε ἐκείνου καὶ ἧττον καὶ μᾶλλον διά τε σώματος
d   καὶ ψυχῆς φερομένου | [προς]θῶμεν αὐτὰς εἶναι γένους, τὰς δὲ μὴ τῶν ἐμμέτρων.

ΠΡΩ. Ὀρθότατα λέγεις, ὦ Σώκρατες.

ΣΩ. Ἔτι τοίνυν πρὸς τούτοις μετὰ ταῦτα τόδε αὐτῶν διαθεατέον. |

5   ΠΡΩ. Τὸ ποῖον;

ΣΩ. Τί ποτε χρὴ φάναι πρὸς ἀλήθειαν εἶναι; τὸ καθαρόν τε καὶ εἰλικρινὲς καὶ τὸ ἱκανὸν[2] ἢ τὸ σφόδρα τε καὶ τὸ πολὺ καὶ τὸ μέγα;

ΠΡΩ. Τί ποτ᾽ ἄρα, ὦ Σώκρατες, ἐρωτᾷς βουλόμενος; |

10   ΣΩ. Μηδέν, ὦ Πρώταρχε, ἐπιλείπειν ἐλέγχων
e   ἡδονῆς | τε καὶ ἐπιστήμης, εἰ τὸ μὲν ἄρ᾽ αὐτῶν ἑκατέρου καθαρόν ἐστι, τὸ δ᾽ οὐ καθαρόν, ἵνα καθαρὸν ἑκάτερον

---

1. c4 τῆς BTW Burnet : damnauit Stephanus secl. Stallbaum Diès
2. d7 καὶ τὸ ἱκανὸν hic transposui auctore Jackson Diès : post τὸ μέγα BTW : καὶ τὸ ἰταμόν Burnet

Socrate — Il faut donc dire que ces plaisirs des connaissances sont sans mélange de douleurs, et que, loin d'appartenir à la masse des hommes, ils sont réservés à un très petit nombre.

Protarque — Comment ne le faudrait-il pas ?

Socrate — Bon ! Maintenant que nous avons séparé **c** avec mesure les plaisirs purs de ceux que l'on pourrait à bon droit appeler impurs, associons explicitement aux plaisirs intenses l'absence de mesure, et à ceux qui ne le sont pas au contraire le caractère mesuré ; et ceux qui, de leur côté, admettent la grandeur et l'intensité, qu'ils se produisent ainsi souvent ou rarement, posons qu'ils appartiennent à ce fameux genre de l'illimité qui se porte vers le plus et le moins à travers corps et âme, tandis que **d** ceux qui ne les admettent pas, posons qu'ils appartiennent au genre des choses mesurées [LXI].

Protarque — Tu parles on ne peut plus correctement, Socrate.

Socrate — Eh bien, après cela, il nous faut encore examiner le point suivant à leur sujet.

Protarque — Quel point ?

Socrate — Que devons-nous déclarer être en relation avec la vérité ? Ce qui est pur, simple et suffisant, ou bien ce qui est intense, nombreux et grand [LXII] ?

Protarque — Quelle peut bien être ton intention en posant cette question, Socrate ?

Socrate — Ne rien omettre dans notre mise à l'épreuve du plaisir et de la science, Protarque, pour **e** voir s'il y a en chacun d'eux quelque chose de pur et

ἰὸν εἰς τὴν κρίσιν[1] ἐμοὶ καὶ σοὶ καὶ συνάπασι τοῖσδε ῥᾴω παρέχῃ τὴν κρίσιν. |

5 ΠΡΩ. Ὀρθότατα.

ΣΩ. Ἴθι δή, περὶ πάντων, ὅσα καθαρὰ γένη λέγομεν, οὑτωσὶ διανοηθῶμεν· προελόμενοι πρῶτον αὐτῶν ἕν τι σκοπῶμεν. |

53a ΠΡΩ. Τί οὖν προελώμεθα;

ΣΩ. Τὸ λευκὸν ἐν τοῖς πρῶτον, εἰ βούλει, θεασώμεθα γένος.

ΠΡΩ. Πάνυ μὲν οὖν. |

5 ΣΩ. Πῶς οὖν ἂν λευκοῦ καὶ τίς καθαρότης ἡμῖν εἴη; πότερα τὸ μέγιστόν τε καὶ πλεῖστον ἢ τὸ ἀκρατέστατον, ἐν ᾧ χρώματος μηδεμία μοῖρα ἄλλη μηδενὸς ἐνείη;

ΠΡΩ. Δῆλον ὅτι τὸ μάλιστ᾽ εἰλικρινὲς ὄν.

ΣΩ. Ὀρθῶς. ἆρ᾽ οὖν οὐ τοῦτο ἀληθέστατον, ὦ
b Πρώ|ταρχε, καὶ ἅμα δὴ κάλλιστον τῶν λευκῶν πάντων θήσομεν, ἀλλ᾽ οὐ τὸ πλεῖστον οὐδὲ τὸ μέγιστον;

ΠΡΩ. Ὀρθότατά γε.

ΣΩ. Σμικρὸν ἄρα καθαρὸν λευκὸν μεμειγμένου
5 πολλοῦ | λευκοῦ λευκότερον ἅμα καὶ κάλλιον καὶ ἀληθέστερον ἐὰν φῶμεν γίγνεσθαι, παντάπασιν ἐροῦμεν ὀρθῶς.

ΠΡΩ. Ὀρθότατα μὲν οὖν.

---

1. e3 κρίσιν BTW Burnet : κρᾶσιν Badham Diès

quelque chose qui n'est pas pur, afin que tous deux se présentent au jugement [LXIII] à l'état pur et nous rendent ce jugement plus aisé – à moi, à toi et à tous ceux ici présents.

Protarque — Très juste.

Socrate — Allons! À propos de tout ce que nous appelons des genres purs, tâchons de réfléchir de la manière suivante. Commençons par choisir l'un d'eux pour l'examiner.

Protarque — Lequel allons-nous donc choisir?   53a

Socrate — Considérons d'abord le genre du blanc, si tu veux.

Protarque — D'accord.

Socrate — Eh bien, comment pourrait-il y avoir pureté de blanc selon nous, et que serait-elle? Serait-ce le blanc le plus grand et le plus abondant, ou bien celui qui comporterait le moins de mélange et dans lequel il n'y aurait aucune autre part d'aucune couleur?

Protarque — Évidemment, celui qui est le plus pur!

Socrate — Correct. N'est-ce pas cela que nous tenons pour le plus vrai, Protarque , et en même temps pour le   b plus beau de tous les blancs, plutôt que le plus abondant ou le plus grand?

Protarque — Si, c'est très juste.

Socrate — Si donc nous disons qu'un petit peu de blanc pur est plus blanc en même temps que plus beau et plus vrai que beaucoup de blanc mélangé, nous nous exprimerons de manière tout à fait correcte.

Protarque — On ne peut plus correcte, oui.

ΣΩ. Τί οὖν; οὐ δήπου πολλῶν δεησόμεθα παραδειγμάτων τοιούτων ἐπὶ τὸν τῆς ἡδονῆς πέρι λόγον,
10 ἀλλ' ἀρκεῖ | νοεῖν ἡμῖν αὐτόθεν ὡς ἄρα καὶ σύμπασα
c ἡδονὴ σμικρὰ | μεγάλης καὶ ὀλίγη πολλῆς, καθαρὰ λύπης, ἡδίων καὶ ἀληθεστέρα καὶ καλλίων γίγνοιτ' ἄν.

ΠΡΩ. Σφόδρα μὲν οὖν, καὶ τό γε παράδειγμα ἱκανόν.

ΣΩ. Τί δὲ τὸ τοιόνδε; ἆρα περὶ ἡδονῆς οὐκ ἀκηκόαμεν
5 | ὡς ἀεὶ γένεσίς ἐστιν, οὐσία δὲ οὐκ ἔστι τὸ παράπαν ἡδονῆς; κομψοὶ γὰρ δή τινες αὖ τοῦτον τὸν λόγον ἐπιχειροῦσι μηνύειν ἡμῖν, οἷς δεῖ χάριν ἔχειν.

ΠΡΩ. Τί δή;

ΣΩ. Διαπερανοῦμαί σοι τοῦτ' αὐτὸ ἐπανερωτῶν, ὦ
d | Πρώταρχε φίλε.

ΠΡΩ. Λέγε καὶ ἐρώτα μόνον.

ΣΩ. Ἔστον δή τινε δύο, τὸ μὲν αὐτὸ καθ' αὑτό, τὸ δ' ἀεὶ ἐφιέμενον ἄλλου. |
5 ΠΡΩ. Πῶς τούτω καὶ τίνε λέγεις;

ΣΩ. Τὸ μὲν σεμνότατον ἀεὶ πεφυκός, τὸ δ' ἐλλιπὲς ἐκείνου.

ΠΡΩ. Λέγ' ἔτι σαφέστερον.

ΣΩ. Παιδικά που καλὰ καὶ ἀγαθὰ τεθεωρήκαμεν ἅμα
10 | καὶ ἐραστὰς ἀνδρείους αὐτῶν.

ΠΡΩ. Σφόδρα γε.

Socrate — Eh quoi? Nous n'aurons pas besoin, j'imagine, d'un grand nombre d'exemples de cette sorte pour les appliquer à notre discussion sur le plaisir, mais il nous suffit de penser d'emblée que dès lors également, n'importe quel plaisir qui soit petit et peu abondant, s'il **c** est pur de douleur, serait plus plaisant, plus vrai et plus beau qu'un plaisir grand et abondant.

Protarque — Tout à fait, et cet exemple est suffisant.

Socrate — Qu'en est-il de ce qui suit? N'avons-nous pas entendu dire au sujet du plaisir qu'il est toujours génération, mais qu'il n'y a absolument pas d'être du plaisir? De fait, certains penseurs subtils s'efforcent de nous révéler cette doctrine, et il faut leur en être reconnaissants.

Protarque — De quoi s'agit-il?

Socrate — Je propose de mener ce point à son terme en recommençant à t'interroger, mon cher Protarque. **d**

Protarque — Vas-y, parle, interroge!

Socrate — En vérité, il y a deux genres de choses: ce qui est en soi et par soi, et ce qui tend toujours vers autre chose.

Protarque — Comment cela? De quoi parles-tu?

Socrate — L'un est toujours par nature le plus vénérable, l'autre demeure en reste par rapport au premier.

Protarque — Parle encore plus clairement.

Socrate — J'imagine que nous avons déjà observé de beaux jeunes gens parfaitement accomplis, accompagnés de leurs virils amants?

Protarque — Çà, oui, très souvent!

ΣΩ. Τούτοις τοίνυν ἐοικότα δυοῖν οὖσι δύο ἄλλα
e ζήτει | κατὰ πάνθ᾽ ὅσα λέγομεν εἶναι.

ΠΡΩ. Τὸ τρίτον ἔτ᾽ ἐρῶ[1]; λέγε σαφέστερον, ὦ
Σώκρατες, ὅ τι λέγεις.

ΣΩ. Οὐδέν τι ποικίλον, ὦ Πρώταρχε· ἀλλ᾽ ὁ λόγος
5 | ἐρεσχηλεῖ νῷν, λέγει δ᾽ ὅτι τὸ μὲν ἕνεκά του τῶν
ὄντων ἔστ᾽ ἀεί, τὸ δ᾽ οὗ χάριν ἑκάστοτε τὸ τινὸς ἕνεκα
γιγνόμενον ἀεὶ γίγνεται.

ΠΡΩ. Μόγις ἔμαθον διὰ τὸ πολλάκις λεχθῆναι.

ΣΩ. Τάχα δ᾽ ἴσως, ὦ παῖ, μᾶλλον μαθησόμεθα
54a προ|ελθόντος τοῦ λόγου.

ΠΡΩ. Τί γὰρ οὔ;

ΣΩ. Δύο δὴ τάδε ἕτερα λάβωμεν.

ΠΡΩ. Ποῖα; |

5 ΣΩ. Ἕν μέν τι γένεσιν πάντων, τὴν δὲ οὐσίαν ἕτερον
ἕν.

ΠΡΩ. Δύο ἀποδέχομαί σου ταῦτα, οὐσίαν καὶ γένεσιν.

ΣΩ. Ὀρθότατα. πότερον οὖν τούτων ἕνεκα ποτέρου,
τὴν γένεσιν οὐσίας ἕνεκα φῶμεν ἢ τὴν οὐσίαν εἶναι
γενέσεως ἕνεκα; |

10 ΠΡΩ. Τοῦτο ὃ προσαγορεύεται οὐσία εἰ γενέσεως
ἕνεκα τοῦτ᾽ ἔστιν ὅπερ ἐστί, νῦν πυνθάνῃ;

---

1. e2 τὸ τρίτον ἔτ᾽ ἐρῶ Badham Burnet Diès : τὸ τρίτον ἑτέρῳ
BTW Socrati continuantes

Socrate — Eh bien, tâche de trouver deux autres êtres semblables à ces deux-là dans tout ce que nous disons **e** être.

Protarque — Te le demanderai-je encore une troisième fois[LXIV]? Exprime plus clairement ce que tu veux dire, Socrate!

Socrate — Il n'y a là rien de bien compliqué, Protarque; c'est l'argument qui se joue de nous! Ce qu'il veut dire, c'est qu'il y a parmi les choses qui sont ce qui est toujours en vue de quelque chose, et ce en faveur de quoi advient toujours ce qui advient à chaque fois en vue de quelque chose.

Protarque — Ce fut laborieux, mais j'ai fini par comprendre, avec toutes ces répétitions.

Socrate — Peut-être, mon enfant, comprendrons-nous davantage lorsque l'argument poursuivra sa route. **54a**

Protarque — Espérons-le, en effet.

Socrate — Prenons alors cet autre couple.

Protarque — Lequel?

Socrate — Pour toutes choses, il y a d'un côté la génération, d'un autre l'être.

Protarque — J'accepte ce couple que tu proposes : être et génération.

Socrate — Très bien. Alors lequel des deux affirmons-nous être en vue duquel? la génération en vue de l'être, ou l'être en vue de la génération?

Protarque — Si c'est en vue de la génération que ce qu'on appelle être est ce qu'il est, c'est bien cela que tu es en train de me demander?

ΣΩ. Φαίνομαι. |

b　　ΠΡΩ. Πρὸς θεῶν ἆρ᾽ [ἂν] ἐπανερωτᾷς με τοιόνδε τι; λέγ᾽ ὦ Πρώταρχε μοί, πότερα πλοίων ναυπηγίαν ἕνεκα φὴς γίγνεσθαι μᾶλλον ἢ πλοῖα ἕνεκα ναυπηγίας, καὶ πάνθ᾽ ὁπόσα τοιαῦτ᾽ ἐστίν; |

5　　ΣΩ. Λέγω τοῦτ᾽ αὐτό, ὦ Πρώταρχε.

ΠΡΩ. Τί οὖν οὐκ αὐτὸς ἀπεκρίνω σαυτῷ, ὦ Σώκρατες;

ΣΩ. Οὐδὲν ὅτι οὔ· σὺ μέντοι τοῦ λόγου συμμέτεχε.

ΠΡΩ. Πάνυ μὲν οὖν. |

c　　ΣΩ. Φημὶ δὴ γενέσεως μὲν ἕνεκα φάρμακά τε καὶ πάντα ὄργανα καὶ πᾶσαν ὕλην παρατίθεσθαι πᾶσιν, ἑκάστην δὲ γένεσιν ἄλλην ἄλλης οὐσίας τινὸς ἑκάστης ἕνεκα γίγνεσθαι, σύμπασαν δὲ γένεσιν οὐσίας ἕνεκα γίγνεσθαι συμπάσης. |

5　　ΠΡΩ. Σαφέστατα μὲν οὖν.

ΣΩ. Οὐκοῦν ἡδονή γε, εἴπερ γένεσίς ἐστιν, ἕνεκά τινος οὐσίας ἐξ ἀνάγκης γίγνοιτ᾽ ἄν.

ΠΡΩ. Τί μήν;

ΣΩ. Τό γε μὴν οὗ ἕνεκα τὸ ἕνεκά του γιγνόμενον
10　ἀεὶ | γίγνοιτ᾽ ἄν, ἐν τῇ τοῦ ἀγαθοῦ μοίρᾳ ἐκεῖνό ἐστι· τὸ δὲ τινὸς ἕνεκα γιγνόμενον εἰς ἄλλην, ὦ ἄριστε, μοῖραν θετέον.

ΠΡΩ. Ἀναγκαιότατον. |

Socrate — On dirait.

Protarque — Par les dieux! La question que tu me **b**
poses encore et encore serait-elle quelque chose comme
ce qui suit? « Dis-moi, Protarque, affirmes-tu que la
construction des navires advient en vue des navires, ou
plutôt les navires en vue de la construction des navires, et
de même pour toutes les choses de cette sorte? »

Socrate — C'est bien ce que je veux dire, Protarque.

Protarque — Alors, pourquoi ne réponds-tu pas
toi-même, Socrate?

Socrate — Rien ne l'empêche, à condition que tu
prennes part toi aussi à la discussion.

Protarque — Tout à fait.

Socrate — J'affirme donc que c'est en vue d'une **c**
génération que tous disposent les remèdes, tous les
instruments et tous les matériaux, mais que chaque
génération différente advient en vue de chaque être
particulier différent, et que la génération dans son
ensemble advient en vue de l'être dans son ensemble.

Protarque — C'est tout ce qu'il y a de plus clair.

Socrate — Il est donc nécessaire que le plaisir, si
vraiment il est une génération, advienne en vue d'un
certain être.

Protarque — Bien entendu.

Socrate — Or, en tout cas, ce en vue de quoi advient
toujours ce qui advient en vue de quelque chose, cela
appartient au lot du bien; mais ce qui advient en vue de
quelque chose, il faut le placer dans un autre lot, très cher.

Protarque — De toute nécessité.

d   ΣΩ. Ἆρ᾽ οὖν ἡδονή γε εἴπερ γένεσίς ἐστιν, εἰς ἄλλην ἢ τὴν τοῦ ἀγαθοῦ μοῖραν αὐτὴν τιθέντες ὀρθῶς θήσομεν;

ΠΡΩ. Ὀρθότατα μὲν οὖν.

ΣΩ. Οὐκοῦν ὅπερ ἀρχόμενος εἶπον τούτου τοῦ λόγου,
5 τῷ | μηνύσαντι τῆς ἡδονῆς πέρι τὸ γένεσιν μέν, οὐσίαν δὲ μηδ᾽ ἡντινοῦν αὐτῆς εἶναι, χάριν ἔχειν δεῖ· δῆλον γὰρ ὅτι οὗτος τῶν φασκόντων ἡδονὴν ἀγαθὸν εἶναι καταγελᾷ.

ΠΡΩ. Σφόδρα γε. |

e   ΣΩ. Καὶ μὴν αὐτὸς οὗτος ἑκάστοτε καὶ τῶν ἐν ταῖς γενέσεσιν ἀποτελουμένων καταγελάσεται.

ΠΡΩ. Πῶς δὴ καὶ ποίων λέγεις;

ΣΩ. Τῶν ὅσοι ἐξιώμενοι ἢ πείνην ἢ δίψαν ἤ τι τῶν
5 | τοιούτων, ὅσα γένεσις ἐξιᾶται, χαίρουσι διὰ τὴν γένεσιν ἄτε ἡδονῆς οὔσης αὐτῆς, καί φασι ζῆν οὐκ ἂν δέξασθαι μὴ διψῶντές τε καὶ πεινῶντες καὶ τἆλλα ἅ τις ἂν εἴποι πάντα τὰ ἑπόμενα τοῖς τοιούτοις παθήμασι μὴ πάσχοντες. |

55a   ΠΡΩ. Ἐοίκασι γοῦν.

ΣΩ. Οὐκοῦν τῷ γίγνεσθαί γε τοὐναντίον ἅπαντες τὸ φθείρεσθαι φαῖμεν ἄν.

ΠΡΩ. Ἀναγκαῖον. |

5   ΣΩ. Τὴν δὴ φθορὰν καὶ γένεσιν αἱροῖτ᾽ ἄν τις τοῦθ᾽ αἱρούμενος, ἀλλ᾽ οὐ τὸν τρίτον ἐκεῖνον βίον, τὸν ἐν ᾧ μήτε χαίρειν μήτε λυπεῖσθαι, φρονεῖν δ᾽ ἦν [δυνατὸν] ὡς οἷόν τε καθαρώτατα.

Socrate — Si donc le plaisir est vraiment une **d** génération, procéderons-nous correctement en le plaçant dans un autre lot que celui du bien ?

Protarque — Tout à fait correctement, oui.

Socrate — Dès lors, c'est justement ce que je disais en commençant cette discussion : il faut être reconnaissants à celui qui nous révèle que du plaisir, il y a génération, mais aucun être quel qu'il soit ; car il est évident qu'il tourne en dérision ceux qui affirment que le plaisir est un bien.

Protarque — Oui, il s'en donne à cœur joie !

Socrate — Et le même se rira également en toute **e** occasion de ceux qui s'arrêtent aux générations.

Protarque — Comment cela ? De qui parles-tu ?

Socrate — De tous ceux qui, lorsqu'ils remédient à leur faim, à leur soif ou à l'une des affections de ce genre dont le remède est une génération, se réjouissent à cause de cette génération qu'ils considèrent comme étant un plaisir, et qui affirment qu'ils n'accepteraient pas de vivre sans éprouver la soif, la faim et tout ce dont on pourrait dire par ailleurs qu'il découle de telles affections.

Protarque — Ils en ont bien l'air.   **55a**

Socrate — Or nous affirmerions tous que la génération est le contraire de la destruction ?

Protarque — Nécessairement.

Socrate — Destruction et génération : voilà ce qu'on choisirait en faisant ce choix, et non cette troisième vie, celle dans laquelle il n'y a ni jouissance ni douleur, mais la pensée à son plus haut degré de pureté possible.

ΠΡΩ. Πολλή τις, ὡς ἔοικεν, ὦ Σώκρατες, ἀλογία
10 συμ|βαίνει γίγνεσθαι, ἐάν τις τὴν ἡδονὴν ὡς ἀγαθὸν ἡμῖν
τιθῆται.

ΣΩ. Πολλή, ἐπεὶ καὶ τῇδε ἔτι λέγωμεν.

ΠΡΩ. Πῇ; |

b ΣΩ. Πῶς οὐκ ἄλογόν ἐστι μηδὲν ἀγαθὸν εἶναι μηδὲ
καλὸν μήτε ἐν σώμασι μήτ' ἐν πολλοῖς ἄλλοις πλὴν
ἐν ψυχῇ, καὶ ἐνταῦθα ἡδονὴν μόνον, ἀνδρείαν δὲ ἢ
σωφροσύνην ἢ νοῦν ἤ τι τῶν ἄλλων ὅσα ἀγαθὰ εἴληχε
5 ψυχή, μηδὲν | τοιοῦτον εἶναι; πρὸς τούτοις δὲ ἔτι τὸν μὴ
χαίροντα, ἀλγοῦντα δέ, ἀναγκάζεσθαι φάναι κακὸν εἶναι
τότε ὅταν ἀλγῇ, κἂν ᾖ ἄριστος πάντων, καὶ τὸν χαίροντα
c αὖ, ὅσῳ μᾶλλον χαίρει, | τότε ὅταν χαίρῃ, τοσούτῳ
διαφέρειν πρὸς ἀρετήν.

ΠΡΩ. Πάντ' ἐστὶ ταῦτα, ὦ Σώκρατες, ὡς δυνατὸν
ἀλογώτατα.

ΣΩ. Μὴ τοίνυν ἡδονῆς μὲν πάντως ἐξέτασιν πᾶσαν
5 ἐπι|χειρῶμεν ποιήσασθαι, νοῦ δὲ καὶ ἐπιστήμης οἷον
φειδόμενοι σφόδρα φανῶμεν· γενναίως δέ, εἴ πή τι
σαθρὸν ἔχει, πᾶν περικρούωμεν, ὡς ὅτι καθαρώτατόν ἐστ'
αὐτῶν φύσει, τοῦτο κατιδόντες εἰς τὴν κρίσιν[1] χρώμεθα
τὴν κοινὴν τοῖς τε τούτων καὶ τοῖς τῆς ἡδονῆς μέρεσιν
ἀληθεστάτοις. |

---

1. c8 τὴν κρίσιν BTW Burnet : κρᾶσιν Schleiermacher Diès

Protarque — C'est une grande absurdité, à ce qu'il semble, Socrate, qui résulte de la position selon laquelle le plaisir serait notre bien [LXV] !

Socrate — Une grande, oui, puisqu'il nous faut encore dire ceci.

Protarque — Quoi ?

Socrate — Comment ne serait-il pas absurde qu'il **b** n'y ait aucun bien ni aucune beauté dans les corps et dans plein d'autres choses, à l'exception de l'âme ? et, en elle, seulement le plaisir, tandis que ni le courage, ni la modération, ni l'intelligence, ni aucun des autres biens qui appartiennent à l'âme ne serait tel ? et encore, outre tout cela, que celui qui n'est pas en train de jouir, mais souffre, doive nécessairement être dit mauvais au moment où il souffre, même s'il est le meilleur de tous les hommes ? et qu'inversement celui qui jouit l'emporte d'autant plus en vertu qu'il jouit davantage, au moment **c** où il jouit ?

Protarque — Tout cela est aussi absurde que possible, Socrate.

Socrate — Bon ! Ne nous échinons pas toutefois à procéder à cet examen minutieux et approfondi du plaisir en donnant l'impression d'épargner à l'excès l'intelligence et la science ; bravement, au contraire, éprouvons ces dernières en frappant tout autour pour voir si elles ne comportent pas quelque chose qui sonne faux d'une manière ou d'une autre, afin que ce qu'il y a par nature de plus pur en elles, cela, nous le présentions à notre regard et l'utilisions en vue du jugement [LXVI] commun relatif à leurs parties les plus vraies ainsi qu'à celles du plaisir.

10   ΠΡΩ. Ὀρθῶς. |

d   ΣΩ. Οὐκοῦν ἡμῖν τὸ μὲν οἶμαι δημιουργικόν ἐστι τῆς περὶ τὰ μαθήματα ἐπιστήμης, τὸ δὲ περὶ παιδείαν καὶ τροφήν. ἢ πῶς;

ΠΡΩ. Οὕτως. |

5   ΣΩ. Ἐν δὴ ταῖς χειροτεχνικαῖς διανοηθῶμεν πρῶτα εἰ τὸ μὲν ἐπιστήμης αὐτῶν μᾶλλον ἐχόμενον, τὸ δ᾽ ἧττον ἔνι, καὶ δεῖ τὰ μὲν ὡς καθαρώτατα νομίζειν, τὰ δ᾽ ὡς ἀκαθαρτότερα.

ΠΡΩ. Οὐκοῦν χρή. |

10   ΣΩ. Τὰς τοίνυν ἡγεμονικὰς διαληπτέον ἑκάστων αὐτῶν χωρίς;

ΠΡΩ. Ποίας καὶ πῶς; |

e   ΣΩ. Οἷον πασῶν που τεχνῶν ἄν τις ἀριθμητικὴν χωρίζῃ καὶ μετρητικὴν καὶ στατικήν, ὡς ἔπος εἰπεῖν φαῦλον τὸ καταλειπόμενον ἑκάστης ἂν γίγνοιτο.

ΠΡΩ. Φαῦλον μὲν δή. |

5   ΣΩ. Τὸ γοῦν μετὰ ταῦτ᾽ εἰκάζειν λείποιτ᾽ ἂν καὶ τὰς αἰσθήσεις καταμελετᾶν ἐμπειρίᾳ καί τινι τριβῇ, ταῖς τῆς στοχαστικῆς προσχρωμένους δυνάμεσιν ἃς πολλοὶ
56a   τέχνας | ἐπονομάζουσι, μελέτῃ καὶ πόνῳ τὴν ῥώμην ἀπειργασμένας.

ΠΡΩ. Ἀναγκαιότατα λέγεις.

Protarque — Juste.

Socrate — Eh bien, nous admettons, je pense, qu'une **d** partie de la science qui s'attache aux objets d'étude est artisanale, et que l'autre concerne l'éducation et la culture. Non ?

Protarque — Si.

Socrate — Parmi les arts manuels, commençons par réfléchir pour déterminer s'il n'y a pas une partie qui tient plus de la science et une autre moins, et s'il faut considérer les premiers comme les plus purs, et les seconds comme moins purs.

Protarque — Oui, c'est ce qu'il faut faire.

Socrate — Dès lors, nous devons diviser et mettre à part de chacun d'eux les sciences qui commandent[LXVII] ?

Protarque — Quelles sciences ? Comment cela ?

Socrate — Par exemple, je suppose que si l'on **e** séparait de tous les arts la science du nombre, la science de la mesure et la science de la pesée, ce qui subsisterait de chacun serait pour ainsi dire médiocre.

Protarque — Médiocre, en vérité !

Socrate — Après cela, il ne resterait guère que l'estimation et l'exercice des sensations associés à l'expérience et à une certaine routine, en faisant usage des ressources conjecturales que beaucoup nomment « arts », et qui doivent leur force à la pratique et au labeur. **56a**

Protarque — Ce que tu dis est absolument nécessaire.

ΣΩ. Οὐκοῦν μεστὴ μέν που μουσικὴ[1] πρῶτον, τὸ σύμφωνον ἁρμόττουσα οὐ μέτρῳ ἀλλὰ μελέτης 5 στοχασμῷ, καὶ | σύμπασα αὐτῆς αὐλητική[2], τὸ μέτρον ἑκάστης χορδῆς τῷ στοχάζεσθαι φερομένης θηρεύουσα, ὥστε πολὺ μεμειγμένον ἔχειν τὸ μὴ σαφές, σμικρὸν δὲ τὸ βέβαιον.

ΠΡΩ. Ἀληθέστατα. |

b ΣΩ. Καὶ μὴν ἰατρικήν τε καὶ γεωργίαν καὶ κυβερνητικὴν καὶ στρατηγικὴν ὡσαύτως εὑρήσομεν ἐχούσας.

ΠΡΩ. Καὶ πάνυ γε.

ΣΩ. Τεκτονικὴν δέ γε, οἶμαι, πλείστοις μέτροις τε καὶ 5 | ὀργάνοις χρωμένην τὰ πολλὴν ἀκρίβειαν αὐτῇ πορίζοντα τεχνικωτέραν τῶν πολλῶν ἐπιστημῶν παρέχεται.

ΠΡΩ. Πῇ;

ΣΩ. Κατά τε ναυπηγίαν καὶ κατ᾽ οἰκοδομίαν καὶ ἐν πολλοῖς ἄλλοις τῆς ξυλουργικῆς. κανόνι γὰρ οἶμαι c καὶ | τόρνῳ χρῆται καὶ διαβήτῃ καὶ στάθμῃ καί τινι προσαγωγίῳ κεκομψευμένῳ.

ΠΡΩ. Καὶ πάνυ γε, ὦ Σώκρατες, ὀρθῶς λέγεις.

---

1. a3 μουσικὴ BTW Burnet : αὐτῆς αὐλητικὴ huc transposui ex a5 auctore Bury Diès
2. a5 αὐτῆς αὐλητική BTW Burnet : μουσικὴ Bury Diès

Socrate — Tout d'abord, la musique en est pleine, elle qui ajuste la consonance de ses instruments non au moyen d'une mesure, mais en la conjecturant grâce à la pratique, et de même l'art de l'*aulos*[1] tout entier, qui traque la mesure correcte de chaque note en la visant alors qu'elle est en mouvement, de sorte qu'il comporte un grand mélange de manque de clarté, mais peu de fermeté [LXVIII].

Protarque — C'est parfaitement vrai.

Socrate — Assurément, la médecine, l'agriculture, **b** l'art du pilote et la stratégie, nous y trouverons à chaque fois la même condition.

Protarque — Absolument.

Socrate — Quant à l'art de la construction, si je ne m'abuse, son utilisation de nombreuses mesures et de nombreux instruments qui lui procurent beaucoup de précision en fait une science où il y a davantage d'art que dans de nombreuses autres.

Protarque — Où cela ?

Socrate — Dans la construction des navires, des maisons et dans de nombreux autres arts qui travaillent le bois. Je crois en effet qu'on y utilise la règle, le tour, le compas, le fil à plomb et un très ingénieux type **c** d'équerre [LXIX].

Protarque — Et tu as tout à fait raison, Socrate.

1. Le terme αὐλός est souvent traduit par « flûte », mais désigne plutôt un instrument à vent proche du hautbois qui n'a pas d'équivalent moderne exact, raison pour laquelle je préfère ne pas le traduire.

ΣΩ. Θῶμεν τοίνυν διχῇ τὰς λεγομένας τέχνας, τὰς
5 μὲν | μουσικῇ συνεπομένας ἐν τοῖς ἔργοις ἐλάττονος
ἀκριβείας μετισχούσας, τὰς δὲ τεκτονικῇ πλείονος.

ΠΡΩ. Κείσθω.

ΣΩ. Τούτων δὲ ταύτας ἀκριβεστάτας εἶναι τέχνας, ἃς
νυνδὴ πρώτας εἴπομεν. |

10 ΠΡΩ. Ἀριθμητικὴν φαίνῃ μοι λέγειν καὶ ὅσας μετὰ
ταύτης τέχνας ἐφθέγξω νυνδή. |

d   ΣΩ. Πάνυ μὲν οὖν. ἀλλ᾽, ὦ Πρώταρχε, ἆρ᾽ οὐ διττὰς αὖ
καὶ ταύτας λεκτέον; ἢ πῶς;

ΠΡΩ. Ποίας δὴ λέγεις;

ΣΩ. Ἀριθμητικὴν πρῶτον ἆρ᾽ οὐκ ἄλλην μέν
5 τινα | τὴν τῶν πολλῶν φατέον, ἄλλην δ᾽ αὖ τὴν τῶν
φιλοσοφούντων;

ΠΡΩ. Πῇ ποτε διορισάμενος οὖν ἄλλην, τὴν δὲ ἄλλην
θείη τις ἂν ἀριθμητικήν;

ΣΩ. Οὐ σμικρὸς ὅρος, ὦ Πρώταρχε. οἱ μὲν γάρ που
10 | μονάδας ἀνίσους καταριθμοῦνται τῶν περὶ ἀριθμόν,
οἷον στρατόπεδα δύο καὶ βοῦς δύο καὶ δύο τὰ σμικρότατα
e ἢ καὶ | τὰ πάντων μέγιστα· οἱ δ᾽ οὐκ ἄν ποτε αὐτοῖς
συνακολουθήσειαν, εἰ μὴ μονάδα μονάδος ἑκάστης τῶν
μυρίων μηδεμίαν ἄλλην ἄλλης διαφέρουσάν τις θήσει.

Socrate — Divisons donc en deux ce qu'on appelle les arts : d'un côté, ceux qui se rattachent à la musique et ont part à une moindre précision dans leurs œuvres, et de l'autre ceux qui se rattachent à l'art de la construction et ont part à une plus grande précision.

Protarque — C'est fait.

Socrate — Parmi les arts, toutefois, les plus précis sont ceux que nous avons cités tout à l'heure en premiers.

Protarque — Il me semble que tu te réfères à la science du nombre et à tous les arts que tu as mentionnés à ses côtés tout à l'heure.

Socrate — Absolument. Mais, Protarque, ne faut-il **d** pas dire que ceux-là aussi sont de deux sortes ? Qu'en penses-tu ?

Protarque — Desquels parles-tu ?

Socrate — De la science du nombre, tout d'abord : ne faut-il pas dire qu'autre est celle de la foule, et autre celle des philosophes ?

Protarque — Selon quelle distinction pourrait-on poser l'une et l'autre sciences du nombre ?

Socrate — Une distinction qui n'est pas médiocre, Protarque ! C'est que parmi ceux qui s'occupent du nombre, les uns, pourrait-on dire, dénombrent des unités inégales, par exemple deux armées, deux bœufs, et deux choses quelconques, qu'elles soient les plus petites ou les plus grandes de toutes ; les autres, en revanche, **e** n'accepteraient jamais de les suivre, tant qu'on n'aura pas posé que parmi les myriades d'unités, aucune ne diffère jamais d'aucune autre.

ΠΡΩ. Καὶ μάλα εὖ λέγεις οὐ σμικρὰν διαφορὰν τῶν
5 | περὶ ἀριθμὸν τευταζόντων, ὥστε λόγον ἔχειν δύ' αὐτὰς
εἶναι.

ΣΩ. Τί δέ; λογιστικὴ καὶ μετρητικὴ <ἢ> κατὰ
τεκτονικὴν καὶ κατ' ἐμπορικὴν τῆς κατὰ φιλοσοφίαν
57a γεωμετρίας τε καὶ | λογισμῶν καταμελετωμένων –
πότερον ὡς μία ἑκατέρα λεκτέον ἢ δύο τιθῶμεν;

ΠΡΩ. Τῇ πρόσθεν ἑπόμενος ἔγωγ' ἂν δύο κατὰ τὴν
ἐμὴν ψῆφον τιθείην ἑκατέραν τούτων. |

5 ΣΩ. Ὀρθῶς. οὗ δ' ἕνεκα ταῦτα προηνεγκάμεθα εἰς τὸ
μέσον, ἆρα ἐννοεῖς;

ΠΡΩ. Ἴσως, ἀλλὰ σὲ βουλοίμην ἂν ἀποφήνασθαι τὸ
νῦν ἐρωτώμενον.

ΣΩ. Δοκεῖ τοίνυν ἔμοιγε οὗτος ὁ λόγος, οὐχ ἧττον
10 ἢ | ὅτε λέγειν αὐτὸν ἠρχόμεθα, ταῖς ἡδοναῖς ζητῶν
ἀντίστροφον ἐνταῦθα προβεβληκέναι, σκοπῶν ἆρά
b ἐστί τις ἑτέρας | ἄλλη καθαρωτέρα ἐπιστήμης ἐπιστήμη,
καθάπερ ἡδονῆς ἡδονή.

ΠΡΩ. Καὶ μάλα σαφὲς τοῦτό γε, ὅτι ταῦθ' ἕνεκα
τούτων ἐπικεχείρηκεν. |

5 ΣΩ. Τί οὖν; ἆρ' οὐκ ἐν μὲν τοῖς ἔμπροσθεν ἐπ'
ἄλλοις ἄλλην τέχνην οὖσαν ἀνεύρισκε σαφεστέραν καὶ
ἀσαφεστέραν ἄλλην ἄλλης;

ΠΡΩ. Πάνυ μὲν οὖν.

Protarque — Tu as bien fait de dire qu'elle n'est pas médiocre, la différence parmi ceux qui s'appliquent au nombre, de sorte qu'il y a une raison pour qu'elles soient de deux sortes.

Socrate — Mais quoi? La science du calcul et la science de la mesure utilisées par l'art de la construction et le commerce, relativement à la géométrie philosophique et aux calculs savants, faut-il dire que chacune de ces 57a deux sciences est une, ou devons-nous les poser comme doubles?

Protarque — Pour rester conséquent avec ce qui précède, compte mon vote à moi en faveur de la position qui les ferait chacune double!

Socrate — À juste titre. Mais la raison pour laquelle nous nous sommes engagés dans cette discussion, l'as-tu bien à l'esprit?

Protarque — Sans doute, mais j'aimerais que tu clarifies toi-même la question que tu viens de soulever.

Socrate — Eh bien, il me semble que le présent argument s'est proposé, maintenant comme lorsque nous avons commencé cette discussion, de chercher dans les sciences une contrepartie aux plaisirs et d'examiner si une certaine science est plus pure qu'une autre science, b tout comme un plaisir est plus pur qu'un plaisir.

Protarque — Cela, au moins, est très clair : tel est le but en vue duquel nous nous y sommes engagés.

Socrate — Mais quoi? Dans ce qui précède, n'a-t-il pas découvert que des arts différents qui s'appliquent à des objets différents étaient plus ou moins clairs l'un que l'autre?

Protarque — Si, tout à fait.

ΣΩ. Ἐν τούτοις δὲ ἆρ᾽ οὔ τινα τέχνην ὡς ὁμώνυμον
10 | φθεγξάμενος, εἰς δόξαν καταστήσας ὡς μιᾶς, πάλιν
c ὡς | δυοῖν ἐπανερωτᾷ τούτοιν αὐτοῖν τὸ σαφὲς καὶ τὸ
καθαρὸν περὶ ταῦτα πότερον ἡ τῶν φιλοσοφούντων ἢ μὴ
φιλοσοφούντων ἀκριβέστερον ἔχει;

ΠΡΩ. Καὶ μάλα δοκεῖ μοι τοῦτο διερωτᾶν. |

5 ΣΩ. Τίν᾽ οὖν, ὦ Πρώταρχε, αὐτῷ δίδομεν ἀπόκρισιν;

ΠΡΩ. Ὦ Σώκρατες, εἰς θαυμαστὸν διαφορᾶς μέγεθος
εἰς σαφήνειαν προεληλύθαμεν ἐπιστημῶν.

ΣΩ. Οὐκοῦν ἀποκρινούμεθα ῥᾷον;

ΠΡΩ. Τί μήν; καὶ εἰρήσθω γε ὅτι πολὺ μὲν αὗται τῶν
10 | ἄλλων τεχνῶν διαφέρουσι, τούτων δ᾽ αὐτῶν αἱ περὶ τὴν
d | τῶν ὄντως φιλοσοφούντων ὁρμὴν ἀμήχανον ἀκριβείᾳ
καὶ ἀληθείᾳ περὶ μέτρα τε καὶ ἀριθμοὺς διαφέρουσιν.

ΣΩ. Ἔστω ταῦτα κατὰ σέ, καὶ σοὶ δὴ πιστεύοντες
θαρροῦντες ἀποκρινόμεθα τοῖς δεινοῖς περὶ λόγων
ὁλκήν – |

5 ΠΡΩ. Τὸ ποῖον;

ΣΩ. Ὡς εἰσὶ δύο ἀριθμητικαὶ καὶ δύο μετρητικαὶ
καὶ ταύταις ἄλλαι τοιαῦται συνεπόμεναι συχναί,
τὴν διδυμότητα ἔχουσαι ταύτην, ὀνόματος δὲ ἑνὸς
κεκοινωμέναι. |

Socrate — Et alors, après avoir exprimé un certain art par un nom unique et avoir ainsi suscité l'opinion qu'il était un, ne nous interroge-t-il pas à nouveau comme s'il **c** y avait deux arts sur ce qui est clair et pur en chacun des deux et sur la question de savoir si c'est celui des philosophes ou celui des non-philosophes qui est plus précis?

Protarque — Oui, il me semble que c'est tout à fait ce qu'il demande.

Socrate — Quelle réponse allons-nous lui donner, Protarque?

Protarque — Socrate, elle est étonnante, l'étendue de la différence de clarté entre les sciences vers laquelle nous nous sommes acheminés!

Socrate — Nous répondrons alors d'autant plus facilement?

Protarque — Et comment! Qu'il soit donc au moins dit que ces arts diffèrent beaucoup des autres, et que, parmi eux aussi, ceux qui sont portés par l'élan des vrais **d** philosophes se distinguent infiniment par leur précision et leur vérité dans le domaine des mesures et des nombres.

Socrate — Qu'il en aille comme tu le dis! Et, t'accordant foi et crédit, nous répondons aux habiles à malmener les discours…

Protarque — Quoi donc?

Socrate — Qu'il y a deux sciences du nombre, deux sciences de la mesure, et de nombreux autres arts du même type à leur suite qui présentent cette même duplicité, mais partagent un nom unique.

e ΠΡΩ. Διδῶμεν τύχῃ ἀγαθῇ τούτοις οὓς φὴς δεινοὺς εἶναι ταύτην τὴν ἀπόκρισιν, ὦ Σώκρατες.

ΣΩ. Ταύτας οὖν λέγομεν ἐπιστήμας ἀκριβεῖς μάλιστ᾽ εἶναι; |

5 ΠΡΩ. Πάνυ μὲν οὖν.

ΣΩ. Ἀλλ᾽ ἡμᾶς, ὦ Πρώταρχε, ἀναίνοιτ᾽ ἂν ἡ τοῦ διαλέγεσθαι δύναμις, εἴ τινα πρὸ αὐτῆς ἄλλην κρίναιμεν.

ΠΡΩ. Τίνα δὲ ταύτην αὖ δεῖ λέγειν; |

58a ΣΩ. Δῆλον ὁτιὴ πᾶς ἂν τήν γε νῦν λεγομένην γνοίη· τὴν γὰρ περὶ τὸ ὂν καὶ τὸ ὄντως καὶ τὸ κατὰ ταὐτὸν ἀεὶ πεφυκὸς πάντως ἔγωγε οἶμαι ἡγεῖσθαι σύμπαντας ὅσοις
5 νοῦ καὶ σμικρὸν προσήρτηται μακρῷ ἀληθεστάτην | εἶναι γνῶσιν. σὺ δὲ τί; πῶς τοῦτο, ὦ Πρώταρχε, διακρίνοις ἄν;

ΠΡΩ. Ἤκουον μὲν ἔγωγε, ὦ Σώκρατες, ἑκάστοτε Γοργίου πολλάκις ὡς ἡ τοῦ πείθειν πολὺ διαφέροι πασῶν
b τεχνῶν· | πάντα γὰρ ὑφ᾽ αὐτῇ δοῦλα δι᾽ ἑκόντων ἀλλ᾽ οὐ διὰ βίας ποιοῖτο, καὶ μακρῷ ἀρίστη πασῶν εἴη τῶν τεχνῶν – νῦν δ᾽ οὔτε σοὶ οὔτε δὴ ἐκείνῳ βουλοίμην ἂν ἐναντία τίθεσθαι.

ΣΩ. "Τὰ ὅπλα" μοι δοκεῖς βουληθεὶς εἰπεῖν αἰσχυνθεὶς
5 | ἀπολιπεῖν.

ΠΡΩ. Ἔστω νῦν ταῦτα ταύτῃ ὅπῃ σοι δοκεῖ.

ΣΩ. Ἆρ᾽ οὖν αἴτιος ἐγὼ τοῦ μὴ καλῶς ὑπολαβεῖν σε;

Protarque — À la bonne heure ! Faisons cette réponse **e** à ceux que tu as qualifiés d'habiles, Socrate.

Socrate — Alors, nous disons que ces sciences sont les plus précises ?

Protarque — Absolument.

Socrate — Pourtant, Protarque, la puissance de la dialectique nous renierait, si nous en jugions une autre supérieure à elle.

Protarque — Allons bon ! Quelle science faut-il encore entendre par là ?

Socrate — Il est clair que tout le monde peut voir **58a** de laquelle je suis en train de parler ! Car la science de ce qui est, et est réellement, de ce qui, par nature, reste toujours et en totalité identique à soi-même, quant à moi, je crois que tous ceux à qui appartient ne fût-ce qu'une petite parcelle d'intelligence considèrent qu'elle est de loin la connaissance la plus vraie. Et toi ? Quel jugement rendrais-tu sur ce point, Protarque ?

Protarque — De mon côté, Socrate, j'ai entendu Gorgias répéter en maintes occasions que l'art de persuader se distinguait grandement de tous les autres : c'est qu'il réduit tout en esclavage, de son plein gré et **b** non par contrainte, et qu'il est de loin le meilleur de tous les arts. Maintenant, toutefois, je ne voudrais prendre position ni contre toi ni contre un tel homme…

Socrate — « Prendre les armes », voulais-tu dire, à ce qu'il me semble ; mais, saisi de honte, tu les as laissées tomber !

Protarque — Oh, prends-le comme tu voudras !

Socrate — Est-ce ma faute à moi, si tu n'as pas bien compris ?

ΠΡΩ. Τὸ ποῖον;

ΣΩ. Οὐκ, ὦ φίλε Πρώταρχε, τοῦτο ἔγωγε ἐζήτουν πω,
c | τίς τέχνη ἢ τίς ἐπιστήμη πασῶν διαφέρει τῷ μεγίστη καὶ
ἀρίστη καὶ πλεῖστα ὠφελοῦσα ἡμᾶς, ἀλλὰ τίς ποτε τὸ
σαφὲς καὶ τἀκριβὲς καὶ τὸ ἀληθέστατον ἐπισκοπεῖ, κἂν εἰ
σμικρὰ καὶ σμικρὰ ὀνινᾶσα, τοῦτ' ἔστιν ὃ νῦν δὴ ζητοῦμεν.
5 | ἀλλ' ὅρα· οὐδὲ γὰρ ἀπεχθήσῃ Γοργίᾳ, τῇ μὲν ἐκείνου
ὑπάρχειν τέχνῃ διδοὺς πρὸς χρείαν τοῖς ἀνθρώποις
κρατεῖν, ᾗ δ' εἶπον ἐγὼ νῦν πραγματείᾳ, καθάπερ τοῦ
λευκοῦ πέρι τότε ἔλεγον, κἂν εἰ σμικρόν, καθαρὸν δ'
d εἴη, τοῦ πολλοῦ | καὶ μὴ τοιούτου διαφέρειν, τούτῳ γ'
αὐτῷ τῷ ἀληθεστάτῳ, καὶ νῦν δὴ σφόδρα διανοηθέντες
καὶ ἱκανῶς διαλογισάμενοι, μήτ' εἴς τινας ὠφελίας
ἐπιστημῶν βλέψαντες μήτε τινὰς εὐδοκιμίας, ἀλλ' εἴ τις
5 πέφυκε τῆς ψυχῆς ἡμῶν δύναμις | ἐρᾶν τε τοῦ ἀληθοῦς
καὶ πάντα ἕνεκα τούτου πράττειν, ταύτην εἴπωμεν
διεξερευνησάμενοι, τὸ καθαρὸν νοῦ τε καὶ φρονήσεως
εἰ ταύτην μάλιστα ἐκ τῶν εἰκότων ἐκτῆσθαι φαῖμεν ἂν ἢ
τινα ἑτέραν ταύτης κυριωτέραν ἡμῖν ζητητέον. |

e   ΠΡΩ. Ἀλλὰ σκοπῶ, καὶ χαλεπὸν οἶμαι συγχωρῆσαί
τινα ἄλλην ἐπιστήμην ἢ τέχνην τῆς ἀληθείας ἀντέχεσθαι
μᾶλλον ἢ ταύτην.

Protarque — Compris quoi ?

Socrate — En ce qui me concerne, mon cher
Protarque, je ne cherchais pas pour l'instant quel art c
ou quelle science se distingue de tous les autres par sa
grandeur, son excellence et les multiples services qu'il
nous rend ; mais lequel vise à la clarté, à la précision et à
la vérité maximale, même s'il est minuscule et n'offre que
de petits avantages, voilà ce que nous sommes en train de
chercher. Mais écoute : tu ne t'attireras pas la haine de
Gorgias, si tu concèdes qu'à son art à lui appartient la
préséance quant à l'utilité pour les hommes, mais qu'à
l'étude dont moi je parle à présent – c'est comme je l'ai
dit tout à l'heure à propos du blanc, à savoir que même
s'il était en petite quantité, mais pur, il se distinguerait
de celui qui serait en grande quantité mais impur par d
le fait même d'être le plus vrai ; eh bien maintenant,
après y avoir appliqué notre pensée avec intensité et
avoir adéquatement pris en compte les éléments de la
discussion, sans considérer les services particuliers que
rendraient les sciences ni certaines réputations favorables
dont elles jouiraient, mais s'il y a dans notre âme une
certaine puissance naturelle d'aimer le vrai et de tout faire
en vue de lui, disons si, après un examen approfondi, nous
affirmons que c'est vraisemblablement elle qui possède
au plus haut point ce qu'il y a de pur dans l'intelligence et
la pensée, ou bien s'il faut en chercher une autre qui soit
plus souveraine que celle-là.

Protarque — J'examine, j'examine… et je crois qu'il e
serait difficile d'accorder qu'une autre science ou un
autre art s'attache davantage à la vérité que celle-ci.

ΣΩ. Ἄρ᾽ οὖν ἐννοήσας τὸ τοιόνδε εἴρηκας ὃ λέγεις νῦν,
5 | ὡς αἱ πολλαὶ τέχναι, καὶ ὅσοι περὶ ταῦτα πεπόνηνται,
59a | πρῶτον μὲν δόξαις χρῶνται καὶ τὰ περὶ δόξαν ζητοῦσι
συντεταμένως; εἴ τε καὶ περὶ φύσεως ἡγεῖταί τις ζητεῖν,
οἶσθ᾽ ὅτι τὰ περὶ τὸν κόσμον τόνδε, ὅπη τε γέγονεν καὶ
ὅπη πάσχει τι καὶ ὅπη ποιεῖ, ταῦτα ζητεῖ διὰ βίου; φαῖμεν
5 | ἂν ταῦτα, ἢ πῶς;

ΠΡΩ. Οὕτως.

ΣΩ. Οὐκοῦν οὐ περὶ τὰ ὄντα ἀεί, περὶ δὲ τὰ γιγνόμενα
καὶ γενησόμενα καὶ γεγονότα ἡμῶν ὁ τοιοῦτος ἀνῄρηται
τὸν πόνον; |

10 ΠΡΩ. Ἀληθέστατα.

ΣΩ. Τούτων οὖν τι σαφὲς ἂν φαῖμεν τῇ ἀκριβεστάτῃ
b | ἀληθείᾳ γίγνεσθαι, ὧν μήτε ἔσχε μηδὲν πώποτε κατὰ
ταὐτὰ μήθ᾽ ἕξει μήτε εἰς τὸ νῦν παρὸν ἔχει;

ΠΡΩ. Καὶ πῶς;

ΣΩ. Περὶ οὖν τὰ μὴ κεκτημένα βεβαιότητα μηδ᾽
5 ἡντινοῦν | πῶς ἄν ποτε βέβαιον γίγνοιθ᾽ ἡμῖν καὶ ὁτιοῦν;

ΠΡΩ. Οἶμαι μὲν οὐδαμῶς.

ΣΩ. Οὐδ᾽ ἄρα νοῦς οὐδέ τις ἐπιστήμη περὶ αὐτά ἐστιν
τὸ ἀληθέστατον ἔχουσα.

ΠΡΩ. Οὔκουν εἰκός γε. |

10 ΣΩ. Τὸν μὲν δὴ σὲ καὶ ἐμὲ καὶ Γοργίαν καὶ Φίληβον
χρὴ συχνὰ χαίρειν ἐᾶν, τόδε δὲ διαμαρτύρασθαι τῷ
λόγῳ. |

Socrate — Ce que tu viens de dire, l'as-tu dit parce que tu as réfléchi au fait que la multitude des arts, et ceux qui y ont dépensé de la sueur, d'abord font usage 59a d'opinions et explorent d'arrache-pied les matières d'opinion? Si l'un d'eux prétend également explorer la nature, tu sais bien que c'est sur ce qui relève de ce monde-ci, la manière dont il est né, dont il pâtit et dont il agit, qu'il fait porter ses recherches sa vie durant. Est-ce bien ce que nous affirmerions, oui ou non?

Protarque — Oui.

Socrate — Ainsi, ce n'est pas à propos de ce qui est toujours, mais de ce qui est généré, sera généré et a été généré que celui d'entre nous qui est tel se donne de la peine.

Protarque — C'est tout à fait vrai.

Socrate — Or pourrions-nous affirmer que la moindre clarté se produise, avec la vérité la plus précise, à propos b de ces choses dont aucune n'a jamais eu ni n'aura ni n'a au moment présent la même condition?

Protarque — Comment le pourrions-nous?

Socrate — À propos de ce qui ne possède aucune forme de stabilité, comment quoi que ce soit de stable pourrait-il jamais se produire pour nous?

Protarque — D'aucune manière, je crois.

Socrate — Il n'y a donc ni intelligence ni une science quelconque qui détienne la vérité absolue à leur sujet.

Protarque — Non, à ce qu'il semble.

Socrate — Alors, il faut lancer un grand « Au plaisir! » aussi bien à ton petit toi qu'à moi, Gorgias et Philèbe, et notre argument doit protester solennellement ce qui suit…

c   ΠΡΩ. Τὸ ποῖον;

ΣΩ. Ὡς ἢ περὶ ἐκεῖνα ἔσθ᾽ ἡμῖν τό τε βέβαιον καὶ τὸ καθαρὸν καὶ ἀληθὲς καὶ ὃ δὴ λέγομεν εἰλικρινές, περὶ τὰ ἀεὶ κατὰ τὰ αὐτὰ ὡσαύτως ἀμεικτότατα ἔχοντα, ἢ
5 [δεύτερος] [1] | ἐκείνων ὅτι μάλιστά ἐστι συγγενές· τὰ δ᾽ ἄλλα πάντα δεύτερά τε καὶ ὕστερα λεκτέον.

ΠΡΩ. Ἀληθέστατα λέγεις.

ΣΩ. Τὰ δὴ τῶν ὀνομάτων περὶ τὰ τοιαῦτα κάλλιστα ἆρ᾽ οὐ τοῖς καλλίστοις δικαιότατον ἀπονέμειν; |

10   ΠΡΩ. Εἰκός γε. |

d   ΣΩ. Οὐκοῦν νοῦς ἐστι καὶ φρόνησις ἅ γ᾽ ἄν τις τιμήσειε μάλιστα ὀνόματα;

ΠΡΩ. Ναί.

ΣΩ. Ταῦτ᾽ ἄρα ἐν ταῖς περὶ τὸ ὂν ὄντως ἐννοίαις ἐστὶν
5 | ἀπηκριβωμένα ὀρθῶς κείμενα καλεῖσθαι.

ΠΡΩ. Πάνυ μὲν οὖν.

ΣΩ. Καὶ μὴν ἅ γε εἰς τὴν κρίσιν ἐγὼ τότε παρεσχόμην οὐκ ἄλλ᾽ ἐστὶν ἢ ταῦτα τὰ ὀνόματα.

ΠΡΩ. Τί μήν, ὦ Σώκρατες; |

10   ΣΩ. Εἶεν. τὸ μὲν δὴ φρονήσεώς τε καὶ ἡδονῆς
e πέρι | πρὸς τὴν ἀλλήλων μεῖξιν εἴ τις φαίη καθαπερεὶ δημιουργοῖς ἡμῖν ἐξ ὧν ἢ ἐν οἷς δεῖ δημιουργεῖν τι παρακεῖσθαι, καλῶς ἂν τῷ λόγῳ ἀπεικάζοι.

---

1. c4 δεύτερος BTW : secl. Hermann Burnet : δευτέρως corr. Ven. 189 : δεύτερ᾽ ὅσ᾽ Badham : περὶ ὅσ᾽ Diès

Protarque — Quoi donc ?   c

Socrate — Que, pour nous, le stable, le pur, le vrai et ce qu'enfin nous avons dit simple, cela concerne soit ce dont nous venons de parler, à savoir ce qui reste toujours semblablement dans la même condition, absolument sans mélange, soit ce qui lui est le plus apparenté [LXX] ; toutes les autres choses, il faut les déclarer secondes et inférieures.

Protarque — Tes paroles sont pleines de vérité.

Socrate — Dès lors, parmi les noms que l'on peut appliquer aux choses de ce genre, n'est-il pas absolument juste d'attribuer les plus beaux aux plus belles ?

Protarque — Il semble bien.

Socrate — Or « intelligence » et « pensée » ne   d sont-ils pas les noms que l'on honorerait au plus haut point ?

Protarque — Si.

Socrate — Donc, c'est lorsqu'ils s'appliquent aux pensées concernant ce qui est réellement que ceux-ci sont une appellation exacte et correctement établie ?

Protarque — Tout à fait.

Socrate — Et assurément, les noms que j'ai moi-même proposés tout à l'heure au jugement [1] n'étaient autres que ceux-là.

Protarque — Évidemment, Socrate !

Socrate — Soit. En ce qui concerne la pensée et le plaisir, si l'on disait qu'ils se trouvent face à nous pour   e leur mélange mutuel comme face à des artisans qui doivent à partir d'eux ou en eux réaliser une œuvre, ne ferait-on pas une bonne métaphore ?

---

1. Avant même le début du dialogue.

ΠΡΩ. Καὶ μάλα. |

5 ΣΩ. Τὸ δὴ μετὰ ταῦτα ἆρ᾽ οὐ μειγνύναι ἐπιχειρητέον;

ΠΡΩ. Τί μήν;

ΣΩ. Οὐκοῦν τάδε προειποῦσι καὶ ἀναμνήσασιν ἡμᾶς αὐτοὺς ὀρθότερον ἂν ἔχοι;

ΠΡΩ. Τὰ ποῖα; |

10 ΣΩ. Ἄ καὶ πρότερον ἐμνήσθημεν· εὖ δ᾽ ἡ παροιμία
60a | δοκεῖ ἔχειν, τὸ καὶ δὶς καὶ τρὶς τό γε καλῶς ἔχον ἐπαναπολεῖν τῷ λόγῳ δεῖν.

ΠΡΩ. Τί μήν;

ΣΩ. Φέρε δὴ πρὸς Διός· οἶμαι γὰρ οὑτωσί πως τὰ τότε
5 | λεχθέντα ῥηθῆναι.

ΠΡΩ. Πῶς;

ΣΩ. Φίληβός φησι τὴν ἡδονὴν σκοπὸν ὀρθὸν πᾶσι ζῴοις γεγονέναι καὶ δεῖν πάντας τούτου στοχάζεσθαι, καὶ δὴ καὶ τἀγαθὸν τοῦτ᾽ αὐτὸ εἶναι σύμπασι, καὶ δύο
10 ὀνόματα, | ἀγαθὸν καὶ ἡδύ, ἑνί τινι καὶ φύσει μιᾷ τούτω
b ὀρθῶς | τεθέντ᾽ ἔχειν· Σωκράτης δ᾽ ἓν μὲν οὔ φησι τοῦτ᾽ εἶναι, δύο δὲ καθάπερ τὰ ὀνόματα, καὶ τό τε ἀγαθὸν καὶ ἡδὺ διάφορον ἀλλήλων φύσιν ἔχειν, μᾶλλον δὲ μέτοχον εἶναι τῆς τοῦ ἀγαθοῦ μοίρας τὴν φρόνησιν ἢ τὴν ἡδονήν.
5 οὐ ταῦτ᾽ ἔστιν | τε καὶ ἦν τὰ τότε λεγόμενα, ὦ Πρώταρχε;

ΠΡΩ. Σφόδρα μὲν οὖν.

Protarque — Si, une excellente !

Socrate — Bon. Après cela, ne faut-il pas nous attaquer au mélange ?

Protarque — Allons-y !

Socrate — Ne serait-il pas alors plus juste de commencer par rappeler ce qui suit afin de nous le remémorer ?

Protarque — Quoi donc ?

Socrate — Ce que nous nous sommes antérieurement mis dans la mémoire ; mais le proverbe semble avoir raison : ce qui est beau, il faut le répéter encore **60a** et encore, deux et même trois fois, au cours de notre discussion !

Protarque — Et comment !

Socrate — Allons-y donc, par Zeus ! Car voici, je crois, comment étaient énoncés nos propos d'alors.

Protarque — Comment ?

Socrate — Philèbe affirmait que le plaisir était le but correct de tous les êtres vivants, celui que tous devaient viser ; que le bien, en vérité, était cela même pour tous ; et que ces deux noms, bon et plaisant, trouvaient leur application correcte relativement à une chose unique et à une unique nature. De son côté, Socrate affirmait qu'il **b** n'y avait pas là une chose unique, mais deux, comme les noms, et que le bon et le plaisant avaient une nature différente l'un de l'autre, mais que la pensée participait plus au lot du bien que le plaisir. Cela ne correspond-il pas, maintenant comme alors, aux paroles prononcées à ce moment, Protarque ?

Protarque — Si, très exactement.

ΣΩ. Οὐκοῦν καὶ τόδε καὶ τότε καὶ νῦν ἡμῖν ἂν συνομολογοῖτο;

ΠΡΩ. Τὸ ποῖον; |

10 ΣΩ. Τὴν τἀγαθοῦ διαφέρειν φύσιν τῷδε τῶν ἄλλων. |

c ΠΡΩ. Τίνι;

ΣΩ. Ὧι παρείη τοῦτ᾽ ἀεὶ τῶν ζῴων διὰ τέλους πάντως καὶ πάντῃ, μηδενὸς ἑτέρου ποτὲ ἔτι προσδεῖσθαι, τὸ δὲ ἱκανὸν τελεώτατον ἔχειν. οὐχ οὕτως; |

5 ΠΡΩ. Οὕτω μὲν οὖν.

ΣΩ. Οὐκοῦν τῷ λόγῳ ἐπειράθημεν χωρὶς ἑκάτερον ἑκατέρου θέντες εἰς τὸν βίον ἑκάστων, ἄμεικτον μὲν ἡδονὴν φρονήσει, φρόνησιν δὲ ὡσαύτως ἡδονῆς μηδὲ τὸ σμικρότατον ἔχουσαν; |

10 ΠΡΩ. Ἦν ταῦτα.

ΣΩ. Μῶν οὖν ἡμῖν αὐτῶν τότε πότερον ἱκανὸν ἔδοξεν

d | εἶναί τῳ;

ΠΡΩ. Καὶ πῶς;

ΣΩ. Εἰ δέ γε παρηνέχθημέν τι τότε, νῦν ὁστισοῦν ἐπαναλαβὼν ὀρθότερον εἰπάτω, μνήμην καὶ φρόνησιν καὶ

5 | ἐπιστήμην καὶ ἀληθῆ δόξαν τῆς αὐτῆς ἰδέας τιθέμενος καὶ σκοπῶν εἴ τις ἄνευ τούτων δέξαιτ᾽ ἂν οἱ καὶ ὁτιοῦν εἶναι

Socrate — Et ne pouvons-nous pas nous mettre également d'accord, maintenant comme alors, sur le point suivant?

Protarque — Lequel?

Socrate — Que la nature du bien diffère de tout le reste par l'aspect que voici.

Protarque — Quel aspect?   c

Socrate — Que celui des êtres vivants en qui il serait présent, de manière permanente et jusqu'à sa fin, entièrement et absolument, n'aurait plus besoin de rien d'autre qui viendrait encore s'y ajouter, mais posséderait la condition de suffisance la plus complète. N'en va-t-il pas ainsi?

Protarque — Si, c'est cela.

Socrate — Or ne les avons-nous pas mis à l'essai par le raisonnement en les séparant l'un de l'autre et en plaçant chacun dans sa vie, l'une qui possède le plaisir sans mélange de pensée, l'autre pareillement la pensée sans la moindre parcelle de plaisir?

Protarque — C'est bien ce que nous avons fait.

Socrate — L'une des deux nous a-t-elle alors semblé d être suffisante à qui que ce soit?

Protarque — Comment l'aurait-elle pu?

Socrate — Si nous nous sommes alors laissé porter dans une mauvaise direction, qu'à présent qui le souhaite reprenne la question et s'exprime mieux que nous, en posant mémoire, pensée, science et opinion vraie comme relevant de la même Idée et en examinant si quelqu'un pourrait admettre que, sans cela, n'importe quoi soit

ἢ καὶ γίγνεσθαι, μὴ ὅτι δή γε ἡδονὴν εἴθ᾽ ὡς πλείστην εἴθ᾽
ὡς σφοδροτάτην, ἣν μήτε ἀληθῶς δοξάζοι χαίρειν μήτε
τὸ παράπαν γιγνώσκοι τί ποτε πέπονθε πάθος μήτ᾽ αὖ
e | μνήμην τοῦ πάθους μηδ᾽ ὁντινοῦν χρόνον ἔχοι. ταὐτὰ
δὲ λεγέτω καὶ περὶ φρονήσεως, εἴ τις ἄνευ πάσης ἡδονῆς
καὶ τῆς βραχυτάτης δέξαιτ᾽ ἂν φρόνησιν ἔχειν μᾶλλον ἢ
μετά τινων ἡδονῶν ἢ πάσας ἡδονὰς χωρὶς φρονήσεως
5 μᾶλλον ἢ | μετὰ φρονήσεως αὖ τινος.

ΠΡΩ. Οὐκ ἔστιν, ὦ Σώκρατες, ἀλλ᾽ οὐδὲν δεῖ ταῦτά
γε πολλάκις ἐπερωτᾶν. |

61a   ΣΩ. Οὐκοῦν τό γε τέλεον καὶ πᾶσιν αἱρετὸν καὶ τὸ
παντάπασιν ἀγαθὸν οὐδέτερον ἂν τούτων εἴη;

ΠΡΩ. Πῶς γὰρ ἄν;

ΣΩ. Τὸ τοίνυν ἀγαθὸν ἤτοι σαφῶς ἢ καί τινα τύπον
5 αὐτοῦ | ληπτέον, ἵν᾽, ὅπερ ἐλέγομεν, δευτερεῖα ὅτῳ
δώσομεν ἔχωμεν.

ΠΡΩ. Ὀρθότατα λέγεις.

ΣΩ. Οὐκοῦν ὁδὸν μέν τινα ἐπὶ τἀγαθὸν εἰλήφαμεν;

ΠΡΩ. Τίνα;

ΣΩ. Καθάπερ εἴ τίς τινα ἄνθρωπον ζητῶν τὴν οἴκησιν
b | πρῶτον ὀρθῶς ἵν᾽ οἰκεῖ πύθοιτο αὐτοῦ, μέγα τι δήπου
πρὸς τὴν εὕρεσιν ἂν ἔχοι τοῦ ζητουμένου.

également présent ou se produise pour lui LXXI, *a fortiori* un plaisir, même le plus abondant ou le plus intense possible, étant donné qu'il ne pourrait ni avoir l'opinion vraie qu'il jouit de ce plaisir, ni connaître d'aucune façon u'il ne conserverait pas non plus le souvenir de **e** cette affection pendant le moindre temps. Et qu'il en dise autant à propos de la pensée : est-ce que quelqu'un accepterait de posséder la pensée sans le moindre plaisir, même le plus bref, plutôt qu'avec certains plaisirs, ou tous les plaisirs séparément de la pensée plutôt qu'avec une certaine pensée ?

Protarque — C'est impossible, Socrate, et il n'est nullement nécessaire de le redemander sans cesse.

Socrate — Aucun des deux ne serait donc cette **61a** condition complète et universellement digne de choix, bref le bien absolu ?

Protarque — Comment en effet pourrait-il l'être ?

Socrate — Ce bien, dès lors, il faut le saisir soit distinctement soit dans une de ses empreintes, afin de savoir, comme nous l'avons dit, à quoi nous attribuerons la deuxième place.

Protarque — Ce que tu dis est très juste.

Socrate — Or n'avons-nous pas trouvé un chemin en direction du bien ?

Protarque — Quel chemin ?

Socrate — C'est comme si, à la recherche d'un homme, on recevait d'abord une information correcte **b** sur la demeure dans laquelle il habite : on s'approcherait beaucoup, j'imagine, de la découverte de l'objet de notre quête.

ΠΡΩ. Πῶς δ᾽ οὔ;

ΣΩ. Καὶ νῦν δή τις λόγος ἐμήνυσεν ἡμῖν, ὥσπερ καὶ
5 | κατ᾽ ἀρχάς, μὴ ζητεῖν ἐν τῷ ἀμείκτῳ βίῳ τἀγαθὸν ἀλλ᾽
ἐν τῷ μεικτῷ.

ΠΡΩ. Πάνυ γε.

ΣΩ. Ἐλπὶς μὴν πλείων ἐν τῷ μειχθέντι καλῶς τὸ
ζητούμενον ἔσεσθαι φανερώτερον ἢ ἐν τῷ μή; |

10 ΠΡΩ. Πολύ γε.

ΣΩ. Τοῖς δὴ θεοῖς, ὦ Πρώταρχε, εὐχόμενοι
c κεραννύωμεν, | εἴτε Διόνυσος εἴτε Ἥφαιστος εἴθ᾽ ὅστις
θεῶν ταύτην τὴν τιμὴν εἴληχε τῆς συγκράσεως.

ΠΡΩ. Πάνυ μὲν οὖν.

ΣΩ. Καὶ μὴν καθάπερ ἡμῖν οἰνοχόοις τισὶ παρεστᾶσι
5 | κρῆναι – μέλιτος μὲν ἂν ἀπεικάζοι τις τὴν τῆς ἡδονῆς,
τὴν δὲ τῆς φρονήσεως νηφαντικὴν καὶ ἄοινον αὐστηροῦ
καὶ ὑγιεινοῦ τινος ὕδατος – ἃς προθυμητέον ὡς κάλλιστα
συμμειγνύναι.

ΠΡΩ. Πῶς γὰρ οὔ; |

d ΣΩ. Φέρε δὴ πρότερον· ἆρα πᾶσαν ἡδονὴν πάσῃ
φρονήσει μειγνύντες τοῦ καλῶς ἂν μάλιστα ἐπιτύχοιμεν;

ΠΡΩ. Ἴσως.

Protarque — Bien sûr !

Socrate — Eh bien, à présent, l'argument nous a révélé, comme déjà au début, de ne pas chercher le bien dans la vie non mélangée, mais dans celle qui est mélangée.

Protarque — Absolument.

Socrate — Assurément, il y a davantage d'espoir que l'objet de notre quête soit plus apparent dans la vie bien mélangée que dans celle qui l'est mal.

Protarque — Bien davantage, oui.

Socrate — Alors, Protarque, mélangeons en priant les dieux – Dionysos [1], Héphaistos [2] ou quel que soit le dieu c qui a obtenu cette dignité de présider aux mélanges.

Protarque — Oui, absolument.

Socrate — Et en vérité, nous voilà comme des échansons face à des fontaines – on peut comparer la première à une fontaine de miel, celle du plaisir, et celle de la pensée, sobre et sans trace de vin, à une fontaine dont l'eau est austère et saine – qu'il faut mettre toute notre ardeur à mélanger le mieux possible.

Protarque — Pourquoi pas, en effet ?

Socrate — Allons, commençons donc par ceci : d aurions-nous plus de chance d'atteindre le beau mélange en mêlant le plaisir tout entier à la pensée tout entière ?

Protarque — Peut-être !

1. Dieu qui préside au mélange du vin et est associé au plaisir.
2. Dieu qui préside au mélange des métaux et est associé à l'art (τέχνη).

ΣΩ. Ἀλλ' οὐκ ἀσφαλές. ᾗ δὲ ἀκινδυνότερον ἂν
5 | μειγνύοιμεν, δόξαν μοι δοκῶ τινα ἀποφήνασθαι ἄν.

ΠΡΩ. Λέγε τίνα.

ΣΩ. Ἦν ἡμῖν ἡδονή τε ἀληθῶς, ὡς οἰόμεθα, μᾶλλον
ἑτέρας ἄλλη καὶ δὴ καὶ τέχνη τέχνης ἀκριβεστέρα;

ΠΡΩ. Πῶς γὰρ οὔ; |

10   ΣΩ. Καὶ ἐπιστήμη δὴ ἐπιστήμης διάφορος, ἡ μὲν ἐπὶ
e | τὰ γιγνόμενα καὶ ἀπολλύμενα ἀποβλέπουσα, ἡ δ' ἐπὶ
τὰ μήτε γιγνόμενα μήτε ἀπολλύμενα, κατὰ ταὐτὰ δὲ καὶ
ὡσαύτως ὄντα ἀεί. ταύτην εἰς τὸ ἀληθὲς ἐπισκοπούμενοι
ἡγησάμεθα ἐκείνης ἀληθεστέραν εἶναι. |

5   ΠΡΩ. Πάνυ μὲν οὖν ὀρθῶς.

ΣΩ. Οὐκοῦν εἰ τἀληθέστατα τμήματα ἑκατέρας
ἴδοιμεν πρῶτον συμμείξαντες, ἆρα ἱκανὰ ταῦτα
συγκεκραμένα τὸν ἀγαπητότατον βίον ἀπεργασάμενα
παρέχειν ἡμῖν, ἤ τινος ἔτι προσδεόμεθα καὶ τῶν μὴ
τοιούτων; |

62a   ΠΡΩ. Ἐμοὶ γοῦν δοκεῖ δρᾶν οὕτως.

ΣΩ. Ἔστω δή τις ἡμῖν φρονῶν ἄνθρωπος αὐτῆς περὶ
δικαιοσύνης ὅτι ἔστιν, καὶ λόγον ἔχων ἑπόμενον τῷ νοεῖν,
καὶ δὴ καὶ περὶ τῶν ἄλλων πάντων τῶν ὄντων ὡσαύτως
5 | διανοούμενος.

Socrate — Mais ce n'est pas sûr. Nous pourrions toutefois mélanger d'une manière moins périlleuse : mon opinion à ce sujet, il me semble pouvoir te la faire connaître.

Protarque — Dis-la-moi.

Socrate — N'avons-nous pas dit qu'un plaisir, à ce que nous croyions, était plus véritablement un plaisir qu'un autre, de même qu'un art était également plus précis qu'un autre ?

Protarque — Comment ne serait-ce pas le cas, en effet ?

Socrate — Et une science diffère d'une autre science : l'une tourne ses regards vers ce qui est généré et **e** périt, l'autre vers ce qui ni n'est généré ni ne périt, mais est toujours semblablement identique à soi-même. En examinant cette dernière sous le rapport de la vérité, nous avons considéré qu'elle était plus vraie que la première.

Protarque — Et à très juste titre.

Socrate — Si nous commencions donc par mêler ensemble les portions les plus vraies de chacune des deux pour voir si, une fois mélangées, elles seraient suffisamment accomplies pour nous procurer la vie la plus satisfaisante, ou si nous aurions encore besoin de l'une ou l'autre des portions qui n'ont pas ce caractère ?

Protarque — C'est ainsi qu'il faut procéder, à mon **62a** avis du moins.

Socrate — Alors, posons un homme qui, à propos de la justice elle-même, pense ce qu'elle est, possède la définition qui résulte de cette intelligence, et applique sa pensée de la même manière à propos de tous les autres êtres.

ΠΡΩ. Ἔστω γὰρ οὖν.

ΣΩ. Ἆρ' οὖν οὗτος ἱκανῶς ἐπιστήμης ἕξει, κύκλου μὲν καὶ σφαίρας αὐτῆς τῆς θείας τὸν λόγον ἔχων, τὴν δὲ ἀνθρωπίνην ταύτην σφαῖραν καὶ τοὺς κύκλους τούτους b ἀγνοῶν, | καὶ χρώμενος ἐν οἰκοδομίᾳ καὶ τοῖς[1] ἄλλοις ὁμοίως κανόσι καὶ τοῖς κύκλοις;

ΠΡΩ. Γελοίαν διάθεσιν ἡμῶν, ὦ Σώκρατες, ἐν ταῖς θείαις οὖσαν μόνον ἐπιστήμαις λέγομεν. |

5   ΣΩ. Πῶς φής; ἢ τοῦ ψευδοῦς κανόνος ἅμα καὶ τοῦ κύκλου τὴν οὐ βέβαιον οὐδὲ καθαρὰν τέχνην ἐμβλητέον κοινῇ καὶ συγκρατέον;

ΠΡΩ. Ἀναγκαῖον γάρ, εἰ μέλλει τις ἡμῶν καὶ τὴν ὁδὸν ἑκάστοτε ἐξευρήσειν οἴκαδε. |

c   ΣΩ. Ἦ καὶ μουσικήν, ἣν ὀλίγον ἔμπροσθεν ἔφαμεν στοχάσεώς τε καὶ μιμήσεως μεστὴν οὖσαν καθαρότητος ἐνδεῖν;

ΠΡΩ. Ἀναγκαῖον φαίνεται ἔμοιγε, εἴπερ γε ἡμῶν ὁ βίος ἔσται καὶ ὁπωσοῦν ποτε βίος. |

5   ΣΩ. Βούλει δῆτα, ὥσπερ θυρωρὸς ὑπ' ὄχλου τις ὠθούμενος καὶ βιαζόμενος, ἡττηθεὶς ἀναπετάσας τὰς θύρας ἀφῶ πάσας τὰς ἐπιστήμας εἰσρεῖν καὶ μείγνυσθαι ὁμοῦ καθαρᾷ τὴν ἐνδεεστέραν; |

d   ΠΡΩ. Οὔκουν ἔγωγε οἶδα, ὦ Σώκρατες, ὅτι τις ἂν βλάπτοιτο πάσας λαβὼν τὰς ἄλλας ἐπιστήμας, ἔχων τὰς πρώτας.

1. b1 καὶ τοῖς BTW Burnet : ἐκείνοις τοῖς Diès

Protarque — D'accord, posons-le.

Socrate — Cet homme disposera-t-il d'une science suffisante, s'il possède la définition du cercle divin et de la sphère divine eux-mêmes, mais ignore la sphère humaine et les cercles de chez nous, et fait semblablement usage, **b** lors de la construction d'une maison, de ces autres règles et de ces autres cercles LXXII ?

Protarque — De quelle ridicule disposition parlons-nous là, Socrate, qui résiderait exclusivement dans les sciences divines !

Socrate — Que dis-tu ? Allons-nous devoir jeter dans le mélange commun cet art ni stable ni pur de la fausse règle et du faux cercle ?

Protarque — C'est nécessaire, effectivement, si quiconque parmi nous souhaite en toute occasion retrouver le chemin de sa maison !

Socrate — Et la musique, dont nous avons affirmé un **c** peu auparavant que, pleine de conjecture et d'imitation, elle manquait de pureté ?

Protarque — Cela me paraît nécessaire, si du moins notre vie doit en quelque manière être une vie !

Socrate — Mais alors, veux-tu que, tel un portier bousculé et submergé par la foule, je cède, j'ouvre les portes bien grandes, et je laisse toutes les sciences s'écouler à l'intérieur et se mélanger ensemble, la plus imparfaite avec une autre qui est pure ?

Protarque — Pour ma part, en tout cas, Socrate, je ne **d** vois vraiment pas quel tort cela pourrait faire à quelqu'un de posséder toutes les autres sciences, pour autant qu'il possède les premières !

ΣΩ. Μεθιῶ δὴ τὰς συμπάσας ῥεῖν εἰς τὴν τῆς Ὁμήρου
5 | καὶ μάλα ποιητικῆς μισγαγκείας ὑποδοχήν;

ΠΡΩ. Πάνυ μὲν οὖν.

ΣΩ. Μεθεῖνται· καὶ πάλιν ἐπὶ τὴν τῶν ἡδονῶν πηγὴν
ἰτέον. ὡς γὰρ διενοήθημεν αὐτὰς μειγνύναι, τὰ τῶν
ἀληθῶν μόρια πρῶτον, οὐκ ἐξεγένεθ᾽ ἡμῖν, ἀλλὰ διὰ τὸ
10 πᾶσαν | ἀγαπᾶν ἐπιστήμην εἰς ταὐτὸν μεθεῖμεν ἀθρόας
e καὶ πρόσθεν | τῶν ἡδονῶν.

ΠΡΩ. Ἀληθέστατα λέγεις.

ΣΩ. Ὥρα δὴ βουλεύεσθαι νῷν καὶ περὶ τῶν ἡδονῶν,
πότερα καὶ ταύτας πάσας ἀθρόας ἀφετέον ἢ καὶ τούτων
5 | πρώτας μεθετέον ἡμῖν ὅσαι ἀληθεῖς.

ΠΡΩ. Πολύ τι διαφέρει πρός γε ἀσφάλειαν πρώτας
τὰς ἀληθεῖς ἀφεῖναι.

ΣΩ. Μεθείσθων δή. τί δὲ μετὰ ταῦτα; ἆρ᾽ οὐκ εἰ μέν
τινες ἀναγκαῖαι, καθάπερ ἐκεῖ, συμμεικτέον καὶ ταύτας; |

10 ΠΡΩ. Τί δ᾽ οὔ; τάς γε ἀναγκαίας δήπουθεν. |

63a ΣΩ. Εἰ δέ γε καί, καθάπερ τὰς τέχνας πάσας ἀβλαβές
τε καὶ ὠφέλιμον ἦν ἐπίστασθαι διὰ βίου, καὶ νῦν δὴ ταὐτὰ
λέγομεν περὶ τῶν ἡδονῶν, εἴπερ πάσας ἡδονὰς ἥδεσθαι

Socrate — Les laisserais-je donc toutes ensemble affluer vers le réceptacle qu'Homère appelle, bien poétiquement d'ailleurs, le « confluent des vallées »[1] ?

Protarque — Absolument.

Socrate — Les y voilà lâchées ! Redirigeons-nous à présent vers la source des plaisirs. Car il ne nous a pas été possible de procéder comme nous l'avions pensé, à savoir de commencer par mélanger les parties des plaisirs et des sciences vrais, mais, à cause de notre amour pour toute science, nous les avons laissé entrer en bloc, avant même les plaisirs. e

Protarque — Tu dis la pure vérité.

Socrate — Il est donc l'heure pour nous deux de délibérer également à propos des plaisirs, pour déterminer s'il faut les laisser s'introduire tous en bloc ou si, ici encore, il nous faut commencer par lâcher ceux d'entre eux qui sont vrais.

Protarque — Par sécurité, il importe beaucoup de commencer par admettre les vrais.

Socrate — Lâchons-les donc. Mais après ? S'il y en a qui sont nécessaires, comme dans le cas des sciences, ne faut-il pas les mélanger également ?

Protarque — Pourquoi pas ? Les nécessaires, sans aucun doute !

Socrate — Bien. Mais si, tout comme connaître tous 63a les arts sa vie durant était dépourvu de risque et même utile, nous en disions maintenant autant à propos des plaisirs, alors, à condition du moins que jouir sa vie

1. *Iliade* IV, v. 453.

διὰ βίου συμφέρον τε ἡμῖν ἐστι καὶ ἀβλαβὲς ἅπασι, πάσας
5 | συγκρατέον.

ΠΡΩ. Πῶς οὖν δὴ περὶ αὐτῶν τούτων λέγωμεν; καὶ
πῶς ποιῶμεν;

ΣΩ. Οὐχ ἡμᾶς, ὦ Πρώταρχε, διερωτᾶν χρή, τὰς
ἡδονὰς δὲ αὐτὰς καὶ τὰς φρονήσεις διαπυνθανομένους
10 τὸ τοιόνδε | ἀλλήλων πέρι. |

b   ΠΡΩ. Τὸ ποῖον;

ΣΩ. "Ὦ φίλαι, εἴτε ἡδονὰς ὑμᾶς χρὴ προσαγορεύειν
εἴτε ἄλλῳ ὁτῳοῦν ὀνόματι, μῶν οὐκ ἂν δέξαισθε οἰκεῖν
μετὰ φρονήσεως πάσης ἢ χωρὶς τοῦ φρονεῖν;" οἶμαι μὲν
5 πρὸς | ταῦτα τόδ' αὐτὰς ἀναγκαιότατον εἶναι λέγειν.

ΠΡΩ. Τὸ ποῖον;

ΣΩ. Ὅτι καθάπερ ἔμπροσθεν ἐρρήθη, "Τὸ μόνον καὶ
ἔρημον εἰλικρινὲς εἶναί τι γένος οὔτε πάνυ τι δυνατὸν
c   οὔτ' | ὠφέλιμον· πάντων γε μὴν ἡγούμεθα γενῶν ἄριστον
ἓν ἀνθ' ἑνὸς συνοικεῖν ἡμῖν τὸ τοῦ γιγνώσκειν τἆλλά
τε πάντα καὶ [αὖ τὴν] αὐτὴν ἡμῶν τελέως εἰς δύναμιν
ἑκάστην."

ΠΡΩ. "Καὶ καλῶς γε εἰρήκατε τὰ νῦν, " φήσομεν. |

5   ΣΩ. Ὀρθῶς. πάλιν τοίνυν μετὰ τοῦτο τὴν φρόνησιν
καὶ τὸν νοῦν ἀνερωτητέον· "Ἆρ' ἡδονῶν τι προσδεῖσθε ἐν
τῇ συγκράσει;" φαῖμεν ἂν αὖ τὸν νοῦν τε καὶ τὴν φρόνησιν
ἀνερωτῶντες. "Ποίων, " φαῖεν ἂν ἴσως, "ἡδονῶν;"

durant de tous les plaisirs soit avantageux pour nous tous et dépourvu de risque, il faut tous les faire entrer dans le mélange.

Protarque — Qu'avons-nous à dire à leur sujet ? Et comment procéderons-nous ?

Socrate — Ce n'est pas nous qu'il faut interroger, Protarque, mais les plaisirs et les pensées eux-mêmes, en leur posant mutuellement une question de ce type.

Protarque — De quel type ?   b

Socrate — « Mes amis – qu'il faille vous appeler plaisirs ou par quelque autre nom ! –, accepteriez-vous de cohabiter avec toute la pensée, ou à part de l'activité de penser ? » Je crois qu'à cette question, il est de toute nécessité qu'ils fassent la réponse suivante.

Protarque — Laquelle ?

Socrate — Comme on l'a dit plus tôt : « rester seul, solitaire et sans mélange, ce n'est pour aucun genre ni tout à fait possible ni avantageux ; mais nous considérons   c que le meilleur de tous les genres, si on les compare un à un, pour cohabiter avec nous, c'est celui qui consiste à connaître tous les autres et chacun d'entre nous aussi parfaitement que possible. »

Protarque — « Voilà qui est bien parlé ! », leur dirons-nous.

Socrate — À juste titre. Après cela, il faut alors interroger en retour la pensée et l'intelligence. « Avez-vous encore quelque besoin des plaisirs dans le mélange ? » – ainsi pourrions-nous formuler notre question à l'intelligence et à la pensée. « De quels plaisirs ? », répliqueraient-elles peut-être.

ΠΡΩ. Εἰκός. |

d ΣΩ. Ὁ δέ γ᾿ ἡμέτερος λόγος μετὰ τοῦτ᾿ ἐστὶν ὅδε.
"Πρὸς ταῖς ἀληθέσιν ἐκείναις ἡδοναῖς, " φήσομεν, "ἆρ᾿ ἔτι
προσδεῖσθ᾿ ὑμῖν τὰς μεγίστας ἡδονὰς συνοίκους εἶναι καὶ
τὰς σφοδροτάτας;" "Καὶ πῶς, ὦ Σώκρατες," ἴσως φαῖεν
5 | ἄν, "αἵ γ᾿ ἐμποδίσματά τε μυρία ἡμῖν ἔχουσι, τὰς ψυχὰς
ἐν αἷς οἰκοῦμεν ταράττουσαι διὰ μανικὰς ὠδῖνας[1], καὶ
e γίγνεσθαί | τε ἡμᾶς τὴν ἀρχὴν οὐκ ἐῶσι, τά τε γιγνόμενα
ἡμῶν τέκνα ὡς τὸ πολύ, δι᾿ ἀμέλειαν λήθην ἐμποιοῦσαι,
παντάπασι διαφθείρουσιν; ἀλλ᾿ ἅς τε ἡδονὰς ἀληθεῖς
καὶ καθαρὰς [ἃς] εἶπες, σχεδὸν οἰκείας ἡμῖν νόμιζε, καὶ
5 πρὸς ταύταις τὰς μεθ᾿ ὑγιείας | καὶ τοῦ σωφρονεῖν, καὶ
δὴ καὶ συμπάσης ἀρετῆς ὁπόσαι καθάπερ θεοῦ ὀπαδοὶ
γιγνόμεναι αὐτῇ συνακολουθοῦσι πάντῃ, ταύτας μείγνυ·
τὰς δ᾿ ἀεὶ μετ᾿ ἀφροσύνης καὶ τῆς ἄλλης κακίας ἑπομένας
πολλή που ἀλογία τῷ νῷ μειγνύναι τὸν βουλόμενον
64a ὅτι καλλίστην ἰδόντα καὶ ἀστασιαστοτάτην μεῖξιν | καὶ
κρᾶσιν, ἐν ταύτῃ μαθεῖν πειρᾶσθαι, τί ποτε ἔν τ᾿ ἀνθρώπῳ
καὶ τῷ παντὶ πέφυκεν ἀγαθὸν καὶ τίνα ἰδέαν αὐτὴν εἶναί
ποτε μαντευτέον." ἆρ᾿ οὐκ ἐμφρόνως ταῦτα καὶ ἐχόντως
5 | δόξης ὀρθῆς ἀποκρίνασθαι τὰ νῦν ῥηθέντα;

ΠΡΩ. Παντάπασι μὲν οὖν.

---

1. d6 ὠδῖνας Diès coll. Tim. 86c : ἡδονάς BTW : ἐπιθυμίας ci.
Stallbaum : secl. Burnet

Protarque — Vraisemblablement.

Socrate — Notre dialogue se poursuivra ainsi : « En **d**
plus de ces plaisirs vrais », demanderons-nous, « avez-
vous encore besoin que les plaisirs les plus grands et
les plus intenses cohabitent avec vous ? » « Comment
cela, Socrate ? », diraient-elles peut-être. « Ceux-ci
nous opposent des obstacles sans nombre, en agitant
les âmes dans lesquelles nous habitons par des accès
de démence LXXIII : pour commencer, ils ne permettent **e**
même pas que nous naissions, et lorsqu'il nous vient
des rejetons, ils corrompent complètement la plupart
d'entre eux en suscitant l'oubli à force de négligence !
En revanche, ceux que tu qualifies de plaisirs vrais et
purs, considère-les comme appartenant pour ainsi dire
à notre famille, de même en outre que ceux qui vont
de pair avec la santé et la modération, et tous ceux
qui, faisant cortège à la vertu tout entière comme à une
divinité, l'accompagnent partout : ceux-là, mélange-les.
Mais ceux qui suivent toujours la bêtise et le reste du
vice, il serait vraiment très irrationnel que les mélange à
l'intelligence celui qui veut, en portant son regard sur le
mélange et l'alliage le plus beau et le plus dépourvu de
conflits internes possible, tâcher d'apprendre en lui ce que **64a**
peut être dans l'homme et dans le tout le bien par nature
et quelle Idée il faut deviner qu'il est. » Ne dirons-nous
pas que c'est d'une manière digne de la pensée et d'elle-
même que l'intelligence a prononcé la présente réponse,
en son propre nom comme en celui de la mémoire et de
l'opinion vraie ?

Protarque — Si, absolument.

ΣΩ. Ἀλλὰ μὴν καὶ τόδε γε ἀναγκαῖον, καὶ οὐκ ἄλλως ἄν ποτε γένοιτο οὐδ' ἂν ἕν. |

b ΠΡΩ. Τὸ ποῖον;

ΣΩ. Ὧι μὴ μείξομεν ἀλήθειαν, οὐκ ἄν ποτε τοῦτο ἀληθῶς γίγνοιτο οὐδ' ἂν γενόμενον εἴη.

ΠΡΩ. Πῶς γὰρ ἄν; |

5 ΣΩ. Οὐδαμῶς. ἀλλ' εἴ τινος ἔτι προσδεῖ τῇ συγκράσει ταύτῃ, λέγετε σὺ καὶ Φίληβος. ἐμοὶ μὲν γὰρ καθαπερεὶ κόσμος τις ἀσώματος ἄρξων καλῶς ἐμψύχου σώματος ὁ νῦν λόγος ἀπειργάσθαι φαίνεται.

ΠΡΩ. Καὶ ἐμοὶ τοίνυν, ὦ Σώκρατες, οὕτω λέγε δεδόχθαι. |

c ΣΩ. Ἆρ' οὖν ἐπὶ μὲν τοῖς τοῦ ἀγαθοῦ νῦν ἤδη προθύροις καὶ τῆς οἰκήσεως ἐφεστάναι τῆς τοῦ τοιούτου[1] λέγοντες ἴσως ὀρθῶς ἄν τινα τρόπον φαῖμεν;

ΠΡΩ. Ἐμοὶ γοῦν δοκεῖ. |

5 ΣΩ. Τί δῆτα ἐν τῇ συμμείξει τιμιώτατον ἅμα καὶ μάλιστ' αἴτιον εἶναι δόξειεν ἂν ἡμῖν τοῦ πᾶσιν γεγονέναι προσφιλῆ τὴν τοιαύτην διάθεσιν; τοῦτο γὰρ ἰδόντες μετὰ τοῦτ' ἐπισκεψόμεθα εἴθ' ἡδονῇ εἴτε τῷ νῷ προσφυέστερον καὶ οἰκειότερον ἐν τῷ παντὶ συνέστηκεν. |

d ΠΡΩ. Ὀρθῶς· τοῦτο γὰρ εἰς τὴν κρίσιν ἡμῖν ἐστι συμφορώτατον.

---

1. c2 καὶ τῆς οἰκήσεως ἐφεστάναι τῆς τοῦ τοιούτου BTW Diès : καὶ et mox τῆς τοῦ τοιούτου secl. Badham Burnet

Socrate — Mais certes, voici encore qui est nécessaire, sans quoi rien, pas même une seule chose, ne pourrait jamais advenir.

Protarque — Quoi?   b

Socrate — Ce à quoi nous ne mélangerions pas la vérité, cela ne pourrait jamais vraiment advenir ni, une fois advenu, être.

Protarque — Comment le pourrait-ce, en effet?

Socrate — D'aucune manière. Mais s'il y a encore besoin d'un élément supplémentaire dans cet alliage, parlez, toi et Philèbe! Pour ma part, en effet, le présent argument me donne l'impression d'avoir réalisé quelque chose comme un ordre incorporel qui gouverne harmonieusement un corps animé.

Protarque — Alors, dis-toi bien que j'ai également la même impression, Socrate!

Socrate — Si donc nous disons que nous nous tenons c
désormais au seuil du bien et de la demeure de ce qui est tel LXXIV, peut-être nos propos auront-ils une certaine justesse?

Protarque — C'est en tout cas ce qu'il me semble.

Socrate — Dans ce mélange, qu'allons-nous alors considérer comme ce qui est le plus honorable et la cause principale du fait qu'une telle disposition en est venue à être aimée de tous? En effet, c'est en portant notre regard sur cela que nous examinerons ensuite si, au sein du tout, sa constitution a plus d'affinité et d'intimité avec le plaisir ou avec l'intelligence.

Protarque — C'est juste : cela nous sera très utile d
pour rendre notre jugement.

ΣΩ. Καὶ μὴν καὶ συμπάσης γε μείξεως οὐ χαλεπὸν
ἰδεῖν τὴν αἰτίαν, δι᾽ ἣν ἢ παντὸς ἀξία γίγνεται ἡτισοῦν ἢ
5 τὸ | παράπαν οὐδενός.

ΠΡΩ. Πῶς λέγεις;

ΣΩ. Οὐδείς που τοῦτο ἀνθρώπων ἀγνοεῖ.

ΠΡΩ. Τὸ ποῖον;

ΣΩ. Ὅτι μέτρου καὶ τῆς συμμέτρου φύσεως μὴ
10 τυ|χοῦσα ἡτισοῦν καὶ ὁπωσοῦν σύγκρασις πᾶσα ἐξ
ἀνάγκης ἀπόλλυσι τά τε κεραννύμενα καὶ πρώτην αὑτήν·
e οὐδὲ | γὰρ κρᾶσις, ἀλλά τις ἄκρατος συμπεφυρμένη[1]
ἀληθῶς ἡ τοιαύτη γίγνεται ἑκάστοτε ὄντως τοῖς
κεκτημένοις συμφορά.

ΠΡΩ. Ἀληθέστατα. |

5 ΣΩ. Νῦν δὴ καταπέφευγεν ἡμῖν ἡ τοῦ ἀγαθοῦ δύναμις
εἰς τὴν τοῦ καλοῦ φύσιν· μετριότης γὰρ καὶ συμμετρία
κάλλος δήπου καὶ ἀρετὴ πανταχοῦ συμβαίνει γίγνεσθαι.

ΠΡΩ. Πάνυ μὲν οὖν.

ΣΩ. Καὶ μὴν ἀλήθειάν γε ἔφαμεν αὐτοῖς ἐν τῇ κράσει
10 | μεμεῖχθαι.

ΠΡΩ. Πάνυ γε. |

65a ΣΩ. Οὐκοῦν εἰ μὴ μιᾷ δυνάμεθα ἰδέᾳ τὸ ἀγαθὸν
θηρεῦσαι, σὺν τρισὶ λαβόντες, κάλλει καὶ συμμετρίᾳ
καὶ ἀληθείᾳ, λέγωμεν ὡς τοῦτο οἷον ἓν ὀρθότατ᾽ ἂν
αἰτιασαίμεθ᾽ ἂν τῶν ἐν τῇ συμμείξει, καὶ διὰ τοῦτο ὡς
5 ἀγαθὸν ὂν τοιαύτην αὐτὴν | γεγονέναι.

---

1. e1 συμπεφυρμένη W Diès : συμπεφορημένη BT Burnet

Socrate — Et assurément, il n'est du moins pas difficile de repérer la cause de tout mélange, celle par laquelle, quel qu'il soit, il acquiert une valeur absolue ou nulle.

Protarque — De quoi parles-tu?

Socrate — Nul homme ne l'ignore, j'imagine.

Protarque — Quoi donc?

Socrate — Que n'importe quel alliage réalisé d'une manière quelconque, s'il n'atteint pas la nature de la mesure et de la proportion, corrompt ses composants, et lui-même le premier; en effet, une telle condition n'est même pas un alliage, mais une pure confusion LXXV sans véritable mélange, qui est à chaque fois un réel gâchis pour ceux qui la possèdent. e

Protarque — Tout à fait vrai.

Socrate — Voilà donc que la puissance du bien s'est réfugiée à nos yeux dans la nature du beau; car il se fait, je suppose, que la mesure et la proportion réalisent partout la beauté et la vertu.

Protarque — Absolument.

Socrate — Et nous avons dit que la vérité leur était mélangée dans l'alliage.

Protarque — Oui, tout à fait.

Socrate — Dès lors, si nous ne pouvons attraper le bien au moyen d'une Idée unique, tout en le saisissant au moyen de trois, le beau, la proportion et la vérité, disons que nous assignerions très correctement cela, pris comme unité, comme cause de ce qui est dans le mélange, et que c'est par cela comme étant bon qu'il devient lui-même tel. **65a**

ΠΡΩ. Ὀρθότατα μὲν οὖν.

ΣΩ. Ἤδη τοίνυν, ὦ Πρώταρχε, ἱκανὸς ἡμῖν γένοιτ᾽
ἂν ὁστισοῦν κριτὴς ἡδονῆς τε πέρι καὶ φρονήσεως,
b ὁπότερον | αὐτοῖν τοῦ ἀρίστου συγγενέστερόν τε καὶ
τιμιώτερον ἐν ἀνθρώποις τέ ἐστι καὶ θεοῖς.

ΠΡΩ. Δῆλον μέν, ὅμως δ᾽ οὖν τῷ λόγῳ ἐπεξελθεῖν
βέλτιον. |

5　ΣΩ. Καθ᾽ ἓν ἕκαστον τοίνυν τῶν τριῶν πρὸς τὴν
ἡδονὴν καὶ τὸν νοῦν κρίνωμεν· δεῖ γὰρ ἰδεῖν ποτέρῳ
<ὡς> μᾶλλον συγγενὲς ἕκαστον αὐτῶν ἀπονεμοῦμεν.

ΠΡΩ. Κάλλους καὶ ἀληθείας καὶ μετριότητος πέρι
λέγεις; |

10　ΣΩ. Ναί. πρῶτον δέ γε ἀληθείας λαβοῦ, ὦ Πρώταρχε·
c | καὶ λαβόμενος βλέψας εἰς τρία, νοῦν καὶ ἀλήθειαν
καὶ ἡδονήν, πολὺν ἐπισχὼν χρόνον ἀπόκριναι σαυτῷ
πότερον ἡδονὴ συγγενέστερον ἢ νοῦς ἀληθείᾳ.

ΠΡΩ. Τί δὲ χρόνου δεῖ; πολὺ γὰρ οἶμαι διαφέρετον.
5　| ἡδονὴ μὲν γὰρ ἁπάντων ἀλαζονίστατον, ὡς δὲ λόγος,
καὶ ἐν ταῖς ἡδοναῖς ταῖς περὶ τἀφροδίσια, αἳ δὴ μέγισται
δοκοῦσιν εἶναι, καὶ τὸ ἐπιορκεῖν συγγνώμην εἴληφε παρὰ
d θεῶν, ὡς | καθάπερ παίδων τῶν ἡδονῶν νοῦν οὐδὲ τὸν

Protarque — Très correctement, oui.

Socrate — Désormais, Protarque, n'importe qui constituerait à nos yeux un juge adéquat sur le cas du plaisir et de la pensée, afin de déterminer lequel des deux **b** est le plus apparenté au bien suprême et est le plus digne d'honneur parmi les hommes aussi bien que les dieux.

Protarque — C'est évident... toutefois, mieux vaut aller jusqu'au bout de l'argument !

Socrate — Fondons alors notre jugement sur chacune de ces trois Idées en les comparant tour à tour au plaisir et à l'intelligence. Il faut en effet voir auquel des deux nous assignerons la parenté la plus grande à l'égard de chacun d'eux.

Protarque — Tu veux parler de la beauté, de la vérité et de la juste mesure ?

Socrate — Oui. Commence par prendre la vérité, Protarque, et une fois que tu t'en es saisi, considère-les tous les trois, l'intelligence, la vérité et le plaisir ; et, **c** après t'y être arrêté un long moment, réponds : lequel, selon toi, est-il le plus apparenté à la vérité – plaisir ou intelligence ?

Protarque — Pas besoin d'un long moment ! C'est que leur différence n'est pas mince, j'imagine ! En effet, le plaisir est le pire imposteur qui soit, et on raconte que dans les plaisirs d'amour, ceux qui sont considérés comme étant les plus grands, même le parjure reçoit l'indulgence des dieux [1], un peu comme si les plaisirs étaient des **d**

---

1. Cf. *Banquet*, 183b-c (discours de Pausanias).

ὀλίγιστον κεκτημένων· νοῦς δὲ ἤτοι ταὐτὸν καὶ ἀλήθειά
ἐστιν ἢ πάντων ὁμοιότατόν τε καὶ ἀληθέστατον.

ΣΩ. Οὐκοῦν τὸ μετὰ τοῦτο τὴν μετριότητα ὡσαύτως
5 | σκέψαι, πότερον ἡδονὴ φρονήσεως ἢ φρόνησις ἡδονῆς
πλείω κέκτηται;

ΠΡΩ. Εὔσκεπτόν γε καὶ ταύτην σκέψιν προβέβληκας·
οἶμαι γὰρ ἡδονῆς μὲν καὶ περιχαρείας οὐδὲν τῶν ὄντων
πεφυκὸς ἀμετρώτερον εὑρεῖν ἄν τινα, νοῦ δὲ καὶ
10 ἐπιστήμης | ἐμμετρώτερον οὐδ᾽ ἂν ἕν ποτε. |

e   ΣΩ. Καλῶς εἴρηκας. ὅμως δ᾽ ἔτι λέγε τὸ τρίτον. νοῦς
ἡμῖν κάλλους μετείληφε πλεῖον ἢ τὸ τῆς ἡδονῆς γένος,
ὥστε εἶναι καλλίω νοῦν ἡδονῆς, ἢ τοὐναντίον;

ΠΡΩ. Ἀλλ᾽ οὖν φρόνησιν μὲν καὶ νοῦν, ὦ Σώκρατες,
5 | οὐδεὶς πώποτε οὔθ᾽ ὕπαρ οὔτ᾽ ὄναρ αἰσχρὸν οὔτε εἶδεν
οὔτε ἐπενόησεν οὐδαμῇ οὐδαμῶς οὔτε γιγνόμενον οὔτε
ὄντα οὔτε ἐσόμενον.

ΣΩ. Ὀρθῶς.

ΠΡΩ. Ἡδονὰς δέ γέ που, καὶ ταῦτα σχεδὸν τὰς
10 μεγίστας, | ὅταν ἴδωμεν ἡδόμενον ὁντινοῦν, ἢ τὸ γελοῖον
66a ἐπ᾽ αὐταῖς ἢ τὸ | πάντων αἴσχιστον ἑπόμενον ὁρῶντες
αὐτοί τε αἰσχυνόμεθα καὶ ἀφανίζοντες κρύπτομεν ὅτι
μάλιστα, νυκτὶ πάντα τὰ τοιαῦτα διδόντες, ὡς φῶς οὐ
δέον ὁρᾶν αὐτά.

enfants qui ne possédaient pas même la moindre parcelle d'intelligence! En revanche, l'intelligence est soit identique à la vérité soit ce qui, parmi toutes les choses, lui est le plus semblable et est le plus vrai.

Socrate — Alors, procède ensuite au même examen concernant la juste mesure : le plaisir en possède-t-il davantage que la pensée, ou la pensée que le plaisir?

Protarque — Cet examen que tu me proposes est lui aussi facile à réaliser : je crois en effet qu'on ne trouvera aucun être qui soit par nature plus démesuré que le plaisir et la jouissance excessive, et aucun non plus qui soit plus mesuré que l'intelligence et la science.

Socrate — Bonne réponse. Toutefois, exprime-toi **e** encore sur ce troisième point : selon nous, l'intelligence participe-t-elle davantage à la beauté que le genre du plaisir, de sorte que l'intelligence serait plus belle que le plaisir, ou est-ce le contraire?

Protarque — Mais enfin, Socrate, la pensée et l'intelligence, personne, en rêve ou éveillé, n'a jamais considéré ni conçu qu'elles puissent où que ce soit et de quelque façon que ce soit être laides, aussi bien dans le passé que dans le présent ou dans l'avenir!

Socrate — C'est juste.

Protarque — Tandis que les plaisirs, et peut-être surtout les plus grands, quand nous voyons quiconque en jouir, remarquant soit le ridicule qui les revêt soit l'extrême laideur de ce qu'ils entraînent, nous en avons **66a** honte nous-mêmes et les dissimulons en les dérobant le plus possible aux regards et en confiant tout cela à la nuit, comme s'il ne fallait pas que la lumière du jour y assiste [1].

1. Cf. *Hippias majeur*, 299a.

ΣΩ. Πάντη δὴ φήσεις, ὦ Πρώταρχε, ὑπό τε ἀγγέλων
5 | πέμπων καὶ παροῦσι φράζων, ὡς ἡδονὴ κτῆμα οὐκ ἔστι
πρῶτον οὐδ' αὖ δεύτερον, ἀλλὰ πρῶτον μέν πη περὶ
μέτρον καὶ τὸ μέτριον καὶ καίριον καὶ πάντα ὁπόσα
τοιαῦτα χρὴ[1] νομίζειν τινὰ ἥδιον[2] ᾑρῆσθαι.

ΠΡΩ. Φαίνεται γοῦν ἐκ τῶν νῦν λεγομένων. |

b ΣΩ. Δεύτερον μὴν περὶ τὸ σύμμετρον καὶ καλὸν καὶ
τὸ τέλεον καὶ ἱκανὸν καὶ πάνθ' ὁπόσα τῆς γενεᾶς αὖ
ταύτης ἐστίν.

ΠΡΩ. Ἔοικε γοῦν. |

5 ΣΩ. Τὸ τοίνυν τρίτον, ὡς ἡ ἐμὴ μαντεία, νοῦν καὶ
φρόνησιν τιθεὶς οὐκ ἂν μέγα τι τῆς ἀληθείας παρεξέλθοις.

ΠΡΩ. Ἴσως.

ΣΩ. Ἆρ' οὖν οὐ τέταρτα[3], ἃ τῆς ψυχῆς αὐτῆς ἔθεμεν,
ἐπιστήμας τε καὶ τέχνας καὶ δόξας ὀρθὰς λεχθείσας,
c ταῦτ' | εἶναι τὰ πρὸς τοῖς τρισὶ τέταρτα, εἴπερ τοῦ ἀγαθοῦ
γέ ἐστι μᾶλλον ἢ[4] τῆς ἡδονῆς συγγενῆ;

ΠΡΩ. Τάχ' ἄν.

ΣΩ. Πέμπτας τοίνυν, ἃς ἡδονὰς ἔθεμεν ἀλύπους
5 ὁρισά|μενοι, καθαρὰς ἐπονομάσαντες τῆς ψυχῆς αὐτῆς,
ἐπιστήμαις, τὰς δὲ αἰσθήσεσιν ἑπομένας;

1. a7 τοιαῦτα χρὴ TW Stobaeus Dies : χρὴ τοιαῦτα B Eusebius
Burnet
2. a8 τινὰ ἥδιον i. m. W Dies : τὴν ἀίδιον BTW Burnet (†)
3. b8 οὐ τέταρτα BTW Stobaeus Burnet : οὐ τεκμαρτά Dies
4. c2 ἢ BTW Dies : secl. Stallbaum Burnet

Socrate — Tu proclameras donc tous azimuts, Protarque, en l'envoyant crier par des messagers et en le déclarant toi-même à ton assistance, que le plaisir n'est pas ce qu'il convient de posséder en premier lieu, ni même en deuxième, mais qu'il faut considérer que c'est sur la mesure, la juste mesure, l'opportun et tout ce qui est de ce genre qu'on s'est davantage plu à faire porter son premier choix [LXXVI].

Protarque — C'est en tout cas ce qui ressort clairement de nos propos actuels.

Socrate — En deuxième lieu, sur ce qui est **b** proportionné et beau, complet et suffisant et tout ce qui appartient à la même génération.

Protarque — On dirait bien.

Socrate — Et en troisième lieu, à en croire ma faculté divinatoire, si tu poses l'intelligence et la pensée, tu ne t'éloignerais pas beaucoup de la vérité.

Protarque — Sans doute.

Socrate — Mais alors, est-ce que ne viendrait pas en quatrième position [LXXVII] ce que nous avons posé comme relevant de l'âme elle-même – les sciences, les arts et les opinions que l'on qualifie de droites? Ces choses ne forment-elles pas une quatrième classe s'ajoutant **c** aux trois précédentes, si toutefois elles sont davantage apparentées au bien qu'au plaisir [LXXVIII]?

Protarque — Probablement.

Socrate — À la cinquième place viennent alors les plaisirs dont nous avons établi en les définissant qu'ils sont exempts de douleur, et que nous avons dénommés plaisirs purs de l'âme elle-même, qu'ils accompagnent des sciences ou même des sensations?

ΠΡΩ. Ἴσως.

ΣΩ. "Εκτη δ᾽ ἐν γενεᾷ," φησὶν Ὀρφεύς, "καταπαύσατε
10 κόσμον ἀοιδῆς·" ἀτὰρ κινδυνεύει καὶ ὁ ἡμέτερος | λόγος
d ἐν ἕκτῃ καταπεπαυμένος εἶναι κρίσει. τὸ δὴ μετὰ | ταῦθ᾽
ἡμῖν οὐδὲν λοιπὸν πλὴν ὥσπερ κεφαλὴν ἀποδοῦναι τοῖς
εἰρημένοις.

ΠΡΩ. Οὐκοῦν χρή.

ΣΩ. Ἴθι δή, τὸ τρίτον τῷ σωτῆρι τὸν αὐτὸν
5 διαμαρτυρά|μενοι λόγον ἐπεξέλθωμεν.

ΠΡΩ. Ποῖον δή;

ΣΩ. Φίληβος τἀγαθὸν ἐτίθετο ἡμῖν ἡδονὴν εἶναι
πᾶσαν καὶ παντελῆ.

ΠΡΩ. Τὸ τρίτον, ὦ Σώκρατες, ὡς ἔοικας, ἔλεγες
10 ἀρτίως | τὸν ἐξ ἀρχῆς ἐπαναλαβεῖν δεῖν λόγον. |

e ΣΩ. Ναί, τὸ δέ γε μετὰ τοῦτο ἀκούσωμεν. ἐγὼ γὰρ
δὴ κατιδὼν ἅπερ νυνδὴ διελήλυθα, καὶ δυσχεράνας τὸν
Φιλήβου λόγον οὐ μόνον ἀλλὰ καὶ ἄλλων πολλάκις
μυρίων, εἶπον ὡς ἡδονῆς γε νοῦς εἴη μακρῷ βέλτιόν τε
5 καὶ ἄμεινον τῷ τῶν | ἀνθρώπων βίῳ.

ΠΡΩ. Ἦν ταῦτα.

Protarque — Peut-être bien.

Socrate — « À la sixième génération, faites cesser l'ordre de votre chant ! », clame Orphée[1]. Eh bien, notre dialogue risque lui aussi d'avoir atteint son point de repos avec ce sixième jugement. Dès lors, il ne nous reste rien **d** d'autre à faire après cela que de donner comme qui dirait une tête à nos propos.

Protarque — Bon, alors c'est ce qu'il faut faire.

Socrate — Allons, une troisième fois, en l'honneur de Zeus sauveur, reparcourons le même argument en prenant à témoins les dieux et les hommes.

Protarque — Quel argument ?

Socrate — Philèbe posait que le bien, pour nous, c'était le plaisir complet et total.

Protarque — Par ce « une troisième fois », tu me donnes l'impression d'avoir voulu dire qu'il fallait reprendre l'argument depuis le début, Socrate !

Socrate — Oui, mais écoutons la suite. Moi, en effet, **e** ayant en vue tout le chemin que je viens de parcourir et éprouvant du dégoût pour la position énoncée non seulement par Philèbe, mais également par des milliers d'autres en de nombreuses occasions, j'ai dit que l'intelligence était bien meilleure que le plaisir et supérieure à lui pour la vie humaine.

Protarque — C'est bien ce qui s'est passé.

---

1. D'après M.L. West, *The Orphic Poems*, Oxford, Oxford University Press, 1983, p. 118, ces six générations seraient : 1) la Nuit ; 2) le Ciel et la Terre ; 3) L'Océan et Thétys ; 4) Phorkys, Kronos, Rhea et les autres Titans ; 5) Zeus, Hera et les autres Olympiens ; 6) « tous les autres ».

ΣΩ. Ὑποπτεύων δέ γε καὶ ἄλλα εἶναι πολλὰ εἶπον ὡς εἰ φανείη τι τούτοιν ἀμφοῖν βέλτιον, ὑπὲρ τῶν δευτερείων νῷ πρὸς ἡδονὴν συνδιαμαχοίμην, ἡδονὴ δὲ
10 καὶ δευτερείων | στερήσοιτο. |

67a   ΠΡΩ. Εἶπες γὰρ οὖν.

ΣΩ. Καὶ μετὰ ταῦτά γε πάντων ἱκανώτατα τούτοιν οὐδέτερον ἱκανὸν ἐφάνη.

ΠΡΩ. Ἀληθέστατα. |

5   ΣΩ. Οὐκοῦν παντάπασιν ἐν τούτῳ τῷ λόγῳ καὶ νοῦς ἀπήλλακτο καὶ ἡδονὴ μή τοι τἀγαθόν γε αὐτὸ μηδ᾽ ἕτερον αὐτοῖν εἶναι, στερομένοιν αὐταρκείας καὶ τῆς τοῦ ἱκανοῦ καὶ τελέου δυνάμεως;

ΠΡΩ. Ὀρθότατα. |

10   ΣΩ. Φανέντος δέ γε ἄλλου τρίτου κρείττονος τούτοιν ἑκατέρου, μυρίῳ γ᾽ αὖ νοῦς ἡδονῆς οἰκειότερον καὶ προσφυέστερον πέφανται νῦν τῇ τοῦ νικῶντος ἰδέᾳ.

ΠΡΩ. Πῶς γὰρ οὔ;

ΣΩ. Οὐκοῦν πέμπτον κατὰ τὴν κρίσιν, ἣν νῦν ὁ λόγος
15 | ἀπεφήνατο, γίγνοιτ᾽ ἂν ἡ τῆς ἡδονῆς δύναμις.

ΠΡΩ. Ἔοικεν. |

Socrate — Soupçonnant d'autre part qu'il y avait encore beaucoup d'autres choses à prendre en compte, j'ai dit que, si l'une d'entre elles nous paraissait meilleure que ces deux-là, je mettrais la dernière énergie à combattre aux côtés de l'intelligence et contre le plaisir pour la deuxième place, et que le plaisir serait également privé de cette deuxième place.

Protarque — Effectivement, tu l'as dit.   67a

Socrate — Et ensuite, c'est avec une complète suffisance qu'aucun de ces deux-là ne nous a paru suffisant.

Protarque — Parfaitement vrai.

Socrate — Or, dans notre discussion, aussi bien l'intelligence que le plaisir n'ont-ils pas été en tout cas totalement écartés l'un comme l'autre de leur prétention à être le bien lui-même, privés qu'ils sont d'autarcie, c'est-à-dire de la capacité de suffisance et de complétude ?

Protarque — Très juste.

Socrate — Mais dès lors que ce troisième terme s'est manifesté comme meilleur que chacun des deux autres, il nous apparaît désormais que l'intelligence a de son côté des milliers de fois plus d'intimité et d'affinité avec l'Idée du vainqueur que le plaisir.

Protarque — Comment ne serait-ce pas le cas ?

Socrate — Ainsi, c'est en cinquième position, d'après le jugement mis au jour par le dialogue que nous venons de mener, que se situerait la puissance du plaisir ?

Protarque — Vraisemblablement.

b ΣΩ. Πρῶτον δέ γε οὐδ' ἂν οἱ πάντες βόες τε καὶ ἵπποι καὶ τἄλλα σύμπαντα θηρία φῶσι τῷ τὸ χαίρειν διώκειν· οἷς πιστεύοντες, ὥσπερ μάντεις ὄρνισιν, οἱ πολλοὶ κρίνουσι τὰς ἡδονὰς εἰς τὸ ζῆν ἡμῖν εὖ κρατίστας εἶναι, καὶ τοὺς

5 | θηρίων ἔρωτας οἴονται κυρίους εἶναι μάρτυρας μᾶλλον ἢ τοὺς τῶν ἐν μούσῃ φιλοσόφῳ μεμαντευμένων ἑκάστοτε λόγων.

ΠΡΩ. Ἀληθέστατα, ὦ Σώκρατες, εἰρῆσθαί σοι νῦν ἤδη φαμὲν ἅπαντες. |

10 ΣΩ. Οὐκοῦν καὶ ἀφίετέ με;

ΠΡΩ. Σμικρὸν ἔτι τὸ λοιπόν, ὦ Σώκρατες· οὐ γὰρ δήπου σύ γε ἀπερεῖς πρότερος ἡμῶν, ὑπομνήσω δέ σε τὰ λειπόμενα.

Socrate — Et non pas en première, même si c'est ce **b** qu'affirment les bœufs, les chevaux et toutes les autres bêtes par leur poursuite de la jouissance ! La foule leur accorde crédit, comme les devins aux oiseaux, et juge que les plaisirs sont ce qu'il y a de plus excellent pour notre vie ; ils croient que les amours des bêtes sont de meilleurs témoins que celles des arguments divinement inspirés en toute occasion par la muse philosophe !

Protarque — Socrate, ce que tu viens de dire est la pure vérité : nous l'affirmons tous désormais.

Socrate — Alors, me laisserez-vous enfin partir ?

Protarque — Il reste encore un petit quelque chose, Socrate. Car ce n'est pas toi qui vas te défiler avant nous, je suppose ! Laisse-moi donc te rappeler ce qui reste …

NOTES A LA TRADUCTION

I. La correction de Schleiermacher (τὸν pour τῶν), adoptée par Burnet et Diès, ne s'impose pas.

II. Texte controversé, bien que le sens ne fasse pas difficulté. Je conserve l'ordre des mss. TW avec Diès (ἡδονή γε ἡδονῇ, inutilement corrigé en ἡδονῇ γε ἡδονὴ par Burnet) et suis la suggestion de Jackson rapportée par Hackforth consistant à placer un point d'interrogation juste avant μὴ, ce qui permet de le conserver en en faisant une particule interrogative.

III. Avec Diès, je conserve le texte du ms. T. La correction de Badham adoptée par Burnet donnerait : « nous nous comporterons et parlerons ».

IV. Je lis ἀγαθόν avec le ms. B et Burnet, plutôt que τἀγαθόν avec les mss. TW et Diès. Cette autre leçon donnerait : « qu'est-ce que le bien ? ».

V. Je conserve le τοῦ ἀγαθοῦ des mss., inutilement supprimé par les éditeurs sur une suggestion de Bury. Notons par ailleurs que certains traducteurs comprennent : « ne dissimulons pas la diversité *interne* de ton bien et du mien ».

VI. Je suis le texte des mss. (ὅμως, corrigé en ὅλως par Badham).

VII. Avec Diès, je conserve le ἂν des mss., qui introduit une asymétrie bienvenue entre les deux cas.

VIII. Je conserve les mots καὶ τὸ des mss. TW et absents du ms. B, car on voit mal comment ils auraient pu être insérés par erreur; mais le texte est difficile. Je suis une suggestion de George Rudebush, consistant à traiter le καὶ comme épexégétique, et le groupe prépositionnel τὸ κατ' ἐκείνην τὴν τέχνην comme renvoyant à l'objet de l'art musical.

IX. Le texte est difficile. Je suis Diès qui conserve la leçon des mss. et traite κατανοεῖν comme un infinitif de destination. Si, à la suite de Burnet, on accepte la correction de Liebhold consistant à supprimer ἐπ', le sens devient : « mais se mettre dans la pensée un certain nombre, chaque nombre possédant une pluralité déterminée ».

X. Il faut fermer l'incise ici, sous peine de faire de Theuth, dieu égyptien, l'inventeur de l'alphabet *grec*.

XI. Burnet suit les mss. TW, qui portent ἔστ' ἀγαθον (« est bon »); mais la question est ici très clairement celle de la nature du bien lui-même.

XII. Je conserve τὰ δέοντα, supprimé par Badham dans sa deuxième édition, suivi par Burnet et Diès. Le texte est certes difficile. Une possibilité suggérée par George Rudebush serait de supprimer la virgule après ὅρα δή et de faire de τὰ δέοντα l'objet de ὅρα, déterminé par τοῦ φρονεῖν καὶ τοῦ νοεῖν καί λογίζεσθαι, ce qui donnerait : « Mais considère les [aspects] nécessaires de la pensée, de l'intelligence et du calcul »; on voit toutefois mal comment Protarque pourrait déclarer ne pas avoir besoin de ce qu'il aurait reconnu être nécessaire.

XIII. Malgré les explications de J.-F. Pradeau (*Platon : Philèbe*, Traduction et présentation, Paris, GF-Flammarion, 2002, p. 246, n. 46), il me paraît impossible de conserver le μηδὲ ὁρᾶν des mss., corrigé en μὴ δέοι' ἄν par Klitsch.

XIV. La correction de Badham acceptée par Burnet, qui donnerait « un homme ridicule » plutôt que « quelqu'un de passablement ridicule », est inutile.

XV. Texte manifestement corrompu. Je suis Diès qui adopte la conjecture de Schleiermacher, tandis que Burnet suit Schütz et supprime βίον, présent dans tous les mss. Le sens est le même dans les deux cas.

XVI. Les mss. portent seulement δράσει. Je suis la correction de Vahlen (δράσει <εἰ>), adoptée par Burnet, plutôt que celle de Badham (δράσασι), adoptée par Diès. Comme me l'a suggéré George Rudebusch, on pourrait sans doute conserver le texte des mss. si l'on place un point en haut après δράσει et si l'on accepte l'asyndète.

XVII. J'ai conservé le συναγομένων des mss., mais on peut être tenté de suivre la correction de Jackson (συμμισγομένων, ce qui donnerait : « en mélangeant ces deux-ci ensemble »). Il est en tout cas clair d'après le contexte que Socrate renvoie ici au *mélange* des deux premiers genres, par lequel seulement le second deviendra manifeste, et non au rassemblement dialectique de chacun des deux séparément de l'autre. Dans tous les cas, Socrate semble prendre plaisir à ne pas être clair, d'où l'incompréhension persistante de Protarque.

XVIII. La suppression de ἐγγιγνόμενα proposée par Burnet est inutile, surtout au vu de ἐγγενομένη à la ligne 26a6.

XIX. Je conserve le texte des mss. tel qu'il est édité par Burnet et Diès (litt. « cette déesse »). Beaucoup traduisent « la déesse elle-même », ce qui suppose en réalité la correction de αὕτη en αὐτή. Dans tous les cas, l'identité de cette déesse est problématique ; ce qui importe avant tout est qu'elle annonce le quatrième genre, à savoir la cause.

XX. Sans correction, le texte signifierait : « Quant à la limite, elle n'avait pas de multiples genres, et nous ne nous sommes pas irrités sous prétexte qu'elle ne serait pas une par nature », ce qui est à la fois contradictoire et exclu par le contexte. J'adopte la correction de Bury (qui ajoute ὅτι après οὔτε), qui est la plus facilement justifiable d'un point de vue paléographique. Diès suit Gloël, qui ajoute οὐκ devant εἶχεν, ce qui donnerait : « Quant à la limite, elle n'était pas sans avoir de multiples genres, et nous ne nous sommes pas irrités sous prétexte qu'elle ne serait pas une par nature. »

XXI. L'addition de τοῖς proposée par Badham paraît nécessaire pour obtenir le sens retenu par la majorité des traducteurs, que je suis également ici.

XXII. Je corrige le ἄρα en ἆρα et transforme cette réplique en une question. J'ai justifié cette lecture dans « The fourth genus and the other three. A note on *Philebus* 27a8-9 », *Classical Quarterly* 55, 2005, p. 614-616.

XXIII. Texte controversé. Je suis Diès qui adopte la correction de Schütz (μεικτὸν ἐκεῖνο au lieu de μεικτὸς ἐκεῖνος). Burnet suit Jackson et supprime tout le groupe. Le sens est le même dans les deux cas.

XXIV. Je suis Bekker, qui lit πανάγαθον au lieu de πᾶν ἀγαθόν (et, deux lignes plus loin, πάγκακον au lieu de πᾶν κακόν). Le texte des mss. suivi par Burnet donnerait « tout ce qui est bon » (et « tout ce qui est mauvais »).

XXV. Phrase difficile, bien que le sens ne fasse pas difficulté. Je suis le texte de Diès, qui suppose une seule correction remontant à un ms. du XVIe siècle. Les interventions de Burnet sont nettement plus nombreuses.

XXVI. Ou « augmenté », si l'on suit la correction de Jackson retenue par Burnet (αὔξεται pour ἄρχεται), qui toutefois ne s'impose pas.

XXVII. Je conserve le texte des principaux mss., confirmé par l'autorité de Porphyre, Proclus, Damascius, Hesychius et la Souda, et considère que l'happax γενούστης a une signification proche de συγγενής qui suit quelques lignes plus loin, tout en permettant un jeu de mots (certes un peu lourd) avec νοῦς.

XXVIII. Texte contesté, mais sans enjeu pour le sens.

XXIX. J'adopte la correction de Bekker retenue par Diès (νοῦς au lieu de νῦν). Le texte des mss. TW, retenu par Burnet, ne nomme pas l'intelligence et répète étrangement « à présent ».

XXX. Les mss. ajoutent « et une dissolution », précision dont le seul défaut est de faire double emploi avec le terme traduit par « destruction » qui précède et de minimiser la dualité entre le processus de dissolution (ou de destruction) de l'harmonie et la douleur qui l'accompagne, raison pour laquelle les éditeurs la suppriment.

XXXI. Je suis ici la correction proposée par Diès, qui ajoute εἴδεσι après ἀμείκτοις, afin d'éviter de comprendre que chacune de ces affections serait pure et sans mélange *de plaisir et de douleur*, ce qui sera clairement contredit par la suite. On peut également penser, avec Apelt, que le terme εἴδεσι est tout simplement sous-entendu. Voir le commentaire.

XXXII. Certains comprennent : « nous souvenir qu'une telle disposition nous appartient ou non ».

XXXIII. Beaucoup d'éditeurs suppriment ou corrigent καὶ μνήμης (« et des souvenirs »), qu'il y a au contraire tout lieu de conserver. Voir le commentaire.

XXXIV. Je suis le texte de Diès, qui adopte la suggestion de Bury et remplace τὴν par τινα au lieu de le supprimer comme le propose Badham suivi par Burnet. Le sens est sensiblement le même dans les deux cas.

XXXV. Sur une suggestion de George Rudebusch, je conserve le texte des mss. et interprète καὶ comme un intensificateur de ταῦτά.

XXXVI. Je suis ici le ms. T², qui corrige le ὅτῳ initial en τῷ, ce qui permet de faire de la réplique de Socrate une question et d'éviter d'y introduire un σκεπτέον final, correction de Baiter acceptée par tous les éditeurs. La réplique suivante de Socrate paraît confirmer que c'est bien Protarque qui a demandé de procéder à cet examen. Une alternative, suggérée par George Rudebusch, consisterait à conserver ὅτῳ et à considérer que le σκεπτέον de Protarque vient compléter la phrase laissée en suspens par Socrate.

XXXVII. Je suis le texte de Burnet, qui adopte une suggestion de Stallbaum et lit τότε λέγομεν au lieu de τότ᾽ ἐλέγομεν. Le texte des mss. donnerait : « que nous avons dite ».

XXXVIII. Je conserve le ἀνοίας des mss., inutilement corrigé en ἀγνοίας par tous les éditeurs à l'exception de Hermann.

XXXIX. Avec Diès, je conserve le texte des mss. Burnet suit Badham qui propose de supprimer τοῦτο τὸ πάθημα. Comme l'observe Diès, ce passage au singulier prépare le γραμματεύς qui suit.

XL. Je me permets d'expliciter le τούτων pour rendre la question plus claire.

XLI. Je conserve le texte des mss. La correction d'Apelt retenue par Diès (κἀχρήστους pour καὶ χρηστὰς) donnerait : « Avons-nous un autre moyen de dire si des opinions sont mauvaises et nuisibles... ».

XLII. J'adopte la correction de Paley, simple et élégante. Si on la refuse, il faut supposer une ellipse : « Tu viens de dire tout le contraire <de la vérité>, Socrate ! ».

XLIII. Je suis le texte du ms. B et de Diès ; la correction de Burnet me semble inutile.

XLIV. Je conserve le texte des mss., en considérant, avec Bury, que λεγόμενος reprend les deux occurrences de λέγειν dix lignes plus haut. Selon la correction de Badham (γενόμενος pour λεγόμενος) suivie par Diès, on pourrait traduire : « que cette vie intermédiaire soit devenue agréable ou douloureuse, on ne pourrait jamais en avoir une opinion ou le dire correctement... »

XLV. On peut aussi comprendre : « fait qu'ils sont décriés ».

XLVI. J'adopte la substitution de κνήσει à κινήσει proposée par Heusde, élégante bien que non strictement nécessaire : comme le montre George Rudebusch (*Plato's* Philebus : *A Commentary for Greek Readers*, Norman, University of Oklahoma Press, à paraître, *ad loc.*), on trouve en réalité un certain nombre de combinaisons de τρῖψις et κίνησις dans les corpus platonicien et aristotélicien, et aucune de τρῖψις et κνῆσις. Quoi qu'il en soit, cela n'affecte guère le sens, car on peut penser que le mouvement (κίνησις) dont il est question si l'on suit le texte des mss. est précisément une forme de grattement (κνῆσις).

XLVII. Passage particulièrement difficile et controversé. Je suis le texte de Diès, beaucoup moins corrigé que celui de Burnet, sans toutefois me sentir tenu par sa ponctuation. Suite à de fructueux échanges avec George Rudebusch, au cours desquels aucun de nous deux n'a complètement convaincu l'autre, ma construction (sinon mon interprétation) de ce texte a évolué depuis *Le* Philèbe *de Platon*, *op. cit.*, p. 435-436, n. 16 ; en particulier, je pense à présent qu'il faut accepter l'ensemble de la correction de Schütz en e1, y compris la modification de τὸ en τὰ, afin de garantir un antécédent au pluriel αὐτὰ qui suit (*cf.* J.C.B. Gosling, *Plato : Philebus*, Oxford, Clarendon Press, 1975, p. 118), et je ne pense plus qu'il soit possible de faire de la triple construction infinitive qui termine le passage le sujet de παρέσχοντο, et encore moins des participes φέροντες et μεταβάλλοντες, le pluriel s'expliquant plutôt par le singulier universalisant τις. Pour des constructions alternatives, voir A.-E. Peponi, « Mixed pleasures, blended discourses : poetry, medicine, and the body in Plato's *Philebus* 46-47c », *Classical Antiquity* 21, 2002, p. 135-160, et G. Rudebusch, *Plato's* Philebus : *A Commentary for Greek Readers*, *op. cit.*, *ad loc.*

XLVIII. Texte difficile. Je suis une construction suggérée par Bury, également adoptée par Robin.

XLIX. Texte controversé ; je conserve la leçon des mss. On supprime généralement αὖ (« à nouveau »), qui me paraît au contraire nécessaire en regard de 35a, où il était précisé que le désir serait impossible si l'on était vide « pour commencer », puisque le désir suppose le souvenir de l'état vers lequel il tend.

L. Je suis R. Waterfield, « On the text of some passages of the *Philebus* », *Liverpool Classical Monthly* 5, 1980, p. 61-62, qui parvient à donner un sens au texte des mss. en n'introduisant qu'une correction minime (il remplace deux fois ὥστε par ὥς τε). Les éditeurs ont proposé différentes corrections, qui n'ont toutefois pas d'incidence fondamentale sur le sens. La citation d'*Iliade* XVIII, v. 108-109 est légèrement adaptée, comme souvent chez Platon.

LI. Dans tout ce passage, Burnet et Diès adoptent la correction de ἄνοια par ἄγνοια proposée par Cornarius, qui ne s'impose pas (voir déjà 38a8 et la note). Je conserve la leçon des mss.

LII. Je suis le texte de Diès, qui, à la suite de Ast, ajoute τὸ devant τοὐναντίον.

LIII. Beck, suivi par Diès, propose de supprimer λεγόμενον ὑπὸ τοῦ γράμματος, ce qui donnerait : « il est évident que son contraire serait de ne se connaître aucunement soi-même ».

LIV. Burnet, qui dit s'appuyer sur le ms. T (ce que contredit l'apparat critique de Diès), attribue cette réplique à Socrate.

LV. Tel qu'accentué dans les mss., le texte signifie : « N'est-elle [*scil.* l'envie] pas une douleur et un plaisir injuste ? ». Mais en 47e, l'envie a été caractérisée comme une douleur de l'âme, et c'est encore ainsi qu'elle sera traitée en 50a ; ce n'est donc pas à ce niveau que se joue le mélange de plaisir et de douleur dont il est ici question – même s'il est possible que l'envie elle-même soit un mélange, comme le suggère 50c, car un tel mélange reste caractérisé globalement comme une douleur, puisque celle-ci y domine. Un simple changement d'accent rend la suite des idées plus claire.

LVI. Les trois derniers mots correspondent à un ajout des éditeurs, qui semble exigé par le contexte.

LVII. Ces derniers mots sont condamnés par certains éditeurs, sans réelle nécessité.

LVIII. Je suis le texte de Diès, qui adopte la correction de Richards consistant à transposer ἔχοντα après καλὰ καὶ ἡδονάς. Burnet suit Stallbaum et supprime ces trois derniers mots, ce qui donnerait : « et les couleurs aussi ont ce caractère ».

LIX. Certains traducteurs comprennent : « comme absolument opposé à ceux-là [*sc.* aux plaisirs mélangés] ».

LX. Je conserve le texte des mss. Burnet et Diès adoptent la correction de Jackson (ὧν λέγομεν pour λεγομένων), ce qui donnerait : « voilà les deux espèces de plaisirs dont nous parlons ».

LXI. Le texte de cette réplique est difficile et manifestement corrompu. J'adopte la version reconstituée par Stallbaum telle que l'édite Diès.

LXII. Texte corrompu. Je suis la correction de Jackson adoptée par Diès, consistant à transposer καὶ τὸ ἱκανὸν (qui dans les mss. se trouve à la fin de la réplique). Burnet propose de conserver l'ordre des mss et de corriger ἱκανόν (« suffisant ») en ἱτανόν (« vif, ardent »).

LXIII. La correction de Badham adoptée par Diès (κρᾶσιν, « mélange », au lieu de κρίσιν, « jugement ») me paraît à la fois inutile et erronée, car elle suggère que seuls les éléments purs entreront dans le mélange, ce qui ne sera pas le cas.

LXIV. Je suis la correction de Badham, adoptée par Burnet et Diès, consistant à modifier τὸ τρίτον ἑτέρῳ en τὸ τρίτον ἔτ' ἐρῶ et à faire de ces mots le début de la réplique de Protarque plutôt que la fin de celle de Socrate. Robin, qui accepte également la correction, propose néanmoins la traduction suivante de la fin de la réplique précédente de Socrate dans le texte des mss. : « dans tout ce dont nous disons que, pour une autre chose, c'en est une troisième », ce qui paraît vraiment trop obscur, même pour le présent passage.

LXV. Bien que le texte porte ἀγαθὸν, il faut ici le considérer comme équivalent de τἀγαθὸν, au vu des arguments qui précèdent et qui suivent, qui visent l'*identification* du plaisir au bien et non la qualification du plaisir comme bon.

LXVI. Comme en 52e, je conserve le texte des mss., avec Burnet et contre Diès, qui suit la correction de Schleiermacher (κρᾶσιν au lieu de κρίσιν, ce qui donnerait : « en vue du mélange commun… »).

LXVII. On fait généralement de ἑκάστων αὐτῶν un génitif partitif se rapportant à τὰς ἡγεμονικάς, ce qui semblerait impliquer que les sciences hégémoniques se trouveraient parmi les deux espèces d'arts manuels. Bien que cette lecture soit grammaticalement possible, elle me paraît exclue par la suite, qui assimilera bien plutôt les sciences hégémoniques aux mathématiques, et donc aux sciences éducatives. La lecture de Stallbaum, consistant à rapporter ἑκάστων αὐτῶν à χωρίς, me paraît dès lors préférable.

LXVIII. Texte difficile, qui a parfois été corrigé. Je conserve le texte des mss. dans l'interprétation qu'en a proposée A. Barker, « Text and sense at *Philebus* 56 a », *Classical Quarterly* 37, 1987, p. 103-109.

LXIX. Il est très difficile de trouver un équivalent exact aux différents termes de cette liste, dont le dernier est un hapax. Selon T. Compton, « What are the TOPNOI at *Philebus* 51 c ? », *Classical Quarterly* 40, 1990, p. 549-552, le terme ici traduit par « tour » correspondrait plutôt à une sorte de compas primitif constitué d'un clou et d'une ficelle.

LXX. Je suis le texte de Burnet, qui adopte une correction de Hermann consistant à supprimer δεύτερος. Diès corrige quant à lui ce terme en περὶ ὅσ', ce qui le contraint également à corriger le συγγενές qui suit en συγγενῇ, comme proposé par Badham. Le sens reste le même dans les deux cas.

LXXI. On comprend généralement : « si l'on pourrait accepter de posséder ou d'acquérir encore n'importe quoi sans cela ». La traduction ici adoptée autorise cette interprétation, mais également une autre, plus forte, selon laquelle l'absence de pensée au sens large, parce qu'elle implique l'absence de conscience, rendrait impossible l'occurrence de quoi que ce soit (en particulier du plaisir) pour n'importe qui – interprétation qui me paraît confirmée par le passage de 21b-c auquel revoie celui-ci.

LXXII. Le texte est difficile. Diès propose de corriger καὶ τοῖς en ἐκείνοις τοῖς et traduit : « de n'employer que ces autres règles et ces autres cercles transcendants ». Je suis pour ma part la construction proposée par R. Hackforth, « On some passages of Plato's *Philebus* », *Classical Quarterly* 33, 1939, p. 27-28, qui permet de conserver le texte des mss.

LXXIII. Le texte des mss. signifierait : « par des plaisirs déments », ce qui est clairement redondant. Je suis la correction de Diès (μανικὰς ὠδῖνας pour μανικὰς ἡδονάς), qui se fonde sur un rapprochement avec *Timée* 86c.

LXXIV. Avec Diès, je conserve le texte des mss. Burnet suit Badham qui supprime καὶ et τῆς τοῦ τοιούτου, ce qui donnerait : « au seuil de la demeure du bien ». Cette correction est à la fois inutile et appauvrissante, car elle masque le fait que ce passage amorce la distinction entre deux acceptions du bien : le bien comme identique à la vie bonne et l'Idée du bien à laquelle cette vie bonne participe. Si on l'entend dans la première acception, le seuil est celui du bien ; si on l'entend dans la seconde, c'est plutôt le seuil de sa demeure (ou plus précisément de la demeure de « ce qui est tel », c'est-à-dire de la bonté de ce qui participe à l'Idée du bien).

LXXV. Avec Diès, je suis le texte du ms. W, qui porte συμπεφυρμένη au lieu de συμπεφορήμενη (« assemblage »).

LXXVI. Ce texte est notoirement corrompu. Parmi les nombreuses corrections proposées, j'adopte celle de Diès (τινὰ ἥδιον pour τὴν ἀίδιον), qui s'appuie sur une variante marginale d'un ms. et inclut un jeu de mots bien dans le style du dialogue. Pour une discussion récente de ce passage, qui propose une correction plus drastique (τὴν ἴδιον ἱδρῦσθαι pour τὴν ἀίδιον ἡρῆσθαι), voir B. Vancamp, « New light on an old crux : Platon, *Philebus* 66a8 », *Classical Quarterly* 52, 2002, p. 388-390.

LXXVII. Avec Burnet, je conserve le texte des mss. Diès conjecture οὐ τεκμαρτά pour οὐ τέταρτα (afin d'éviter la répétition de τέταρτα, « quatrième ») et traduit « N'avons-nous pas le droit de conjecturer… ».

LXXVIII. Avec Diès, je conserve le texte des mss. Depuis Stallbaum, la plupart des éditeurs et des traducteurs suppriment le ἤ, ce qui donne : « davantage apparenté au bien que le plaisir ». C'est mieux, mais ce n'est pas strictement nécessaire.

COMMENTAIRE

Première partie

PROBLÈMES ET MÉTHODES
(11A-31B)

LE CADRE DE LA DISCUSSION (11A-12B)

Le *Philèbe* émerge sur un fond d'illimitation et d'indétermination. Sa première phrase, mise dans la bouche de Socrate (« Considère donc, Protarque, quelle thèse tu t'apprêtes à recevoir de Philèbe et laquelle des nôtres tu vas devoir disputer, si son énoncé ne s'accorde pas à ta pensée »), suppose un entretien antérieur entre Socrate et Philèbe dont nous ne pouvons qu'imaginer imparfaitement le contenu par le biais des divers résumés parfois discordants qui en sont proposés par la suite. Quant à la dernière, prononcée par Protarque (« Laisse-moi donc te rappeler ce qui reste… »), elle appelle clairement une suite, qui demeure tout aussi indéterminée, même si certains commentateurs ont cru pouvoir identifier le point censé avoir été laissé en suspens. Le texte tel que nous le possédons se présente comme une « coupe » dans un flot de paroles qui le déborde.

Par sa forme même, le dialogue annonce ainsi dès sa première ligne l'un des concepts centraux qu'il va mettre au jour : l'*apeiron*, c'est-à-dire l'illimité, aussi bien au sens quantitatif (l'infini) que qualitatif (l'indéfini, l'indéterminé). Que telle ait été l'intention de Platon est confirmé par les jeux de mots dont le dialogue fourmille autour du couple *apeiron / peras* (la limite, la détermination). Ainsi, à quelques lignes du début, Protarque nous apprend qu'il doit remplacer Philèbe parce que celui-ci « s'est défilé » (*apeirèken*, 11c) – par contraste avec Socrate, dont il exprime l'espoir dans sa dernière réplique qu'il ne se défilera pas quant à lui devant ce qui reste à traiter (cf. *ou ... apereis*, 67b). En réponse à cette défection de Philèbe, Socrate annonce que Protarque et lui vont devoir « déterminer la vérité » (*talèthes ... peranthènai*, 11c) sur le sujet en discussion. Tout au long du dialogue, Socrate est associé au *peras*; de fait, le dialogue nous apprendra que la pensée, et en particulier la dialectique, est la cause de l'introduction de la limite dans l'illimité, c'est-à-dire de la détermination de l'indéterminé. En tant qu'œuvre de Platon, le *Philèbe* est lui-même le produit d'un processus de ce genre, et il s'annonce comme tel.

Quant à Philèbe, il est clairement du côté de l'*apeiron* – de même que son champion, le plaisir. Figure énigmatique dont tout incline à penser qu'elle est une pure création littéraire, le personnage éponyme du dialogue est volontairement laissé dans l'ombre et n'y intervient que très rarement, précisément parce qu'il « s'est défilé » avant même qu'il ne commence. Il assiste dans un silence presque complet à la lutte acharnée de Socrate contre son candidat, tout en précisant d'emblée qu'il ne changera pas d'avis et qu'il se lave les mains de tout ce qui pourra être dit (12a-b). Philèbe représente la part irréductible d'*apeiron* sur laquelle la pensée n'a pas de prise; car comment agir sur qui refuse de discuter ? Par contraste, Protarque, qui accepte de reprendre la position de Philèbe à son compte et de la défendre contre Socrate, représente l'*apeiron* en tant que déterminable, et donc en tant qu'il fournit à la pensée une matière à partir de laquelle celle-ci va pouvoir produire une œuvre déterminée.

L'association de Philèbe à l'*apeiron* ne se marque pas seulement par son comportement ou par des jeux de mots : elle se manifeste également relativement à sa thèse. S'agit-il d'ailleurs à proprement parler d'une thèse ? À partir du moment où Socrate l'énonce et où Protarque accepte de la défendre, sans doute ; mais rien ne garantit que Philèbe la concevait comme telle, lui qui semble affirmer sa position davantage par son comportement que par ses discours[1]. Quelle est cette position ? Telle que la formule Socrate, elle semble consister à attribuer le prédicat « bon » à une série de choses : « le fait de jouir, le plaisir, la volupté et tout ce qui est consonant avec ce genre de choses », et ce « pour tous les êtres vivants » (11a). Plusieurs points sont notables dans cette formulation. Tout d'abord, elle est censée concerner l'ensemble des êtres vivants, et non seulement les hommes. Ensuite, elle propose une liste ouverte de termes considérés comme « consonants », sans pour autant les rassembler dans l'unité d'un genre. Enfin, elle semble relative non pas à la nature du bien lui-même, mais seulement à l'attribution du prédicat « bon ». Tel que le comprend Socrate, Philèbe n'a pas affirmé que le plaisir est *le bien*, mais seulement que le plaisir est *bon*. Les deux thèses peuvent

1. Sur cette question, voir M. Dixsaut, « L'affirmation de Philèbe (11a-12b) », dans M. Dixsaut (éd.), *La Fêlure du plaisir. Études sur le Philèbe de Platon. 1 : Commentaires*, Paris, Vrin, p. 27-42.

être qualifiées d'« hédonistes » (*hèdonè* = « plaisir »),
mais elles n'ont pas du tout la même portée : même si
toutes deux impliquent que tous les plaisirs sont bons,
la première va plus loin en affirmant une *identité* pure et
simple entre le plaisir et le bien, qui interdit d'attribuer
le prédicat « bon » à quoi que ce soit d'autre que le
plaisir, ce qui n'est pas le cas de la seconde. Pourtant,
nous aurons l'occasion de voir que Protarque, quant à
lui, interprète manifestement la position de Philèbe dans
le sens fort d'une identité entre le plaisir et le bien. Et
de fait, les deux interlocuteurs semblent constamment
osciller entre ces deux interprétations dans les premières
pages du dialogue, à tel point que les manuscrits (et les
éditeurs) hésitent en plusieurs occasions entre l'adjectif
agathon (« bon ») et sa forme substantivée *tagathon* (« le
bien », mais aussi « ce qui est bon ») dans les différentes
formulations du problème en discussion (voir par
exemple 13e et 20e). Tout porte à croire que la position
de Philèbe était indéterminée sur ce point – en tout cas,
elle le demeurera à jamais pour nous.

Qu'en est-il de celle de Socrate ? Elle aussi mérite
d'être soigneusement examinée. Comme Philèbe,
Socrate propose une liste ouverte de termes – le fait
de penser, d'être intelligent, de se souvenir, ainsi que
tout ce qui leur est apparenté, en particulier l'opinion
droite et les raisonnements vrais –; mais là où Philèbe
parlait de « consonance » (*sumphônia*), Socrate parle
d'« apparentement » (*sungeneia*), notion qui suggère
déjà qu'ils appartiennent à un même « genre » (*genos*).
Ensuite, Socrate n'a plus en vue tous les êtres vivants,
mais seulement « ceux qui sont capables de prendre
part » à toutes les activités qu'il vient de nommer – à
savoir manifestement les hommes, comme le confirment

les lignes qui suivent (11d). Enfin et surtout, il ne dit pas simplement que ses candidats sont *bons*, mais qu'ils sont *meilleurs et plus avantageux* que le plaisir. Cette formulation peut se comprendre s'il interprète la position de Philèbe au sens de la simple attribution du prédicat « bon » au plaisir. En effet, une telle position est tout à fait compatible avec celle selon laquelle d'autres choses – par exemple les candidats de Socrate – sont bonnes. Afin de rendre ces positions incompatibles, Socrate avait le choix entre deux options. La première aurait consisté à identifier purement et simplement le bien à la pensée (etc.), ce qui aurait impliqué le refus d'appliquer le prédicat « bon » à quoi que ce soit d'autre. Mais ce n'est pas la voie qu'il choisit, et à bon droit, car comme le révélera la suite du dialogue, une telle identification est tout aussi intenable que celle du bien au plaisir. Pour introduire un conflit entre sa thèse et la précédente, Socrate recourt bien plutôt à des *comparatifs* : la pensée est *meilleure* et *plus avantageuse* que le plaisir. Cette formulation est importante pour deux raisons. La première est que les comparatifs seront l'une des expressions linguistiques privilégiées de l'*apeiron*, dont la marque définitoire s'avérera être « le plus et le moins ». En formulant le débat de cette manière, Socrate le situe donc d'emblée dans l'indéterminé : ce sera à l'ensemble du dialogue de délimiter les mérites respectifs de chacun des candidats, en remplaçant la simple comparaison conflictuelle par une hiérarchie dont les différents rangs seront fixés selon un ordre déterminé et sur laquelle il pourra dès lors se clôturer. La deuxième raison de l'importance de cette formulation est qu'elle permet à Socrate de présenter sa thèse d'une manière qui demande certes à être déterminée, mais qui n'est pas pour autant fautive, car la pensée s'avérera bel et bien

meilleure que le plaisir, même si elle n'est pas identique
au bien. En ce sens également, la position initiale de
Socrate ne sera jamais réfutée dans la suite du dialogue,
à la différence de celle de Protarque – qui reconnaîtra
d'ailleurs lui-même cette dissymétrie entre le destin des
deux thèses liminaires (22e-23a).

Après avoir énoncé les deux thèses en présence (pour
faire bref, l'« hédonisme » et l'« intellectualisme »),
Socrate fait admettre deux préliminaires supplémentaires :
d'une part, que ce que nous cherchons à mettre au jour
est « une certaine condition de l'âme et une certaine
disposition qui puisse procurer à tous les êtres humains
la vie heureuse » ; et d'autre part, que si une condition
supérieure aux deux candidats proposés faisait son
apparition, nous devrions lui conférer la victoire, et
attribuer la seconde place à celle des deux autres qui lui
serait le plus apparentée (11d-12a). Le second principe,
méthodologique, nous indique que malgré le conflit
initial entre les deux thèses, le but du dialogue n'est pas la
victoire à tout prix, comme dans un entretien que Socrate
qualifierait d'« éristique », mais bien la vérité, en vue
de laquelle il faut unir nos forces, comme il le déclarera
un peu plus loin (14b). Quant au premier principe, qui
précise le cadre de la discussion, il confirme que celle-ci
tournera, dans un premier temps du moins, autour du
« bien humain », c'est-à-dire de ce dont la possession est
capable de nous rendre heureux ; et Socrate précise que ce
bien relève de l'âme, ce qui est effectivement le cas autant
de son propre candidat que de celui de Philèbe et de
Protarque. Cette apparente limitation à la sphère humaine
ne doit toutefois pas nous faire manquer le fait qu'à la fin
du dialogue, Socrate dira explicitement que notre but est
de découvrir « ce que peut être dans l'homme et dans le

tout le bien par nature et quelle Idée il faut deviner qu'il est » (64a). La recherche du bien humain est certes la motivation initiale du dialogue – comme, d'ailleurs, celle qui conduit à l'Idée du bien dans la *République* (*cf.* VI, 505a *sq.*) –, mais elle va également nous permettre de découvrir la nature du bien lui-même, considéré aussi bien dans ce qui en participe (non seulement l'homme, mais aussi l'univers) que dans son Idée, c'est-à-dire en lui-même. Toute la difficulté est de comprendre comment l'on peut passer de l'un à l'autre ; mais pour ce faire, il est nécessaire de suivre le dialogue dans ses nombreux méandres.

DIVISION ET PRÉDICATION (12B-14B)

Dans la *République* (VI, 505c-d), Socrate prétendait qu'il était très facile de réfuter les tenants d'une identité entre le plaisir et le bien : il suffisait de les contraindre à reconnaître qu'il existe des plaisirs mauvais, ce qui serait impossible si le plaisir était identique au bien, ou même s'il était au moins essentiellement bon. C'est cette stratégie qu'il cherche également à appliquer dans un premier temps dans le *Philèbe*, mais elle échoue, manifestant ainsi que la question réclame une voie beaucoup plus longue et tortueuse.

De prime abord, Socrate semble pourtant aborder une question beaucoup plus générale, que l'on pourrait formuler de la manière suivante : le plaisir admet-il différentes espèces ? si oui, celles-ci peuvent-elles être dissemblables entre elles ? et dans ce cas, qu'est-ce qui justifie encore de traiter le plaisir comme une unité (12c-d) ? Certains commentateurs ont suggéré que ce faisant, Socrate prenait le contre-pied de l'approche qu'il développait dans des dialogues comme le *Ménon*, où il insistait au contraire sur l'unité entre des choses pouvant apparaître comme dissemblables les unes aux autres (*Ménon*, 74b)[1]. Il n'y a en réalité aucune raison de penser que ces approches sont incompatibles. En effet, Socrate n'est pas du tout en train de nier que les plaisirs soient tous semblables en tant que plaisirs : il reconnaît explicitement qu'il en va bien ainsi quelques lignes plus loin (13a-b). Bien plus, comme le montre sa comparaison avec la couleur et avec la figure (12e-13a), il attribue cette ressemblance entre les plaisirs à leur appartenance à un genre unique. Quel est alors le problème ?

Socrate le dit explicitement : le problème vient du fait que Protarque attribue le prédicat « bon » à tous ces plaisirs dissemblables (13a). Autrement dit, la difficulté ne concerne pas la thèse générale selon laquelle tout genre peut être divisé en de multiples espèces, parfois très différentes les unes des autres, mais son application particulière au cas du plaisir dans son rapport au bien. En effet, selon Socrate, le bien n'appartient pas à tout plaisir en tant que tel – il n'est donc ni identique au plaisir ni une caractéristique essentielle de celui-ci, c'est-à-dire son genre (ou l'un de ses genres) –, mais seulement à *certains* plaisirs (ou certaines *espèces* de plaisirs) à l'exclusion des autres. Et cette thèse est directement liée à sa position initiale : de fait, les plaisirs bons sont à ses yeux ceux que la pensée a rendus tels, tandis que les plaisirs mauvais sont ceux qui sont dépourvus de pensée (12d). D'un point de vue dialectique, on peut dire que le bien n'est pour

---

1. Voir notamment J.C.B. Gosling, *Plato : Philebus*, translated with notes and commentary, Oxford, Clarendon Press, 1975, p. 76-78 et 142.

Socrate ni identique au plaisir, ni le genre du plaisir, mais est seulement une *différence* qui, dans son opposition au mal, divise le genre « plaisir » en espèces bonnes et mauvaises. C'est cela qu'il cherche à faire admettre à Protarque.

Ce dernier a de bonnes raisons de résister à cette tentative. Considérant que le bien est non seulement une caractéristique essentielle du plaisir, mais lui est purement et simplement identique, il ne peut évidemment admettre qu'il y ait de mauvais plaisirs (13b-c). La manière dont il formule son désaccord prête toutefois le flanc à la critique. 1) Dans un premier temps (12d-e), il suggère que les différences entre les plaisirs concernent seulement leur *source* et ne rejaillissent pas sur le plaisir lui-même. Sans doute faut-il comprendre que si les expériences porteuses de plaisirs peuvent grandement différer les unes des autres, la part de plaisir qu'elles comportent peut en être isolée et demeure toujours identique, quel que soit le contexte dans lequel elle apparaisse. Remarquons que cette position n'interdit nullement de diviser le plaisir en espèces ; simplement, elle implique que toutes les différences qu'on peut lui adjoindre pour ce faire (qui, du point de vue de Protarque, ne peuvent en tout cas pas inclure le bien et le mal) demeurent extrinsèques au plaisir lui-même. Cette position sera toutefois rejetée dans la suite du dialogue, qui montrera que la source du plaisir « colore » celui-ci de manière essentielle et ne peut en être séparée, à tel point qu'elle permet d'attribuer au plaisir des prédicats tels que « vrai » et « faux », que l'on aurait tendance à confiner aux opinions qui le suscitent. 2) Dans un second temps (13c), Protarque fait valoir qu'on ne peut en tout cas distinguer un plaisir d'un autre si on les considère en tant que plaisirs. C'est évidemment incontestable ; mais le problème est qu'à partir du moment où il identifie le plaisir au bien, il interprète cette impossibilité comme équivalant à celle de diviser les plaisirs *sous le rapport de leur bonté*, ce que Socrate est précisément en train de mettre en cause.

Nous sommes donc dans une impasse, puisque toute tentative de distinguer entre de bons et de mauvais plaisirs repose sur le rejet préalable de la thèse selon laquelle le bien serait soit identique au plaisir soit une de ses caractéristiques essentielles. Afin de sortir de cette impasse, il conviendra de commencer par nous prononcer de manière indépendante sur la nature du bien lui-même, afin de déterminer si celui-ci est suffisamment distinct du plaisir pour pouvoir en diviser le genre. C'est dans cette voie que s'engagera Socrate un peu plus loin (20b). Avant cela, toutefois, il va préparer la suite en précisant la nature et le rôle de la méthode de division qu'il appliquera au plaisir et à la pensée dans le cœur du dialogue.

Pour ce faire, il commence par dépassionner le débat en appliquant le principe général en jeu (la possibilité de diviser un genre en espèces dissemblables les unes aux autres) à un cas apparemment paradoxal, d'une part, et à son propre candidat, d'autre part.

Le cas paradoxal est celui du dissemblable, et même du plus dissemblable : ce dernier n'est-il pas semblable à ce à quoi il est le plus dissemblable en ceci au moins que ce dernier lui est également le plus dissemblable (13d) ? En posant cette question, Socrate ne cherche certainement pas à nier cette ressemblance, ni dès lors que les dissemblables appartiennent au même genre (le genre du dissemblable), mais seulement à souligner que cette ressemblance ne vaut que sous un rapport déterminé et n'annule évidemment pas la dissemblance qui les distingue sous d'autres rapports (et les fait appeler dissemblables l'un à l'autre). S'il en va ainsi dans ce cas paradoxal, rien n'empêche que la situation soit la même dans le cas du plaisir : certes, tous les plaisirs sont semblables en tant que plaisirs, mais cette ressemblance est tout à fait compatible avec la possibilité qu'ils soient par ailleurs dissemblables sous d'autres rapports – par exemple celui de leur bonté, pour autant du moins que l'on puisse montrer que celle-ci n'appartient pas à l'essence même du plaisir ni ne lui est identique.

Socrate applique ensuite ce même principe à son propre candidat en reconnaissant que les sciences elles-mêmes sont multiples et peuvent être dissemblables, voire opposées les unes aux autres (13e-14a). Ce n'est pas sans une part de rouerie que Socrate prétend ainsi traiter à égalité son propre candidat et celui de Protarque. Car il s'abstient soigneusement de suggérer qu'il pourrait y avoir des sciences mauvaises ; et de fait, toutes les sciences s'avéreront bonnes, quoiqu'à des degrés différents, ce qui confère au genre de la science sa supériorité sur celui du plaisir. Or c'était précisément la suggestion de la possibilité de plaisirs mauvais qui avait suscité la réaction de Protarque.

Mais celui-ci n'y voit que du feu. Ce traitement apparemment équitable de son candidat et de celui de Socrate « lui plaît » et, en bon hédoniste, il accepte dès lors de poursuivre la recherche. Socrate va toutefois continuer à le malmener quelque peu avant de procéder à l'examen qu'il nous promet à présent de la prétention de chacun des candidats au titre de bien (14b).

LES PROBLÈMES DE L'UN ET DU MULTIPLE (14C-15C)

Alors que la discussion précédente peinait à séparer le principe général de la possibilité de diviser un genre en espèces dissemblables de son application particulière au plaisir, Socrate va à présent insérer ce principe dans un contexte plus général encore : celui des relations entre l'un et le multiple. Plus précisément, les problèmes qu'il va aborder résultent de l'apparente identification entre l'un et le multiple opérée par le langage dans son usage prédicatif (*cf.* 14c : « que le multiple soit *dit être* un et l'un multiple… ») [1].

Socrate distingue deux catégories de problèmes de l'un et du multiple : ceux qui sont devenus des « banalités » auxquelles « tout le monde concède désormais qu'il ne faut plus toucher », parce qu'ils sont « puérils » et « triviaux » (14d), et ceux qui ont conservé leur pouvoir de fascination et continuent à engendrer la dispute (14e-15a). (Par commodité et en phase avec la majorité des commentateurs, j'appellerai les premiers « puérils » et les seconds « sérieux ».)

Les problèmes puérils surgissent « lorsqu'on pose l'un dans les choses qui naissent et qui périssent » (15a), bref comme une chose sensible, et que l'on fait remarquer que celle-ci est également multiple, soit 1) parce qu'on peut lui attribuer de nombreux prédicats (premier problème, 13c-d) soit 2) parce qu'on met au jour ses multiples parties par le langage (deuxième problème, 14e). On s'est parfois étonné que Socrate disqualifie aussi rapidement

---

1. Cette question a suscité une littérature secondaire très abondante. Le traitement le plus approfondi demeure celui de G. Löhr, *Das Problem des Einen und Vielen in Platons* Philebos, Göttingen, Vandenhoeck und Ruprecht, 1990.

ces problèmes, dans la mesure où, comme le suggèrent en particulier le *Phédon* (102b-d) et le *Parménide* (128e-129a), ils semblent avoir été l'une des motivations de l'hypothèse des Idées. En effet, l'apparente contradiction qui résulte du fait qu'une même chose sensible peut avoir de multiples prédicats, y compris des prédicats contraires les uns aux autres, disparaît dès que l'on pose une différence entre la chose en question, qui relève du sensible, et ses prédicats, qui, pris en eux-mêmes, relèvent de l'intelligible : il suffit alors d'admettre qu'une même chose puisse *participer* à de nombreuses Idées pour comprendre qu'il soit possible de lui attribuer de nombreux prédicats, sans que l'éventuelle contrariété entre ceux-ci risque de rendre la chose elle-même, ainsi que chacun de ces prédicats pris séparément des autres, intrinsèquement contradictoires. Dans le même esprit, le fait qu'une chose sensible ait de nombreuses parties et soit donc à la fois une et multiple n'entraîne aucune contradiction, pour autant que l'on reconnaisse qu'elle est une par participation à l'Idée de l'un et multiple par participation à l'Idée du multiple. Platon renierait-il cette manière de traiter le problème, à laquelle il a manifestement accordé plus tôt une grande importance ?

Certainement pas. Il faut d'ailleurs remarquer que l'appréciation dont ces problèmes font ici l'objet n'est pas foncièrement différente de celle que l'on trouve dans le *Parménide*, où un Socrate pourtant très jeune considérait déjà que ces difficultés n'avaient rien de bien remarquable (*ouden... atopon*, *Parménide*, 129b) – et ce précisément parce qu'elles pouvaient être résolues par l'hypothèse des Idées. Insistons également sur le fait que dans le *Philèbe*, Socrate présente ces problèmes comme étant *devenus* des banalités (*dedèmeumena* est un participe parfait), dont on concède *désormais* (*èdè*) qu'il ne faut plus y toucher – ce qui suggère qu'il n'en a pas toujours été ainsi. Si ces problèmes peuvent être considérés comme puérils, c'est précisément parce qu'ils ont été résolus antérieurement – selon une chronologie qui ne renvoie pas à l'histoire, même dans la fiction platonicienne (car de ce point de vue, le *Parménide* devrait être antérieur au *Phédon*, et ce dernier postérieur au *Philèbe*), mais à un ordre de lecture qui place le *Philèbe* au terme de tout un cheminement dialectique. Cette interprétation se confirme lorsqu'on se tourne vers les problèmes « sérieux ».

L'identification de ceux-ci est beaucoup plus problématique, puisque les commentateurs ne s'accordent même pas sur leur nombre. Le texte où Socrate les énonce (15b) est particulièrement complexe, et on a parfois proposé de le corriger. La traduction que je propose s'appuie sur le texte des manuscrits sans correction. Le lecteur doit toutefois être conscient que cette traduction suppose une construction du texte qui, comme toutes les autres, est loin de faire l'unanimité. J'ai tenté de la justifier en détail ailleurs et me contenterai ici de résumer les grands principes de mon interprétation.

L'une des principales difficultés de ce texte est que, quelle que soit la manière dont on interprète les problèmes qu'il énonce, il paraît impossible de trouver des solutions à chacun d'entre eux dans la suite du dialogue. On cherche généralement ces solutions dans la présentation de la méthode dialectique qui suit (16c-17a), que j'identifierai à la méthode de division. De fait, Socrate lie explicitement ces problèmes à « la grande ardeur pour la division » (15a), et ce texte semble clairement avoir pour but d'introduire cette méthode, qui sera ensuite appliquée au plaisir et à la science. Cependant, force est de constater qu'une telle méthode ne *résout* aucun problème de l'un et du multiple : elle a bien plutôt l'air de les ignorer, en nous montrant *comment* il faut passer de l'un au multiple, ce qui suppose précisément la légitimité d'un tel passage.

En réalité, cela n'a rien d'étonnant, pour autant que l'on tienne compte d'un élément souvent négligé, à savoir que Socrate, loin de présenter la division comme permettant de résoudre les problèmes qu'il va citer, en fait la *source* de ces problèmes (*cf.* 15a : « la grande ardeur pour la division à propos de ces unités et de celles du même type *engendre la dispute* [*amphisbètèsis gignetai*] »). Et plus loin, au moment de décrire la méthode, il répétera que cette voie lui a souvent « échappé », le laissant « seul et démuni », tant elle est « difficile à emprunter » (16b-c) ; on peut penser qu'il fait alors référence aux difficultés qu'il vient de décrire. Ainsi, il y a bien un lien entre les problèmes sérieux de l'un et du multiple et la méthode de division, mais ce lien est l'opposé de celui que l'on cherche généralement : les problèmes en question ne sont pas ceux dont *traite* la méthode de division, mais ceux qu'elle *engendre*. C'est justement pour cette raison qu'il s'agit de problèmes sérieux, qui continuent à interpeler le dialecticien lui-même.

S'il en va ainsi, il semble permis d'interpréter les problèmes énoncés dans notre texte en relation avec les trois étapes de la méthode décrite un peu plus loin. En résumé et de manière anticipée, ces trois étapes sont respectivement 1) la position d'une Idée unique comme genre à diviser, 2) la division de ce genre en espèces et 3) le « relâchement » de chaque espèce dans l'illimité, c'est-à-dire la décision de considérer les différences subsistant entre les membres de cette espèce comme relevant de particularités sensibles et non de déterminations intelligibles. Les problèmes énoncés en 15b répondent successivement à chacune de ces étapes.

1) À celui qui commence par poser une Idée quelconque, il paraît légitime de demander s'il a raison de procéder ainsi. Telle est la première difficulté : faut-il supposer que de telles unités (qui n'appartiennent pas aux choses qui naissent et qui périssent) *sont* véritablement ? Remarquons que la question est moins de savoir si ces unités existent que de savoir si nous avons raison de les *poser* comme telles – raison qui pourrait certes être qu'elles existent, mais aussi, par exemple, que seule cette hypothèse rend la connaissance possible. À proprement parler, cette question n'est pas un problème d'un et de multiple, puisqu'elle ne se réfère qu'à l'un. Cependant, l'un en question est précisément celui qu'il a été nécessaire de poser pour répondre aux problèmes puérils de l'un et du multiple. En ce sens, ce problème joue le rôle de pivot entre les problèmes puérils et les problèmes sérieux, en introduisant le type d'unité relativement auquel se poseront les deux problèmes suivants, qui vont correspondre analogiquement dans l'intelligible aux deux problèmes puérils dans le sensible.

2) À celui qui divise un genre en espèces, on peut poser au moins deux questions différentes mettant en jeu l'un et le multiple. La première consisterait à lui demander comment un genre unique peut avoir plusieurs espèces. Cependant, une telle question ne pourrait être envisagée comme un problème d'identification entre l'un et le multiple que par celui qui *identifierait* le genre à la somme de ses espèces, position que rien n'autorise à attribuer à Platon. De toute façon, il est extrêmement difficile de repérer un tel problème dans le texte tel qu'il est écrit.

La deuxième question que l'on peut poser au dialecticien qui divise un genre en espèces concerne l'unité de l'espèce elle-même : dans la mesure où celle-ci résulte de l'adjonction de différences à un genre (par exemple, des différences « bon » ou « mauvais » au genre du plaisir, pour autant qu'il y ait des plaisirs bons et des plaisirs mauvais), qu'est-ce qui garantit que cette multiplicité de déterminations (qui, selon Platon, correspondent toutes à des Idées) forme bien une unité ? Il est beaucoup plus aisé de retrouver ce problème dans notre texte, qui demande dans un deuxième temps « comment il faut supposer que celles-ci [*scil.* ces unités intelligibles, qui correspondent ici aux différents éléments constitutifs de l'espèce, c'est-à-dire au genre et aux différences], dont chacune est une, toujours la même et n'admet ni génération ni destruction, sont néanmoins très fermement *cette* unité [*scil.* l'espèce] ». Aristote consacre beaucoup d'attention à ce problème dans les livres Z et H de la *Métaphysique*, en signalant qu'il se pose de manière prégnante aux platoniciens « qui disent que les Idées sont des *ousiai* séparées et qui constituent (*poiousin*) les espèces à partir du genre et des différences » (Z, 14, 1039a24-26). Cette formulation est intéressante, car elle permet d'expliquer la présence de l'adverbe concessif *homôs* (ici traduit par « néanmoins ») qui oppose l'éternité de chacune des unités constitutives de l'espèce en question au fait qu'elles puissent entrer dans la composition de cette espèce – ce qui pourrait suggérer qu'elles subissent une forme de devenir. Ainsi interprété, ce problème peut être considéré comme l'analogue dans l'intelligible du deuxième problème puéril, en tant qu'il concerne l'unité d'un tout divisé en parties.

3) Enfin, à celui qui « relâche » chaque espèce dans l'illimité, on demandera assez naturellement quelle relation elle entretient avec cet illimité, c'est-à-dire avec la multiplicité d'individus sensibles qui lui appartiennent. Tel est le troisième problème, dans lequel un consensus assez général de commentateurs reconnaît celui de la participation du sensible à l'intelligible, exprimé dans des termes très proches des paradoxes du *Parménide* : comment une telle unité (l'espèce) peut-elle se trouver dans les choses en devenir ? Faut-il supposer qu'elle se divise en parties dont chacune est présente dans l'un de ses participants, ou qu'elle est présente totalement en chacun et se sépare ainsi d'elle-même ? Dans les deux cas, il semblerait qu'elle perde son unité et devienne multiple. Ce problème concerne donc le rapport entre une unité intelligible et une multiplicité sensible, reflet en miroir du premier problème puéril, qui concernait quant à lui le rapport entre une unité sensible et une multiplicité de prédicats et était résolu en rapportant ceux-ci à autant de déterminations intelligibles.

Les deux derniers problèmes sérieux répondent dès lors symétriquement aux deux problèmes puérils, la transition étant assurée par le premier problème sérieux. On peut par ailleurs remarquer qu'ils se retrouvent tous dans le *Parménide* (*cf.* 128e-129b et 129c-d pour le premier et le deuxième problèmes puérils, 130a-e pour le premier problème sérieux, 129c et 129d-130a pour le deuxième, et 130e-134e pour le troisième). Pourtant, il semble qu'aucun de ces deux dialogues ne contienne de solution – en tout cas de solution *explicite* – aux trois problèmes sérieux. Platon les considérait-il comme insolubles ? Ou en aurait-il réservé le traitement à son enseignement oral ? On pourrait sans doute montrer que ces problèmes sont en réalité résolus dans d'autres dialogues, à savoir la trilogie *Théétète-Sophiste-Politique*, dont il y a de bonnes raisons de considérer que le *Parménide* (auquel il est fait allusion en *Théétète*, 183e-184a et en *Sophiste*, 217c) constitue l'introduction. Le *Théétète* aborde la question de la science et, bien que les Idées n'y soient jamais mentionnées, on a souvent considéré que l'un de ses enseignements consistait à faire sentir la nécessité de les poser pour rendre celle-ci possible. Le *Sophiste* aborde la question de la communauté des genres, qui fonde la possibilité de l'entrelacement dialectique entre les Idées. Enfin, le *Politique* développe le schème de la production, qui permet de penser la participation du sensible à l'intelligible[1]. S'il en est ainsi, on peut penser que le *Philèbe* se présente comme la conclusion de ce vaste ensemble de dialogues que Platon aurait pensé comme un tout – ce qui serait particulièrement approprié pour un dialogue qui prétend nous conduire jusqu'à la connaissance de l'Idée du bien. Le démontrer réclamerait cependant une analyse approfondie de chacun des dialogues concernés, ce dont il ne peut être question dans le cadre du présent commentaire. Ce qui me paraît hors de doute, toutefois, c'est que la solution des problèmes sérieux de l'un et du multiple n'est pas à chercher dans le *Philèbe* lui-même, mais est *présupposée* par celui-ci, de sorte que le rôle du présent passage est précisément de nous indiquer à quel niveau dialectique nous nous situons, à savoir le plus haut.

---

1. Sur ce dernier point, je me permets de renvoyer à mon ouvrage *L'Inventivité dialectique dans le* Politique *de Platon*, Bruxelles, Ousia, 2000.

On a objecté qu'une telle interprétation requérait de Protarque une dose de clairvoyance qui paraît incompatible avec son manque de familiarité manifeste à l'égard de la dialectique et ses réticences envers toute forme de division d'un genre en espèces[1]. Il me semble au contraire évident que Protarque *ne* comprend *pas* de quoi Socrate est en train de parler – non seulement ici, d'ailleurs, mais en de nombreux endroits de cette longue introduction méthodologique que constituent les pages 11a-31b. Platon met en scène un Socrate qui joue avec Protarque comme un chat avec une souris, et Protarque en est parfaitement conscient (*cf.* 19e-20a). Pour quelle raison? Certainement pour insister sur l'immense écart qui sépare ce dialecticien accompli qu'est Socrate de ce novice encore immature qu'est Protarque, ce dernier étant certainement moins prêt encore que Glaucon et Adimante à suivre Socrate jusqu'à l'Idée du bien (cf. *République*, VI, 506e). Rappelons en effet que, d'après la *République*, c'est seulement après une longue préparation (mathématique, dialectique, mais aussi empirique) qu'il devient possible, vers l'âge de cinquante ans, d'entreprendre une enquête dialectique à propos du bien lui-même (VII, 534b-c). Il ne fait aucun doute que Protarque n'a pas atteint ce niveau.

Mais pourquoi Platon l'a-t-il alors choisi comme interlocuteur de Socrate dans ce dialogue? Peut-être précisément pour insister sur la difficulté de la tâche qui nous attend et sur ses prérequis. Idéalement, seul le lecteur qui a déjà lu (et compris) le *Parménide*, le *Théétète*, le *Sophiste* et le *Politique* devrait s'embarquer dans le *Philèbe* – non seulement en raison du contenu propre

1. Voir F. Muniz, G. Rudebusch, « *Philebus* 15b : a problem solved », *Classical Quarterly* 54, 2004, p. 394-405.

de chacun de ces dialogues, mais aussi et surtout en raison de l'entraînement dialectique qu'ils représentent. Pourtant, Socrate va nous montrer que même avec un interlocuteur aussi peu préparé que Protarque, il est capable de tracer son chemin jusqu'à l'Idée du bien. Pour ce faire, il devra toutefois recourir à un certain nombre d'« artifices », comme il y est d'ailleurs encouragé par Protarque (cf. *mèkhanè*, 16a). Ceux-ci permettent à Platon de composer un dialogue à la fois autonome, justifiant le type de commentaire interne ici proposé, et en lien étroit avec les autres dialogues auxquels il fera de multiples allusions.

DE L'ÉRISTIQUE À LA DIALECTIQUE (15D-20B)

Dans la mesure où Socrate a déclaré que le bon fonctionnement de la discussion supposait un accord préalable sur les problèmes de l'un et du multiple qu'il vient d'énumérer (15c), il semblerait naturel de s'attendre à ce qu'il nous livre à présent la solution de ces difficultés. Il va pourtant faire tout le contraire, et nous renseigner bien plutôt sur leur *origine*.

Il commence en effet par affirmer que « cette identité entre l'un et le multiple » est « une caractéristique immortelle et sans âge du langage lui-même (*tôn logôn autôn*) en nous » (15d). Par cette formule, il ne peut évidemment faire allusion ni aux problèmes puérils – qui sont censés avoir cessé de nous intriguer depuis longtemps dans le « passé dialectique » du dialogue – ni aux problèmes sérieux – qui, quelque interprétation que l'on en propose, sont en tout cas intimement liés aux Idées platoniciennes et ne peuvent donc être conçus par Platon lui-même comme remontant à l'aube des temps. Il doit bien plutôt désigner un niveau *préalable* à l'émergence de ces problèmes, qui en est la *condition de possibilité* : le fait que le langage, *dans son essence même*, procède sans cesse à l'identification entre l'un et le multiple. Socrate avait déjà suggéré plus haut une manière dont le langage effectuait cette identification, à savoir l'activité de *dénomination* : un même nom (*onoma*) peut désigner une multitude de choses, et inversement une même chose peut être nommée d'une multitude de façons (12c). Le problème était alors celui de la référence, et donc du rapport entre le langage et la réalité extra-linguistique. Ici, en revanche, Socrate ne parle plus d'*onoma*, mais de *logos*, terme dont la richesse sémantique décourage toute traduction univoque, mais qui désigne toujours au minimum une *articulation* entre plusieurs noms ou plusieurs notions. Vu le contexte, on peut penser que Socrate se réfère tout particulièrement à l'activité de *prédication*, c'est-à-dire d'attribution d'un terme à un autre dont tous deux sont cette fois *internes* au langage lui-même. De fait, ce sont des énoncés du type « le plaisir est bon » ou « la science est bonne » qui ont déclenché la présente controverse.

En elle-même, cette caractéristique consistant à « identifier » l'un et le multiple n'est pas problématique : elle est au contraire constitutive de la nature et de la fonction du langage. Les problèmes commencent seulement lorsqu'on réfléchit à cette caractéristique et qu'on cherche à l'exploiter en rassemblant les multiplicités ou en divisant les unités. Selon Socrate, on peut alors procéder de deux manières radicalement différentes.

La première consiste à tantôt envelopper des choses diverses et les confondre en une unité, tantôt à l'inverse développer et partager à tout rompre (15e). Ces deux mouvements correspondent manifestement à ceux que Socrate qualifiera plus loin d'« éristiques », à savoir « faire "un" au petit bonheur la chance, et "multiple" plus vite ou plus lentement qu'il ne faut », en passant tout de suite de l'un à l'illimité sans tenir compte des intermédiaires (16e-17a). Le terme « éristique » désigne chez Platon un entretien dialogué qui prend la forme d'une « dispute » ou d'une « querelle » (*eris*) où les interlocuteurs n'ont d'autre but que de vaincre leur adversaire à n'importe quel prix, comme on le voit en particulier dans l'*Euthydème*. Cette conception du dialogue a déjà été rejetée un peu plus tôt au profit de la recherche commune de la vérité (14b), qui correspond à la voie que Socrate nommera plus loin « dialectique » (17a). Il est toutefois clair que Socrate attribue cette approche « éristique » du langage à Protarque. En effet, « faire "un" au petit bonheur la chance, et "multiple" plus vite ou plus lentement qu'il ne faut » est exactement ce qu'il vient de lui reprocher : sous prétexte qu'il est désigné par un nom unique, Protarque brandit l'unité du plaisir sans tenir compte de la multiplicité qu'il comporte, et, pressé par Socrate, tantôt il refuse d'admettre qu'il a de multiples espèces (il va trop lentement), tantôt il passe directement de cette unité à la multiplicité des instances singulières sans admettre l'existence d'*espèces* de plaisirs (il va trop vite). Ce faisant, il est victime à la fois de sa jeunesse et du plaisir qu'il prend à user ainsi du langage, deux traits sur lesquels Socrate insiste lourdement dans sa description. Hédonisme et éristique sont intimement liés : si l'on prend le plaisir comme règle de vie, il y a beaucoup de chances que l'on s'engage dans la voie de la dispute verbale, facile et productrice de plaisirs immédiats liés au triomphe sur l'adversaire, plutôt que sur la voie ardue et beaucoup plus austère de la dialectique.

Protarque a donc raison de se sentir visé par la description qui précède (16a). Ce qu'on n'a guère remarqué, en revanche, c'est que Socrate vient ainsi de nous décrire la genèse des problèmes « puérils » de l'un et du multiple. Il précise pourtant que celui qui procède ainsi « se jette lui-même tête baissée dans les difficultés » (*eis aporian*) et y entraîne les autres (15e-16a). De quelles difficultés s'agit-il ? Clairement, de celles qui concernent l'identité entre l'un et le multiple, dont nous venons de voir que certaines sont puériles et d'autres sérieuses. Vu la manière dont les difficultés ici en question sont produites, ainsi que leurs auteurs, il paraît évident que ce sont les premières qui sont visées. Et de fait, aussi bien l'apparente démultiplication d'une unité sensible par la prédication multiple que la division interne d'un tout sensible en parties peuvent résulter d'un tel traitement « éristique » du langage, qui refuse de distinguer les *rapports* sous lesquels la même chose peut être dite respectivement une et multiple. Ainsi, Socrate est en train de nous expliquer comment les problèmes puérils de l'un et du multiple, loin d'être « naturels », résultent d'une exploitation éristique d'une caractéristique du langage qui est, pour sa part, naturelle ; et en qualifiant une telle exploitation de puérile, il apporte une justification supplémentaire à sa caractérisation de ces problèmes comme étant eux-mêmes puérils.

Dans ces conditions, on ne devrait plus s'attendre à ce que Socrate nous livre ensuite une solution des problèmes sérieux, mais plutôt à ce qu'il nous explique leur propre émergence. Et c'est très exactement ce qu'il prétend faire, en réponse à Protarque. Celui-ci lui demande en effet d'« écarter un tel trouble du langage » en mettant au jour « une meilleure voie pour l'approcher » (16a-b). Le trouble en question, ce sont les difficultés dans lesquelles nous plonge le traitement éristique de l'identification naturelle entre l'un et le multiple produite par le langage ; afin de l'éviter, il convient dès lors de proposer une autre voie que la voie éristique pour traiter de cette identification, voie qui va être identifiée à la dialectique. La dialectique n'est donc pas présentée comme une voie permettant de résoudre les problèmes sérieux de l'un et du multiple, mais comme une voie permettant de traiter de l'identification naturelle (et en soi non problématique) entre l'un et le multiple produite par le langage d'une manière qui évite les difficultés « puériles » de la voie éristique. Cela ne veut pas dire que la dialectique serait elle-même dépourvue de difficultés : au contraire, Socrate déclare immédiatement que cette voie, bien qu'elle soit « la meilleure », lui a également souvent échappé, le laissant « seul et démuni » (16b). La dialectique suscite ses propres difficultés, à savoir les problèmes de l'un et du multiple qui ont été qualifiés de « sérieux ». Ceux-ci appellent certes une résolution, mais on ne peut s'attendre à trouver celle-ci dans le simple énoncé de la méthode qui les suscite : elle demande au contraire une investigation approfondie que Platon a réalisée dans d'autres dialogues.

Bien que cette voie lui ait souvent échappé, Socrate s'en déclare depuis toujours amoureux (16b). Cette déclaration, qui fait écho à celle du *Phèdre*, 266b, est intéressante pour deux raisons. Tout d'abord, elle suggère que la méthode qu'il va présenter n'est pas nouvelle, ce qui nous autorise à l'interpréter en lien avec les descriptions de la dialectique qui figurent dans d'autres dialogues – notamment le *Phèdre*, le *Sophiste* et le *Politique*. Il n'en reste pas moins que la description qu'il va en fournir présente une série de particularités sur lesquelles il conviendra d'insister. Ensuite, cette déclaration nous rappelle que la *sophia* dont est amoureux le philosophe platonicien n'est pas un savoir consistant en la possession définitive de la vérité, mais la dialectique comme *méthode* qui est sa propre fin. Pour Platon, c'est bien la dialectique elle-même qui est la science suprême (cf. *République*, VII, 533c-534a), et non les éventuels résultats auxquels elle pourrait nous mener, qui ne peuvent jamais relever, dans le meilleur des cas, que de l'opinion vraie en tant qu'« arrêt » du dialogue (cf. *Théétète*, 189e-190a, *Sophiste*, 263e-264b et *Philèbe*, 38c-e [1]). Cette position sera plusieurs fois confirmée au cours du dialogue.

C'est également le caractère méthodique de la dialectique qui explique que Socrate insiste sur la difficulté à la pratiquer, par contraste avec la facilité à la décrire (16c) : toute description de la dialectique ne peut être qu'une indication qui demeure « extérieure » à son objet ; seule sa pratique effective, qui ne consiste pas en une simple application de règles que l'on pourrait énoncer *a priori*, peut nous faire comprendre en profondeur sa nature et sa puissance. C'est pourquoi Platon se montre généralement si réticent et avare de détails dans les rares descriptions de la dialectique qu'il consent à livrer, descriptions qui, prises en elles-mêmes, ont déçu bien des commentateurs : de telles descriptions ne peuvent être comprises qu'à la lumière de ses applications dans les Dialogues, qui seules permettent d'en dévoiler toute la richesse et la

---

1. Sur ces textes, voir M. Dixsaut, « Qu'appelle-t-on penser ? Du dialogue intérieur de l'âme selon Platon », repris dans *Platon et la question de la pensée. Études platoniciennes I*, Paris, Vrin, 2000, p. 47-70.

complexité. Tel est également le cas du texte sur lequel nous allons nous concentrer à présent (16c-17a). Il n'est d'ailleurs pas anodin que cette présentation quelque peu grandiloquente suscite l'incompréhension de Protarque, ce qui encouragera Socrate à fournir successivement trois illustrations qu'aussi bien Philèbe que Protarque jugeront particulièrement éclairantes (17a-18d). De nombreux commentateurs ne partagent pas l'enthousiasme des deux interlocuteurs de Socrate, considérant au contraire que ces illustrations seraient « plus déroutantes qu'utiles » [1]. Ce genre de critiques est caractéristique d'une démarche qui privilégie la description sur la pratique, à l'inverse de ce que Platon ne cesse de préconiser. Pour ma part, je proposerai ici une interprétation de la méthode en lien direct avec les illustrations qui suivent, mais aussi avec les applications plus vastes qui en seront faites dans la suite du dialogue.

Le premier point qui frappe dans la description de Socrate est l'association entre la dialectique et la *tekhnè* (la technique ou l'art au sens large). Socrate commence par dire que toutes les découvertes dans le domaine de l'art ont été manifestées par cette méthode, qui nous aurait été transmise par « quelque Prométhée » en accompagnement d'un « feu éclatant » (le feu de la technique) à la suite d'un don des dieux aux hommes (et non d'un vol, comme dans la version traditionnelle du mythe de Prométhée); à la fin de sa description, il répète que cette méthode est celle qui nous permet « d'examiner, d'apprendre et de nous enseigner les uns aux autres »; et les illustrations qu'il propose sont liées à des *tekhnai* bien

---

1. R. Hackforth, *Plato's* Philebus, translated with an introduction and commentary, Cambridge, Cambridge University Press, 1972, p. 26.

précises (l'art de lire et d'écrire et la science musicale).
Il y a d'ailleurs tout lieu de penser que les trois exemples
illustrent respectivement les trois usages de la dialectique
qui viennent d'être cités : le premier expose la manière
dont Protarque a *appris* les lettres (cf. *pepaideusai*, 17b), le
deuxième ajoute l'idée que la science musicale que nous
étudions nous a été *enseignée* par les anciens (cf. *paredosan*,
17d) et le troisième revient sur l'exemple de l'art de lire et
d'écrire en nous décrivant la manière dont la distinction
et la classification des lettres de l'alphabet a été *instituée*
par « un dieu ou un homme divin », institution qui repose
sur un examen dont les différentes étapes sont décrites
en détail (18b-d). Ainsi, les voies de l'apprentissage et
de l'enseignement doivent suivre les voies de l'institution
originelle de la *tekhnè* – idée éminemment platonicienne
depuis le *Ménon* au moins. Ce n'est donc pas un hasard si
Socrate insiste pour donner trois illustrations, alors même
que Protarque et Philèbe estiment les deux premières
suffisantes (*cf.* 17e-18a) : c'est que chacune illustre un
type d'application différent de la dialectique, dont la
dernière est clairement la plus importante, puisqu'elle est
présupposée par les deux autres. Dans tous les cas, cette
insistance de Socrate sur le lien entre la dialectique et la
tekhnè suggère que le présent dialogue vise également
non seulement à enseigner une *tekhnè*, mais avant cela
à l'*instituer*. Cette *tekhnè* ne peut être que celle de la vie
bonne, c'est-à-dire celle par laquelle nous pourrons être
heureux, une *tekhnè* qui annonce l'*ars vitae* des Latins.

Un deuxième point qui frappe dans ce passage est que
la dialectique y est présentée comme un don des dieux
aux hommes, qui nous aurait été transmis par les anciens
comme une « révélation ». Cette manière de l'introduire
lui confère immédiatement un grand prestige, que Socrate

utilise sans doute pour convaincre Protarque de s'y soumettre, lui qui, la suite du dialogue le confirmera, est manifestement très pieux (*cf.* 28b, e). Dans le contexte dramatique du dialogue, cela permet à Socrate de briser le cercle entre la position adoptée relativement au bien et la méthode à suivre pour la défendre, en fournissant à Protarque une raison indépendante de se convertir à la dialectique de manière à sortir du blocage qui caractérise actuellement la discussion. Quant au contenu de cette révélation, il consiste d'une part en une thèse que l'on pourrait qualifier d'« ontologique » et d'autre part en la description d'une méthode en trois étapes qui est présentée comme la conséquence de cette thèse.

Commençons par la thèse en question. Elle s'énonce comme suit : « ce qui est à chaque fois dit être (*tôn aei legomenôn einai*) est fait d'un et de multiple, et [...], de plus, il possède limite (*peras*) et illimitation (*apeirian*) naturellement associées en lui » (16c). Que désigne l'expression « ce qui est à chaque fois dit être » ? Quatre interprétations ont été défendues[1]. 1) La première, qui suppose une traduction différente (mais également possible, quoique moins naturelle) de la formule grecque par « ce qui est dit être éternel », considère qu'elle se réfère exclusivement aux Idées platoniciennes. Les trois autres optent en revanche pour la traduction que j'ai adoptée, qu'elles comprennent comme renvoyant soit 2) aux choses sensibles seulement, soit 3) à chacun des sensibles et des intelligibles pris séparément, dont l'*apeiron* et le *peras* seraient des ingrédients constitutifs, soit 4) à l'ensemble des sensibles et des intelligibles pris collectivement, parmi lesquels on trouverait de l'*apeiron*

---

1. Je me fonde ici sur la présentation d'E.E. Benitez, *Forms in Plato's* Philebus, Assen, Van Gorcum, 1989, p. 39-42.

et du *peras*, sans pour autant que chaque élément de l'ensemble soit constitué des deux.

Ces quatre interprétations présentent deux problèmes principaux. Le premier est qu'elles présupposent la distinction entre sensible et intelligible comme allant de soi, alors qu'à ce stade de la révélation divine, elle n'a tout simplement pas encore été faite – elle sera seulement introduite à la première étape de la méthode dont la description va suivre. Le second problème est qu'elles perdent de vue le contexte immédiat du passage, qui est censé nous fournir une meilleure voie pour traiter de l'identification naturelle entre l'un et le multiple produite par le langage. La formule des anciens rappelle pourtant assez clairement celle que Socrate avait utilisée un peu plus tôt pour désigner ce phénomène qui caractérisait « tout ce qu'on a jamais pu ou puisse jamais dire, autrefois comme de nos jours » (*kath' hekaston tôn legomenôn aei, kai palai kai nun*, 15d). Cette identification résultait en particulier de la *prédication* : en prédiquant un terme de plusieurs sujets, ou plusieurs termes d'un seul sujet, on semblait multiplier l'unité. Tout porte à croire que le point de départ est ici le même, et que l'ajout du verbe « être » doit être compris en ce sens : ce qui est à la fois un et multiple, c'est précisément ce qui est *dit être*, c'est-à-dire ce qui occupe la fonction de sujet dans un énoncé prédicatif – en particulier les termes généraux, qui seuls nous intéressent ici.

Ainsi, comme la structure de toute cette séquence nous invitait à le comprendre, la révélation des anciens commence exactement au même point que Socrate un peu plus haut : par le constat que le langage opère une identification naturelle entre l'un et le multiple. C'est d'ailleurs ce à quoi nous devions nous attendre étant donné ce qui précède : la présente méthode est bien une alternative à l'éristique pour traiter de cette caractéristique immortelle du langage en nous. La nouveauté vient seulement de la redescription de cet état de choses au moyen des termes *peras* et *apeiria*. Comment comprendre ces termes ici ? D'un côté, leur ascendance pythagoricienne ne fait guère de doute – ce couple joue en particulier un rôle important dans les fragments de Philolaos –, ce qui suggère que l'expression « les anciens » se réfère au moins en partie aux Pythagoriciens [1]. De l'autre, ils recevront une définition précise un peu plus loin dans le dialogue (23c-27c), où l'*apeiron* sera caractérisé par l'opposition du plus et du moins et le *peras* sera associé au nombre. Dans la mesure où à ce moment-là, Socrate renverra explicitement à l'usage qu'il a fait de ces deux termes dans le présent passage (*cf.* 23c), nous sommes non seulement autorisés, mais même encouragés à nous appuyer sur leur caractérisation ultérieure pour comprendre cet usage. De nombreux commentateurs résistent à cette conclusion, en soutenant que dans la révélation divine, l'*apeiron* n'apparaît qu'à la dernière étape de la méthode et qu'il désigne alors simplement le nombre infini des choses singulières, par opposition au nombre fini des espèces. Mais indépendamment du fait que Socrate affirme explicitement le lien entre les deux passages, une telle interprétation ne tient pas compte du fait que le terme *apeiria* (« illimitation »), qui ne peut en

---

1. Sur l'histoire des termes *peras* et *apeiron* dans la philosophie présocratique, en particulier dans le pythagorisme ancien, *cf.* C. Huffman, « Limite et illimité chez les premiers philosophes grecs », dans M. Dixsaut (éd.), *La Fêlure du plaisir. Études sur le* Philèbe *de Platon. 2 : Contextes*, Paris, Vrin, 1999, p. 11-31.

tout cas pas quant à lui désigner le nombre infini des choses singulières, apparaît dès l'énoncé de la thèse ontologique transmise par les anciens. Bien plus, la correspondance entre la description de la méthode et les illustrations qui suivent montre clairement que l'*apeiron* est présent dès la première étape de la méthode, à condition toutefois de l'interpréter à la lumière de sa définition ultérieure.

S'il en va ainsi, pourquoi Platon n'a-t-il pas inversé l'ordre des deux passages et commencé par définir les termes qu'il utilise dans sa description de la dialectique? Tout simplement parce que pour ce faire, il aura précisément besoin de la méthode dialectique, méthode de définition par excellence. De fait, le passage où les notions d'*apeiron* et de *peras* seront examinées pour elles-mêmes consistera en une application de la méthode divine ici décrite. Nous sommes donc confrontés à un nouveau cercle : d'un côté, la dialectique est nécessaire pour définir les notions d'*apeiron* et de *peras*, mais de l'autre, ces notions sont utilisées dans la description de la dialectique. L'artifice de la révélation divine permet à Platon de s'engager dans ce cercle, qui n'est pas vicieux, mais témoigne une nouvelle fois de l'extrême intrication des différents thèmes et méthodes du dialogue.

Dans ces conditions, comment comprendre l'affirmation des anciens selon laquelle « ce qui est à chaque fois dit être » est non seulement fait d'un et de multiple, mais possède limite et illimitation naturellement associées en lui? Au sens où l'identification langagière entre l'un et le multiple implique le caractère relativement *indéterminé* de la signification des termes généraux : ceux-ci doivent bien avoir un sens qui les distingue les uns des autres, mais les multiples prédications dont ils peuvent être les sujets brouillent ce sens et ces distinctions.

De ce point de vue, la dialectique peut être considérée comme opérant une *détermination* ou une *limitation* de la signification des termes généraux, qui avant son office demeure relativement indéterminée ou illimitée.

Voyons à présent en quoi consiste plus précisément cette méthode.

1) Tout d'abord, disent les anciens, nous devons « chercher une Idée unique pour toute chose, après l'avoir à chaque fois posée – car nous l'y trouverons présente ». Le premier point remarquable dans cette formulation est que c'est seulement après avoir nous-mêmes posé une Idée que nous devons nous mettre à la chercher. Sous peine de cercle, la position en question doit être purement « formelle » : elle doit simplement consister à assumer *qu'il y a* une Idée à chercher. Cela apparaît en particulier dans la troisième illustration (censée, il est vrai, illustrer un « procédé inverse » – j'y reviendrai), où la *nature* de l'unité posée au départ comme correspondant simplement au son n'est découverte qu'à la fin du processus, où elle reçoit son nom de « lettre » ou « élément » (*stoikheion*, 18c). Même formelle en ce sens, cette position n'est pas pour autant triviale : au contraire, elle rappelle que pour Platon, les Idées ne peuvent pas être présupposées comme un « donné » qui serait là « de toute éternité », mais correspondent au contraire à une *hypothèse* d'où le philosophe doit partir afin de pouvoir commencer sa recherche, hypothèse qui constitue l'acte de naissance de la philosophie en tant que condition de possibilité d'une pensée cohérente (cf. *Phédon*, 99d-100b). Bien plus, si les Idées doivent être posées, elles ne peuvent en aucun cas correspondre à la simple signification hypostasiée des termes généraux, contrairement à une ligne d'interprétation qui a la vie longue. Les Idées platoniciennes ne sont pas

des significations hypostasiées, puisque ces significations sont le plus souvent floues et indéterminées, faites d'un et de multiple, comportant non seulement une limite, mais aussi de l'illimitation. Les Idées sont bien plutôt les *outils* qui vont nous permettre de déterminer ces significations pour les rendre claires et précises. À la différence de la signification du terme général d'où nous sommes partis, l'Idée n'est pas à la fois une et multiple : elle est purement une, et correspond à la part d'unité que comporte cette signification. Cela implique que l'Idée elle-même n'est pas un universel, contrairement à l'interprétation qu'en donnera Aristote, et ne peut dès lors être confondue avec un concept.

Dans le *Phèdre*, cette première étape est nommée « rassemblement » (*sunagôgè*, 266b) ; et dans ce dialogue comme dans le *Sophiste* et le *Politique*, elle consiste à poser l'Idée correspondant au genre auquel appartient l'objet d'investigation. À la différence de l'Idée elle-même, qui est seulement une, le genre ainsi compris est un universel (et donc un concept) : il entre dans sa définition d'avoir de multiples instances. On comprend dès lors en quoi cette position est en même temps un rassemblement : en traitant l'Idée posée comme un genre, on rassemble par là même tout ce qui appartient à ce genre, c'est-à-dire tout ce qui participe à cette Idée, du moins de manière virtuelle (il ne s'agit pas de citer une à une toutes les instances), et ce afin de nous inciter à distinguer l'objet cherché de tout ce qui lui est apparenté (*sungenes*). En ce sens, la position de l'Idée une ne suffit évidemment pas à éliminer la multiplicité illimitée contenue dans la signification d'un terme général : elle ne fait que la rendre disponible à la pensée en appelant à sa limitation.

Il y a clairement une différence entre le rassemblement tel qu'il est décrit et pratiqué dans le *Phèdre*, le *Sophiste* et le *Politique* et la première étape de la méthode divine du *Philèbe*, à savoir qu'ici, l'Idée qu'il s'agit de poser au début du processus n'est pas l'Idée correspondant au genre auquel appartiendrait l'objet de notre recherche, mais bien l'Idée correspondant à cet objet même. C'est que dans le *Philèbe*, la dialectique n'aura pas pour objet d'aboutir à une définition (celle du plaisir, par exemple), mais de distinguer les différentes espèces d'un genre, comme le comprend très bien Protarque (*cf.* 19b). Cela n'interdit pas pour autant de parler de « rassemblement », précisément parce que l'Idée posée est considérée comme correspondant à un genre à diviser, ce qui suppose que l'ensemble de ses participants soient considérés comme rassemblés en son sein ; et d'ailleurs, bien que le terme *sunagôgè* n'apparaisse pas dans la description de la méthode divine du *Philèbe*, on trouve plusieurs occurrences de termes apparentés dans le contexte de la classification quadripartite (*cf.* 23e, 25a, 25d), qui repose sur une application de cette méthode. Bien plus, on peut considérer que la même idée est exprimée par le concept d'*apeiron* qui apparaît dès la première étape de la méthode divine, comme le confirme une lecture attentive des trois illustrations qui en sont proposées.

Dans la première illustration, Socrate commence en effet par dire que « le son émis par notre bouche, à tous et à chacun, est d'une certaine manière un, mais d'un autre côté, il est illimité dans sa multitude (*apeiros… plèthei*) » (17b). La position de l'unité du son s'accompagne de la reconnaissance de la multiplicité illimitée des instances qu'il comporte. Les deux sont d'ailleurs nécessairement liées : pour reconnaître cette multiplicité illimitée comme étant celle *du son*, il faut nécessairement avoir posé le son comme l'unité qui les rassemble.

Dans la deuxième illustration, ces deux aspects sont toutefois mentionnés comme deux moments distincts : d'une part, la reconnaissance de l'unité du son, et d'autre part, la position de « ces deux-ci, le grave et l'aigu ; et encore [de] ce troisième, l'unisson (*homotonon*) » (17c). On a parfois pensé que ce deuxième moment correspondait au début de la deuxième étape de la méthode divine, à savoir une première division du son un en trois espèces : le grave, l'aigu et l'*homotonon*, compris alors au sens de son intermédiaire entre le grave et l'aigu [1]. Cependant, il est clair que les espèces décrites ensuite, qui sont des espèces d'*intervalles* et d'« *harmonies* » (correspondant approximativement à ce que l'on nomme des « modes » dans la musique moderne), ne sont pas des sous-espèces de telles « espèces ». Mais dans la mesure où le grave et l'aigu seront plus loin explicitement cités parmi les instances d'*apeiron* (*cf.* 26a), il y a tout lieu de penser que c'est à ce titre qu'ils sont également invoqués ici, en tant qu'ils s'opposent comme des contraires qui mettent au jour un certain rapport d'indétermination. Ce rapport est celui de la hauteur *relative* du son, dont les différentes espèces d'intervalles et de modes pourront effectivement être considérées comme des déterminations. De ce point de vue, l'*homotonon* doit plutôt désigner l'unisson comme identité de hauteur. Si cette interprétation est exacte, elle montre que dans la deuxième illustration également, la position de l'unité est corrélée à la mise

---

1. Voir par exemple R. Hackforth, *Plato's* Philebus, *op. cit.*, p. 27, n. 1 ; G. Löhr, *Das Problem des Einen und Vielen in Platons* Philebos, *op. cit.*, p. 153 ; M. Migliori, *L'uomo fra piacere, intelligenza e bene. Commentario storico-filosofico al* Filebo *di Platone*, Milano, Vita e Pensiero, 1993, p. 107.

au jour de l'*apeiron* ; mais ici, cet *apeiron* désigne moins la multitude illimitée des instances de son qu'un certain *rapport d'indétermination* qu'il s'agira de déterminer. Ces deux significations de l'*apeiron* sont toutefois en lien étroit : c'est par la considération de la multitude illimitée des instances de son que l'on peut repérer le rapport sous lequel elles diffèrent, qui se présente dès lors comme une indétermination à déterminer par la pensée. Or de ce point de vue, il est intéressant de remarquer que le rapport d'indétermination pertinent pour la science musicale (la hauteur relative) n'est pas le même que celui pertinent pour l'art de lire et d'écrire (à savoir l'aptitude ou l'inaptitude à être émis de manière isolée), alors que l'unité dont on part est dans les deux cas la même : le son (*phônè*). Cela montre qu'une même unité peut être divisée selon différents rapports, chacun de ceux-ci étant susceptible de donner lieu à une *tekhnè* différente. Ce constat va à l'encontre de toute interprétation « naturaliste » de la méthode de division, qui considérerait que cette dernière se contenterait de retrouver des distinctions qui existeraient de toute éternité « dans l'objet lui-même » : non seulement la troisième illustration va nous montrer que toutes ces divisions ont dû commencer par être *instituées* à un moment donné (fût-il mythique), mais cette institution elle-même suppose une certaine décision dans le chef du dialecticien, qui doit *sélectionner* le rapport d'indétermination pertinent pour l'institution de l'art en question.

La présence de l'*apeiron* dès la première étape de la troisième illustration est quant à elle universellement reconnue, assez naturellement puisque cette dernière est censée illustrer le processus inverse, qui part de l'illimité pour aller vers l'un et non le contraire. C'est plutôt la présence de l'un qui fait problème. Pourtant, afin de pouvoir comprendre que « le son est illimité » (18b), le dieu ou l'homme divin qui a institué l'alphabet a bien dû commencer par saisir les différents sons *comme des sons*, et donc par les rassembler eux aussi sous l'unité de la *phônè*. Dans cette illustration comme dans les précédentes, la position de l'unité et la mise au jour de l'*apeiron* sont corrélatives. Quelle est alors la différence entre les deux processus ? Elle tient à la situation de départ, qui n'est pas la même lorsqu'il s'agit d'instituer une science nouvelle que lorsqu'il s'agit simplement d'apprendre ou d'enseigner une science déjà instituée. En effet, dans ce dernier cas, la *nature* de l'unité posée peut dans une certaine mesure être présupposée : il s'agit par exemple de lettres de l'alphabet ou d'intervalles musicaux. Dans le premier cas, en revanche, c'est seulement *suite à la division de l'unité de départ en espèces* que la nature de cette unité peut être mise au jour ; et de fait, c'est seulement au terme de tout le processus que le dieu ou l'homme divin qui institue l'art de lire et d'écrire pourra nommer le genre de départ « lettre » ou « élément » (*stoikheion*). La différence entre les deux processus ne tient donc pas au fait que l'un partirait de l'unité à l'exclusion de l'*apeiron* et l'autre de l'*apeiron* à l'exclusion de l'unité : dans les deux cas, les *deux* bornes du processus – l'unité et l'*apeiron* – sont présupposées dès le début (elles correspondent d'ailleurs au contenu de la thèse sur laquelle se fonde la méthode) ; mais dans la voie de l'apprentissage et de l'éducation, on peut s'appuyer sur une certaine détermination préalable de l'unité pour déterminer les espèces, tandis que dans la voie de l'institution, c'est au contraire la détermination des espèces qui permet seule d'aboutir *in fine* à une détermination de l'unité de départ.

2) Venons-en à présent à la deuxième étape de la méthode dont les anciens nous ont transmis la révélation. Elle consiste, après avoir appréhendé l'unité, à « examiner si, après une, il ne s'en trouverait pas deux, ou sinon, trois ou quelque autre nombre » (16d). Comme le confirment les illustrations qui suivent et la manière dont Protarque résume la tâche que Socrate leur a assignée (19b), cette étape correspond à la division (*diairesis*) du genre initial en espèces (voir aussi 20a, 20c et déjà 15a). La particularité de la présente description de ce processus est son insistance sur l'importance de saisir le *nombre* correct de ces espèces – ce qui la distingue de la manière dont la division est pratiquée dans le *Sophiste* ou le *Politique*, où sa version dichotomique est privilégiée (sans que cela exclue toutefois la possibilité de diviser par un nombre autre que deux : cf. *Politique*, 287c). Comme j'ai tenté de le montrer ailleurs, la recommandation de la dichotomie dans ces dialogues est une prescription méthodologique qui tient à la plus grande facilité de ce procédé et vise à la multiplication des différences, utile lorsque le but est l'obtention d'une définition aussi complète et précise que possible[1]. Dans la mesure où le but poursuivi par la dialectique est différent dans le *Philèbe*, il n'y a pas lieu de s'étonner de l'abandon, ou plus exactement de la relativisation de ce type de division, qui se voit à présent intégré comme simple cas particulier de la division selon un nombre.

Mais que signifie cette insistance sur le nombre ? En quoi est-il tellement important de savoir que tel genre a deux, trois, quatre ou cinq espèces ? N'est-il pas plus pertinent de savoir *quelles* sont ces espèces ? Dans ses

1. Cf. *L'Inventivité dialectique dans le* Politique *de Platon, op. cit.*, p. 73.

illustrations, Socrate dit explicitement qu'il s'agit de savoir non seulement *combien* il y a d'espèces, mais aussi *quelles elles sont* (*cf.* 17b et 17c-d). Il reste que dans sa description, il paraît clairement subordonner la seconde question à la première. Pour en comprendre la raison, il est une nouvelle fois nécessaire d'anticiper et de remarquer que le nombre sera identifié plus loin à la marque distinctive du *peras* (25a-b, d-e). La division du genre en espèces est donc décrite ici comme une application du *peras* à l'*apeiron*, bref comme une limitation de l'illimité ou une détermination de l'indéterminé. Or nous verrons que si le nombre sera considéré comme l'instrument par excellence de ce processus, c'est parce que dans sa compréhension grecque (où il désigne nécessairement un nombre entier positif supérieur ou égal à deux et demeure intimement lié à l'activité du compte), le nombre est le paradigme d'une entité *discrète* composée d'*unités homogènes* qui a une fonction *ordinale*. Transposées sur le plan dialectique, ces caractéristiques signifient que trouver le nombre correct qui divise un genre, c'est commencer par sélectionner un certain rapport d'indétermination de ce genre dont toutes les espèces pourront être considérées comme des déterminations particulières (en ce sens, elles seront homogènes les unes aux autres) et organiser ces espèces selon une progression régulière qui permettra à la fois de les distinguer les unes des autres et de conférer à chacune sa propre identité comme membre de la série – de sorte que la détermination du nombre des espèces sera intimement liée à celle de la nature de ces espèces.

Les illustrations offertes par Socrate mettent bien en lumière cet aspect par trop allusif dans la révélation transmise par les anciens. La première reste peu explicite, mais si l'on considère que les espèces de lettres apprises

par Protarque doivent nécessairement être celles
instituées par le dieu ou l'homme divin dont l'entreprise
est décrite dans la troisième illustration, on peut voir que
les sons vocaux sont d'abord divisés en trois espèces –
les voyelles ou « sonnantes » (*ta phônèenta*), « ceux qui
n'ont pas part au son (*phônès*), mais à un certain bruit
(*phthongou*) », qu'Aristote nommera les semi-voyelles
(*hèmiphôna*, cf. *Poétique*, 20, 1456b25, 27-28), et les
muettes ou « non-sonnantes » (*ta aphôna*) – qui forment
clairement une progression régulière selon un rapport
de détermination homogène, à savoir leur aptitude à
être prononcées de manière isolée. Socrate va plus
loin, puisqu'il soutient qu'« aucun de nous ne pourrait
apprendre l'une d'entre [les lettres] en et par elle-même
sans les apprendre toutes » (18c), ce qui montre que
chaque lettre se définit par sa place dans la série complète
à laquelle elle appartient, qui constitue le « lien » qui les
rend « en quelque sorte elles-mêmes toutes une » (18c-d).
Déterminer le nombre correct de lettres, c'est donc
avant tout *les organiser selon une progression régulière* qui
confère à chacune sa détermination propre.

Il en va de même dans la deuxième illustration, bien
que la situation y soit plus complexe en raison de la
richesse de l'exemple musical. Dans un premier temps,
il s'agit de saisir « combien d'intervalles constituent le
nombre du son sous le rapport du plus aigu et du plus
grave, et quels ils sont » (17c-d). On sait que les Grecs
reconnaissaient essentiellement trois intervalles fonda-
mentaux consonants : l'octave, la quinte et la quarte. Le
fait que ces intervalles forment une progression continue
et régulière apparaît clairement lorsqu'on les exprime
sous la forme de rapports mathématiques, à savoir

respectivement 2 : 1, 3 : 2 et 4 : 3[1]. Il convient toutefois d'être attentif au fait que le nombre correspondant à cette division n'est pas identique aux déterminations numériques caractérisant chacune des espèces : le premier est bien plutôt le nombre trois (ou plus exactement la suite 1, 2, 3) en tant qu'il exprime la relation *formelle* entre ces espèces. La difficulté vient du fait que l'application du *peras* à l'*apeiron* peut se jouer à plusieurs niveaux dans la musique : non seulement au niveau *dialectique* de la *théorie* musicale, qui seul nous intéresse ici, mais également au niveau de la *production musicale* elle-même, par exemple lorsque le musicien joue une quarte sur sa lyre. Nous y reviendrons. Quoi qu'il en soit, Socrate poursuit en disant qu'il faut également saisir « les bornes de ces intervalles », expression intéressante en ce qu'elle montre que dans le cadre de la science musicale grecque, la définition des notes est seconde par rapport à celle des intervalles dont elles ne sont que les limites. Il ajoute qu'il faut également saisir « combien de systèmes combinatoires (*sustèmata*) en résultent – ceux que les anciens ont discernés et nous ont appris, à nous leurs successeurs, à appeler des "harmonies" (*harmonias*) » (17d). Les *harmoniai*, correspondant à nos modes, sont des systèmes d'intervalles, que les théoriciens grecs ont également cherché à organiser selon une progression réglée[2]. La mention de ce niveau supplémentaire de complexité est intéressante, car elle montre que la détermination des espèces d'intervalles est également la condition de possibilité de leur combinaison dans des systèmes plus complexes – systèmes qui peuvent

---

1. *Cf.* M.L. West, *Ancient Greek Music*, Oxford, Clarendon Press, 1992, p. 235.

2. *Ibid.*, p. 223-233.

eux-mêmes être « systématisés » à un niveau supérieur. Enfin, Socrate ajoute qu'il faut procéder de même en ce qui concerne la danse, ce qui suppose qu'il ne divise plus le son en tant que tel, mais le rythme, à déterminer selon le rapport du rapide et du lent (*cf.* 26a). Les différents rythmes pouvaient eux-mêmes être définis en fonction de rapports mathématiques entre « temps haut » et « temps bas », et donc former une progression régulière[1].

Les illustrations confirment ainsi que « trouver le nombre correct », c'est avant tout *diviser en espèces homogènes* et *les organiser selon une progression régulière* telle que chaque membre de la série se définisse par ses relations avec les autres. Nous sommes ici au plus proche d'une conception *systématique* de la dialectique et de la *tekhnè*, la première ayant pour tâche de donner à la seconde un cadre conceptuel caractérisé non seulement par son exhaustivité (sous un rapport et selon une progression donnés), mais aussi par l'interdépendance de ses éléments.

3) La troisième et dernière étape de la méthode transmise par les anciens consiste, une fois trouvé le « nombre total, l'intermédiaire entre l'illimité et l'unité », à « appliquer l'Idée de l'illimité (*tèn… tou apeirou idean*) à la pluralité » et à « relâcher chacune de toutes ces unités dans l'illimité et lui dire "Au plaisir ! " (*khairein ean*) » (16d-e). Cela revient simplement à considérer que la part résiduelle d'illimité est *irréductible*, et ne peut donc être déterminée autrement que comme *indéterminée*. C'est bien cela que signifie « appliquer l'Idée de l'illimité à la pluralité » : reconnaître que le caractère distinctif de

---

1. *Ibid.*, p. 242-245.

cette pluralité n'est rien d'autre que l'illimité, à l'Idée de laquelle elle doit donc participer [1].

La description de la reconnaissance du caractère irréductible de l'illimitation résiduelle comme consistant à « appliquer l'Idée de l'illimité à la pluralité » est intéressante, car elle montre que cette reconnaissance n'est pas un simple constat, mais suppose une démarche active de la part du dialecticien. De fait, il ne s'agit certainement pas de dire que toute division ultérieure est *impossible*, mais plutôt qu'elle est *non pertinente* dans le cadre de la *tekhnè* en question. Il serait certes possible de découvrir bien davantage d'espèces d'intervalles que celles que la musique grecque a reconnues comme fondamentales, ou encore d'aller beaucoup plus loin dans la division du son vocal de manière à obtenir plus de vingt-quatre lettres ; simplement, on aurait alors fondé une autre science musicale ou un autre alphabet, comme d'autres civilisations n'ont d'ailleurs pas manqué de le faire. L'arrêt de la division comporte donc une part d'arbitraire, ou disons mieux de *décision* ; il implique la responsabilité du dialecticien, qui n'est pas un simple « découvreur » de structures données de toute éternité, mais un *inventeur* de telles structures (du moins lorsque la dialectique vise à l'*institution* d'une nouvelle *tekhnè*) [2]. C'est à lui de décider quelles différences sont ou non pertinentes dans le cadre de la *tekhnè* qu'il est en train d'instituer, ou de reconnaître celles qui ont été décrétées telles dans le cadre de la *tekhnè* qu'il est en train d'apprendre ou d'enseigner.

1. Je reviendrai sur l'apparent problème posé par la reconnaissance d'une Idée de l'illimité, ci-dessous, p. 330-331.
2. Rappelons que dans le *Politique*, les propriétés de « plus dialecticien » et de « plus inventif » sont posées comme corrélatives (*cf.* 285d, 286e, 287a).

L'autre description de cette dernière étape, à savoir « relâcher chacune de toutes ces unités dans l'illimité et lui dire "Au plaisir"! », est également intéressante pour au moins deux raisons. La première est qu'elle suggère que cette troisième étape de la méthode n'est pas purement négative (arrêter de diviser), mais présente également un aspect positif, consistant à « relâcher » les Idées dans l'illimité. En effet, par le fait même d'arrêter la division et de considérer la part d'illimité résiduelle comme irréductible, on accepte de conférer aux espèces obtenues une certaine *généralité*, fonction de la part d'indétermination qui leur demeure attachée, qui leur permet de rassembler de multiples instances présentant des différences jugées non pertinentes dans le contexte donné. En ce sens, les espèces ainsi considérées ne sont pas de pures Idées, mais des concepts, et donc des universels – de même que le genre correspondant à l'Idée posée au départ. Un autre trait intéressant de cette description est l'expression utilisée pour dire « Au revoir! » aux espèces que l'on relâche dans l'illimité. En grec, *khairein ean* (ici traduit par « Au plaisir! ») signifie littéralement « Réjouis-toi! ». Même s'il s'agit d'une expression consacrée, on peut penser que Platon l'utilise à dessein (il aurait très bien pu exprimer tout ce qui précède en se passant de cet étonnant salut final aux espèces) pour suggérer que comme l'éristique, la pratique de cette méthode est elle aussi productrice d'un certain plaisir – un plaisir qui, toutefois, n'est pas pris ici comme *principe*, mais apparaît seulement à titre de *résultat*. De fait, la suite du dialogue confirmera que la science, et en particulier la dialectique comme science suprême, s'accompagne d'un plaisir d'une qualité éminente (un plaisir pur), pour autant qu'il ne soit pas visé comme tel.

Reste à nous demander, avec Philèbe et Protarque (18a, d), à quoi tout ceci peut bien nous être utile dans le contexte de la présente discussion. La réponse de Socrate est qu'afin de déterminer lequel de la pensée et du plaisir il convient de choisir, il faut montrer en quoi chacun des deux est non seulement un, mais aussi multiple, et ce d'une manière déterminée ou limitée, plutôt que directement illimitée (18e-19a) – ce que Protarque reformule, avec l'approbation de Socrate, comme la tâche consistant à montrer si le plaisir et la pensée ont des espèces et, si oui, combien et quelles elles sont (19b). Pourquoi cela est-il nécessaire ? Parce que Socrate veut montrer que le plaisir n'est pas bon dans son ensemble en manifestant l'existence de plaisirs mauvais, ce qui suppose que le plaisir puisse être divisé en espèces – et, de plus, en espèces qui diffèrent *sous le rapport de leur bonté*. Protarque résistait à cette tentative pour deux raisons au moins : d'une part parce que, en identifiant le plaisir au bien, il ne pouvait admettre la possibilité de plaisirs mauvais, et d'autre part parce que son hédonisme lui faisait privilégier la voie éristique plutôt que la voie dialectique. Le présent exposé de la méthode, nimbé du prestige d'une révélation divine, a apparemment réussi à lever ses résistances sur le second point, mais il l'a également découragé en le convainquant de son incapacité à accomplir la tâche prescrite (19a-b). Ce faisant, Protarque abandonne la prétention sophistique au savoir universel en faveur de la reconnaissance socratique de sa propre ignorance (19c), ce qui annonce le comportement beaucoup plus conciliant qu'il adoptera dans la suite du dialogue. Reste toutefois la première raison de sa réticence : tant qu'il identifie le plaisir au bien, comment pourrait-il ne fût-ce qu'envisager une division du plaisir sous le rapport de sa bonté ? Afin d'avancer, il convient de commencer par réfuter cette identité et d'offrir une première esquisse du bien qui pourra nous servir de guide lors de nos divisions. Pour ce faire, cependant, la méthode de division ne peut nous être d'aucune utilité. Socrate va donc la mettre provisoirement entre parenthèses afin d'aboutir à un premier résultat qui aura notamment pour conséquence d'en rendre enfin possible l'application au présent problème.

LA VIE MIXTE (20B-23B)

Socrate introduit cette nouvelle étape de la discussion de la même manière que la précédente : par une intervention divine. Un dieu, annonce-t-il, vient de lui faire don d'un certain souvenir de propos entendus « il y a bien longtemps en rêve, ou peut-être même tout éveillé », selon lesquels le bien n'est ni le plaisir ni la pensée, mais « un troisième terme, différent d'eux et meilleur que tous deux » (20b). Il est difficile de ne pas voir ici une allusion au passage du livre VI de la *République* qui introduit l'analogie entre l'Idée du bien et le soleil, où l'on trouve des expressions similaires (voir en particulier 505b-d et 506b). Certes, le troisième terme qui va être ici introduit ne sera pas l'Idée du bien, mais la vie mixte ; mais la suite du dialogue nous montrera comment nous pouvons nous appuyer sur cette vie mixte pour remonter jusqu'à l'Idée du bien. Tout porte donc à croire que par ce procédé littéraire, Platon cherche à attirer l'attention du lecteur sur le lien entre la présente discussion et celle de ce dialogue antérieur, lien que Protarque lui-même ne peut soupçonner, puisqu'il n'était pas présent lors de l'entretien de la *république*.

Ce souvenir, Socrate ne va toutefois pas se contenter de le raconter : il va plutôt tenter de faire parvenir Protarque lui-même à la conclusion annoncée en laissant de côté la méthode de division et en adoptant une nouvelle méthode (*cf.* 20c). Il faut insister sur le fait que cet abandon de la méthode de division est seulement provisoire : nous verrons que cette méthode sera en réalité abondamment utilisée dans la suite du dialogue, et ce dès la section suivante. Mais *pour le présent problème*, à savoir la réfutation de l'identité entre le bien et le plaisir, qui est précisément la source des réticences de Protarque à l'appliquer, elle ne saurait être d'aucune utilité. La méthode suivie dans cette section n'est-elle plus pour autant d'ordre dialectique ? Certains commentateurs l'ont rapprochée de l'*elenkhos* socratique, et de fait, elle est essentiellement un procédé de *réfutation*; cependant, cette réfutation se déroulera moins sur un mode purement argumentatif que sur un mode en quelque sorte « existentiel » : il s'agira de *faire ressentir* à Protarque l'insuffisance d'une identification entre le bien et le plaisir ou la pensée, et ce de son propre point de vue.

Pour ce faire, Socrate commence par introduire trois caractères du bien : le bien est à la fois *complet* (*teleon*), *suffisant* (*hikanon*) et *universellement digne de choix* (*haireton*) pour tout qui le connaît (20d). Ces caractères sont purement formels : ils ne nous disent encore rien de la nature du bien, mais nous fournissent seulement des *critères* qu'il doit satisfaire et qui nous permettront dès lors de tester tous les candidats à ce titre. Par ailleurs, ces critères ne sont pas indépendants l'un de l'autre, mais ils sont conçus comme s'impliquant mutuellement, puisque l'examen qu'ils inaugurent ne fera usage que du dernier, qui de fait est le seul à envisager le bien non pas en lui-même, mais en relation avec un sujet. Ce sujet, ce sera Protarque, qui accepte de « revêtir » successivement la vie de plaisir et la vie de pensée pour déterminer si celles-ci s'avèrent dignes de choix lorsqu'on les vit de l'intérieur – du moins dans une expérience de pensée – et qu'on en saisit toutes les implications (21a).

Dans la mesure où le but est de déterminer si le plaisir et la pensée eux-mêmes sont identiques au bien, et donc sont à la fois complets, suffisants et universellement dignes de choix, les vies correspondantes doivent être conçues comme absolument exclusives l'une de l'autre : la première ne contient aucune parcelle de pensée, et la seconde aucune parcelle de plaisir (20e). Une telle séparation n'est-elle pas forcée, voire impossible ? Certainement ; mais c'est précisément là l'une des choses que le présent passage va devoir montrer, en suggérant qu'en réalité, le plaisir et la pensée sont toujours déjà mêlés dans notre vie. Voyons donc comment ce résultat est atteint.

Protarque commence par revêtir la vie de plaisir. Dans un premier temps, celle-ci le satisfait pleinement, même quand Socrate insiste sur le fait qu'elle serait dépourvue de tout processus cognitif (pensée, intelligence, calcul, etc.) (21a-b). Socrate lui pose alors la question cruciale : « Ainsi, vivant toujours de cette manière, tu jouirais toute ta vie durant des plaisirs les plus grands ? » (21b) Protarque ne voit pas ce qui l'en empêcherait. Socrate lui fait alors remarquer que l'absence de ces processus cognitifs concernerait également le plaisir, de sorte qu'il ignorerait s'il jouit ou pas, serait incapable de conserver un quelconque souvenir de son plaisir, de croire avec vérité qu'il jouit quand il jouit et de prévoir sa jouissance à venir, de sorte qu'il ne vivrait pas une vie humaine, mais celle d'une sorte de mollusque (21b-c).

Cette dernière remarque a souvent fait penser que le nerf de l'argument reposait sur la démonstration du caractère infra-humain de la vie ainsi décrite. Il ne peut toutefois en aller ainsi, puisque l'absence de tous ces processus cognitifs n'inquiétait nullement Protarque tant qu'ils ne s'appliquaient pas au plaisir. De plus, le mollusque ne représente certainement pas l'animalité en général par opposition à l'humanité : selon la hiérarchie du *Timée* (92a-c), il correspond bien plutôt à la classe d'animaux la plus basse. Ce que Socrate montre dans ce passage, c'est bien plutôt que *l'expérience du plaisir elle-même* présuppose une série de processus cognitifs, dont l'absence le rendrait tout simplement *impossible*. Il faut d'ailleurs noter la radicalité de la formulation de Socrate : sans pensée, Protarque ne serait pas seulement dans l'impossibilité de *croire* avec vérité qu'il jouit quand il jouit, mais ne saurait même pas – selon une ignorance qu'un passage ultérieur qualifiera de *totale* (60d) – *s'*il jouit ou non. Cela suggère qu'il serait tout simplement *inconscient* d'éprouver un plaisir quelconque, puisqu'il ne serait pas capable de distinguer un tel état de celui d'une absence de plaisir (voire de douleur). Or un plaisir inconscient n'est tout simplement pas un plaisir. Une vie de plaisir dépourvue de toute pensée est donc une contradiction dans les termes, puisqu'elle s'identifie en définitive à une vie dépourvue de tout plaisir.

Cette contradiction, Protarque l'a moins *conclue* que *ressentie* : comme le mollusque, il est réduit au mutisme le plus complet (21d). Peut-il considérer qu'une telle vie est digne de choix ? Certainement pas, puisque le plaisir est à ses yeux la valeur suprême. Ainsi, *en raison même de son hédonisme*, Protarque doit admettre que le bien ne peut en tout cas pas être *identique* au plaisir, car ce dernier n'est ni complet ni autosuffisant : il a besoin de la pensée pour apparaître comme tel. L'argument n'est pas pour autant *ad hominem*, car il vaudrait aussi bien pour n'importe quel hédoniste, à savoir non seulement la plupart des hommes, mais aussi les autres animaux, dont le comportement est parfois utilisé comme argument en faveur de cette position (*cf.* 67b et Aristote, *Éthique à Nicomaque*, X, 2, 1172b9-15) ; et il vaut bien entendu également, quoique pour d'autres raisons, pour l'intellectualiste. Socrate confirmera d'ailleurs que cette réfutation et la suivante sont censées valoir non seulement pour tous les hommes, mais également pour les autres animaux et même les plantes (*cf.* 22a-b) – ce qui n'aurait pas grand sens si elle reposait sur la démonstration du caractère infra-humain de l'état auquel elle réduit Protarque. Comme il l'avait annoncé, le troisième critère du bien est que celui-ci doit être universellement désirable *pour tout qui le connaît*, et c'est bien à nous faire atteindre une telle connaissance que visait la présente expérience de pensée.

Passons à la vie de pensée. Ici, bien sûr, Protarque n'est pas long à être convaincu qu'une vie comportant toute l'intelligence, toute la science et tous les processus cognitifs possibles sans aucun plaisir n'est pas elle-même désirable (21d-e). On pourrait toutefois se demander s'il en irait de même pour l'intellectualiste : quelle raison celui-ci aurait-il de refuser une telle vie ? Car il n'y a aucune raison de penser qu'elle serait dépourvue de ce que celui-ci valorise, à savoir la pensée, qui n'est certainement pas *rendue possible* par le plaisir. Certes ; mais la pensée peut-elle pour autant se produire *sans* plaisir ? Le plaisir n'est-il pas au contraire une *conséquence nécessaire* de la pensée dans ses différentes formes, en particulier les plus hautes ? La suite du dialogue confirmera qu'il en va bien ainsi, en attribuant à la connaissance les plaisirs les plus purs qui soient (52a-b). Dès lors, la vie de pensée ainsi conçue est tout aussi impossible que la vie de plaisir, mais pour d'autres raisons : alors que la pensée était une *condition de possibilité* du plaisir, le plaisir est une *conséquence nécessaire* de la pensée. Ni le plaisir ni la pensée ne peuvent s'envisager séparément l'un de l'autre : aucun ne se suffit à soi-même et ne peut donc être identifié au bien (22b).

Dans ces conditions, la conclusion s'impose : aux vies de plaisir ou de pensée, *n'importe qui* préférerait la vie résultant de leur mélange (22a) – puisqu'en réalité, nous vivons tous d'emblée dans un tel mélange. C'est donc dans un tel mélange que doit résider le bien. Socrate laisse pourtant entendre qu'il pourrait en aller autrement pour les dieux, en suggérant que « l'intelligence véritable, qui est en même temps divine », pourrait quant à elle être identique au bien et donc remporter la première place (22c). Devons-nous comprendre que notre incapacité à opter pour une vie d'intelligence dépourvue de tout plaisir serait seulement due à la faiblesse humaine ? Dans ce cas, il faudrait admettre qu'une pensée qui ne produit aucun plaisir est non seulement possible (pour les dieux), mais *plus désirable* qu'une pensée accompagnée de plaisir. Outre qu'on ne voit pas ce qui justifierait une telle position, on peut observer que dans d'autres dialogues, Platon est tout à fait disposé à attribuer des plaisirs intellectuels aux dieux, par exemple au Démiurge du *Timée* (*cf.* 37c-d). En réalité, la vie d'intelligence peut être comprise de deux manières différentes : soit comme excluant absolument tout plaisir, ce qui la rend en réalité impossible, soit comme n'incluant que les plaisirs découlant de (ou compatibles avec) l'activité de la pensée. Selon cette dernière compréhension, elle peut également être décrite comme une vie mixte, puisqu'elle suppose un mélange; mais il s'agit clairement d'un mélange très différent de celui prôné par un hédoniste comme Protarque, au sein duquel la pensée ne joue qu'un rôle subordonné relativement au plaisir, à savoir celui de le rendre possible. Cette interprétation se verra confirmée dans la suite du dialogue, qui prônera une vie mixte au sein de laquelle c'est l'intelligence qui domine sur le plaisir et non l'inverse.

Quoi qu'il en soit, la simple possibilité d'envisager différents rapports de force au sein de la vie mixte suffit à nous montrer l'étendue de la tâche qui reste à accomplir. Car s'il est vrai que nous sommes tous d'emblée plongés dans la vie mixte, cela n'empêche pas le conflit entre hédonisme et intellectualisme de se rejouer au sein de celle-ci, selon que l'on subordonne la pensée au plaisir ou le contraire. Socrate formule ce conflit en termes de *causalité* : lequel, de l'intelligence ou du plaisir, est-il la *cause* de la vie mixte, c'est-à-dire du bien tel qu'il vient d'être identifié? Ou encore, dans une formule un peu différente : lequel des deux est-il « plus apparenté et plus semblable » à ce qui rend une telle vie digne de choix et donc bonne (22d-e)? Remarquons une double ambiguïté dans ces formulations. Premièrement, s'agit-il de la cause de la vie bonne, ou de la cause de sa bonté? Deuxièmement, l'un de nos deux candidats est-il censé *être* cette cause, ou seulement lui être *apparenté*? Je reviendrai sur cette ambiguïté, qui manifeste la coexistence dans le dialogue de deux types de causes différentes mais interdépendantes : la cause *productive* (de la vie bonne) et la cause *intelligible* (de sa bonté). À ce niveau, Socrate affirme en tout cas vouloir montrer dorénavant que cette cause soit *est* l'intelligence soit est *plus apparentée* à celle-ci qu'au plaisir, de sorte que l'intelligence, bien qu'elle soit privée de la première place, se verrait à juste titre attribuer la deuxième, au détriment du plaisir qui devrait être rejeté à la troisième place, voire en deçà (22d-e). Pour le montrer, toutefois, Socrate doit commencer par clarifier les notions de mélange et de causalité, ce qui va réclamer l'introduction d'un nouvel artifice.

Il ne faut pas pour autant minimiser les acquis de la présente section. En réfutant l'identité entre le plaisir et le bien et en montrant que ce dernier correspond bien plutôt à un mélange de plaisir et de pensée, elle a non seulement permis de venir à bout des derniers motifs de résistance de Protarque à l'égard d'une application de la dialectique (à savoir que tant que ce dernier identifiait le bien au plaisir, il ne pouvait reconnaître à la dialectique aucune valeur, fût-ce à titre de *méthode*), mais aussi de nous indiquer le *rapport* selon lequel nous allons devoir diviser le plaisir. En effet, pour montrer que tout plaisir n'est pas bon, nous devons montrer qu'il existe de mauvais plaisirs, ce qui suppose que nous divisions le genre du plaisir sous le rapport de sa bonté. Puisque le bien est un mélange de plaisir et de pensée, mélange qui peut être effectué de différentes manières plus ou moins bonnes les unes que les autres, nous devrons procéder à une division des plaisirs *sous le rapport de leur mélange avec la pensée*. De fait, les différentes espèces de plaisirs prendront à chaque fois en compte les processus cognitifs impliqués dans l'émergence de ces plaisirs. (Le cas de la division des sciences sera différent, pour des raisons que nous examinerons en temps voulu.)

Ainsi, la mise entre parenthèses de la méthode divine peut à présent être levée, car elle a rempli son office : rendre possible l'application de cette méthode au plaisir. Socrate va s'empresser de tirer profit de cette situation en commençant par appliquer sa méthode à un autre genre, qui lui fournira les derniers outils dont il aura besoin pour accomplir la tâche qu'il s'est fixée.

LA DIVISION QUADRIPARTITE (23B-27C)

Afin de poursuivre, Socrate annonce avoir besoin d'un « nouvel artifice », tout en suggérant que celui-ci fera usage d'éléments introduits précédemment (23b-c). De fait, les quatre genres qu'il va détailler ont tous été déjà mentionnés : l'illimité et la limite dans l'exposé sur la méthode divine, le mélange et la cause dans la discussion sur l'identité du bien – même si ces genres, et en particulier les deux derniers, vont prendre un sens nouveau du fait de leur intégration dans un système quadripartite. De plus, la méthode utilisée pour mettre au jour ces quatre genres n'est autre que la méthode divine précédemment décrite, comme en atteste clairement le langage de l'ensemble du passage, avec son insistance sur le rassemblement, la division en espèces et l'énumération. Non seulement la mise entre parenthèses de la méthode divine a pris fin, mais ce passage va nous aider à préciser son statut; car ici, elle va s'appliquer aux catégories qui ont précédemment servi à la décrire.

Pourtant, on a parfois nié que ce passage consiste en l'application de cette méthode. La principale source de résistance vient du fait que la méthode divine, en tant que dialectique, est censée traiter des Idées; or il a semblé impossible à certains commentateurs de considérer que les quatre genres qui vont être distingués, en particulier celui de l'*apeiron*, puissent correspondre à des Idées, dans la mesure où le propre des Idées platoniciennes est d'être parfaitement déterminées[1]. Si ce dernier point est incontestable, il faut commencer par remarquer que le vocabulaire de Platon est sans équivoque : en 16d, Socrate mentionnait l'*idea tou apeiron*, et tout au long du présent passage, il assimile l'*apeiron* à un *genos*. En réalité, une telle objection résulte d'une confusion entre l'Idée considérée dans sa pure *forme*, c'est-à-dire *en tant qu'Idée*, et l'Idée considérée dans son *contenu*, c'est-à-dire *en tant qu'Idée de ceci ou de cela*. Aucun contenu ne peut par lui-même interdire de poser une Idée correspondante, ce qui reviendrait à l'empêcher d'être *pensé* au sens véritable du terme. Platon ne suggère jamais que l'on ne pourrait poser des Idées que pour un nombre limité de choses, pas même dans le passage du *Parménide* que l'on invoque souvent à l'appui de cette affirmation (130b-e), dont la conclusion est explicitement l'inverse. Dès lors qu'il s'agit de *penser* une réalité quelconque, on doit cesser de la considérer par le biais des sens ou d'images sensibles et la viser par la pensée pure, c'est-à-dire à titre d'Idée; et c'est exactement ce que nous allons faire ici, ce qui nous permettra de fournir ni plus ni moins qu'une *définition* de l'*apeiron*. *En tant qu'Idée*, l'Idée de l'*apeiron* est tout aussi déterminée que n'importe quelle autre Idée, et c'est ce qui lui permet de faire l'objet d'une

1. Voir en particulier J. Gosling, « Y a-t-il une Forme de l'indéterminé ? », dans M. Dixsaut (éd.), *La Fêlure du plaisir. Études sur le* Philèbe *de Platon. 1 : Commentaires, op. cit.*, p. 43-59.

définition; mais cette définition sera précisément celle de l'indéterminé comme tel. Cependant, le fait de traiter une réalité quelconque comme une Idée pour l'examiner ne signifie évidemment pas que *ce qui en participe* soit lui-même une Idée, pas plus que le fait de poser une Idée de l'homme n'implique que tous les hommes soient des Idées : de même que ce qui participe à l'Idée d'homme est un homme, de même ce qui participe à l'Idée d'*apeiron* est *apeiron*. L'hypothèse des Idées consiste seulement à conférer à ce que l'on examine la *forme* d'une Idée; elle n'a encore aucune implication sur le *contenu* de cette Idée, sinon qu'elle seule nous le rend enfin pensable. La difficulté particulière des pages que nous allons analyser vient simplement du fait que les genres qui vont y être définis peuvent eux-mêmes être utilisés pour décrire le processus dialectique dans sa pure *forme,* ce qui rend la distinction entre les niveaux particulièrement ardue et impose la plus grande vigilance.

Socrate annonce une division de « tout ce qui est maintenant dans le tout » (*panta ta nun onta en tôi panti*) en deux, ou plutôt en trois, ou finalement en quatre espèces (*eidè*) ou genres (*genè*) (23c-d). Loin de remettre en question le procédé d'énumération, cette hésitation en souligne la difficulté et l'importance, qui sera confirmée à la fin du passage, lorsque Socrate récapitulera sa division en associant chaque genre distingué à la place qui lui aura été conférée dans la récapitulation (27b-c). L'unité divisée est ici désignée d'une manière très vague, quasiment extensionnelle, ce qui suggère que le procédé suivi sera le procédé « inverse », qui part de l'illimité et découvre seulement ce qui fait l'unité du genre au terme du processus, grâce aux relations mises au jour entre les espèces. Tel sera bien le cas, ce qui est d'ailleurs cohérent avec le fait que la division ici opérée, si elle fait appel à des catégories déjà introduites (non seulement dans le dialogue, mais aussi dans la tradition antérieure, en particulier pythagoricienne), les organise d'une manière systématique qui leur confère une signification nouvelle et fonde la possibilité d'une *science* dont la portée, nous le verrons, est quasiment universelle, du moins dans le monde du devenir. Car aussi large soit-elle, la caractérisation de l'unité de départ comme « tout ce qui est maintenant dans le tout » ne devrait laisser aucun doute sur le fait qu'elle ne rassemble que les réalités en devenir : les occurrences ultérieures de l'expression *en tôi panti* (29b-d, 30c), qui sont en lien explicite avec celle-ci, désignent clairement l'univers *physique* – et ce, dans son état actuel, comme le précise le « maintenant ». Dès lors, l'une des questions qui préoccupe de nombreux commentateurs de ce passage, à savoir « où se trouvent les Idées dans la présente division ? » (à ne pas confondre avec la question précédente de la possibilité que les genres distingués correspondent à des Idées), est en réalité dépourvue de sens : elles n'ont à se trouver nulle part, puisqu'elles n'appartiennent pas à l'univers physique. Cela ne signifie pas pour autant que toute relation entre elles et la présente division soit exclue ; j'y reviendrai lorsque j'aborderai le troisième genre.

Remarquons également qu'à la différence de la thèse ontologique sur laquelle se fondait la méthode divine, qui partait de « ce qui est à chaque fois dit être », le point de départ actuel ne fait plus aucune mention du langage : il semble que nous nous situions ici dans le cadre d'une description de l'univers physique considéré en lui-même, indépendamment de la manière dont nous en parlons.

Ce n'est en réalité que partiellement vrai, en tout cas concernant les deux premiers genres, qui correspondent moins à des entités physiques qu'à des manières de les décrire. Le statut des entités décrites et l'homogénéité de la division n'apparaîtront toutefois qu'au terme du processus, à partir duquel nous pourrons comprendre le *point de vue* sous lequel s'opère cette description, ainsi que l'unité du genre divisé.

1) Le premier genre abordé par Socrate est l'illimité (*apeiron*). Socrate commence par le caractériser de manière négative, comme ce à quoi on ne peut penser (*nœin*) aucune limite (*peras*) en raison de la présence en lui du plus et du moins (*to mallon te kai hètton*) qui empêche la réalisation d'un terme final (*telos*) (24a-b), puis comme ce qui empêche que se produise en son siège la quantité déterminée (*to poson*) et la juste mesure (*to metrion*) (24c-d). Cette première caractérisation est déjà intéressante pour trois raisons au moins : tout d'abord, elle lie d'emblée l'illimité à la pensée, ou plutôt à l'impossibilité de la pensée ; ensuite, elle l'oppose à plusieurs termes qui sont manifestement traités comme équivalents, ou du moins comme relevant de la même catégorie, à savoir la limite, le terme final, la quantité déterminée et la juste mesure ; enfin, elle situe la source de ces deux premiers traits dans le plus et le moins. Ce troisième trait prépare le moment positif de l'apposition d'un « signe distinctif (*sèmeion*) » de sa nature unique, à savoir qu'est illimité « tout ce qui nous paraît devenir plus et moins et admettre le fortement, le doucement, le trop et toutes les choses de cette sorte » (24e-25a). Dans tout ce passage, Socrate cite plusieurs exemples de termes illimités : le plus chaud et le plus froid, le fortement, le doucement et le trop, auxquels il ajoute plus loin le

plus sec et le plus humide, le plus nombreux et le moins nombreux, le (plus) rapide et le (plus) lent, le plus grand et le plus petit, l'aigu et le grave, mais aussi les maladies, les tempêtes et les canicules, ainsi que les plaisirs et les assouvissements (25c, 25e-26b).

Dans la mesure où la plupart de ces termes forment des couples de contraires, on s'est demandé si l'illimité désignait le couple lui-même ou chacun de ses termes [1]. Le simple fait que certains exemples ne sont pas intégrés à un couple (le trop, les maladies) devrait suffire à trancher en faveur de la deuxième option, également confirmée par le fait que ces couples sont généralement traités au duel, voire au pluriel. Il n'en reste pas moins que leur association fréquente en couples est certainement significative. Et de fait, le « signe distinctif » de l'illimité finalement dégagé est lui-même un couple, à savoir celui du plus et du moins. Le propre de ce couple est que chacun de ses termes ne se définit que par son opposition à l'autre terme : le *plus* est toujours plus qu'un *moins*, et inversement. Cette opposition n'est pas une simple corrélativité, elle est dynamique : tout *plus* peut être pensé comme un *moins* par rapport à un *encore plus*, de sorte qu'il n'est pas possible de penser de limite au plus lui-même (et de même pour le moins). On comprend dès lors en quoi cette opposition rend chacun des termes illimité.

Or il en va de même pour les autres couples cités en exemples, dont la plupart sont des comparatifs, et qui renferment donc en eux-mêmes l'opposition du plus et

---

1. Comparer G. Striker, *Peras und Apeiron. Das Problem der Formen in Platons Philebos*, Göttingen, Vandenhoeck und Ruprecht, 1970, p. 47 et E.E. Benitez, *Forms in Plato's* Philebus, *op. cit.*, p. 72-74.

du moins[1] ; et même lorsqu'ils n'ont pas la forme de comparatifs, comme le rapide et le lent, ils le sont dans leur signification, « rapide » signifiant « plus rapide que le plus lent », et « lent » « plus lent que le plus rapide ». Quant aux termes qui ne s'intègrent pas dans des couples, comme le trop et les maladies, il faut comprendre qu'eux aussi sont caractérisés par la contrariété du plus et du moins, mais cette fois *par rapport à la juste mesure*, qui apparaît donc comme l'autre terme de la comparaison : le trop est plus que la juste mesure, la maladie plus ou moins que l'équilibre définissant la santé. Le propre des termes illimités est donc d'être des comparatifs, sinon dans leur forme grammaticale, du moins dans leur *signification*.

Car c'est bien la signification de ces termes qui est à proprement parler illimitée, et non leur éventuelle référence. Socrate est clair sur ce point lorsqu'il dit que le plus et le moins « résident dans ces genres eux-mêmes » (24a), ou encore que le « fortement » *que Protarque vient de prononcer* est illimité (24c), et lorsqu'il justifie cette appellation par le fait qu'on ne peut y *penser* de limite (24a). Ce à quoi on ne peut penser de limite, ce n'est pas une « chose » qui serait plus chaude qu'une autre, par exemple, mais le *prédicat* « plus chaud » pris *en lui-même*, dans sa *signification*. Nous nous situons donc ici sur le plan *cognitif* de l'appréhension d'une certaine réalité par le biais de *concepts* qui sont en eux-mêmes illimités ou indéterminés, et ce parce qu'ils se définissent comme des variétés de plus ou de moins, bref comme de simples comparatifs, même si cela n'apparaît pas nécessairement dans la forme grammaticale des mots qui les désignent.

---

1. Rappelons toutefois qu'en grec, les comparatifs sont formés par l'adjonction d'un suffixe et non en les faisant précéder d'adverbes correspondant à « plus » et à « moins ».

2) Le genre suivant, celui de la limite (*peras*; Socrate utilise également les expressions *to peras ekhon*, *ta peras ekhonta* et *to peratœides*, manifestement équivalentes), se situe également sur le même niveau. Sa mise au jour s'opère en deux temps. Tout d'abord, Socrate commence par caractériser la limite comme l'antithèse de l'illimité : il s'agit de « ce qui n'admet pas cela [*scil.* le plus et le moins, ainsi que « le fortement, le doucement, le trop et toutes les choses de cette sorte », 24e-25a], mais admet tout le contraire – tout d'abord l'égal et l'égalité, et après l'égal, le double et tout ce qui serait comme nombre à nombre ou mesure à mesure » (25a-b). Il se déclare toutefois insatisfait de cette première caractérisation, parce qu'elle se contente de citer une multitude de cas sans leur apposer un « signe distinctif unique », défaut auquel il remédie en décrivant cette multitude comme la lignée « de l'égal et du double : toute celle qui met fin à l'opposition mutuelle des contraires et qui, en y introduisant un nombre (*arithmon*), les rend proportionnels (*summetra*) et consonants (*sumphôna*) » (25d-e). Plus loin, il cite également la loi et l'ordre comme exemples de « choses ayant le caractère d'une limite » (26b).

Si l'on compare la première caractérisation, insuffisante, et la seconde, qui seule serait un véritable rassemblement, on peut déduire que le signe distinctif de la limite réside dans sa *fonction*, fonction qui ne peut se comprendre qu'en relation avec ce à quoi elle s'applique (l'illimité) et ce qu'elle produit (le mélange) – d'où la difficulté de le mettre au jour et la nécessité du détour par le troisième genre pour y parvenir. Relativement à l'illimité, la limite « met fin à l'opposition des contraires » – à savoir l'opposition entre le plus et le moins, qui définissait les termes illimités. Ce faisant, elle supprime leur illimitation et les rend « proportionnels et consonants ». Cela n'implique-t-il pas leur destruction ? C'est ce que craint Philèbe, mais Socrate affirme que le résultat en est au contraire la préservation (26b-c). Il a pourtant reconnu plus tôt que dès qu'un terme final se réalise dans les illimités, ceux-ci atteignent le terme de leur existence (24b), ou en tout cas « quittent leur propre place » (24d). Afin de démêler cette apparente contradiction, il convient de distinguer le contenu propre des termes illimités – la chaleur, l'humidité, etc. – et leur illimitation : ce que supprime la limite, c'est l'illimitation en tant que telle ; mais cette suppression permet précisément de « fixer » le contenu propre des termes illimités pour la pensée qui tente de les appréhender. C'est alors que se produit un mélange.

Si l'illimité se définissait par l'opposition du plus et du moins, la limite se définit par le *nombre*. Celui-ci est toutefois à comprendre non pas comme un nombre isolé, mais en tant que *terme* d'un rapport numérique, comme en témoignent non seulement les exemples cités – l'égal, le double –, mais aussi la caractérisation de la limite comme « tout ce qui est comme nombre à nombre ou mesure à mesure ». L'exemple musical (26a) est à nouveau le plus éclairant, puisque dans la musique grecque, ce sont les intervalles – qui peuvent être exprimés par des rapports numériques – qui sont premiers, les notes n'acquérant leur identité propre qu'en tant que *bornes* de ces intervalles, et donc dans leurs rapports mutuels. Mais le nombre est manifestement à prendre ici dans un sens très large, comme le *paradigme* des entités réalisant la proportionnalité et la consonance, puisque parmi celles-ci,

Socrate cite également la loi et l'ordre, que rien n'oblige à comprendre dans un sens strictement numérique. Ce qui importe avant tout, c'est que toute détermination ou limitation suppose une *pluralité* de termes au sein desquels elle introduit des relations ordonnées. Ainsi, tout comme les termes illimités, les termes ayant le caractère de limite sont des *relatifs*; mais à la différence des premiers, ce sont des relatifs déterminés, en ce sens que leur relation fixe chacun des termes dans une détermination unique, plutôt qu'elle n'ouvre à un illimité qui échappe toujours à la pensée. Si l'illimité se caractérisait par son *dynamisme*, la limite est ce qui permet de le *stabiliser*.

Cette fixation ou cette stabilisation concerne avant tout la pensée, qui parvient ainsi enfin à faire cesser cette folle échappée dans laquelle l'entraînait l'illimité. De fait, nous nous situons encore ici sur le plan cognitif : c'est en fonction de la manière dont nous nous y *rapportons* que quelque chose sera considéré comme illimité ou comme limité. Par exemple, face à deux sons qui forment un intervalle d'une octave, celui qui ignore la musique se contentera sans doute de dire que l'un est plus aigu que l'autre, et ce faisant, il s'y rapportera comme à des termes illimités ; tandis que le musicien pourra reconnaître l'intervalle précis qui les sépare, et ce faisant il fixera sa pensée dans une détermination. Le nombre est donc avant tout un instrument de détermination de la *pensée*. Et pourtant, la situation semble changer lorsqu'on passe au troisième genre.

3) La mise au jour de ce troisième genre, à savoir le mélange (*meikton*), ne va à nouveau pas sans peine. Cette fois, la difficulté vient du fait que ce genre résulte du mélange des deux premiers et ne peut donc être clarifié

indépendamment de ceux-ci (25d). Protarque, approuvé par Socrate, finit par comprendre qu'il s'agit d'un genre qui renferme des générations (*geneseis*) (25e). Socrate cite ensuite plusieurs exemples : la santé, la musique, les saisons « et toutes les belles choses », la beauté, la vigueur (25e-26b). Protarque continue à avoir du mal à saisir l'unité qui rassemble ces différents cas, ce qui conduit Socrate à l'énoncer : il s'agit de « toute la descendance des deux premiers [genres], qui est une génération de l'être (*genesin eis ousian*) à partir des mesures accomplies à l'aide de la limite » (26d).

La marque distinctive de ce genre est donc la génération (*genesis*), dont Socrate précise qu'elle aboutit à la production d'un être (*eis ousian*). Dans sa récapitulation ultérieure, il caractérisera ce genre comme celui de « l'être mélangé qui est généré à partir des deux premiers » (*ek toutôn... meiktèn kai gegenèmenèn ousian,* 27b), ce qui suggère qu'il renferme moins des *processus* de devenir que leurs résultats, qui sont des *ousiai*. On a parfois trouvé cette association entre *genesis* et *ousia* étonnante, voire révolutionnaire, compte tenu de l'opposition entre ces deux notions que l'on trouve dans d'autres dialogues. Il faut répondre d'une part que cette opposition est bien maintenue dans le *Philèbe* lui-même, comme en témoignent plusieurs passages ultérieurs (54a, 58a-59d), et d'autre part que ce troisième genre n'est pas censé désigner le devenir en général, et en particulier qu'il n'inclut clairement pas le devenir « héraclitéen » comme flux incessant, qui est bien présent dans le *Philèbe* (*cf.* 43a), mais qu'il faut plutôt associer à l'illimité. On peut donc penser que le troisième genre correspond à un niveau intermédiaire entre l'être par excellence – l'intelligible

– et le pur devenir, à savoir le devenir *stabilisé* des réalités sensibles *en tant qu'elles participent à l'intelligible*, raison pour laquelle elles peuvent être qualifiées d'« êtres » – même s'il s'agit seulement d'êtres « générés ». Cette participation à l'intelligible est clairement l'effet de la présence de la limite, ce qui ne signifie pas pour autant que les Idées relèvent de la limite elle-même : cette dernière correspond plutôt à l'instrument immanent au sensible qui permet sa participation aux Idées.

Que seul le devenir en tant qu'il participe à l'intelligible appartienne à ce troisième genre est confirmé par le fait que tous les exemples mentionnés par Socrate sont beaux et bons, tandis que les maux correspondants – par exemple les maladies, les tempêtes et les canicules – sont considérés comme illimités. Ce point n'a toutefois pas laissé de surprendre. En quoi une forte chaleur serait-elle moins limitée qu'une température modérée ou « idéale » ? La première ne peut-elle pas être tout aussi déterminée numériquement que la seconde ? Une autre source d'étonnement est qu'avec ce troisième genre, il semble clair que nous ne nous situons plus sur le plan purement cognitif : il en va à présent d'entités réelles qui sont *en elles-mêmes* limitées ou déterminées, quelle que soit la manière dont nous les considérions. N'y a-t-il pas un saut par rapport aux deux premiers genres, et si oui, qu'est-ce qui justifie ce saut ? Afin de répondre à ces questions, il convient de nous tourner vers le quatrième genre.

4) Ce dernier, à savoir le genre de la cause (*aitia, aition*), est souvent négligé, alors qu'il est le plus important, en ce sens que lui seul confère sa signification pleine et entière à l'ensemble de la division quadripartite. Socrate commence par introduire un principe général : tout ce qui

advient advient sous l'action d'une certaine cause (26e).
Il assimile ensuite la cause à « ce qui produit » (*to poioun*)
et ce qui advient à « ce qui est produit » (*to poioumenon*)
(26e-27a). Il affirme enfin la supériorité de ce qui produit
sur ce qui est produit, puis la distinction entre le genre de la
cause – à présent qualifiée d'« artisan » (*to dèmiourgoun*)
– et les trois genres précédents (27a-b).

On a souvent assimilé la cause ici introduite à la
cause efficiente aristotélicienne. Si ce rapprochement est
jusqu'à un certain point justifié, il faut toutefois insister
sur le fait qu'il s'agit d'un type de cause efficiente très
particulier, à savoir une cause *productrice*. Une telle cause
organise son matériau en vue d'une certaine fin, ce qui
suppose qu'elle soit une cause *intelligente*. Ce point sera
confirmé par la suite, puisque l'intelligence sera assignée
au genre de la cause (*cf.* 28a-31a). Il était d'une certaine
manière déjà annoncé depuis le début, puisque les deux
premiers genres étaient définis en fonction de l'effet
qu'ils produisaient sur la pensée.

Pourquoi ce quatrième genre est-il tellement
important ? Parce qu'il nous permet enfin de comprendre
sous quel rapport s'est effectuée la division quadripartite
de « tout ce qui est maintenant dans le tout », comme
nous devions nous y attendre selon la voie « inverse »
de la méthode divine. Ce rapport est celui des différents
moments d'un processus de production. L'illimité correspond à l'état dans lequel les « choses » apparaissent
à l'intelligence productive avant qu'elle les limite ;
la limite, à cette activité de limitation elle-même ; le
mélange, au résultat de ce processus ; la cause, à l'artisan
non seulement du mélange, mais *des trois autres genres*
(*cf.* 27b), en ce sens qu'il organise les deux premiers pour

produire le troisième. Cette division a bien respecté un *ordre* et s'est opérée selon un point de vue *homogène*, car le plan « cognitif » auquel semblaient appartenir les deux premiers genres est désormais *intégré* au plan « productif » dont relevaient les deux suivants, à titre de *premier moment* de la production qui doit nécessairement précéder sa mise en œuvre effective.

C'est également ce qui permet de comprendre pourquoi seuls les bons mélanges étaient considérés comme des mélanges : parce que seuls sont membres du troisième genre les *produits* d'une cause qui mélange l'*apeiron* et le *peras*, c'est-à-dire qui limite l'illimité ; or une telle cause ne peut être considérée comme remplissant son office que si elle supprime l'illimitation *dans son intégralité*. Dans la mesure où celle-ci avait sa source dans l'opposition du plus et du moins, qui se retrouvait également dans des termes qui étaient « plus » ou « moins » *que la juste mesure*, on comprend que tous les termes en excès ou en défaut par rapport à cette dernière soient exclus du troisième genre et considérés comme des membres du premier – qu'ils résultent d'une limitation incomplète ou d'une perte de la limite, comme dans le cas de la maladie.

De même, la question énigmatique de savoir si nous n'aurions pas besoin d'un cinquième genre, responsable de la *séparation* du mélange (23d-e), reçoit enfin sa solution : s'il y a identité entre cause et producteur, alors il est clair que la séparation de l'illimité et de la limite, c'est-à-dire la destruction du mélange, ne saurait avoir de cause ; elle ne peut résulter que de l'*absence* (ou de la disparition) d'une telle cause. On comprend également que le résultat de cette absence ne peut être qu'illimité, précisément en tant qu'il n'est pas un *produit* au véritable sens du terme.

Avant de conclure, soulignons que cette conception de la causalité ne va pas de soi, non seulement en général, mais également pour Platon. En effet, il semble clair qu'elle ne correspond pas à celle que l'on trouve dans le *Phédon* (100c-101d), où si les Idées sont identifiées aux seules causes véritables, ce n'est évidemment pas au sens où elles seraient des causes *productives* de leurs participants : elles en sont simplement des causes *intelligibles*, en ce sens qu'elles sont ce qui nous permet de les *penser*[1]. Doit-on considérer que la conception platonicienne de la causalité a évolué entre ces deux dialogues ? Ce n'est nullement nécessaire, car nous verrons que la conception du *Phédon* réapparaîtra à la fin du dialogue, où elle jouera un rôle crucial dans la remontée à l'Idée du bien. En réalité, deux conceptions de la causalité cohabitent dans le dialogue, et Platon joue sur cette ambiguïté d'une manière qui requiert une grande vigilance de la part de l'interprète.

Ainsi, la division quadripartite résulte bien d'une application rigoureuse de la méthode divine dans sa voie « inverse ». Elle est à la fois homogène, ordonnée, exhaustive et systématique, en ce qu'elle a permis de dégager les quatre moments d'un processus de production dont le produit est aussi bon que possible, parce qu'il trouve son principe dans une cause intelligente qui se donne pour tâche d'éliminer toute trace d'illimitation dans son matériau de base au moyen du nombre et de la mesure. Voyons à présent comment cette division va être appliquée à notre recherche sur la vie bonne.

---

1. *Cf.* M. Dixsaut, *Platon : Phédon*, traduction nouvelle, introduction et notes, Paris, GF-Flammarion, 1991, p. 140-143.

APPLICATION DE LA DIVISION QUADRIPARTITE
À LA VIE BONNE (27C-31B)

Socrate commence par rappeler que toute cette division a été introduite en vue de déterminer lequel, du plaisir ou de la pensée, arriverait à la deuxième place – la première ayant été accordée à la vie mixte (27c). Pour ce faire, il va proposer de subsumer chacun des candidats précédents – le plaisir, la pensée et la vie mixte – sous l'un des quatre genres qui viennent d'être distingués. Cette manière de procéder est doublement problématique. Tout d'abord, on ne voit pas en quoi une telle subsomption pourrait nous aider à départager les candidats, aucune hiérarchie de valeur explicite n'ayant été établie entre les quatre genres que sont l'illimité, la limite, le mélange et la cause. Ensuite, les arguments invoqués pour justifier chaque subsomption sont parfois franchement discutables. Cela suggère que le présent passage n'est pas le dernier mot sur la question ; et de fait, c'est seulement à la fin du dialogue que la hiérarchie entre nos candidats sera définitivement établie. Il serait d'ailleurs étonnant que la seule application dans le dialogue des quatre genres qui viennent d'être détaillés, d'une manière extrêmement précise et sophistiquée, soit celle, aussi rudimentaire que problématique, contenue dans ces quelques pages. Au contraire, il faut comprendre que celle-ci a un rôle *programmatique* : elle fournit seulement le *point de départ* d'une application beaucoup plus vaste qui s'opérera dans le cœur du dialogue, lors de l'investigation approfondie des plaisirs et des sciences.

Socrate commence par présenter comme une évidence que la vie mixte de plaisir et de pensée doit appartenir au troisième genre, le genre du mélange (27d). C'est pourtant loin d'aller de soi, et ce précisément pour la raison avancée par Socrate pour justifier cette subsomption : parce que ce genre n'est pas celui de n'importe quel mélange en général, mais celui du mélange d'illimité et de limite. Or rien n'implique *a priori* que le mélange de plaisir et de pensée soit un mélange d'illimité et de limite : ce ne serait le cas que si l'on avait commencé par subsumer le plaisir sous l'illimité et la pensée sous la limite (ou inversement). Or non seulement la subsomption du plaisir sous le genre de l'illimité ne sera effectuée qu'à l'étape suivante, mais la pensée ne sera précisément *pas* subsumée sous le genre de la limite : elle le sera bien plutôt sous le genre de la cause. Qu'est-ce qui justifie alors la subsomption de la vie mixte sous le genre du mélange d'illimité et de limite ? Sans doute le fait que cette vie a été reconnue comme *bonne*, et que toutes les bonnes choses dans le monde du devenir (auquel appartient la vie bonne) résultent de la limitation d'un illimité par une cause productive.

On peut toutefois se demander si les critères qui nous ont fait reconnaître cette vie comme bonne (le fait qu'elle soit complète, suffisante et universellement digne de choix) ont quoi que ce soit à voir avec ceux qui nous ont fait reconnaître les membres du troisième genre comme bons (à savoir la consonance, la commensurabilité, et de manière générale l'harmonie et le respect de la juste mesure). En particulier, quelles raisons aurait *Protarque* d'admettre le recouvrement entre ces deux conceptions du bien, que j'appellerai désormais respectivement, par commodité, conception « eudémoniste » et conception « formaliste » du bien ? À ce stade du dialogue, aucune ; mais la suite de l'argument visera notamment à nous montrer que seul est universellement digne de choix une vie mesurée, commensurable et harmonieuse, de sorte que ces deux conceptions du bien se rejoindront ultimement. La subsomption de la vie mixte sous le troisième genre, acceptée sans discussion par Protarque, doit donc être prise ici comme l'anticipation du résultat d'une démonstration beaucoup plus rigoureuse qui s'étalera sur la plus grande partie de la suite du dialogue.

Socrate passe ensuite au plaisir, et se tourne vers Philèbe pour lui demander si le plaisir et la douleur ont une limite ou font partie des choses qui admettent le plus et le moins. De manière caractéristique, Philèbe ne répond que pour le plaisir, en considérant que c'est justement son illimitation (dans le sens du plus) qui le rend bon. Socrate rétorque qu'à ce compte, l'illimitation devrait également rendre bonne la douleur; or celle-ci est au contraire nécessairement mauvaise pour un hédoniste comme Philèbe. L'illimité ne peut donc être la source de la bonté du plaisir, même s'il est vrai qu'il en est le genre, ce que Socrate accepte de concéder à Philèbe (27e-28a). Cet échange manifeste clairement la différence de compréhension de la notion d'illimité entre Socrate et Philèbe. Pour Philèbe, l'illimité est un concept positif, en ce sens qu'il transcende toute borne; qualifier le plaisir d'illimité, c'est lui attribuer la possibilité de se démultiplier et de s'intensifier indéfiniment. Mais Socrate vient de montrer que la source de cette illimitation était à chercher dans la contrariété du plus et du moins; de sorte que si le plaisir est illimité, il ne peut l'être que comme un plus qui s'oppose à son contraire, à savoir la douleur. Qualifier le plaisir d'illimité, c'est donc reconnaître qu'il n'a d'existence qu'en relation avec la douleur. Philèbe n'avait clairement pas perçu cette implication; de sorte que la subsomption du plaisir sous le genre de l'illimité repose une nouvelle fois sur une compréhension insuffisante des termes en présence. Mais il y a plus : nous rencontrerons plus loin dans le dialogue des plaisirs « purs », c'est-à-dire des plaisirs qui ne se définiront plus par leur opposition à la douleur ; et ces plaisirs, Socrate les subsumera explicitement sous le genre des choses mesurées, c'est-à-dire sous le troisième genre, tout en continuant à reconnaître que les autres appartiennent au genre de l'illimité (*cf.* 52c-d). Le plaisir appartiendrait-il donc à deux genres différents ? Dans ce cas, comment justifier sa présente subsomption (manifestement exclusive) sous le genre de l'illimité ? Une première réponse consiste à faire remarquer que la question de Socrate portait sur le plaisir *et la douleur*, et donc sur le plaisir qui se définit par son opposition à la douleur. Une deuxième réponse, complémentaire à la précédente, consiste à rappeler que l'illimité a été décrit comme le premier moment d'un processus de production, et donc comme *appelant sa limitation*. Si le plaisir est *en lui-même* illimité (*cf.* 31a), il est tout à fait normal qu'il soit susceptible d'être limité, limitation qui, Socrate nous l'a dit (*cf.* 26b-c), n'impliquera pas sa destruction, mais au contraire sa préservation. Pour que cela arrive, il faut simplement que le plaisir illimité soit confronté à une *cause*. Or tel est bien le cas au sein de la vie mixte.

Reste en effet à déterminer le genre auquel appartient l'intelligence. Pour ce faire, Socrate va recourir à un argument beaucoup plus long et complexe, qui semble de prime abord nous faire sortir du cadre précis du dialogue, puisqu'il va nous projeter dans un contexte cosmologique en établissant une analogie entre nous-mêmes et l'univers dans son ensemble. Protarque, suivi par la majorité des commentateurs, prend cet argument très au sérieux ; pourtant, Socrate, à qui il serait peut-être préférable de faire confiance, le qualifie par deux fois de « jeu » (28 et 30e) et suggère qu'il est destiné à « fournir un peu de repos dans une discussion sérieuse » (30e)[1]. Cela ne signifie évidemment pas qu'il ne faut pas lui accorder d'attention ; mais cela devrait nous conduire à relativiser sa signification littérale pour nous interroger davantage sur sa *fonction* dans le dialogue.

Socrate commence par demander auquel des quatre genres précédemment cités nous pourrions attribuer « la pensée, la science et l'intelligence (*phronesin... kai epistèmèn kai noûn*) » en faisant montre d'une prudence que Philèbe attribue au fait qu'il glorifie son propre dieu, à tel point que le pieux Protarque n'ose répondre (28a-b). Socrate procède alors en deux étapes. La première consiste à confirmer l'opinion des sages (*sophoi*) – on pense en particulier à Anaxagore – selon laquelle le monde dans lequel nous vivons est gouverné par l'intelligence et la pensée plutôt que par l'irrationnel, le hasard et l'arbitraire, ce que Protarque lui concède en faisant valoir l'ordre et la beauté du « spectacle du monde » (28c-29a). La deuxième étape consiste à établir une analogie entre nous-mêmes et les êtres vivants d'ici-bas, d'une part, et l'univers dans son ensemble, d'autre part, et à soutenir que tout ce qui se trouve en nous se trouve aussi dans l'univers, mais en quantité et en qualité supérieures, et à titre de *sources* des nôtres : les quatre éléments, le corps qui résulte de leur unification, l'âme qui l'anime et finalement l'intelligence et les trois autres genres, l'intelligence jouant le rôle d'organisatrice

---

1. Cet aspect est fortement souligné par K. Tordo Rombaut, « La cosmologie parodique du *Philèbe* (28c6-30d8) », dans M. Dixsaut (éd.), *La Fêlure du plaisir. Études sur le* Philèbe *de Platon. 1 : Commentaires*, *op. cit.*, p. 193-220, qui me semble toutefois aller trop loin.

et de réparatrice de l'âme et, par son intermédiaire, du corps lui-même ; d'où Socrate conclut que l'intelligence appartient au genre de la cause (29a-31a).

L'une des étrangetés de ce dernier argument est qu'il commence par s'appuyer sur le fait que la cause serait appelée « sagesse universelle et variée (*pasan kai pantoian sophian*) » chez nous en raison de ses effets sur l'âme et le corps pour attribuer dans un deuxième temps à l'univers également une cause qu'il faudrait nommer « sagesse et intelligence (*sophia kai noûs*) » (30b-c), avant d'en conclure dans un troisième temps que l'intelligence – la nôtre cette fois, à savoir celle qui appartient à la vie mixte – relève du genre de la cause (30d-31a). Il y a là un cercle manifeste, qu'il serait peut-être possible de briser en considérant que les êtres vivants chez qui la cause serait appelée « sagesse universelle et variée » seraient seulement les sages mentionnés au début, eux qui « s'exaltent eux-mêmes » en disant que « l'intelligence est pour nous la reine du ciel et de la terre » (28c), en ce sens qu'ils *projettent* leur propre état intérieur sur l'univers dans son ensemble, en établissant ainsi une représentation du monde à la hauteur de leur propre sagesse. Une fois cette représentation établie, en revanche, elle peut servir de *modèle* à l'ensemble des êtres vivants, et en particulier aux hommes que nous sommes, en nous montrant *comment* le bien (ici encore compris au sens d'un état harmonieux) peut être atteint, à savoir en conférant à la sagesse et à l'intelligence la fonction de cause. À ce niveau, la subsomption de l'intelligence sous le genre de la cause n'est pas la constatation d'un *fait*, mais l'énoncé d'une *tâche* qu'il ne tient qu'à nous d'accomplir pour atteindre le bien.

Ainsi, on peut penser que le but de tout cet argument est de nous présenter un *modèle* de la vie bonne en l'étendant à l'échelle de l'univers entier. Pour cette raison, il est assez vain de s'étonner du fait qu'ici, la cause (précédemment qualifiée de « démiurgique ») est représentée comme *interne* à l'âme, alors que dans le *Timée*, le Démiurge est présenté comme extérieur à l'âme du monde ; et plus encore de chercher à « résoudre » ce « problème » en inventant purement et simplement une distinction entre une « intelligence transcendante » et une « intelligence immanente »[1] – distinction qui non seulement ne se trouve pas dans le texte, mais rompt le parallélisme strict entre nous-mêmes et l'univers qui est le ressort de tout l'argument. C'est oublier que le mythe du *Timée* aussi est un jeu (cf. *Timée*, 59c-d), qui doit lui-même être interprété relativement à sa fonction ; et si celle-ci peut également être comprise comme consistant au moins en partie à fournir un *modèle*, il s'agit dans son cas d'un modèle de l'action *politique*, comme cela serait sans doute apparu plus clairement si Platon avait poursuivi l'écriture de la trilogie qu'il devait former avec le *Critias* et l'*Hermocrate* (cf. *Timée*, 19b-27b). Or d'un point de vue politique, l'attribution de la causalité à un démiurge extérieur a un sens, car elle peut servir de modèle au législateur qui organise une cité. Il n'en va pas de même dans le *Philèbe*, dont la cosmologie a pour but de nous présenter un

---

1. *Cf.* l'article influent de R. Hackforth, « Plato's theism », dans R.E. Allen (ed.), *Studies in Plato's Metaphysics*, London, Routledge, 1965, p. 439-447, et la réponse détaillée de G. Van Riel, « Zeus'royal intellect (*Philb.* 26e-31a) », dans J. Jirsa, F. Karfík et Š. Špinka (eds), *Plato's* Philebus : *Proceedings of the Ninth Symposium Platonicum Pragense*, Prague, Oikoumenè, 2016, p. 74-92, à la position similaire de S. Menn.

modèle de la vie bonne *individuelle*, à laquelle la causalité doit nécessairement être intégrée de manière immanente. Il n'y a pas de sens à vouloir rendre cohérentes à tout prix les diverses représentations du cosmos que l'on trouve dans les Dialogues, car celles-ci n'ont pas pour but de nous fournir une vision « scientifique » du monde, mais sont toujours subordonnées à leur objectif précis dans le contexte où elles interviennent.

Socrate récapitule tout ce développement en rappelant que « l'intelligence est apparentée à la cause et appartient pour ainsi dire (*skhedon*) à ce genre » (l'apparente hésitation trouvant sans doute sa source dans la distinction entre les deux types de causalité à laquelle j'ai fait allusion à la fin de la section précédente), tandis que « le plaisir est illimité en lui-même et appartient au genre de ce qui n'a ni n'aura jamais en soi-même et par soi-même ni début, ni milieu, ni fin » (31a). Quant à la vie mixte, nous avons vu qu'elle avait été subsumée au mélange. La grande absente est bien entendu la limite, sous laquelle aucun des composants de la vie mixte n'est subsumé. Contrairement à ce qu'on a parfois prétendu, cette absence n'est nullement problématique. En effet, il convient de se souvenir que les genres de la division quadripartite désignent les *moments d'un processus de production*. Pour que celui-ci s'effectue, on a seulement besoin des deux extrêmes : l'illimité, qui fournit le matériau de base, et la cause qui le limite. Dès lors que ceux-ci sont présents, le processus de limitation peut avoir lieu, avec pour résultat un mélange. Les deux composants de la vie mixte correspondent respectivement à ces deux extrêmes ; leur confrontation ne peut donc entraîner que la limitation de cet illimité qu'est le plaisir, ce qui suppose nécessairement qu'y soit introduite une limite. Le résultat de ce processus sera un mélange au sein duquel le plaisir subsistera, mais profondément transformé, puisqu'il aura subi l'action limitante de l'intelligence. On voit toutefois que cette conception de la vie mixte ne peut être que celle de Socrate et non celle de Protarque, à savoir une vie au sein de laquelle c'est l'intelligence qui domine sur le plaisir et non l'inverse. Reste à convaincre Protarque et tous les hédonistes que telle est bien la vie « universellement digne de choix » à laquelle eux-mêmes aspirent, même s'ils n'en sont pas conscients.

Deuxième partie

LE PLAISIR (31B-55C)

Introduction

Il y a deux manières d'aborder la plus longue section du dialogue, qui lui a valu son sous-titre « Sur le plaisir ». Soit on la lit pour elle-même, indépendamment de ce qui la précède. On y trouvera alors certes une analyse extrêmement riche du plaisir, mais que l'on risque de juger passablement désordonnée, voire parfois confuse. Soit on la lit dans le prolongement de tout ce qui précède et on tente d'en démêler les nombreux fils à partir des différents problèmes et procédés qui ont été introduits antérieurement. Il devient alors possible d'y déceler un chef-d'œuvre de construction dialectique, qui confère une signification supplémentaire à chacune des analyses très fines du plaisir en la situant dans son contexte systématique. C'est cette seconde voie que je propose de suivre, en commençant par rappeler les différentes pistes qui ont été annoncées dans la partie précédente.

La question initiale portait sur les relations entre le plaisir et le bien : le plaisir est-il identique au bien lui-même ? Dans le cas contraire, possède-t-il le bien comme caractère essentiel, de sorte que tous les plaisirs seraient bons, ou existe-t-il des plaisirs mauvais ? Nous savons désormais que la première position est intenable, et que le bien doit plutôt être conçu comme un mélange de plaisir et de pensée. Reste toutefois à trancher entre les deux dernières positions. C'est dans ce but que la méthode divine a été introduite : celle-ci va devoir nous montrer que le bien n'est pas le *genre* du plaisir, mais au contraire une *différence* qui le divise en plaisirs bons et plaisirs mauvais. Mais puisque le bien consiste en un mélange de plaisir et de pensée, mélange dont il peut exister de nombreuses variétés (selon que le plaisir y domine sur la pensée ou inversement), diviser le plaisir sous le rapport de sa bonté revient à le diviser sous le rapport de ses différents mélanges avec la pensée – cette dernière étant à entendre à ce point du dialogue, et jusqu'à la division des sciences qui suivra, dans son sens le plus large, qui inclut tous les processus cognitifs quels qu'ils soient. Mais comment pourrons-nous départager ces différents mélanges, et discriminer les bons des mauvais ? En nous réglant sur la division quadripartite, qui nous a indiqué que dans le domaine du devenir, le bien relevait du troisième genre, c'est-à-dire de la limitation d'un illimité. Selon ce critère, seuls les mélanges de plaisir et de pensée dans lesquels la pensée joue pleinement son rôle déterminant pourront être considérés comme bons. Encore faut-il toutefois convaincre Protarque et les hédonistes en général d'adopter ce critère, qui de prime abord n'a aucune raison de s'imposer à leurs yeux. Pour ce faire, il s'agira de montrer que l'action limitante de l'intelligence, en dépouillant le plaisir de son caractère illimité, le libère également de l'opposition à la douleur qui caractérise intrinsèquement tous les autres plaisirs ; de sorte que loin de détruire le plaisir, elle le rend plus authentiquement plaisant, et donc meilleur d'un point de vue hédoniste.

La division du plaisir consiste donc bien en une application rigoureuse de la méthode divine que nous ont transmise les ancêtres. Si elle donne parfois l'apparence du contraire, c'est d'une part parce qu'elle est en même temps beaucoup plus que cela et mêle à ce procédé toutes les autres pistes introduites dans la première partie du dialogue, ce qui produit une superposition de couches dont la complexité peut donner le vertige, et d'autre part parce que cette méthode y est appliquée dans sa voie « inverse », celle qui part de l'illimité pour se diriger vers l'un, dont nous avons vu qu'elle était proprement la voie de la *recherche* en vue de l'institution d'une nouvelle *tekhnè*. Par définition, cette voie est beaucoup plus tâtonnante que celle qui se contente de réeffectuer à des fins d'apprentissage ou d'enseignement une division héritée d'une tradition antérieure. En l'occurrence, ce qu'elle cherchera avant tout, c'est à mettre au jour le *rapport* sous lequel la division doit avoir lieu. Au départ, tout ce que nous savons est que ce rapport est celui du bien et qu'il concerne donc les différents mélanges possibles entre le plaisir et la pensée. Mais comment organiser ces différents mélanges de manière à aboutir à une dichotomie claire entre les plaisirs mauvais et les plaisirs bons ? C'est à cette recherche que s'attèlera toute cette section du dialogue, recherche qui contribuera dès lors également de manière décisive à l'élucidation de la nature du bien lui-même, ici considéré en tant que *critère de division* des plaisirs.

Pour ce faire, nous procéderons à trois divisions successives du plaisir. Ces divisions ne seront pas subordonnées entre elles : chacune repartira du genre du plaisir lui-même et le divisera de manière exhaustive (du moins lorsqu'elle est considérée dans sa totalité, l'achèvement de la deuxième et de la troisième étant accompli dans un même mouvement au terme de la troisième). La succession de ces trois divisions nous rapprochera progressivement de notre objectif, en dégageant le critère qui nous permettra d'opérer une dichotomie entre plaisirs mauvais (qui seront identifiés aux plaisirs faux et mélangés) et plaisirs bons (qui seront identifiés aux plaisirs vrais et purs). En ce sens, elles doivent être conçues comme complémentaires et lues dans leur enchaînement argumentatif, qui leur confère leur véritable signification au sein du dialogue dans son ensemble.

Conformément à la voie inverse de la méthode divine, c'est seulement au terme de tout ce processus que l'unité du plaisir lui-même, par-delà sa division en mauvais et bons plaisirs, pourra être atteinte. Certes, nous présupposerons cette unité depuis le début, ne fût-ce qu'en explorant le champ de tout ce que nous désignons par le terme « plaisir » et ceux qui lui sont apparentés ; mais la détermination générique de la *nature* du plaisir lui-même ne pourra être atteinte qu'une fois énumérées et détaillées l'ensemble de ses espèces. Il importe de garder cela en mémoire afin de comprendre la fonction du passage conclusif de toute cette section (53c-55a), qui a souvent paru énigmatique, voire hors de propos. Une fois de plus, le problème de cette partie du dialogue n'est pas qu'elle manque d'ordre, mais qu'elle adopte un ordre particulièrement complexe, dont la compréhension suppose que l'on suive en même temps plusieurs fils qui s'entrecroisent et dépendent mutuellement les uns des autres.

PREMIÈRE DIVISION :
RESTAURATION ET ANTICIPATION (31B-36C)

Première espèce (31b-32b)

Socrate annonce qu'il convient à présent de chercher
« où résident [le plaisir et la pensée] et suite à quelle
affection ils se produisent lorsqu'ils se produisent », en
commençant par le plaisir ; et il précise que celui-ci ne peut
être examiné de manière satisfaisante indépendamment
de la douleur (31b). Il répond lui-même à sa première
question que la douleur et le plaisir adviennent dans le
troisième genre, celui qui résulte du mélange de l'illimité
et de la limite et auquel appartiennent notamment la santé
et l'harmonie, et à la seconde en attribuant leur apparition
aux affections respectives de la dissolution de l'harmonie
et de sa restauration, ce qu'il illustre par les « exemples
triviaux et connus de tous » : la faim ou la soif et leur
assouvissement, la destruction de l'harmonie produite par
la canicule ou le gel et le retour à l'état initial (31b-32b).

On s'est parfois étonné que ce texte situe l'émergence
du plaisir et de la douleur dans le genre du mélange, en
contradiction apparente avec leur inclusion antérieure
dans le genre de l'illimité. Il n'y a pourtant aucune
contradiction, car ce qui est ici décrit, c'est la manière
dont le plaisir et la douleur *se produisent* ; or Socrate
explique qu'ils se produisent lorsque l'état d'harmonie
est détruit (dans le cas de la douleur) ou *se recompose*
(dans le cas du plaisir). Cela revient à dire qu'aussi bien
la douleur que le plaisir ne peuvent se produire que dans
un *écart* relativement à l'état d'harmonie. Or c'est cet état
qui appartient proprement au troisième genre ; tout ce
qui s'en écarte relève au contraire de l'illimité. Loin de

contredire la subsomption du plaisir et de la douleur sous le genre de l'illimité, ce passage ne fait que la justifier en explicitant le processus de leur émergence.

Socrate n'est pas absolument clair sur la question de savoir si douleur et plaisir sont seulement *suscités* par la destruction et la restauration de l'harmonie ou s'ils *s'identifient* purement et simplement à ces processus. Vu la manière dont il a formulé sa question (« suite à quelle affection ils se produisent lorsqu'ils se produisent... »), c'est manifestement la première interprétation qui doit être privilégiée ; et elle sera confirmée dans la suite du dialogue, qui montrera que dans certains cas, destruction et/ou restauration ne suscitent pas de douleur ou de plaisir, ce qui interdit l'identification pure et simple des membres des deux couples.

Bien que tous les exemples ici cités par Socrate soient d'ordre corporel, il n'y a aucune raison de considérer que cette explication ne concerne que l'émergence des douleurs et des plaisirs physiques : car à côté de la santé comme harmonie corporelle, il existe une harmonie psychique, qui relève elle aussi du genre du mélange (*cf.* 26b) et peut tout autant être détruite. Socrate s'est explicitement limité aux exemples « triviaux et connus de tous », mais sa description se veut tout à fait générale.

Doit-on pour autant comprendre cette « première esquisse » (32b) comme une caractérisation *générique* du plaisir, voire comme sa *définition*, ainsi que le proposent un certain nombre de commentateurs[1] ? Deux raisons empêchent de l'admettre. Tout d'abord, Socrate va

---

1. La défense la plus détaillée de cette position est fournie par T.M. Tuozzo, « The general account of pleasure in Plato's *Philebus* », *Journal of the History of Philosophy* 34, 1996, p. 495-513.

immédiatement affirmer qu'il s'agit là d'une « première espèce » de douleur et de plaisir, qu'il va distinguer d'une deuxième (32b-c). Ensuite, si c'est bien la voie « inverse » de la méthode divine qui est ici appliquée, nous ne devrions pas nous attendre à voir surgir une caractérisation générique du plaisir dès ce moment initial : au contraire, une telle caractérisation ne pourra être faite qu'au terme de l'ensemble de la division du plaisir. Le fait que Socrate commence par énumérer des espèces plutôt que d'étudier le genre ne fait que confirmer qu'il applique de manière rigoureuse la méthode décrite dans la première partie du dialogue.

Deuxième espèce (32b-c)

Socrate enchaîne directement avec une deuxième espèce correspondant à « l'anticipation de ces affections dans l'âme elle-même – plaisante et pleine de confiance lorsqu'elle espère des plaisirs, mais craintive et pénible lorsque ce sont des douleurs » (32b-c). Comme y insiste Protarque, ces plaisirs relèvent donc de l'âme elle-même séparée du corps. Il ne faut pas pour autant les identifier à la totalité des plaisirs psychiques, puisqu'il y a tout lieu de penser que ceux-ci incluent également des plaisirs de la première espèce, résultant de la restauration (effective, et non simplement anticipée) de l'harmonie psychique. La différence entre la première et la seconde espèce n'est pas que la première désignerait les plaisirs corporels et la seconde les plaisirs psychiques, mais plutôt que la première ne comprend que les plaisirs *contemporains* du processus de restauration de l'harmonie, tandis que la seconde est composée des plaisirs qui résultent de l'*anticipation* de ce processus, et donc *à distance* de celui-ci.

On peut toutefois se demander si l'anticipation est le seul type d'affection susceptible de nous procurer des plaisirs qui ne soient pas contemporains du processus de restauration de l'harmonie lui-même dans son effectivité. Cela ne vaut-il pas pour toute *représentation* de ce processus? Qu'en est-il par exemple du souvenir? On sait que les Épicuriens soutiendront que la simple évocation d'un plaisir passé peut être source de plaisir actuel et accorderont un grand prix à ce type de plaisirs remémorés[1]. Ne pouvons-nous pas également éprouver un certain plaisir en *imaginant* qu'un manque dont nous souffrons actuellement est comblé, même s'il ne l'est pas effectivement? Bien que Socrate ne fasse aucune allusion à ce type de plaisirs dans le contexte actuel, il suggérera leur possibilité plus loin (*cf.* 39d-e, 40d). On peut donc supposer que l'anticipation est ici prise avant tout comme l'exemple le plus éminent des plaisirs de ce type, ce qui s'expliquera lorsque sa relation au désir sera explicitée.

La question du bien et l'état neutre (32c-33c)

Cette première division du plaisir en deux espèces se veut exhaustive : tout plaisir est suscité soit par la restauration de l'état d'harmonie, soit par l'anticipation (ou plus généralement la représentation) de cette restauration. Socrate rappelle ensuite *pourquoi* nous avons procédé à cette division, à savoir en vue de déterminer « à propos du plaisir si son genre tout entier est le bienvenu, ou s'il nous faut conférer ce caractère à un autre des genres précédemment mentionnés, tandis qu'en ce qui concerne le plaisir et la douleur, de même que le chaud, le froid et

---

1. *Cf.* Épicure, fr. 439 Usener; *Sentences vaticanes*, LV; Diogène Laërce, X, 22.

toutes ces sortes de choses, tantôt il faut les accueillir tantôt
non, parce qu'ils ne sont pas bons, mais que quelques-uns
reçoivent quelquefois la nature qui appartient aux bonnes
choses » (32d).

En quoi la division précédente nous aiderait-elle à
répondre à cette question? En ce que chacune des deux
espèces qui viennent d'être détaillées « advient à l'état
de pureté, à ce qu'il semble, et sans mélange » (32c).
Cette précision est pour le moins énigmatique. D'après le
texte des manuscrits, elle paraît signifier que les plaisirs
de ces deux espèces (ou éventuellement seulement ceux
de la dernière) seraient purs de tout mélange *de douleur*.
Une telle interprétation semble toutefois exclue, d'abord
parce que toute la suite nous montrera que ce n'est pas
le cas (présupposant la destruction de l'état d'harmonie,
la plupart des plaisirs qui accompagnent sa restauration
ou l'anticipation de celle-ci sont nécessairement mêlés
de douleurs), ensuite parce qu'on ne voit pas ce que
cette séparation entre le plaisir et la douleur, pour autant
qu'elle soit possible, nous apprendrait sur la question de
savoir si le plaisir tout entier est bon ou si seules certaines
de ses espèces sont dans ce cas, et enfin parce que ce sens
de « pur » et « sans mélange » sera seulement introduit
beaucoup plus tard dans le dialogue. À ce stade, la seule
absence de mélange que nous ayons rencontrée est celle
entre le plaisir *et la pensée*. Or de fait, les deux espèces
qui viennent d'être esquissées nous présentent le plaisir
indépendamment de toute relation avec la pensée – même
la seconde, qui certes mentionne l'anticipation, mais
au moyen de termes (*prosdokèma*, *prosdokia*) qui ne
l'interprètent pas encore comme un processus intellectuel.
Et une telle considération *est* pertinente relativement à la
question posée, car elle revient à confirmer le caractère

illimité du plaisir considéré *en lui-même*, ce qui implique que celui-ci ne peut être bon par lui-même, mais seulement s'il est limité par l'intelligence qui en fait un membre du troisième genre, c'est-à-dire du genre du bien. C'est donc manifestement en ce sens qu'il faut comprendre la pureté et l'absence de mélange dont il est ici question, quitte à introduire pour l'obtenir une correction plausible (qui n'est d'ailleurs peut-être pas nécessaire) dans le texte des manuscrits.

Pour en juger ainsi, toutefois, il faut déjà admettre que les membres du troisième genre sont préférables à ceux du premier, ce qui a certes été suggéré précédemment, mais pas encore proprement argumenté. Afin d'en convaincre Protarque, Socrate va procéder d'une manière très surprenante, en suggérant qu'une vie dépourvue de plaisir et de douleur tels qu'ils viennent d'être caractérisés serait « plus divine » qu'une vie qui en comporterait, et serait même « la plus divine de toutes » (33b). Protarque comprend que cette vie serait divine au sens où elle serait réservée aux dieux, mais Socrate déclare pour sa part que rien n'empêche celui qui a choisi la vie de pensée de vivre de cette façon (33a). Cette précision est pour le moins étonnante, parce qu'elle suggère que la vie de pure pensée serait finalement susceptible d'être choisie, contrairement à ce qui a été admis précédemment (*cf.* 21d-e); et sa caractérisation comme « la plus divine de toutes » laisse entendre que ce choix serait préférable à tout autre, y compris à celui de la vie mixte. Comment comprendre cet apparent revirement?

Du point de vue d'un hédoniste comme Protarque, la raison en est sans doute que la caractérisation des deux espèces de plaisirs précédentes a montré que celles-ci ne pouvaient se produire qu'en lien avec des douleurs, puisqu'elles présupposent la destruction de l'harmonie. Or l'hédoniste hait la douleur tout autant qu'il aime le plaisir, à tel point qu'il peut être amené à rejeter tout plaisir entaché de douleur et à valoriser un état « neutre » dépourvu de l'un et l'autre, comme le feront ceux que Socrate nommera plus loin les « dégoûtés du plaisir ».

Un tel argument ne peut toutefois valoir que contre les plaisirs qui se définissent par leur opposition à la douleur, bref les plaisirs illimités. C'est sans doute la raison pour laquelle Socrate insiste sur le fait que l'état dont il parle est dépourvu de toute douleur et de tout plaisir « grand ou petit » (32e, 33b), bref de ceux qui n'ont pas de limite. Mais de tels plaisirs sont les seuls dont il a été question jusqu'à présent, et pour cause : le plaisir a pour l'instant été envisagé indépendamment de tout mélange avec l'intelligence. Seul un tel mélange pourra le limiter et en rendre certaines espèces bonnes, ce qui prouvera que cette bonté ne leur vient pas du fait d'être des plaisirs, mais de cet autre genre qui les limite. En réalité, un tel mélange a toujours déjà eu lieu, puisque lui seul rend le plaisir à proprement parler expérimentable. C'est ce que confirme la suite immédiate, dans laquelle Socrate va procéder à une « intériorisation » des deux espèces précédentes en décrivant les mécanismes psychologiques qui en sont les sources.

Les conditions subjectives de l'émergence du plaisir (33c-36c)

Dans cette section très dense, Socrate passe en revue les processus psychologiques à l'œuvre dans les différents plaisirs tels qu'ils sont ressentis subjectivement. À vrai dire, il laisse d'abord entendre qu'il s'intéressera seulement à la seconde espèce de plaisirs qu'il vient de décrire (33c); mais pour ce faire, il sera amené à commencer par décrire la sensation, qui intervient dans la première espèce. Les raisons d'une telle investigation sont multiples. Tout d'abord, celle-ci nous montrera que tout plaisir ne peut émerger qu'en lien avec certains processus cognitifs, de sorte que son mélange à la pensée est toujours déjà présupposé. Ensuite, elle manifestera que ce mélange a pour effet d'apporter une certaine limite au plaisir, limite qui, loin de le détruire, lui permettra d'exister et lui conférera une certaine stabilité, alors que considéré en lui-même, le plaisir échappe à toute prise en raison de son illimitation. Enfin, elle nous fera voir que contrairement à ce que suggérait Protarque au début du dialogue (12d), les différences entre les sources du plaisir ne peuvent être considérées comme extrinsèques au plaisir lui-même, parce que ces sources sont des processus psychologiques qui déterminent de manière intrinsèque l'expérience subjective du plaisir.

1) Socrate commence par définir la *sensation* (*aisthèsis*) comme un mouvement conjoint de l'âme et du corps qui se fondent dans une affection unique. De fait, pour qu'il y ait sensation, il faut non seulement qu'il y ait une affection corporelle, mais encore que celle-ci atteigne l'âme, ce qui n'est pas le cas de toutes; lorsque ce n'est pas le cas, il faut dire que cette affection demeure « dissimulée » à l'âme, ou plus exactement, afin d'éviter de donner l'impression que cette dissimulation serait une perte similaire à l'oubli, qu'il y a alors « absence de sensation » (*anaisthèsia*) (33c-34a). L'intérêt de cette explication est de mettre l'accent sur la différence entre affection (*pathos*) corporelle et sensation, cette dernière étant indivisiblement corporelle *et* psychique. C'est sa part psychique qui définit la sensation comme telle. De même

que l'âme, que Platon définit comme « un mouvement capable de se mouvoir lui-même » (*Lois*, X, 896a), cette part psychique est un mouvement – mais évidemment un mouvement psychique, que Platon prend soin de distinguer de tout mouvement physique (cf. *Lois*, X, 896e-897a). Contrairement à ce que considèrent un certain nombre de commentateurs depuis Damascius[1], il n'y a aucune raison d'identifier ce mouvement à un *jugement* (*krisis*) sur l'affection corporelle : nous verrons plus loin qu'un tel jugement correspond pour Platon à la *doxa* en tant qu'elle *s'ajoute* à la sensation pour former une apparence. Nous nous situons ici en deçà de cette expérience, au niveau de la simple *présentification* de l'affection à la conscience. En d'autres termes, la part psychique de la sensation est simplement le *mouvement de conscience* qui la constitue comme telle, les affections qui ne sont pas accompagnées d'un tel mouvement demeurant à jamais dans l'inconscience – traduction tout à fait possible du terme *anaisthèsia*.

Insistons sur le fait que cette simple conscience, qui définit la sensation comme telle, est déjà une forme, certes primitive, de pensée. Cela est confirmé par un passage parallèle du *Timée* (64a-c), d'après lequel la sensation ne se produit que lorsque l'affection atteint le *phronimon*, terme qui dans ce contexte doit désigner la conscience[2], mais dont le lien avec *phronèsis* – à prendre dans son sens le plus large – est immédiatement apparent. La pensée est la condition de possibilité de la sensation elle-même.

---

1. Damascius, *Commentaire sur le* Philèbe, § 157.
2. *Cf.* D. O'Brien, « Perception et intelligence dans le *Timée* de Platon », dans T. Calvo et L. Brisson (eds), *Interpreting the* Timaeus-Critias. *Proceedings of the IV Symposium Platonicum*, Sankt Augustin, Academia, 1997, p. 298-303.

Or ce faisant, elle est la condition de possibilité de la première espèce de plaisir décrite ci-dessus (et par là même également de la deuxième, qui se construit sur la première), dont nous pouvons à présent comprendre que d'un point de vue subjectif, son émergence suppose non seulement un processus de restauration de l'harmonie détruite, mais encore la *sensation* de cette restauration. En effet, si la restauration passait inaperçue, elle ne pourrait susciter le moindre plaisir, comme Socrate y insistera plus loin (43b-c). Et si la pensée est la condition de possibilité de ce type de plaisir, c'est précisément en tant qu'elle le *limite* en l'intégrant au champ psychique et en lui conférant par là même une certaine stabilité. On commence ainsi à comprendre en quoi une telle limitation, loin de détruire le plaisir, le préserve et lui permet pour la première fois de se manifester : c'est seulement en tant qu'il est repris par la conscience que le plaisir peut être véritablement *ressenti* – et donc à proprement parler exister.

Il reste que la sensation ne peut être réduite à sa part psychique : comme le souligne Socrate, elle est une affection unique qui résulte de la « fusion » d'un mouvement corporel et d'un mouvement psychique. Il n'y a sensation que s'il y a affection corporelle, c'est-à-dire mouvement dans les organes des sens.

2) Il n'en va plus de même pour le *souvenir* (*mnèmè*), vers lequel se tourne ensuite Socrate et qu'il définit comme « la conservation de la sensation » (34a) – poursuivant ainsi l'entreprise de limitation et de stabilisation de la pensée. Bien que Socrate ne le précise pas ici, il est clair que ce que le souvenir conserve, c'est seulement la *part psychique* de la sensation : en effet, il caractérisera un peu plus loin le souvenir lui-même comme purement psychique (35b-c), et on ne voit pas comment une instance

purement psychique pourrait « conserver » quelque chose de corporel. Par exemple, le souvenir d'une sensation de coupure n'inclut pas la coupure physique elle-même, mais seulement la conscience que l'âme en a pris. Ce que le souvenir conserve, c'est donc le *mouvement de conscience* qui accompagne l'affection corporelle pour constituer la sensation, mouvement qui va pouvoir être réactivé par la suite.

3) Cette réactivation, c'est ce que Socrate appelle la *réminiscence* (*anamnèsis*). Il en distingue deux variétés.

a) La première est la plus simple : elle se produit « lorsque l'âme reprend autant que possible par elle-même et en elle-même, sans le corps, les affections qu'elle a un jour éprouvées en compagnie du corps » (34b). Il s'agit manifestement de la simple réactivation des souvenirs décrits précédemment, réactivation qui se produit de manière « spontanée », par exemple à l'occasion d'une sensation similaire ou au contraire dissemblable (voir les deux cas distingués en *Phédon*, 74a).

b) La deuxième variété est plus complexe. Dans le texte des manuscrits, Socrate la décrit de la manière suivante : « lorsque, alors qu'elle a perdu un souvenir, que ce soit d'une sensation ou d'une connaissance, elle y retourne encore et encore en et par elle-même, tout cela aussi, nous disons, je crois, que ce sont des réminiscences et des souvenirs » (34b-c). Ce cas présente trois différences avec le précédent. Tout d'abord, il concerne non seulement la sensation, mais également la connaissance (*mathèma*), dont nous apprenons ici qu'elle peut elle aussi être conservée sous la forme d'un souvenir. Ensuite, il suppose qu'il y a eu perte du souvenir en question, c'est-à-dire oubli. Enfin, il ne s'agit plus d'un processus spontané, mais d'une recherche qui peut manifestement prendre du temps. Les deux derniers points sont clairement liés : c'est parce que le souvenir a été oublié qu'une recherche s'avère nécessaire pour le retrouver. Le premier demande un peu plus d'explications.

Qu'une réminiscence non plus spontanée, mais qui prenne la forme d'une recherche, puisse concerner une sensation n'est pas problématique : il est certain que nous cherchons parfois à nous rappeler ce que nous avons vu, entendu ou senti. Dans ce cas, la recherche peut notamment se dérouler par associations, même si Socrate ne le précise pas. Lorsqu'elle aboutit, son résultat est la réactivation d'un souvenir, c'est-à-dire de la part psychique de la sensation conservée par l'âme elle-même, comme dans le premier cas. On peut donc tout à fait conserver le texte des manuscrits et considérer que lorsque Socrate précise que « tout cela (…), ce sont des réminiscences *et des souvenirs* », les mots soulignés (souvent considérés comme problématiques) désignent le *résultat* du processus quand il concerne des sensations [1].

Qu'en est-il de la connaissance ? Tout d'abord, remarquons que le simple fait que celle-ci soit mentionnée à côté de la sensation suggère qu'il ne s'agit pas ici de la « connaissance empirique », pour autant d'ailleurs qu'une telle expression ait un sens chez Platon. Il doit bien plutôt s'agir de la connaissance intellectuelle, la seule connaissance qui puisse véritablement prétendre à ce titre. Or comme l'explique le *Ménon* (97a-98a), et comme le confirment l'ensemble des dialogues et singulièrement le *Philèbe*, la connaissance ne consiste

---

1. *Cf.* M. Dixsaut, « Une certaine espèce de vie (*Philèbe*, 34d1-36c3) », dans M. Dixsaut (éd.), *La Fêlure du plaisir. 1 : Commentaires, op. cit.*, p. 254.

pas pour Platon en un *contenu* qui serait acquis une fois pour toutes, mais en un *mouvement de recherche* dont le résultat, si on l'en détache, n'a d'autre valeur que celui d'une opinion vraie. Ce mouvement est bien entendu purement psychique, et en ce sens sa conservation sous la forme d'un souvenir ne fait pas difficulté. Cependant, parce qu'elle ne comporte pas de dimension corporelle, la connaissance ne subit pas de modification lors de cette conservation, à la différence de la sensation. Elle est toutefois « oubliée » dès qu'elle n'est pas mise en œuvre – mise en œuvre qui ne peut avoir lieu que sous la forme d'une recherche. Mais la réminiscence dont il est ici question est précisément cette recherche. En ce sens, la réminiscence est réactivation de la connaissance oubliée, et donc elle-même connaissance ; et inversement, toute connaissance peut être décrite comme une réminiscence, car elle est une recherche motivée par la conscience de sa propre ignorance, cette dernière ne pouvant susciter la recherche que si elle est interprétée comme oubli (cf. *Ménon*, 81b-d). C'est pourquoi dans ce cas, le résultat du processus de réminiscence n'est pas seulement un souvenir, mais une réminiscence ; car ce dont on se ressouvient, c'est moins le résultat de la recherche que la recherche elle-même, en laquelle consiste à proprement parler la connaissance.

4) Socrate peut alors passer au *désir* (*epithumia*)[1]. Pour analyser celui-ci, il repart des exemples « triviaux et connus de tous » qu'il a cités plus haut (31e-32a) : la faim, la soif « et beaucoup d'autres affections de cette

---

1. Pour une analyse alternative du passage consacré au désir, voir l'étude très fouillée de V. Harte, « Desire, memory, and the authority of soul : Plato, *Philebus* 35c-d », *Oxford Studies in Ancient Philosophy* 46, 2014, p. 33-72.

sorte », ici décrites non plus comme (produisant) des douleurs, mais comme des désirs (34d-e). La soif est un désir, qui comme tel suppose que celui qui a soif « est vide » et désire, non pas à proprement parler la boisson, mais plutôt « être rempli » de boisson. La nuance est importante, car elle permet à Socrate d'insister sur le fait que ce que l'on désire est toujours le contraire de ce que l'on éprouve actuellement (34e-35a). On peut également remarquer qu'ainsi interprété, l'objet du désir n'est jamais extérieur à celui qui désire, mais est toujours un état de celui-ci.

Il convient de signaler que la paraphrase ci-dessus, ainsi que la traduction du passage correspondant, est discutable en ce qu'elle interprète les contraires comme des *états* (de vide ou de réplétion) plutôt que comme des *processus* (d'évidement ou de remplissage). En réalité, les termes grecs utilisés sont ambigus et peuvent être interprétés dans un sens ou dans l'autre. Cette ambiguïté est certainement intentionnelle. Car si, de prime abord, il paraît plus plausible de considérer que c'est l'*état* de vide qui provoque le désir de l'*état* de réplétion, il faut se souvenir que ceux-ci sont seulement des cas particuliers d'états correspondant respectivement à un écart relativement à l'état d'harmonie et à cet état d'harmonie lui-même, qui appartiennent eux-mêmes respectivement au genre de l'illimité et au genre du mélange. Or l'illimité est moins un « état » qu'un mouvement de fuite. En ce sens, même si le désir aspire à l'état de réplétion, sa situation dans l'illimité le lui fait envisager comme le mouvement contraire, qui est un autre illimité – et donc comme remplissage plutôt que comme réplétion.

Ce point prend toute son importance quand on se souvient qu'à chacun de ces processus (évidement ou destruction de l'harmonie, d'une part, et remplissage ou restauration de cette harmonie, d'autre part) correspondent respectivement la douleur et le plaisir. Le désir, parce qu'il suppose un manque, implique de la douleur ; et comme celui qui désire désire toujours le contraire de ce qu'il éprouve, il en vient à désirer le plaisir. Ainsi, le plaisir est la manière dont le bien (l'état d'harmonie) apparaît de prime abord à celui qui ne le possède pas ; et c'est ce qui explique l'hédonisme spontané de la plupart des êtres vivants, hommes comme animaux, auquel Socrate fera allusion dans les dernières lignes du dialogue (67b).

Or cet hédonisme est voué à l'échec. En effet, le plaisir accompagne non pas l'état d'harmonie, mais la restauration de cet état, de sorte qu'en désirant le processus plutôt que l'état auquel il est censé conduire, un tel désir en viendra nécessairement à manquer son but. Le voilà projeté dans un mouvement incessant de destruction et de restauration qui semble ne pas pouvoir connaître de fin. Il ne pourrait cesser, en effet, que si celui qui désire cessait lui-même de souffrir ; mais comment serait-ce possible, si la destruction de l'harmonie engendre nécessairement la douleur ? Socrate proposera plus loin de sortir de ce dilemme en suggérant que dans certains cas, la destruction de l'harmonie demeure inconsciente et ne provoque pas de douleur. C'est seulement dans ces conditions que le désir pourra retrouver son objet propre, à savoir l'état d'harmonie et non le plaisir. Au stade actuel, en revanche, nous pouvons mieux comprendre en quoi le plaisir et la douleur sont des illimités : parce qu'ils se définissent par leur opposition mutuelle, ils nous entraînent dans une recherche de plaisir qui est par nature insatiable – et donc foncièrement désespérante.

Socrate montre ensuite que le désir relève exclusivement de l'âme. Sa démonstration est assez complexe. Il commence par suggérer à Protarque que pour pouvoir être en contact avec la réplétion, que ce soit par la sensation ou par le souvenir, il faut nécessairement que cet état de réplétion soit premier par rapport à celui de vacuité. Telle est du moins la manière dont je comprends les difficiles lignes 35a6-9 : « celui qui est vide pour commencer, comment pourrait-il entrer en contact, que ce soit par la sensation ou par le souvenir, avec la réplétion, c'est-à-dire avec une affection qu'il n'éprouve pas au moment présent ni n'a encore jamais éprouvée auparavant ? ». Si l'on privilégie l'interprétation en termes de processus, on peut également traduire : « celui qui se vide pour la première fois, comment pourrait-il se rattacher, que ce soit par la sensation ou par le souvenir, au remplissage, c'est-à-dire à une affection qu'il n'éprouve pas au moment présent ni n'a encore jamais éprouvée auparavant ? ». Le problème de cette seconde lecture est qu'elle aboutirait à dire que le premier remplissage ne peut être motivé par un désir, puisque comme Socrate va le montrer immédiatement, tout désir présuppose le souvenir de l'objet désiré. Or indépendamment du caractère pour le moins contre-intuitif d'une telle affirmation, elle contredit la conclusion de tout cet argument, selon laquelle le désir est le principe de tout être vivant (35d). Si l'on adopte l'interprétation en termes d'états, en revanche, la question de Socrate devient une question rhétorique, qui vise à montrer que le désir n'est possible que si l'état « premier » de celui qui désire est l'état de réplétion et non l'état de vacuité ; autrement dit, que l'état d'harmonie est l'état naturel d'un être vivant, par rapport auquel tout écart est nécessairement second en tant que *destruction* de celui-ci – ce qui concorde parfaitement avec la division quadripartite. Cette interprétation est également confirmée par les lignes suivantes, qui vont nous montrer le rôle du souvenir dans la constitution du désir.

Socrate poursuit en effet en soulignant que celui qui désire désire nécessairement quelque chose qui n'est pas présent – à savoir l'état de réplétion –, puisqu'il s'agit du contraire de ce qu'il éprouve actuellement. Il doit pourtant « être en contact » avec cet état. Ce ne peut toutefois être par le corps, puisque le corps est vide ; ce contact doit donc être le fait de l'âme, et ce par l'intermédiaire du souvenir (35b-c). Alors que le corps est irrémédiablement lié au présent, l'âme est le lieu d'une temporalité complexe, qui nous permet de prendre nos distances à l'égard de l'expérience actuelle en projetant dans l'avenir, à titre d'objet de notre désir, le souvenir d'un état antérieurement expérimenté. Il en résulte qu'il n'y a pas de désir du corps : tout désir est fondamentalement psychique – même s'il repose dans bien des cas sur un certain état du corps (35c-d). Or le désir, affirme Socrate, n'est rien de moins que « le principe de tout être vivant » (35d). De fait, c'est parce qu'il y a désir qu'il y a mouvement, et donc vie ; sans désir, il n'y aurait tout simplement pas d'être vivant. C'est précisément parce qu'elle est le lieu du désir que l'âme est le principe de vie de tout être vivant, et donc le principe de tout mouvement.

On s'est parfois étonné que Socrate mentionne ici le souvenir plutôt que la réminiscence [1]. Tout ce que dit Socrate, toutefois, c'est que c'est par le souvenir que l'âme peut être en contact avec l'état de réplétion ; cela

---

1. Voir par exemple H.-G. Gadamer, *L'Éthique dialectique de Platon. Interprétation phénoménologique du* Philèbe, trad. fr. F. Vatan et V. von Schenk, Arles, Actes Sud, 1994, p. 235-236.

n'empêche pas du tout de considérer que le désir suppose en plus la réactivation de ce souvenir, c'est-à-dire la réminiscence. Laquelle des deux espèces de réminiscence est-elle à l'œuvre dans ce processus ? Tout dépend de la réplétion visée : s'il s'agit d'une réplétion corporelle, dont l'effet est directement saisissable par la sensation, c'est manifestement la plupart du temps une réminiscence « spontanée » ; si en revanche il s'agit d'une réplétion intellectuelle, à savoir celle d'une connaissance, ce doit au contraire être une réminiscence provoquée par la réflexion sur l'oubli, qui suscite le désir de la combler. On peut voir une allusion à ce type de désir au début de toute cette analyse (34d) ; nous en trouverons une autre plus loin dans le dialogue (52a-b), qui nous permettra de revenir sur sa structure complexe.

Dans tous les cas, cette explication selon laquelle tout désir est fondé sur le souvenir peut sembler de prime abord exagérément restrictive. Pourquoi ne serait-il possible de désirer que ce que l'on a déjà expérimenté antérieurement et dont on conserve un souvenir ? Un grand nombre de nos désirs ne portent-ils pas au contraire sur des objets ou des états que nous n'avons jamais possédés ou expérimentés ? Cette explication perd une grande partie de son caractère paradoxal si l'on comprend que l'état de réplétion qui est présupposé n'est pas un état particulier correspondant à un désir particulier, mais bien plutôt *l'état de réplétion en général, c'est-à-dire l'état d'harmonie*, correspondant à la santé pour le corps et au bonheur pour l'âme. C'est un tel état qui est considéré comme présupposé par tout désir, et donc comme l'état « initial » de tout être vivant, puisque celui-ci trouve son principe dans le désir. Dès que cette harmonie est rompue, le désir surgit ; mais celui-ci, parce qu'il vise la restauration de l'harmonie à partir de la douleur, la vise sous la forme du plaisir; et en raison de son insatiabilité, il en vient à tendre vers des plaisirs toujours nouveaux, dans l'espoir que les suivants lui apporteront la satisfaction que les précédents lui ont refusée.

Comment comprendre toutefois que l'état d'harmonie soit l'état initial de tout être vivant? On peut l'admettre sans trop de difficulté dans le cas du corps : la maladie suit la santé, qui est l'état « normal » du corps. C'est beaucoup moins évident dans le cas de l'âme. Notre désir du bonheur présuppose-t-il que nous ayons déjà connu ce bonheur antérieurement? Si oui, quand? Sans doute Platon répondrait-il en projetant un tel état dans un passé mythique dont nous nous serions progressivement éloignés, comme il le fait en présentant les diverses incarnations comme autant de déchéances à partir d'un état optimal (cf. *Phédon*, 81e-82b; *Phèdre*, 248c-e; *Timée*, 90e-92c). Quoi qu'il en soit, dès lors que nous avons quitté cet état, nous entrons dans le règne du plus et du moins, au sein duquel Socrate met au jour « une certaine espèce de vie » (35d).

Êtres en devenir qui visent à leur sauvegarde dans un contexte de destruction permanente, les êtres vivants passent leur temps à « se remplir et se vider », et ainsi à éprouver du plaisir et de la douleur (35e). Mais lorsqu'ils souffrent dans leur corps, leur âme leur permet de prendre leurs distances par rapport à leur expérience actuelle, non pas pour la supprimer, mais pour y superposer le *désir* de cette suppression. Ce désir n'est pas par lui-même producteur de plaisir ou de douleur : pour en susciter, il doit être accompagné d'une certaine opinion concernant la possibilité ou non qu'il se réalise. Si sa réalisation semble possible, bref si cette opinion prend la forme d'un *espoir* (*elpis*), alors l'anticipation qui double le désir produit dans l'âme un plaisir qui contrebalance la douleur corporelle, sans toutefois annuler cette dernière. Si en revanche on est sans espoir que ce désir puisse être satisfait, ce dernier devient la source d'une nouvelle douleur, psychique cette fois, qui s'ajoute à la douleur corporelle présente. Dans les deux cas, nous expérimentons des mélanges, tantôt entre une douleur corporelle et un plaisir psychique, tantôt entre une douleur corporelle et une douleur psychique (35e-36c).

On voit que dans ce passage, Socrate combine les deux espèces de plaisirs et de douleurs qu'il avait commencé par distinguer en montrant que les plaisirs de la deuxième espèce se produisent simultanément aux douleurs de la première espèce : toute douleur actuelle se double du désir d'en venir à bout, et tout plaisir anticipé suppose le désir d'un état contraire à celui actuellement éprouvé. Ce faisant, il montre qu'au fond de toute affection de ce genre, il y a de la douleur, ce qui ne peut que la rendre odieuse aux yeux de l'hédoniste. À ce stade, donc, le mélange de plaisir et de pensée que nous avons commencé à effectuer ne suffit pas à évacuer l'illimitation du plaisir, et donc sa contrariété essentielle avec la douleur. Est-il possible d'aller plus loin ? Si le désir est le principe de tout être vivant, et s'il suppose la destruction de l'état d'harmonie, tout être vivant n'est-il pas au contraire condamné à souffrir par le simple fait de se maintenir en vie ? Ou bien existe-t-il un désir qui, bien qu'il suppose l'écart relativement à l'état d'harmonie, ne suscite toutefois aucune douleur ? L'un des enjeux de la suite du dialogue sera de nous montrer que tel est bien le cas, et que ce désir n'est autre que la philosophie, dont même l'hédoniste, si du moins il souhaite être rigoureux, doit faire son principe directeur, seul moyen de préserver la vie de la puissance destructrice de l'illimité.

DEUXIÈME DIVISION (INCOMPLÈTE) :
LES PLAISIRS FAUX (36C-44A)

Le lieu problématique de la vérité et de la fausseté du plaisir (36c-37e)

Socrate propose de faire de l'analyse des affections précédentes un nouvel usage, à savoir examiner si ces douleurs et ces plaisirs sont vrais ou faux, ou si certains sont vrais et d'autres faux (36c), inaugurant ainsi l'un des passages les plus discutés du dialogue. Il n'y a aucune raison de penser que seule la deuxième espèce de plaisirs et de douleurs est ici concernée; les « affections » (*pathèmata*) dont nous venons de parler sont des *mélanges*, qui sont composés des deux espèces; et l'analyse qui suit confirmera que la vérité et la fausseté peuvent concerner les plaisirs des deux espèces précédentes. Nous n'allons donc pas procéder à une subdivision de la deuxième espèce qui vient d'être distinguée, mais bien plutôt réeffectuer une nouvelle division exhaustive du plaisir dans son ensemble – et de fait, à partir du moment où l'on admet que le vrai et le faux peuvent caractériser le plaisir, ne faut-il pas nécessairement admettre que *tout* plaisir doit être soit vrai soit faux? La difficulté est cependant que Socrate va ici se concentrer exclusivement sur les plaisirs faux, dont il va détailler trois espèces, et ne se tournera vers les plaisirs vrais qu'après une longue interruption au cours de laquelle il proposera une nouvelle division du plaisir en fonction d'un nouveau critère, à savoir son mélange à la douleur. Je reviendrai sur cette structure complexe en temps opportun.

Mais l'idée même d'une division du plaisir selon la vérité et la fausseté a-t-elle la moindre pertinence ? Y a-t-il un sens à suggérer que le plaisir pourrait être faux ? C'est ce que Protarque commence par nier (36c-e), et sur ce point, il est suivi par de nombreux commentateurs. Selon Protarque, il n'y a pas de sens à qualifier un plaisir ou une douleur de faux, pas plus d'ailleurs qu'une crainte ou une attente : seule une opinion (*doxa*) peut être fausse. Remarquons qu'il ne remet en revanche pas en cause l'attribution du prédicat « vrai » à tous ces phénomènes : au contraire, il considère que le plaisir – et sans doute également la douleur, la crainte et l'attente – est nécessairement vrai (*cf.* 37b), en ce qu'il *est* nécessairement tel qu'il est *ressenti*. Et de fait, comment serait-il possible de *croire* éprouver du plaisir alors qu'on n'en éprouve pas ? Le simple fait de le croire ne suffit-il pas à nous le faire éprouver ? C'est pourtant cette apparente évidence que Socrate va nier. Ce faisant, il va poursuivre l'entreprise de mélange entre le plaisir et la pensée entamée dans la section précédente, en montrant comment des prédicats d'ordre apparemment purement cognitif comme la vérité et la fausseté se transmettent dans le champ de l'affectivité, à tel point qu'ils « colorent » intrinsèquement l'expérience du plaisir et de la douleur.

Pour ce faire, il va commencer par *situer* le lieu où vérité et fausseté du plaisir sont susceptibles d'intervenir (37a-b). Il est important de comprendre que ce passage a une signification tout à fait générale, en ce qu'il vaut pour toutes les espèces de plaisirs vrais et faux qui vont suivre. Socrate y procède à une analogie entre le plaisir et l'opinion. Il commence par distinguer, au sein de l'opinion (*doxa*), « le fait d'avoir une opinion » (*to doxazein*) et « le contenu de l'opinion » (*to doxazomenon*). L'expression *to doxazomenon* signifie littéralement « ce qui est opiné », et la plupart des commentateurs comprennent qu'elle désigne l'*objet* de l'opinion (l'état de choses sur lequel elle porte, par exemple). Une telle interprétation est toutefois rendue impossible par le fait que Socrate dit un peu plus loin que c'est le *doxazomenon* qui peut se tromper (cf. *amartanomenon*, 37e); car ce n'est pas l'objet de l'opinion qui se trompe, mais bien l'opinion qui se trompe à propos de son objet. En tant qu'il désigne la part de l'opinion susceptible de se tromper ou non, le terme *doxazomenon* doit donc bien plutôt renvoyer au *contenu* de l'opinion, qui se distingue du *doxazein* comme simple *acte* d'opiner. Ainsi, Socrate distingue deux aspects constitutifs de toute opinion en tant que telle : le simple acte d'opiner, qui demeure le même dans toute opinion, qu'elle soit vraie ou fausse, et son contenu, qui seul est à proprement parler susceptible d'être vrai ou faux. Il n'en reste pas moins que la vérité ou la fausseté de ce contenu se transmet à l'opinion tout entière dont il est un aspect, de telle sorte qu'il est légitime de dire que l'opinion elle-même est susceptible d'être vraie ou fausse – ce dernier cas ne lui faisant pas pour autant perdre sa nature d'opinion.

C'est cette distinction que Socrate transpose analogiquement au cas du plaisir. Au sein du plaisir (*hèdonè*), on peut également distinguer « le fait d'éprouver du plaisir » (*to hèdesthai*) et « ce à quoi prend plaisir ce qui éprouve du plaisir » (*to hôi to hèdomenon hèdetai*). Comme pour l'opinion, cette dernière expression doit désigner non pas l'« objet » auquel on prend plaisir, mais bien son *contenu*, c'est-à-dire ce qui est effectivement *éprouvé* comme plaisir; et Socrate soutient que c'est *cela* qui est susceptible d'être vrai ou faux, sans pour autant remettre en cause le fait même d'éprouver du plaisir, qui demeure le même dans tous les cas. S'il a raison, toutefois, cela suffit pour soutenir que *le plaisir lui-même* pourrait être qualifié de vrai ou faux, même si vérité et fausseté n'affectent à proprement parler que son contenu et non le fait de l'éprouver. En clair, cela signifie qu'aussi bien les plaisirs vrais que les plaisirs faux (s'il y en a) sont *éprouvés comme des plaisirs*; simplement, dans le premier cas, ce qui est éprouvé comme tel est bel et bien un plaisir, dans le second cas non – restera alors à déterminer de quoi il s'agit.

Insistons sur le fait qu'à ce stade, Socrate ne prétend nullement avoir démontré *qu'il y a* des plaisirs faux : il a simplement cherché à circonscrire le *lieu* où l'on pourrait les trouver s'ils existent. Il poursuit en faisant remarquer qu'on ne peut en tout cas refuser d'attribuer le prédicat « faux » au plaisir sous prétexte que le plaisir ne pourrait être qualifié d'aucune manière, puisqu'on a déjà qualifié aussi bien les douleurs que les plaisirs de grands, petits ou forts (37c-d). Dès lors, en principe, rien n'empêcherait que la perversité ou la rectitude s'ajoutent au plaisir pour le qualifier, ce que Protarque admet sans difficulté (37d-e). Remarquons que sa promptitude à acquiescer sur ce point contraste avec le refus qu'il avait manifesté plus tôt de toute division des plaisirs en plaisirs bons et plaisirs mauvais (13b-c). Ce changement d'attitude s'explique d'une part par le fait qu'il a dorénavant renoncé à identifier le plaisir au bien, et d'autre part parce que la possibilité d'attribuer la perversité au plaisir demeure ici toute théorique : *si* on pouvait montrer que la perversité s'ajoutait à certains plaisirs, il faudrait les qualifier de pervers. Tout l'enjeu des divisions que nous sommes en train d'effectuer est précisément de montrer que tel est le cas. Et de fait, Socrate conclut que si l'on pouvait montrer qu'un plaisir se trompe, on ne pourrait le qualifier « de correct, d'utile ou d'un quelconque terme élogieux » (37e), rappelant ainsi que la motivation fondamentale de toute cette division est de mettre au jour une dichotomie entre bons et mauvais plaisirs, qui correspondrait à celle entre plaisirs vrais et plaisirs faux. La coïncidence entre ces deux divisions ne va toutefois pas de soi, et ne pourra être démontrée qu'au terme d'un long examen.

Protarque manifeste qu'il a parfaitement compris l'enjeu du passage précédent en n'acceptant les conclusions de Socrate que sous un mode hypothétique : *si* le plaisir peut se tromper, alors il faudra admettre qu'il y a des plaisirs faux et incorrects (37e). Reste toutefois à montrer que cela est possible, ce que Socrate n'a encore nullement prétendu faire jusqu'à présent. Tel sera le rôle de l'analyse des trois espèces qui suivront : montrer qu'il *est* effectivement possible d'éprouver comme plaisir quelque chose qui n'est pas du plaisir, et *comment*.

Première espèce de plaisirs faux (37e-41a)

Socrate introduit la première espèce de plaisirs faux en faisant remarquer que « le plaisir semble bien souvent se produire en nous accompagné non pas d'une opinion correcte, mais d'une opinion fausse » (37e). Protarque n'a aucune difficulté à admettre ce point, ni même que le plaisir accompagnant une opinion fausse diffère de celui accompagnant une opinion vraie (37e-38a); mais conformément à la position qu'il adoptait au début du dialogue (12d-e), il considère qu'une telle différence concerne seulement la *source* du plaisir et lui demeure dès lors *extrinsèque*. Ce à quoi il résiste n'est donc plus la division du plaisir en espèces en général, mais bien l'idée que les différences permettant de le diviser caractérisent le plaisir de manière intrinsèque. Afin de vaincre cette résistance, Socrate va chercher à montrer que l'opinion est une part constitutive de certains plaisirs au moins, à tel point que ses caractéristiques peuvent légitimement être considérées comme des caractéristiques intrinsèques du plaisir lui-même. Cette relation entre le plaisir et l'opinion est d'un tout autre ordre que celle qui a été exploitée dans la section précédente, où il s'agissait simplement d'établir une *analogie* entre les deux, ce qui n'impliquait aucunement que l'une soit une composante de l'autre. Ici, Socrate poursuit en réalité le mélange entre le plaisir et la pensée qu'il avait entamé à la fin de la section précédente, en passant à un degré supplémentaire de complexité, à savoir l'opinion [1].

Socrate commence par retracer la genèse de l'opinion – du moins d'un certain type d'opinion, car malgré ce qu'il semble suggérer (cf. *hekastote*, 38c), ses explications ne peuvent valoir pour toutes ses formes, mais seulement pour celle qui intervient dans le cadre d'une expérience sensible – comme le confirme l'exemple par lequel il illustre ce processus, à savoir celui d'un homme qui perçoit une silhouette au loin et pas tout à fait clairement et s'interroge sur la nature de ce qu'il voit. Dans de tels cas, soutient Socrate, le souvenir et la sensation coïncident pour écrire dans nos âmes une opinion (*doxa*)

1. Il suggère également que la science (*epistèmè*) et le manque d'intelligence (*anoia*, souvent corrigé en *agnoia* – inutilement, car comme le confirmera la suite du dialogue, la science par excellence est l'intelligence, dont l'absence est dès lors identique à l'ignorance) peuvent intervenir dans la constitution du plaisir (38a). Ce point ne sera toutefois pas développé immédiatement, mais resurgira au moment de l'analyse des plaisirs purs.

qui, lorsqu'elle est exprimée à voix haute, prend la forme d'un énoncé (*logos*). Plus exactement, ce qu'écrit un tel « scribe », ce sont des « choses vraies » (*alèthè*) ou des « choses fausses » (*pseudè*), correspondant au *contenu* de l'opinion ou de l'énoncé, responsable du fait que cette opinion ou cet énoncé eux-mêmes sont vrais ou faux (38b-39b).

Ce passage fait manifestement allusion à l'examen beaucoup plus étendu de la reconnaissance perceptive dans le *Théétète* (191c-195b), selon lequel celle-ci consiste à ajuster les sensations actuelles aux souvenirs conservés dans l'âme, qui contiendrait comme une cire imprégnable. Pour déterminer si la silhouette que nous percevons au loin est un homme, il faut non seulement en avoir une sensation actuelle, mais également posséder un certain « souvenir » – souvenir qui, en l'occurrence, ne porte pas sur un être singulier, mais sur l'homme en général, et doit donc être celui d'un *concept* (*ennoia*) (empirique) plutôt que d'une sensation (cf. *Théétète*, 191d). C'est lorsqu'il y a coïncidence entre les deux – ou du moins coïncidence *apparente* – que naît l'opinion que ce que l'on voit est un homme. Cette opinion peut toutefois être fausse, soit parce que la coïncidence n'est qu'apparente et se fonde sur une sensation ou un souvenir qui demeure indéterminé, soit – cas qui n'est pas envisagé dans le *Théétète*, mais dont la pertinence apparaîtra lors de l'étude de la troisième espèce de plaisirs faux – parce que le souvenir est lui-même erroné. Quant au fait qu'elle soit attribuée à un scribe (correspondant à la coïncidence de la sensation et du souvenir), il faut sans doute y voir une allusion au fait que ce processus s'opère le plus souvent « à notre insu » – nous pouvons certes nous interroger sur l'identité de ce que nous voyons, tel le promeneur décrit par Socrate, mais notre interrogation porte alors directement sur cet objet et non, réflexivement, sur la coïncidence de notre sensation avec tel ou tel souvenir.

Soulignons que l'opinion qui naît ainsi n'est pas simplement une opinion *sur* ce que nous voyons : elle *détermine* ce que nous voyons en le faisant apparaître comme ceci ou comme cela. Dès que nous avons arrêté notre position sur le fait que la silhouette au loin est un homme, nous ne voyons plus simplement une silhouette dont nous pensons que c'est un homme, nous voyons un homme. Plus précisément, il faut dire que nous *percevons* un homme, la perception correspondant au pôle « subjectif » de ce que Platon nomme *phantasia*, *phainomenon* ou encore *phainetai*, expressions que l'on peut toutes traduire par « apparence ». Dans le *Sophiste*, l'Étranger d'Élée définit l'apparence comme un « mélange de sensation et d'opinion » (*summeixis aisthèseôs kai doxès*, 264b). L'apparence, le « il m'apparaît », n'est donc pas une simple sensation : c'est une sensation *structurée* par une opinion, et donc « interprétée » comme étant ceci ou cela. C'est précisément pour cette raison qu'à la différence de la sensation, qui se situe en deçà de la vérité et de la fausseté (cf. *Théétète*, 186c-e), l'apparence peut être vraie ou fausse, de la même manière que l'opinion qui en est une partie constitutive (cf. *Sophiste*, 264a-b). Dans un tel cas, la fausseté consiste tout simplement en un manque d'adéquation entre l'apparence et ce qui apparaît : ce qui apparaît nous apparaît *autrement* qu'il n'est, nous ne le percevons pas tel qu'il est réellement.

Socrate introduit alors un autre « artisan » (*dèmiourgos*) dans notre âme : un peintre qui y dessine des copies (*eikones*) de ce que le scribe a écrit, à savoir le contenu vrai ou faux des opinions et des énoncés, après avoir séparé ce contenu de la sensation qu'il accompagnait (39b-c)[1]. Ce peintre représente la fonction de ce que nous appellerions l'*imagination*, c'est-à-dire la faculté de se représenter quelque chose sous la forme d'une *image* – fonction qui s'exerce elle aussi le plus souvent à notre insu, d'où son attribution à un artisan qui agirait par lui-même dans notre âme. Insistons sur le fait que malgré la métaphore picturale, il ne faut manifestement pas entendre ces images dans un sens exclusivement visuel, puisque Socrate mentionne explicitement qu'un tel processus peut se produire relativement à ce qui a été saisi non seulement par la vue, mais également par une autre sensation, et qu'il n'y a aucune raison de penser que l'« image » d'une sensation auditive soit de nature visuelle, par exemple. L'image désigne ici tout substitut purement psychique d'une sensation quelconque, et elle doit dès lors avoir une nature similaire à ce dont elle est le substitut.

On sait que dans le *Sophiste* (235c-236c), l'Étranger d'Élée distingue entre deux espèces de production d'images, dépendant du type d'images produites : les copies (*eikones*), qui reproduisent les déterminations réelles (*ousai*) de leur modèle, et les simulacres (*phantasmata*), qui n'en reproduisent que les déterminations apparentes

---

1. La métaphore du peintre a souvent été négligée, notamment par les interprétations qui assimilent les plaisirs faux de cette espèce à des « attitudes propositionnelles » (interprétation dont on trouvera un bon exemple dans l'article de D. Frede, « Rumpelstilskin's pleasures : true and false pleasures in Plato's *Philebus* » (1985), repris dans G. Fine (ed.), *Plato. 2 : Ethics, Politics, Religion, and the Soul*, Oxford, Oxford University Press, 1999, p. 345-372). Voir à ce sujet F. Teisserenc, « L'empire du faux ou le plaisir de l'image. *Philèbe*, 37a-41a », dans M. Dixsaut (éd.), *La Fêlure du plaisir. Études sur le* Philèbe *de Platon. 1 : Commentaires, op. cit.*, p. 267-297.

(*doxousai*). Ici, Socrate commence par qualifier les images produites par le peintre de « copies » des contenus d'opinion ou d'énoncé écrits par le scribe, ce qui implique qu'elles reproduisent fidèlement ces contenus ; c'est pourquoi il peut en déduire que les images des contenus vrais sont elles-mêmes vraies, tandis que celles des contenus faux sont fausses (39c). L'image a elle-même une composante doxique, qui la rend susceptible d'être vraie ou fausse ; sa différence avec l'apparence est que cette composante ne s'associe pas à une sensation pour la déterminer, mais est illustrée après coup par un substitut de sensation qui est nécessairement moins riche que la sensation originelle, puisqu'il ne contient que ce que l'opinion en a retenu. Mais dans la mesure où la part d'opinion qu'elle contient est celle responsable du fait que la chose *apparaît* de telle ou telle manière, on peut également identifier cette image à un « simulacre » (*cf.* 40a), à condition de la considérer cette fois dans son rapport non plus à l'opinion, mais à la chose elle-même : de fait, l'image ne fait qu'imiter l'*apparence* de cette chose, telle qu'elle est transcrite dans l'opinion que suscite sa sensation.

L'étape suivante consiste à étendre l'activité du scribe et du peintre aux trois dimensions temporelles, et en particulier à l'avenir (39c-e). Dans ce dernier cas, leurs produits sont des « espoirs » (*elpides*, 39e) – du moins lorsque ce que l'on se représente est un plaisir dont la réalisation semble possible. Bien que Socrate ne le signale pas, il faut remarquer que le cas de l'avenir est différent de celui du présent et du passé. En effet, dans ces derniers cas, ce que le peintre illustre est une *doxa* suscitée par une sensation qu'elle a déterminée pour en faire une apparence. En ce qui concerne l'avenir, en revanche, l'espoir est une opinion présente relative à l'avenir qui n'est pas issue d'une apparence précédente ; elle ne peut donc avoir été écrite par le même scribe, en ce sens qu'elle ne résulte pas de l'ajustement d'une sensation actuelle à un souvenir [1]. L'exemple choisi par Socrate (40a) l'illustre très clairement, car il est évidemment possible d'avoir l'espoir de devenir riche et d'en tirer de grands plaisirs tout en n'ayant jamais vécu que dans la pauvreté. Dans un tel cas, dire que l'espoir en question est faux revient tout simplement à dire qu'il ne se réalisera pas ; et il en va de même pour l'image qui l'illustre, qui ne fait que conférer à cet espoir une dimension affective en le représentant sous une forme « quasi sensible ».

Tel est en effet le lieu où peuvent intervenir le plaisir et la peine. Dès que l'espoir, qui est une opinion selon laquelle un plaisir projeté dans l'avenir à titre d'objet de désir est susceptible de se produire, est illustré par l'imagination, il nous présente ce plaisir comme se produisant dans l'avenir. Un tel plaisir peut être nommé le « plaisir anticipé ». Le sujet qui éprouve ce plaisir n'est pas, en tout cas pas directement, le sujet présent qui l'anticipe, mais plutôt le sujet anticipé : de fait, Socrate dit non seulement que notre homme « se voit en possession d'or en abondance, avec, en sus, de nombreux plaisirs », mais encore qu'« il s'observe peint en lui-même qui se

---

1. En ce qui concerne le passé, on pourrait distinguer deux cas : soit l'opinion illustrée est l'opinion constitutive de l'apparence passée que l'imagination « complète » en fournissant un substitut de la sensation qu'elle accompagnait, soit il s'agit d'une opinion présente sur le passé, opinion dont la vérité ne dépend pas nécessairement de celle de l'apparence passée, de même que celle de l'image qui l'illustre. Ce deuxième cas est symétrique à celui de l'avenir, sinon que l'opinion présente sur le passé s'appuie nécessairement sur certains souvenirs, qu'elle peut toutefois réinterpréter d'une manière nouvelle (et potentiellement erronée).

réjouit fortement de son propre sort » (40a). Il n'en reste pas moins que l'anticipation permet précisément au sujet présent d'*éprouver ce plaisir d'avance* (*prokhairein*, 39d). Tel est le plaisir d'anticipation, qu'il importe de bien distinguer du plaisir anticipé, car il s'agit d'un plaisir *présent* dont le plaisir anticipé est seulement le *contenu* : ce à quoi prend plaisir celui qui éprouve ce plaisir d'anticipation. Par l'intermédiaire de l'espoir, le sujet présent se projette lui-même dans l'avenir pour éprouver d'avance, au présent, un plaisir dont il considère qu'il se réalisera seulement dans l'avenir.

Or le plaisir anticipé, en tant qu'illustration d'un espoir, donc d'une opinion qui est susceptible d'être fausse, peut lui-même être faux, à savoir lorsque cet espoir n'est pas confirmé par le cours ultérieur des événements. Dans un tel cas, l'espoir, comme opinion présente sur l'avenir, peut être considéré comme faux (même si sa fausseté n'est pas encore apparente dans le présent); cette fausseté affecte également le plaisir anticipé qui l'illustre, et donc le plaisir d'anticipation dont ce dernier est le contenu. Cela n'empêche pourtant pas le sujet présent de l'éprouver : celui-ci éprouve bien un plaisir, mais un plaisir faux. Au sein du plaisir d'anticipation, le fait d'éprouver du plaisir (*to hèdesthai*) se produit bel et bien (*cf.* 40d), mais ce à quoi prend plaisir ce qui éprouve du plaisir (*to hôi to hèdomenon hèdetai*) est faux, de sorte que le plaisir dans sa totalité (*hèdonè*) peut également être dit faux. Cette fausseté caractérise bien le plaisir lui-même, car l'opinion qui en est la source ne lui demeure pas extérieure, mais en est une part constitutive. Vérité et fausseté constituent donc des caractéristiques intrinsèques au plaisir, contrairement à ce que Protarque soutenait avant cette démonstration.

Socrate a ainsi réussi à convaincre Protarque de l'existence d'un premier type de plaisirs faux, « qui imitent les vrais d'une façon tout à fait ridicule » (40c). Il précise que sa démonstration vaut également pour les douleurs – sans doute au sens où il est également possible d'éprouver une douleur d'avance (cf. *prolupeisthai*, 39d) sur la base d'une crainte qui se révélera non fondée – et suggère qu'elle pourrait être étendue à tous les plaisirs (ou toutes les douleurs) imaginé(e)s, qu'ils concernent l'avenir, le passé ou le présent, ainsi qu'à d'autres émotions comme les craintes ou les ardeurs (40c-e).

On peut toutefois se demander en quoi tout ceci devrait gêner l'hédoniste le plus conséquent. Puisque le plaisir est tout ce qui compte à ses yeux, pourquoi devrait-il renoncer à jouir des illusions, si celles-ci lui procurent effectivement du plaisir *maintenant*? Certes, le fait que ses espoirs ne se réaliseront pas risque de lui causer de la douleur au moment où il s'en rendra compte, ce qui suffirait à en écarter un hédoniste de type épicurien, qui règle sa vie sur un calcul des plaisirs. Mais un tel hédonisme n'est pas le seul possible, et dès l'Antiquité, certains penseurs comme les Cyrénaïques valorisaient au contraire le plaisir dans l'instant au détriment de tout calcul relatif à l'avenir[1]. Pour montrer que les plaisirs qui viennent d'être mis au jour doivent être rejetés, il ne suffit pas de montrer qu'ils sont intrinsèquement faux : il faut encore montrer que cela les rend également *intrinsèquement mauvais*. On ne pourrait considérer le raisonnement précédent comme suffisant à cet effet qu'à condition de présupposer que la vérité est en elle-même

---

1. *Cf.* fr. 207-208 Mannebach.

une *valeur*, ce que l'hédoniste n'a encore aucune raison de reconnaître à ce stade.

C'est dans ce contexte qu'il faut comprendre l'étrange argument de Socrate en 39e-40c[1]. Il commence par faire admettre à Protarque qu'un homme juste, pieux et absolument bon est aimé des dieux (*theophilès*), au contraire d'un homme injuste et absolument mauvais. Or tout homme est rempli de nombreux espoirs, qui sont ensuite illustrés par l'imagination. Mais, ajoute-t-il, ces espoirs sont le plus souvent vrais chez les bons, et ce parce qu'ils sont aimés des dieux, tandis qu'ils sont faux chez les mauvais. Dès lors, les plaisirs anticipés qui leur correspondent (et les plaisirs d'anticipation dont ils sont le contenu) sont eux aussi le plus souvent vrais chez les bons et faux chez les mauvais.

Protarque, dont nous avons déjà plusieurs fois constaté la piété, se dit convaincu. Il y a toutes les raisons de penser qu'il comprend cet argument d'une manière littérale : les dieux aiment les bons, et dès lors feront en sorte que le cours des événements satisfasse leurs désirs pour les récompenser, tandis qu'ils puniront les mauvais qu'ils haïssent en les privant de l'objet de leurs espoirs. Il est pourtant exclu qu'une telle compréhension soit conforme à l'intention profonde de Platon. En effet, elle repose sur une conception de la rétribution divine qu'il condamne ailleurs (en particulier dans le livre II de la *République*) : selon lui, les dieux n'agissent pas sur le cours des événements pour le modifier, pas plus qu'ils ne peuvent tromper les hommes, par exemple en leur

---

1. Sur ce passage, souvent négligé par les commentateurs, voir A. Carpenter, « Hedonistic persons. The good man argument in Plato's *Philebus* », *British Journal for the History of Philosophy* 14, 2006, p. 5-26.

envoyant de faux espoirs. Bien plus, si Socrate dit ici que
c'est en raison du fait qu'ils sont aimés des dieux que les
espoirs des bons se vérifient le plus souvent, il ne faut pas
oublier qu'ailleurs, Platon considère le fait d'être aimé
des dieux comme une *conséquence* du fait d'être bon et
pieux (cf. *Euthyphron*, 10d). C'est donc avant tout parce
qu'ils sont bons que les espoirs des bons sont vrais : le
détour par les dieux n'a d'autre fonction que de rendre
cette conclusion plausible aux yeux de quelqu'un comme
Protarque.

Car il faut bien avouer que de prime abord, cette
conclusion est tout sauf évidente. Pourquoi les espoirs
des bons auraient-ils plus de chances de se vérifier que
ceux des mauvais ? Certainement pas en raison de leur
plus grande aptitude à prévoir l'avenir. La raison est
bien plutôt à chercher dans la nature de leurs espoirs
eux-mêmes. En effet, il semble clair que les bons et les
mauvais n'espèrent pas la même chose. Par exemple, il
devrait aller de soi que jamais l'espoir du bon au sens
platonicien du terme ne portera sur la richesse et les
plaisirs censés en découler. Rappelons que l'espoir est
une opinion selon laquelle un désir trouvera satisfaction
dans l'avenir. Or si tout désir est fondamentalement désir
du bien, et donc du bonheur, ce dernier apparaît très
différemment au mauvais, qui en ignore la nature, et au
bon, qui la connaît. Le premier suit la tendance spontanée
de tous les êtres vivants à identifier le bien au plaisir.
Mais dans la mesure où le bien *n'est pas* le plaisir, comme
l'ensemble du *Philèbe* cherche à le montrer, ses espoirs
seront nécessairement déçus : même s'il parvient à
obtenir les plaisirs qu'il vise, ceux-ci ne suffiront pas à le
rendre heureux, et il demeurera insatisfait. En revanche,
le bon ne peut être bon que s'il connaît la nature du bien ;

et ce faisant, il est capable d'orienter son désir vers le seul objet capable de le rendre véritablement heureux. Or nous verrons que ce désir, correctement compris, s'identifie à son objet. Désirant le bien dans sa réalité, le bon le possède véritablement – ce qui est d'ailleurs requis pour que l'on puisse le qualifier de « bon » –, et ses espoirs se voient ainsi nécessairement satisfaits.

S'il en est ainsi, on peut conclure que ce qui rend mauvais les plaisirs faux d'anticipation, ce n'est pas tant le fait qu'ils prennent plaisir à des plaisirs qui ne se produiront pas que le fait qu'ils reposent sur un désir de plaisir qui identifie de manière erronée ce dernier au bien. C'est en ce sens que Socrate peut aller jusqu'à laisser entendre que la fausseté est la seule cause du fait que certains plaisirs sont mauvais (40e-41a) : en effet, ils ne sont pas le bien qu'ils prétendent être ni ne peuvent nous le procurer. Mais dans ces conditions, il faut aller plus loin, et reconnaître que fondamentalement, *tout* plaisir d'anticipation est faux en ce sens, puisqu'il repose sur un désir qui se trompe sur la nature du bien. Et telle est certainement la position de Socrate, qui prendra soin de n'inclure aucun plaisir d'anticipation dans la vie bonne telle qu'elle sera composée à la fin du dialogue : une telle vie, parce qu'elle est orientée par la connaissance de la nature du bien, exclut tout désir de plaisir, car un tel désir repose sur une erreur quant à cette nature. La suite du dialogue nous fournira également une autre raison de rejeter de tels plaisirs, hédoniste celle-là, à savoir qu'ils présupposent toujours la douleur comme état contraire à partir duquel le plaisir est projeté à titre d'objet de désir.

C'est seulement à ce niveau que le lien entre la vérité et le bien pourra être définitivement établi. Nous en sommes encore loin, toutefois ; et Protarque, s'il est désormais prêt à accepter la possibilité de plaisirs faux, et même celle de plaisirs mauvais, ne voit encore aucune raison de les identifier (40e-41a). Si la fausseté de certaines opinions est ce qui les rend mauvaises, pourquoi en irait-il de même des plaisirs ? Quand nous disons qu'un plaisir est mauvais, il ne semble pas que nous voulions dire par là qu'il est faux, mais plutôt qu'« on y rencontre une autre perversité, très grave et très répandue » (41a). Tout en faisant mine de reporter à plus tard l'examen de cette « autre perversité » qui contaminerait certains plaisirs, « si cela nous semble encore nécessaire », Socrate propose d'en passer à une deuxième espèce de plaisirs faux.

Deuxième espèce de plaisirs faux (41a-42c)

Plus précisément, Socrate annonce qu'il faut parler de plaisirs qui sont faux « d'une autre manière » (41a). N'entendons pas par là que la nature de l'erreur dont il va être question serait différente de celle présente dans les plaisirs faux précédents : ici encore, l'erreur consistera en une absence d'adéquation. Mais cette erreur va à présent affecter d'autres plaisirs que les plaisirs d'anticipation, et sa genèse sera différente.

Pour en rendre compte, Socrate commence par revenir sur le processus du désir. Dans l'expérience du désir, corps et âme se trouvent isolés l'un de l'autre, en ce que l'âme désire un état – le plaisir – qui est contraire à celui du corps – la douleur [1] (41b-c). Repensons à l'exemple de la soif, où l'âme désire le plaisir de boire en raison

---

1. En 41c, Socrate semble suggérer que l'état du corps contraire à celui désiré par l'âme pourrait être un état de plaisir. Comme il peut difficilement vouloir dire que dans un tel cas, l'âme désire de la douleur, il faut sans doute comprendre qu'elle désire alors un plaisir *plus grand*, ce qui suffit à introduire la contrariété par le biais de l'opposition entre le plus et le moins.

de la douleur suscitée par un manque corporel. « Ce qui se passe alors », fait remarquer Socrate, « c'est que des douleurs et des plaisirs sont simultanément (*hama*) placés côte à côte, et que leurs sensations (*aisthèseis*), toutes contraires qu'elles soient, se produisent en même temps (*hama*) l'une près de l'autre » (41d).

Deux choses méritent tout particulièrement d'être notées dans ce passage. Tout d'abord, Socrate y insiste par deux fois sur le fait que dans ce genre de situations, la douleur et le plaisir se produisent *en même temps*. Comme la douleur correspond à l'état actuel du corps, cela implique que le plaisir se produit lui aussi *dans le présent*. Ce plaisir correspond simplement à l'objet du désir, qui, en tant que tel, est bien « présent » à ce titre dans l'âme – mais évidemment pas dans le corps. Il ne doit pas être confondu avec le plaisir anticipé, ni même avec le plaisir d'anticipation, qui supposait la médiation d'une opinion (l'espoir) quant à la réalisation future du désir. Ici, il s'agit de faire remarquer qu'indépendamment même de toute position relative à sa réalisation possible dans l'avenir, le désir présente à l'âme son objet, à savoir le plaisir – par exemple le plaisir de boire visé par celui qui souffre de la soif dans son corps.

Le deuxième point à prendre en considération est que Socrate assimile le plaisir et la douleur qui interviennent dans ce processus à des *sensations*. Cela ne pose pas de difficulté particulière pour la douleur ressentie par le corps, sinon que cela nous rappelle que celle-ci n'est pas purement corporelle, mais suppose elle aussi un mouvement psychique, sans quoi l'affection corporelle demeurerait inconsciente. En revanche, l'expression de Socrate ne peut être prise au pied de la lettre en ce qui concerne le plaisir visé par le désir. En effet, en tant qu'il est purement psychique, celui-ci ne peut être une sensation au sens strict, qui suppose également un mouvement corporel : elle correspond seulement à la part psychique de la sensation, dont nous avons vu qu'elle pouvait être conservée par le souvenir que le désir projetait ensuite dans l'avenir comme son objet.

Socrate rappelle ensuite qu'aussi bien la douleur que le plaisir admettent le plus et le moins et sont donc des illimités (41d). Or, poursuit-il, cette nature illimitée rend difficile leur évaluation correcte, pour autant que celle-ci vise à déterminer leur intensité relative – non seulement celle d'une douleur par rapport à un plaisir, mais aussi celle d'une douleur par rapport à une douleur ou d'un plaisir par rapport à un plaisir ; en effet, de même que lorsque nous cherchons à évaluer une grandeur de près ou de loin, le contraste masque la vérité et nous fait opiner faux (41e-42a).

Un certain nombre de commentateurs comprennent l'analogie avec les erreurs dues à la distance spatiale comme signifiant que Socrate viserait ici les erreurs dues à la distance temporelle, au sens où un plaisir désiré apparaîtrait plus intense qu'il ne le serait lorsqu'il se produirait effectivement, simplement parce qu'il est projeté dans l'avenir[1]. Si telle était l'intention de Socrate, on ne comprendrait pas à quelle fin il aurait commencé par rappeler que le plaisir et la douleur sont des illimités, puisque cela ne jouerait aucun rôle dans son explication. Bien plus, une telle interprétation ne tient pas compte de l'insistance de Socrate sur le fait que le plaisir désiré

---

1. Voir par exemple N. Mooradian, « What to do about false pleasures of overestimation ? *Philebus*, 41a5-42c5 », *Apeiron* 28, p. 93-94.

se produit bien *simultanément* à la douleur corporelle, en tant qu'il est *présent* dans l'âme en même temps que celle-ci dans le corps. Enfin, Socrate affirme que ce ne sont pas seulement les plaisirs désirés, mais également les douleurs du corps qui apparaissent plus intenses qu'ils ne sont dans cette comparaison (*cf.* 42b). Le problème dont il est ici question n'est donc pas celui de la distance temporelle, mais bien plutôt celui de la comparaison entre deux illimités – le plaisir et la douleur –, qui tend à faire apparaître chacun plus grand qu'il n'est – par analogie avec une grandeur qui tendra à nous paraître d'autant plus petite qu'elle sera vue à partir d'une distance plus grande. Plus on souffre de la soif dans son corps, plus le plaisir de boire nous apparaît grand : c'est le contraste entre l'état du corps et celui que le désir présente à l'âme qui est responsable de l'exagération de l'intensité du plaisir désiré – mais aussi, d'ailleurs, de celle de la douleur corporelle, d'autant plus insupportable que nous pensons au plaisir désiré.

Dès lors, la cause de l'erreur est dans ce cas l'*illimitation* – et plus précisément l'illimitation de la *sensation* (ou de la quasi-sensation) de plaisir et de douleur. Cette illimitation rend la sensation instable, particulièrement lorsqu'elle est confrontée à la sensation contraire, ce qui induit le jugement (*krisis*), et donc l'opinion (*doxa*), en erreur. C'est pourquoi Socrate peut conclure que dans ce cas, il se produit le contraire de ce qui se produisait dans le cas précédent : ce ne sont plus les opinions fausses qui transmettent leur fausseté aux douleurs et aux plaisirs, mais bien ces derniers qui *apparaissent* (*phainontai*) plus grands ou plus petits qu'ils ne sont à cause de leur comparaison (42a-b). Si cette situation est contraire à la précédente, c'est parce que Socrate présuppose ici la définition de l'apparence comme mélange de sensation et d'opinion : le contraste entre les (quasi-) sensations de plaisir et de douleur suscite une opinion fausse quant à leur intensité qui s'y ajoute pour les transformer en apparences – en l'occurrence, en apparences fausses. C'est donc le plaisir en tant qu'*apparence* ou *phénomène* qui est susceptible d'être vrai ou faux, et non la pure sensation de plaisir, qui se situe en deçà du niveau où interviennent la vérité et l'erreur. Mais il faut ajouter que tout plaisir et toute douleur, en tant qu'ils sont ressentis *comme tels*, sont toujours déjà des apparences, de sorte qu'ils sont toujours déjà susceptibles d'être vrais ou faux. En l'occurrence, tel est le cas aussi bien de la douleur corporelle que du plaisir désiré de celui qui a soif.

Ainsi, l'erreur concerne ici un plaisir qui n'est plus de l'ordre du *simulacre* comme le plaisir anticipé, mais de l'ordre du *phénomène*. Dans les deux cas, toutefois, c'est la part d'opinion qui en est constitutive qui le rend susceptible d'être faux ; et parce que cette opinion en fait partie intégrante, il faut admettre que cette fausseté caractérise le plaisir lui-même de manière intrinsèque. Mais de quelle nature est la fausseté caractéristique des plaisirs de cette deuxième espèce ? Un certain nombre de commentateurs considèrent qu'elle est d'un autre ordre que celle des plaisirs de la première espèce et l'identifient à l'*exagération*. Qu'il y ait exagération dans de tels cas n'est pas contestable ; mais à strictement parler, ce n'est pas l'exagération *comme telle* qui est identifiée à la fausseté. En effet, Socrate ne dit pas que le plaisir qui apparaît ainsi plus grand qu'il n'est véritablement est faux *dans sa totalité*, mais seulement que *la part de plaisir qui apparaît sans être* est fausse en lui (42b-c), ce qui laisse entendre que celle qui correspond adéquatement à la sensation qui se produit alors est quant à elle vraie. S'il en est ainsi, il faut comprendre que le plaisir faux à proprement parler, c'est-à-dire la part du plaisir apparent qui ne correspond pas à une sensation réelle, est un plaisir qui apparaît sans aucunement être. Dans ces conditions, l'erreur est exactement du même type que dans le cas précédent, sinon qu'elle concerne l'apparence plutôt que le simulacre. Et ici encore, cette fausseté ne concerne que le *contenu* de ce qui est ressenti comme plaisir ; en revanche, le *fait* que l'on y prenne plaisir demeure et vaut pour ce contenu dans sa totalité.

Au début de son analyse, Socrate annonçait que les plaisirs faux dont il allait parler se produisaient en nous « en grand nombre et bien souvent » (41b). De fait, si nous vivons le plus souvent dans les mélanges, en ce que les états douloureux de notre corps suscitent sans cesse le désir de plaisirs contraires, il semble que nous passions la plus grande partie de notre existence à éprouver de tels états. Mais une nouvelle fois, en quoi la fausseté qui entache ces plaisirs les rend-elle nécessairement mauvais ? Sans doute l'hédoniste commence-t-il à vaciller dans ses certitudes lorsqu'on lui montre qu'un plaisir ressenti (ou une partie de celui-ci) correspond en réalité à une pure apparence sans aucun fondement réel. Mais pourquoi devrait-il s'en faire, si son expérience se situe bien au niveau de l'apparence ? À la limite, ne pourrait-il pas même chercher à intensifier ces apparences au détriment de toute réalité ? Socrate a peut-être réussi à montrer l'existence de plaisirs faux, mais il n'a pas encore expliqué en quoi une telle caractéristique devrait nécessairement nous conduire à les rejeter.

Troisième espèce de plaisirs faux (42c-44a)

Socrate annonce que les analyses précédentes nous conduisent à des plaisirs et des douleurs « qui paraissent et qui sont (*phainomenas te kai ousas*) encore plus faux que ceux-là (*pseudeis eti mallon è tautas*) chez les êtres vivants » (42c). Outre qu'elle situe ainsi l'espèce de plaisirs faux qu'il va mettre au jour dans le sillage de la précédente, cette phrase présente deux caractéristiques remarquables : tout d'abord, la fausseté des plaisirs qu'elle mentionne concerne ici non seulement leur apparence, mais également leur être ; ensuite, et sans doute de manière connexe, cette fausseté est présentée comme plus grande que celle des plaisirs précédents. L'interprétation du passage qui suit devra nous fournir l'explication de ces deux points.

Afin d'expliquer cette nouvelle espèce de plaisirs, Socrate revient sur le schéma qui avait introduit toute son analyse, selon lequel la douleur apparaît lorsque l'harmonie est dissoute et le plaisir lorsqu'elle est rétablie (42c-d ; *cf.* 31b-32b). Il demande ensuite à Protarque ce qui se passe lorsqu'aucun de ces processus ne se produit dans notre corps (42c). Alors qu'il n'avait fait aucune difficulté à répondre à cette même question un peu plus tôt (*cf.* 32e), Protarque réplique à présent qu'une telle situation est impossible, tout en admettant que *si* elle pouvait se produire, l'être vivant n'éprouverait ni plaisir ni douleur (42d-e). Socrate attribue ses réticences à une forme d'héraclitéisme : puisque tout se meut toujours en tous sens, l'un de ces processus doit toujours être en train de se produire en nous – ce que lui-même se dit d'ailleurs prêt à accepter (43a).

Avant de poursuivre, remarquons que ce passage éclaire rétrospectivement la manière dont « l'état neutre » était traité dans le précédent (32c-33c), que Socrate concluait d'ailleurs en déclarant que la question pourrait être reprise plus tard. Alors, en effet, Socrate qualifiait un tel état de « divin », ce que Protarque interprétait immédiatement comme signifiant qu'il était réservé aux dieux ; de fait, nous apprenons à présent qu'il considère qu'un tel état est inaccessible aux hommes. Or Socrate va à présent montrer qu'il n'en est rien, et que même si notre corps est en flux perpétuel, cela n'implique pas nécessairement que nous sommes toujours en train d'éprouver du plaisir ou de la douleur. Pour ce faire, il va revenir sur les conditions subjectives de l'émergence du plaisir, qui avaient été développées à la suite du précédent passage et dont ce dernier n'avait dès lors pas pu tenir compte – précisément parce qu'il envisageait le plaisir et la douleur « purs », c'est-à-dire indépendamment de tout mélange de pensée. Nous savons à présent qu'un tel mélange a toujours déjà lieu ; et c'est précisément ce qui va rendre l'état neutre accessible aux hommes.

Socrate fait en effet remarquer qu'un grand nombre d'affections qui se produisent dans le corps demeurent « dissimulées » (d'après ses recommandations en 33d-34a, il devrait plutôt dire « insensibles) à l'âme, en ce sens que le mouvement corporel ne se double pas d'un mouvement psychique qui en ferait des sensations. Dès lors, ce ne sont pas tous les changements du corps qui produisent de la douleur ou du plaisir, mais seulement les grands (*megalai*), tandis que ceux qui sont mesurés ou minimes (*metriai te kai smikrai*) ne suscitent aucun des deux (43b-c).

Ainsi, l'état neutre (exempt de plaisir et de douleur) est bel et bien accessible aux hommes, même si leur corps est constamment en mouvement; et s'il est accessible, c'est parce que le plaisir ne se réduit jamais à une simple affection corporelle, mais suppose que celle-ci atteigne la conscience. C'est donc la pensée au sens large qui rend l'état neutre accessible à des êtres qui ne sont pas des dieux. Dès lors, si un tel état peut être qualifié de « divin », comme le proposait Socrate un peu plus tôt (33b), cela ne signifie pas nécessairement qu'il est réservé aux dieux, mais plutôt qu'il est l'état le plus *désirable* lorsqu'il est comparé au tourbillon incessant de douleurs et de plaisirs dans lequel nous sommes le plus souvent pris.

Socrate poursuit en posant trois vies qui se présenteraient à nous : une vie plaisante, une vie douloureuse, et une vie sans plaisir ni douleur (43c-d). Cette tripartition est en réalité plus étonnante que Protarque ne semble le croire : car comment peut-elle traiter la vie de plaisir et la vie de douleur comme deux vies séparées ? Tout ce qui précède ne nous a-t-il pas montré au contraire que le plaisir tel qu'il a été analysé jusqu'à présent ne peut émerger que sur fond de douleur ? Au vu de la suite, qui nous expliquera comment c'est précisément un tel mélange qui va conduire certains « hédonistes » à considérer qu'en définitive, ce que l'on appelle du plaisir n'est que fuite de la douleur et que le seul plaisir valable est l'absence totale de douleur, il faut manifestement comprendre que cette vie qui contient de tels mélanges de douleurs et de plaisirs est ici interprétée comme une vie de douleur, tandis que la vie de plaisir désignerait une vie qui ne comporte *que* des plaisirs « purs » (de douleurs) – si du moins de tels plaisirs existent, ce qui reste à prouver. Par rapport au passage précédent, qui opposait la vie de plaisir et de douleur à un état « neutre » que l'on pouvait interpréter comme étant seulement dépourvu de tout plaisir illimité, ce qui laissait en droit la possibilité d'y admettre des plaisirs ne relevant plus de ce genre (pour autant qu'ils existent), le présent passage effectue dès lors une sorte de « dédoublement » de l'état neutre en un état dépourvu de tout plaisir et de toute douleur et un état dépourvu de plaisir et de douleur illimités, mais qui comporte en revanche des plaisirs purs. Les trois vies correspondraient ainsi respectivement à la vie où plaisir et douleur sont toujours mélangés, la vie dépourvue aussi bien de l'un que de l'autre et la vie qui ne contient que des plaisirs purs.

Que ces trois vies soient réellement distinctes reste à prouver, et Socrate y reviendra. Si l'on accepte toutefois de l'admettre au moins provisoirement, comme le fait Protarque, il faut reconnaître que ceux qui confondraient la vie neutre avec une vie de plaisir ou avec une vie de douleur, que ce soit en paroles ou à titre d'opinion, se trompent. Or de telles personnes existent – nous verrons dans la section suivante comment elles sont conduites à commettre cette erreur. Ces personnes croient donc éprouver du plaisir quand elles n'éprouvent ni plaisir ni douleur, ce qui est faux (43e-44a).

La nature de cette erreur demande une nouvelle fois à être précisée. Tout d'abord, l'erreur n'est plus due ici à la *perspective*, à savoir au fait que l'état neutre serait vu à partir d'un état de douleur qui nous le ferait confondre avec un plaisir, puisque Socrate précise que cette erreur advient « quand ils n'éprouvent pas de douleur » (44a). Elle est bien plutôt due à une confusion *dans le concept de plaisir lui-même*, que certains identifient à l'absence de douleur. Pour autant, ce n'est pas une simple erreur théorique ; car elle les conduit à croire qu'ils éprouvent du plaisir alors qu'ils n'en éprouvent pas. Cela pourrait suggérer que dans leur cas, le *fait* d'éprouver du plaisir ne vaut plus ; mais alors, d'après le schéma général qui a précédé toute cette analyse, on ne pourrait plus leur attribuer aucun plaisir, faux ou vrai. Il faut plutôt dire qu'ils ont bel et bien une expérience de plaisir, mais que le *contenu* de cette expérience est vide. De fait, alors qu'ils n'éprouvent rien, ils interprètent ce rien comme un plaisir et l'éprouvent comme tel – à tort. Leur propre expérience leur *apparaît* comme un plaisir, mais cette apparence est fausse – cette fois, moins en raison de l'indétermination de la sensation (qui est purement et simplement absente) qu'en raison du caractère erroné du *concept* mobilisé par la *doxa* qui fait de cette (absence de) sensation une apparence.

C'est pour cette raison que de tels plaisirs « paraissent et sont encore plus faux » que les précédents (42c). Ils le paraissent, parce que dans leur cas, ce n'est pas seulement une partie du contenu de l'expérience qui est fausse, mais la totalité de ce contenu – à tel point qu'on se trouve alors dans une situation que Protarque avait auparavant jugée absurde, à savoir croire éprouver du plaisir alors qu'ils n'en éprouvent aucun (36e) – ; et ils le sont, parce que cette erreur trouve sa source dans une autre, plus fondamentale, qui concerne *l'essence même* du plaisir, confondu avec l'absence de douleur. Là se situe précisément l'importance de ce passage : il nous montre que la vérité des apparences, et donc de toute expérience sensible, présuppose la vérité des *concepts* que nous mobilisons pour interpréter nos sensations. Par rapport à l'espèce de plaisirs faux précédente, nous sommes donc remontés à une couche plus fondamentale encore de l'expérience : celle des concepts eux-mêmes. Une telle vérité, qui fonde la possibilité de toute adéquation, n'est plus elle-même de l'ordre de l'adéquation : elle est plutôt de l'ordre de la *déterminité*.

Car comment garantir la vérité de nos concepts eux-mêmes ? La réponse platonicienne est claire : par la dialectique. Celle-ci consiste en effet à clarifier et à expliciter toute indétermination véhiculée par le langage en organisant de manière systématique le champ dans lequel elle s'inscrit. En l'occurrence, seul l'examen de toutes les espèces de plaisirs nous permettra d'accéder à une définition du plaisir qui prenne en compte l'ensemble de ses espèces, bref à son genre. Tant que ce n'est pas le cas, nous courrons le risque de prêter au plaisir une nature qui ne vaut que pour certaines de ses espèces (l'illimité), ou qui trouve en tout cas sa source dans une telle partialité (l'absence de douleur). Ici se marque concrètement l'importance de prendre en compte tous les intermédiaires avant de remonter à l'unité à partir de l'illimité. La question qui se pose est dès lors la suivante : y a-t-il des plaisirs qui ne sont ni illimités ni de simples absences de douleur ?

TROISIÈME DIVISION (INCOMPLÈTE) :
LES PLAISIRS MÉLANGÉS (44A-50E)

L'étrange hédonisme des « dégoûtés » (44a-46c)

C'est en s'attachant à retracer la genèse de l'erreur constitutive de la troisième espèce de plaisirs faux que Socrate va dévier vers une nouvelle problématique : celle des plaisirs mélangés. Ce faisant, il entame en réalité une nouvelle division du plaisir, qui comme la précédente trouvera son aboutissement dans la mise au jour de plaisirs vrais et purs. Les deux divisions dichotomiques successives (plaisirs faux / plaisirs vrais, d'une part, plaisirs mélangés / plaisirs purs, d'autre part) divisent le plaisir en général de manière exhaustive; et comme les plaisirs vrais et les plaisirs purs s'avéreront équivalents, on peut en conclure que d'un point de vue extensionnel au moins, les plaisirs faux et les plaisirs mélangés doivent se recouvrir. Tel sera le cas, à l'exception de la troisième espèce de plaisirs faux qui, n'ayant aucun plaisir pour contenu, ne correspond en réalité ni à un plaisir pur, ni à un plaisir mélangé – mais qui trouve néanmoins son origine dans le caractère mélangé de la plupart des plaisirs. Ce recouvrement est important, car à la différence de la thématique des plaisirs faux, celle des plaisirs mélangés aura une portée persuasive directe sur les hédonistes : en montrant à ces derniers que les plaisirs qu'ils révèrent sont en réalité des mélanges de plaisirs et de douleurs, on les contraindra à reconnaître qu'ils sont au moins en partie mauvais, et donc à rejeter. Ainsi, la démonstration du caractère mélangé de ces plaisirs complétera leur caractérisation comme faux en mettant au jour les répercussions de cette fausseté sur l'expérience même du plaisir, qu'elle pervertit de l'intérieur.

Afin de débrouiller cet écheveau particulièrement complexe, Socrate propose de suivre ceux qu'il nomme « les ennemis de Philèbe » et qu'il caractérise comme étant « dégoûtés » (*duskhereis*) du plaisir [1]. Si leur haine du plaisir est de l'ordre du dégoût, c'est qu'elle s'ancre dans une forme d'hédonisme préliminaire : au départ, c'est

---

1. Sur la signification des termes de la famille de *duskhereia*, voir M. Schofield, « Who were οἱ δυσχερεῖς in Plato, *Philebus*, 44a ff.? », *Museum Helveticum* 28, 1971, p. 2-20 et 181.

bien le plaisir qu'ils recherchaient, mais ils en sont venus à la conclusion que « ce que les fidèles de Philèbe nomment à présent des plaisirs » n'est en réalité qu'« évasions des douleurs » et ne comporte « rien de sain, au point que son caractère séduisant lui-même serait un sortilège plutôt qu'un plaisir » (44c-d). Il faut comprendre que de telles affections ne peuvent même plus selon eux être qualifiées de plaisirs, et appartiennent plutôt à la « vie de douleur » dont il a été question précédemment ; tandis que le seul état véritablement plaisant serait à leurs yeux celui où l'on n'éprouve aucune affection de ce type, et donc ni douleur ni plaisir au sens où l'entendent les fidèles de Philèbe. Telle serait l'origine de l'erreur constitutive de la troisième espèce de plaisirs faux.

Mais comment ces penseurs, réputés « très habiles dans les questions naturelles » (44b), ont-ils été conduits à considérer que *tous* les prétendus plaisirs n'étaient qu'« évasion des douleurs » ? Socrate révèle leur méthodologie : ils ont considéré que la nature d'un *eidos* quelconque se manifestait davantage dans les exemples de grande taille et se sont dès lors focalisés sur les plaisirs les plus intenses pour en extraire la nature de *tout* plaisir en général (44d-45e). Protarque juge cette démarche très sensée, mais il devrait être clair qu'elle est tout à fait anti-platonicienne, et en tout cas contraire à celle que prônera Socrate un peu plus tard dans le dialogue, consistant à privilégier la *pureté* plutôt que la grandeur ou l'intensité afin d'atteindre la vérité concernant un genre quelconque (52d-53c). Nous verrons d'ailleurs que la physiologie sera exclue de la classification des sciences qui suivra, ce qui devrait suffire à montrer le peu de crédit qu'il faut accorder aux « habiles penseurs » dont il est ici question.

De fait, le résultat de leur approche ne se fait pas attendre. Quels sont les plus grands plaisirs ? D'après l'examen de la deuxième espèce de plaisirs faux, ce sont ceux qui sont précédés des plus grandes douleurs, que ce contraste permet d'intensifier. Dès lors, les plus grands plaisirs sont non seulement ceux du corps, mais ceux du corps *malade*, et de manière générale tous les plaisirs liés à l'excès et au vice plutôt qu'à la modération et à la vertu ; et ils consistent en réalité en mélanges de plaisirs et de douleurs (45a-46b). Comme les fidèles de Philèbe, ses ennemis privilégient ainsi les plaisirs illimités ; mais à la différence des premiers, ils ont compris que cette illimitation impliquait que de tels plaisirs étaient toujours mêlés de douleurs, ce qui les a conduits à s'en détourner. Mais parce qu'ils pensent que de tels plaisirs, étant les plus intenses, sont aussi ceux qui manifestent le mieux la nature du plaisir lui-même, c'est le plaisir dans sa totalité qu'ils en sont venus à rejeter, au profit de cet état « neutre » qu'ils ont décidé de rebaptiser « plaisant ». Il s'agit bien ici d'une erreur *dialectique* : nos dégoûtés sont passés immédiatement de l'illimité à l'unité, ils ont cru pouvoir faire l'économie d'un examen complet des intermédiaires, ce qui les a conduits à se tromper sur la nature du genre lui-même – pour autant qu'il existe des plaisirs qui ne relèvent pas de ce schéma, ce qui reste à prouver.

Ainsi, c'est pour des motifs *hédonistes* que le plaisir, ou plus exactement un certain type de plaisir, se voit ici condamné – d'où l'intérêt de reconstituer la genèse du dégoût de ces « ennemis de Philèbe », devenus anti-hédonistes par amour du plaisir et haine de la douleur. Tel est l'objectif de la présente section : montrer que l'hédoniste conséquent ne peut ultimement que rejeter la plupart des plaisirs qu'il poursuivait de manière irréfléchie, sans qu'il y ait besoin pour ce faire de recourir à un point de vue extérieur à sa propre expérience de ces plaisirs. À la différence de ce qui se passait relativement aux plaisirs faux, le critère du mélange ne nous contraint pas à comparer l'expérience subjective du plaisir à une norme extérieure, que l'hédoniste pourrait toujours choisir de refuser : c'est de l'intérieur de cette expérience que la perversité de nombreux plaisirs va se manifester, en raison de leur liaison à une douleur qui en est intrinsèquement constitutive. Or, précise Socrate, trois types de mélanges sont envisageables : certains se produisent dans le corps, d'autres dans l'âme, d'autres dans un mélange de l'âme et du corps (46b-c).

Les trois espèces de mélanges (46c-50e)

1) Les mélanges corporels sont ceux où l'on tente de soulager une douleur corporelle, ce qui provoque un plaisir – mais un plaisir qui ne peut apparaître que sur fond de douleur (46c-d). Socrate en distingue deux cas, selon que la douleur ou le plaisir domine dans le mélange. Sa description du premier cas (46d-47a) est complexe : elle se réfère manifestement au traitement de certaines maladies où l'on tente de contrebalancer une douleur « interne » par une douleur « externe » qui, par contraste, permet de soulager la première et procure ainsi un certain plaisir. Le deuxième cas (47a-b) est celui où la douleur permet d'intensifier le plaisir, comme cela se produit notamment dans le plaisir sexuel qui est clairement ce que Socrate a ici en ligne de mire [1].

---

1. Sur l'ensemble de ce texte difficile et souvent négligé, voir A.-E. Peponi, « Mixed pleasures, blended discourses : poetry, medicine, and the body in Plato's *Philebus*, 46-47c », *Classical Antiquity* 21, 2002, p. 135-160.

Dans les deux cas, plaisir et douleur doivent leur intensité apparente à la coprésence de leur contraire, ce qui implique qu'ils peuvent être qualifiés de « faux » (ou plus exactement qu'ils incluent une part de fausseté) au sens dégagé dans l'analyse de la deuxième espèce de plaisirs faux. Or cette coprésence fait partie intégrante de l'expérience subjective de celui qui les ressent, même si ce dernier les appelle tantôt plaisirs tantôt douleurs (47c) en fonction de ce qui domine en elle. Une fois ainsi analysée, il n'est plus possible à l'hédoniste de maintenir qu'une telle expérience est bonne, du moins dans sa totalité, puisqu'elle inclut une part de ce qui est à ses yeux le mal.

2) Socrate passe très vite sur la deuxième espèce, celle qui implique un mélange entre une douleur corporelle et un plaisir psychique, prétextant qu'il l'a suffisamment analysée auparavant (47c-d). Il renvoie ainsi non seulement à ce qu'il a dit de la « vie mélangée » en 35d-36c, mais également aux deux premières espèces de plaisirs faux. La deuxième d'abord, où le désir rendait le plaisir visé coprésent à la douleur ressentie dans le corps ; mais également la première, où ce désir se doublait d'un espoir qui nous permettait d'en « jouir d'avance » dans le présent. Tous ces plaisirs reposent sur une douleur préalable, qui est une part constitutive de leur expérience ; tous doivent donc être rejetés par l'hédoniste conséquent.

3) Restent les mélanges purement psychiques. Socrate commence par citer une série d'émotions qui, de prime abord, apparaissent comme des douleurs, mais qui seraient également « pleines de plaisirs insensés » : la colère, la crainte, le regret, la plainte, l'amour, la jalousie, l'envie « et toutes les affections de ce genre » (47e ; cf. 50b-c). D'un autre côté, certaines nous apparaissent

comme des plaisirs, mais contiennent également de la douleur, parmi lesquelles Socrate cite en particulier le plaisir des spectateurs de tragédies et de comédies (48a). Afin de comprendre la nature de ces mélanges, Socrate propose de se concentrer sur le dernier cas, et ce en raison de son obscurité (48b) – démarche qui contraste avec celle des ennemis de Philèbe, qui pensaient que la nature d'une chose se révélait d'autant mieux dans les exemples qui s'offraient à la sensation avec le plus d'intensité. C'est que seule l'intelligence peut accéder à l'essence, et qu'elle se met d'autant mieux en branle quand elle s'attache à des phénomènes relativement auxquels la sensation confesse son inefficacité (cf. *République*, VII, 523a-524d).

Pourquoi rions-nous devant une comédie? Le rire témoigne du plaisir que nous éprouvons alors. Qu'est-ce qui suscite ce plaisir? Manifestement, les déboires des personnages qui s'agitent sur scène, personnages qui pourtant ne constituent aucune menace à notre égard. Quel motif avons-nous de nous réjouir de leurs malheurs? Socrate va tenter de montrer que ce motif est l'*envie* (*phthonos*), qui est une douleur de l'âme (48b) – une douleur que Socrate vient certes de citer parmi celles qui comportent également une part de plaisir, sans doute parce que l'envie est une forme de *désir* qui en tant que tel nous met en contact avec son objet, mais qui sera ici traitée comme la part douloureuse de ce mélange supplémentaire qui intervient lorsque nous rions devant une comédie.

La démonstration qui suit est l'occasion d'une application de la méthode de rassemblement et de division dans sa variante définitionnelle. Socrate commence par définir la nature du ridicule (*geloion*) comme l'espèce de perversité consistant en l'ignorance de soi-même

(48c-d). Il distingue trois variétés de cette ignorance : celle qui concerne la richesse, celle qui concerne les qualités du corps et celle qui concerne les vertus de l'âme, en particulier la sagesse (48d-49a). Pour être ridicules, toutefois, encore faut-il que ces trois espèces caractérisent des personnes qui soient incapables de se venger lorsqu'on se moque d'elles ; dans le cas contraire, elles sont bien plutôt redoutables et haïssables (49a-c).

Le point délicat de l'argumentation est la reprise de cette division entre faibles et forts sous la forme d'une division entre ceux qu'on aime (*hoi philoi*) et ceux qu'on hait (*hoi ekhthroi*) (49d-e). Manifestement, *hoi philoi* ne doit pas être pris ici au sens fort, mais comme désignant simplement les personnes envers lesquelles nous sommes *a priori* bien disposés, en vertu d'une sorte de bienveillance naturelle à l'égard de ceux qui ne représentent aucune menace pour nous. Les personnages d'une comédie sont certainement dans ce cas, et si la magie du théâtre opère, nous avons naturellement tendance à sympathiser avec eux.

Pourtant, leur ignorance d'eux-mêmes nous les rend ridicules et nous fait rire de leurs malheurs. Si nous rions, c'est que nous éprouvons du plaisir ; mais ce plaisir est injuste, puisqu'il porte sur les maux de ceux qu'on aime. Selon Socrate, approuvé par Protarque, la seule raison qui puisse expliquer ce plaisir injuste est que nous sommes alors motivés par l'envie (49d-50a). Cela est loin d'aller de soi : en quoi envions-nous les personnages de comédie, et plus généralement ceux que nous trouvons ridicules ? Ce n'est certainement pas leur ridicule que nous envions, mais sans doute plutôt ce qu'ils croient faussement posséder : la richesse, les qualités corporelles, la vertu. À la différence de ces personnages, toutefois, nous ne croyons pas posséder ces biens ; mais l'image qu'ils nous en font miroiter en pensant le contraire suscite notre désir, et donc notre envie à l'égard de ce qu'ils *croient* être. Lorsque les péripéties de la pièce manifestent que ce n'est pas le cas, nous en éprouvons du soulagement, qui se manifeste sous la forme du rire [1].

Si cette analyse, hautement originale en ce qu'elle situe la source du rire dans un sentiment d'infériorité plutôt que de supériorité (le mépris), est exacte, alors même un plaisir en apparence aussi innocent que de rire face au ridicule suppose un mélange avec une douleur, à savoir l'envie. Socrate suggère que de tels mélanges pourraient également être mis au jour dans les autres émotions qu'il a citées auparavant, mais propose de les laisser de côté pour l'instant afin de reprendre le fil de son enquête générale (50b-e).

ACHÈVEMENT DES DEUXIÈME ET TROISIÈME DIVISIONS : LES PLAISIRS PURS ET VRAIS (50E-53C)

Le plaisir pur et ses espèces (50e-52b)

Socrate rappelle qu'il ne partage aucunement l'avis des ennemis de Philèbe, mais les a invoqués contre « certains plaisirs qui semblent être, mais ne sont aucunement » – à savoir les plaisirs faux – « et d'autres qui paraissent grands en même temps que nombreux, mais qui sont confondus avec des douleurs et le soulagement des souffrances extrêmes liées aux embarras du corps ou

---

1. La situation est différente relativement à ceux qu'on hait : si les malheurs de ceux-ci nous causent du plaisir, ce n'est pas en raison de l'envie (49d) – qu'ils peuvent néanmoins susciter –, mais plutôt parce que la menace qu'ils représentent s'en trouve diminuée.

de l'âme » – à savoir les plaisirs mélangés (51a). Cette formulation pourrait donner l'impression que plaisirs faux et plaisirs mélangés ne se recouvrent pas. C'est effectivement le cas de la troisième espèce de plaisirs faux, où n'est présent ni le plaisir ni la douleur, et qui ne correspond donc pas à un mélange. En revanche, les deux premières espèces de plaisirs faux correspondaient à des mélanges. Même dans leur cas, toutefois, s'il y a bien recouvrement extensionnel entre ces deux espèces de plaisirs, elles supposent une analyse différente : dans le premier cas, la fausseté ne peut apparaître que lorsqu'on confronte l'expérience subjective du plaisir à un étalon extérieur (la réalité du plaisir lui-même, indépendamment de la manière dont il est ressenti) ; dans le second, le mélange se manifeste dans l'expérience subjective elle-même lorsqu'on l'explore de manière immanente. Il reste que tout plaisir faux, même celui de la troisième espèce, trouve ultimement sa source dans le mélange ; de sorte que la pureté sera également la condition de possibilité de la vérité, comme le confirmera la conclusion du passage.

Socrate distingue trois espèces de plaisirs purs. Ces trois espèces sont clairement hiérarchisées : la deuxième est dite « moins divine » que la première (51e), et les plaisirs de la troisième sont « réservés à un très petit nombre » (52b), ce qui suggère qu'ils sont encore « plus divins ». C'est cet ordre axiologique, qui s'avérera également parfaitement logique, que je suivrai ici, plutôt que l'ordre dans lequel ils sont décrits.

1) Les plaisirs purs les moins divins sont ceux liés aux odeurs, en tout cas à « de très nombreuses » d'entre elles (51b, e). Puisque celles-ci sont censées produire des plaisirs purs de toute douleur, il faut supposer que sont exclues non seulement les mauvaises odeurs, mais

également les odeurs susceptibles de provoquer un désir – l'odeur d'un grand vin ou d'un mets raffiné, ou encore celle dont se pare l'être aimé. Pourquoi sentir le parfum d'une fleur, par exemple, provoque-t-il du plaisir ? L'explication de ce phénomène se trouve dans le *Timée* (64c-65b, 67a) : l'organe de l'odorat voit son harmonie constamment détruite, mais de manière tellement graduelle qu'elle demeure insensible et ne suscite aucune douleur ; en revanche, la bonne odeur restaure cette harmonie de manière soudaine et donc sensible, ce qui provoque un plaisir – plaisir pur de toute douleur, puisqu'il apparaît sur un fond « neutre ». Comme le confirme ici Socrate, ces plaisirs répondent donc au schéma de la restauration de l'harmonie perdue (*cf.* 51b) ; et s'ils sont dépourvus de douleur, c'est grâce à la différence entre l'affection corporelle et la sensation, c'est-à-dire à la part de *phronèsis* présente dans la dernière à titre de mouvement psychique, qui rendait déjà possible l'état neutre confondu avec le plaisir par les dégoûtés.

2) Plus divins sont les plaisirs liés à la vue et à l'ouïe (51b-d). Leur description se concentre sur leur objet, à savoir la beauté. Socrate précise que la beauté dont il parle concerne des couleurs, des figures et des sons qui sont beaux non pas relativement à autre chose, mais en et par eux-mêmes, excluant ainsi la beauté attribuée aux êtres vivants et à certaines peintures. Pourquoi cette exclusion ? Manifestement parce que le plaisir ressenti face à la beauté d'un être vivant ou de sa représentation risque toujours d'être lié à un désir, et donc à une douleur, ce qui n'est pas le cas de la beauté des figures géométriques, des pures couleurs ou des notes « douces et limpides ». Mais que veut dire Socrate en caractérisant la beauté de celles-ci comme « non relative », c'est-à-dire

comme absolue ? Certains commentateurs comprennent qu'il vise ainsi des figures, des couleurs et des sons *isolés* (d'autres figures, couleurs ou sons). Ce n'est certainement pas le cas, puisqu'il dit explicitement que les notes dont il parle sont « émises dans un chant unique et pur », ce qui suppose au minimum qu'elles forment une suite. Bien plus, la beauté sera définie plus loin par la *summetria*, terme que j'ai traduit par « proportion », mais qui signifie littéralement la « commensurabilité », qui n'a de sens qu'au sein d'un ensemble, puisqu'elle désigne le partage d'une mesure commune par divers éléments. Mais justement, la commensurabilité implique que les rapports entre les éléments en question sont pleinement *déterminés* et non sujets aux variations du plus et du moins. C'est certainement en ce sens qu'il faut comprendre le caractère absolu de la beauté dont il est ici question : une figure, une couleur ou un son sont beaux « en et par eux-mêmes » si leur beauté ne dépend pas d'une comparaison avec quelque chose de moins beau, voire de laid, mais du fait qu'ils sont parfaitement déterminés en eux-mêmes. Une telle déterminité n'est nullement exclusive de rapports avec d'autres éléments (figures, couleurs ou sons) : au contraire, les exposés sur la division quadripartite et la méthode divine (comme application particulière de la première) nous ont montré que la détermination d'une chose était fonction de la place qu'elle occupait au sein d'un système déterminé régissant les relations de cette chose avec tous les autres éléments appartenant au même champ.

D'après cette description, il est clair que la beauté ici visée relève du troisième genre, celui résultant du mélange d'illimité et de limite. Socrate le confirme en déclarant que les belles figures dont il parle sont produites

« au moyen des compas, des règles et des équerres »,
dont nous apprendrons plus loin qu'ils sont les outils
grâce auxquels les sciences accomplissent leur activité
de limitation de l'illimité. En tant qu'elle caractérise les
membres du troisième genre, la beauté est produite par
l'intelligence, telle qu'elle se manifeste en l'occurrence
dans les arts – pictural, architectural ou musical. De ce
point de vue déjà, c'est la pensée qui rend possibles les
plaisirs purs de cette espèce.

Mais comment la perception de la beauté produit-
elle du plaisir ? Que ce plaisir soit pur découle de sa
caractérisation comme « absolue » et « abstraite », à
savoir du fait qu'elle n'apparaît pas sur fond de laideur
(dont la perception provoquerait quant à elle de la douleur)
ni en réponse à un désir. Mais pourquoi cette expérience
est-elle plaisante ? C'est une nouvelle fois le *Timée* qui
nous en offre l'explication : par la contemplation de
l'harmonie extérieure, nous rétablissons notre harmonie
intérieure, dont la perte pourrait manifestement être
insensible et donc dépourvue de douleur (47a-e).
Comment s'effectue ce rétablissement ? Platon ne donne
pas de détails, mais on peut penser qu'il résulte du fait
que dans la perception d'un objet beau, la détermination
de la sensation peut être l'œuvre d'une pensée qui se
déploie sans entrave, puisque l'objet dont elle reconstruit
la détermination est pleinement déterminé en lui-même.
Pour véritablement percevoir un objet beau *comme* beau,
il faut retrouver sa *summetria*, qui n'est pas « donnée »
dans la sensation, mais fait partie de l'interprétation de
cette sensation par une *doxa* ; or dans le cas d'un bel objet,
cette *doxa* est le résultat d'une pensée qui peut exercer
pleinement son activité déterminante. Dans une telle
expérience, l'intelligence assume dès lors son rôle de

cause, d'où résulte la production d'un état harmonieux en nous, et donc du plaisir. Or parce que nous sommes mortels, cette harmonie n'est jamais acquise une fois pour toutes, mais sans cesse à reconquérir (cf. *Banquet*, 297d), de sorte que toute perception de la beauté nous procure un plaisir renouvelé.

3) Si cette interprétation est correcte, la deuxième espèce de plaisirs purs se distingue de la première en ce qu'elle ne concerne plus la simple *sensation*, mais la *perception* ou l'*apparence*. La troisième espèce poursuit cette progression dans les processus cognitifs, puisqu'elle rassemble les plaisirs liés à la *connaissance* (52a-b). Il est clair que ces plaisirs répondent eux aussi au schéma de la restauration de l'harmonie ou au remplissage d'un manque, puisque Socrate précise qu'ils ne sont purs qu'à condition de ne pas être précédés par une douloureuse « avidité de connaître », et fait admettre à Protarque que les « pertes de l'oubli » ne provoquent de douleur que lorsqu'on réfléchit sur cet état de privation.

Ces précisions sont toutefois pour le moins problématiques. La connaissance au sens véritable du terme n'est-elle pas toujours précédée d'un désir selon Platon, voire ne s'identifie-t-elle pas à un tel désir, en tant que philo-sophie[1]? Socrate fait de nombreuses allusions à une telle conception dans le *Philèbe* (*cf.* 16b, 58d, 62d et 67b), ce qui montre que Platon est loin de l'avoir abandonnée au moment où il écrit ce dialogue. Cela ne condamne-t-il pas les plaisirs qui lui sont associés à être mêlés de douleurs? Il est pourtant clair

---

1. Sur cette conception platonicienne de la philosophie, voir M. Dixsaut, *Le Naturel philosophe. Essai sur les Dialogues de Platon* (1985), Paris, Vrin, 2016.

que la connaissance visée dans le présent passage inclut à tout le moins la dialectique, qui acquerra plus loin le titre de science suprême, puisque Socrate déclare que de tels plaisirs, « loin d'appartenir à la masse des hommes, sont réservés à un très petit nombre » (52b). Comment résoudre ce problème ?

Un premier élément de réponse consiste à remarquer qu'à la différence des désirs envisagés jusqu'ici, le désir philosophique ne porte pas sur le plaisir, mais sur la connaissance ou la vérité. Dès lors, la loi selon laquelle ce qui désire désire toujours le contraire de ce qu'il éprouve (35a) n'implique pas que le philosophe éprouve de la douleur, mais seulement qu'il soit conscient de son ignorance. Cela ne fait toutefois que déplacer le problème, car Protarque affirme que c'est la réflexion sur le manque de connaissance qui peut nous faire souffrir d'être privés de ce dont nous avons besoin (52a-b). N'est-ce pas exactement ce processus qui est la source de la reconnaissance de sa propre ignorance, et donc du désir philosophique ? Et de nombreux dialogues de Platon ne témoignent-ils pas du fait que cette reconnaissance est douloureuse, au point de susciter parfois la colère des interlocuteurs de Socrate ?

Il convient cependant de se demander *pour qui* cette reconnaissance est douloureuse. N'est-ce pas pour celui qui conçoit la connaissance comme la *possession d'un contenu*, dont il se reconnaît dépourvu ? Or la connaissance véritable n'est précisément pas de cet ordre selon Platon : elle est une *faculté* qui est toujours déjà présente en nous, mais qu'il s'agit de *réactiver* en la tournant vers le seul objet à sa mesure, à savoir l'intelligible (cf. *République*, V, 477b-e ; VII, 518b-d). C'est en ce sens que la connaissance est réminiscence :

elle est le mouvement même de l'âme tournée vers les Idées, que Platon nomme « intelligence ». Or le désir consiste à projeter dans l'avenir un objet avec lequel l'âme est « en contact » par le biais du souvenir, réactivé par la réminiscence. Dans le cas de la connaissance, cette réminiscence ne peut être spontanée, mais suppose une *recherche*. Cette recherche n'est rien d'autre que l'activité de la connaissance elle-même, à laquelle elle est donc purement et simplement identique. Dès lors, *pour celui qui conçoit la connaissance de cette manière*, c'est-à-dire *pour le philosophe*, le désir de connaissance, qui est l'envers de la reconnaissance de sa propre ignorance, s'identifie à la connaissance elle-même, et en ce sens il est satisfait dès qu'il se manifeste – mais aussi *seulement* en tant qu'il se manifeste, car il apparaît toujours sur le fond d'une ignorance radicale qui reprend le dessus dès qu'il s'éteint, c'est-à-dire dès que cesse l'activité philosophique. Pour le philosophe qui l'est véritablement – et non pour celui qui tend seulement à le devenir, qui expérimente les « douleurs de l'accouchement » liées à la phase transitoire dans laquelle il se trouve –, le désir philosophique ne provoque dès lors aucune douleur ; le plaisir qu'entraîne la restauration de l'harmonie intérieure suscitée par l'activité de l'intelligence en lui est donc pur, et certes « plus divin » encore que ceux de l'espèce précédente.

Ainsi se résout également une difficulté soulevée par certains commentateurs, qui ont fait remarquer que l'interprétation des plaisirs de connaissance selon le modèle de la restauration de l'harmonie semblait restreindre ceux-ci au processus d'apprentissage, au détriment de l'état de celui qui a atteint la connaissance. Pour Platon, la connaissance *est* un apprentissage permanent, qui a sans cesse besoin de se reconquérir, et en aucun cas un état auquel cet apprentissage devrait finalement conduire. La *République* est claire sur ce point, en identifiant « le plaisir de connaître le vrai tel qu'il est » à celui d'« être toujours dans un tel état en apprenant » (IX, 581e). La philosophie n'est pas une simple étape préalable à la *sophia*, elle *est* la science suprême. La suite du *Philèbe* confirmera ce point crucial en plaçant la dialectique au sommet de la hiérarchie des sciences et en l'*identifiant* purement et simplement à l'intelligence et à la pensée.

De la pureté à la mesure, à la vérité et à la beauté (52c-53c)

L'examen des plaisirs purs se conclut par des remarques dont l'utilité échappe à Protarque (52d), mais qui sont en réalité cruciales relativement non seulement à cette problématique, mais également à l'économie du dialogue dans son ensemble.

Socrate commence par subsumer les plaisirs mélangés sous le genre de l'illimité et les plaisirs purs sous le genre des choses mesurées (*tôn emmetrôn*) (52c-d) – c'est-à-dire non pas le genre de la limite, comme on le comprend parfois, mais le troisième genre, résultant de la limitation de l'illimité (*cf.* 26a). Cette division paraît contredire l'inclusion antérieure du plaisir lui-même sous le genre de l'illimité (27e-28a, 31a), qui semblait impliquer que *tout* plaisir était illimité. Il n'en est rien cependant, car ce qui est illimité *en lui-même* peut très bien être limité *par autre chose* et devenir ainsi membre du troisième genre ; et c'est ce qui est arrivé dans le cas des plaisirs purs. Ici comme ailleurs, la cause de la limitation est l'intelligence, qui intervient à divers degrés de pureté : dans le cas des plaisirs olfactifs, en tant que part de conscience nécessaire à toute *sensation*, ici opportunément absente en lien avec certains processus de destruction qui interviennent dans notre corps ; dans le cas des plaisirs esthétiques, en tant que part intellectuelle de la *perception* d'un objet beau comme tel, objet d'ailleurs également produit par un art ; dans le cas des plaisirs de connaissance, en tant que *connaissance* pleine et entière, qui fait de notre vie dans son ensemble un membre du troisième genre.

Comme on pouvait s'y attendre, le mélange de la pensée au plaisir n'a pas laissé ce dernier intact. Mais nous pouvons à présent voir que ce faisant, loin d'émousser le plaisir, comme le craignait Philèbe, la pensée l'a préservé (26b-c) : c'est seulement lorsqu'il subit son activité de limitation que le plaisir se débarrasse de son mélange à la douleur et accède à sa véritable essence – ce qui fait dire à Socrate que le plaisir pur est « plus plaisant » que le plaisir mélangé, même si ce dernier est plus grand et plus abondant (53b-c ; voir également 61d). En tant que membre du troisième genre, le plaisir pur est également celui qui participe le plus à l'Idée même du plaisir. Dès lors, l'hédoniste conséquent se doit de reconnaître la supériorité du plaisir pur sur le plaisir mélangé, si c'est bien le plaisir en tant que tel qu'il révère, et la douleur qu'il honnit. Même d'un point de vue hédoniste, il faut admettre que seuls les plaisirs purs sont bons, tandis que les plaisirs mélangés sont mauvais.

Or partant de là, Socrate fait admettre à Protarque que le plaisir pur est également « plus vrai » et « plus beau » que le plaisir mélangé – en prenant le contrepied de la méthode des « ennemis de Philèbe », qui accordaient un privilège épistémologique à l'intensité et à l'abondance sur la pureté (52d-53c). L'identité extensionnelle entre les plaisirs purs et les plaisirs vrais est ainsi confirmée, et avec elle celle entre les plaisirs mélangés et les plaisirs faux (du moins ceux des deux premières espèces). La bonté des plaisirs purs rejaillit dès lors sur les plaisirs vrais, et la perversité des plaisirs mélangés sur les plaisirs faux.

Mais ce n'est pas tout. Car il nous faut reconnaître que ces caractéristiques de mesure, de beauté et de vérité sont précisément celles qui rendent les plaisirs purs bons, par opposition à la démesure, à la laideur et à la fausseté, qui rendent les plaisirs mélangés mauvais. Dès lors, la nature du bien apparaît à présent à titre de *différence dialectique* qui sépare les plaisirs bons des plaisirs mauvais. Tel était l'objectif poursuivi par Socrate tout au long de cette division : montrer que le bien n'était pas le genre, mais une *différence* du plaisir. Ce faisant, nous avons donné un contenu au bien, en le localisant dans la mesure, la beauté et la vérité. Socrate fera implicitement fond sur ce passage lorsqu'il identifiera purement et simplement l'Idée du bien à la conjonction de ces trois Idées prises comme unité.

Ainsi, Socrate opère ici pour la première fois la jonction entre les deux conceptions du bien à l'œuvre au début du dialogue : la conception « eudémoniste », qui découlait de l'identification du bien à l'objet ultime du désir de tout être vivant, et la conception « formaliste », consistant à situer le bien dans l'harmonie qui caractérise les membres du troisième genre. Alors que Socrate semblait passer d'une conception à l'autre en subsumant de manière apparemment injustifiée la vie mixte sous le troisième genre (27d), la justification de ce glissement nous apparaît à présent comme résultat de cette longue argumentation concernant le plaisir, ce qui nous permet de mesurer l'étendue du chemin parcouru.

LE GENRE :
PLAISIR ET GÉNÉRATION (53C-55C)

La partie du dialogue consacrée au plaisir se termine par une section de prime abord très étrange[1]. Socrate y invoque « certains penseurs subtils » qui prétendent que le plaisir est toujours génération (*genesis*), mais n'a absolument pas d'être (*ousia*) (53c). L'identification de ces penseurs n'est pas aisée, d'autant moins que le pluriel se transforme ensuite en singulier (*cf.* 54d) et que lorsqu'Aristote critique l'identification du plaisir à une *genesis* dans l'*Éthique à Nicomaque* (X, 2, 1173a29-b7 et 3, 1174a14-b14), c'est Platon lui-même qu'il semble viser. Indépendamment de cette question d'attribution, la difficulté principale de cette section tient au fait qu'elle abandonne la division en espèces pour revenir à des considérations générales sur le plaisir lui-même, en particulier sur l'absence d'identité entre le plaisir et le bien – une question qui semblait pourtant avoir été résolue depuis longtemps. Comment comprendre ces particularités ?

Il s'agit d'une application au plaisir de la méthode divine, et plus précisément du processus « inverse » consistant à partir de l'*apeiron* pour remonter à l'unité en passant par les intermédiaires. Dans ces conditions, nous devrions nous attendre à ce qu'après la division vienne une investigation quant au *genre* du plaisir, celui-ci ne pouvant être atteint qu'à partir d'une prise en compte de l'ensemble des espèces. C'est exactement ce que nous observons ici, ce qui suggère que la caractérisation du plaisir comme *genesis* est reprise à son compte par Platon lui-même.

---

1. Sur ce passage, voir en particulier A. Carpenter, « Pleasure as *genesis* in Plato's *Philebus* », *Ancient Philosophy* 31, 2011, p. 73-94.

Elle n'est d'ailleurs pas à proprement parler une nouveauté. Au tout début de l'investigation relative au plaisir, Socrate avait déjà caractérisé le plaisir comme « le chemin de retour vers l'être propre » des membres de l'espèce animée (*tèn deis tèn hautôn ousian hodon*, 32b). Protarque avait alors compris cette caractérisation comme « une première esquisse » (*tupon... tina*) du plaisir, ce que Socrate s'était empressé de contester en déclarant qu'elle correspondait seulement à une première espèce de plaisir, la seconde étant constituée par les plaisirs d'anticipation. Grâce aux analyses psychologiques qui ont suivi, toutefois, nous avons compris que les plaisirs d'anticipation reposaient toujours sur un désir et supposaient donc eux-mêmes la destruction de l'état d'harmonie à la restauration duquel ils aspiraient. Or c'est précisément sur la liaison entre la *genesis* et le désir que Socrate va insister dans le présent passage, ce qui permettra à la *genesis* ainsi réinterprétée de s'appliquer aux deux espèces de plaisirs préalablement distinguées.

Socrate commence par présenter une série de couples dont il prétend qu'ils divisent « tout ce que nous disons être » (53e) : 1) ce qui est en soi et par soi et ce qui tend toujours vers autre chose ; 2) ce qui est toujours par nature le plus vénérable et ce qui demeure en reste par rapport au premier ; 3) les beaux jeunes gens parfaitement accomplis et leurs virils amants (53d-e). À la demande d'un Protarque légitimement perdu, il résume ces distinctions de la manière suivante (où l'ordre des termes a été inversé) : « il y a parmi les choses qui sont ce qui est toujours en vue de quelque chose, et ce en faveur de quoi advient toujours ce qui advient à chaque fois en vue de quelque chose » (53e). Ce sont les membres de ces différents couples qui sont ensuite nommés « génération » et « être ».

On avouera qu'une telle manière d'introduire cette distinction est loin d'aller de soi, et que l'application de ces dénominations aux membres des couples précédents est tout sauf naturelle, en particulier en ce qui concerne le couple (3). Manifestement, elle a pour but d'insister sur le fait que la génération dont il est ici question est toujours *finalisée*, en tant qu'elle aspire à l'être qui en constitue l'achèvement autosuffisant.

C'est ce que confirme la suite du passage, où Socrate fait admettre à Protarque que la génération est toujours en vue de l'être et non l'inverse – bien que la génération puisse elle-même constituer la fin en vue de laquelle sont disposés les remèdes, les instruments et les matériaux (54a-c). Cette dernière précision, avec l'exemple de la construction des navires qui l'illustre, montre bien que la génération ici envisagée est un processus de *production*, qui peut avoir pour but la réalisation de quelque chose de nouveau ou la guérison ou réparation de quelque chose de défaillant. Ce thème de la production dans ses deux variantes nous rappelle un autre passage du *Philèbe* où intervenait également le couple *genesis / ousia* : la division quadripartite.

Lors de la caractérisation du troisième genre (le mélange d'illimité et de limite) apparaissaient en effet deux expressions qui articulaient ces deux notions en subordonnant la première à la seconde : *genesis eis ousian* (26d) et *gegenèmenè ousia* (27b). La première insistait sur le *processus*, la seconde sur son *résultat*; à proprement parler, c'était cette dernière qui s'appliquait aux membres du troisième genre. En reprenant à présent à son compte la caractérisation du plaisir en général comme *genesis*, Socrate insiste sur le fait qu'*en lui-même*, le plaisir n'appartient pas au troisième genre, mais peut seulement être un processus qui vise à y conduire. Cela ne contredit pas la subsomption précédente des plaisirs purs sous le troisième genre (52c-d), dans la mesure où ceux-ci ne pouvaient précisément accéder à leur essence que sous l'action de la pensée : en lui-même, le plaisir n'est pas une *ousia*, voire n'a pas d'*ousia* ; il n'en acquiert qu'à titre de résultat d'un processus de production qui en limite l'illimitation native.

Or nous avons à présent démontré que le bien se situait dans le troisième genre. Dès lors, en tant que *genesis*, le plaisir ne peut être identique au bien. C'est sur cette non-identité du plaisir et du bien qu'insiste Socrate dans la dernière partie de notre texte. Le « lot du bien » (*hè tou agathou moira*) n'appartient pas à la génération, mais à ce en vue de quoi elle advient, c'est-à-dire à l'être, de sorte qu'il ne peut appartenir au plaisir (54c-d). Socrate reprend ici le vocabulaire par lequel il avait introduit les critères du bien : la complétude, la suffisance et le fait d'être universellement digne de choix (*cf.* 20d). De fait, c'est sur la complétude et la suffisance de l'*ousia* par opposition à la *genesis* qu'il vient d'insister, et il en tire la conclusion que seule l'*ousia* est digne de choix, tandis que celui qui choisirait la *genesis*, par exemple sous la forme du plaisir, ferait un choix ridicule en optant pour le cycle infernal de la génération et de la destruction (54d-55a).

Pourquoi ce rappel à ce stade du dialogue ? Sans doute pour mettre en évidence le fait qu'en tant que *genesis*, le plaisir ne peut jamais constituer un *objet de désir* : il peut seulement être un *processus* susceptible de conduire au bien, mais si l'on en vient à le désirer lui-même, on se condamne à le manquer et à passer sa vie dans des processus contraires qui n'atteignent jamais leur but. C'est également la thématique du désir qui permet de comprendre une remarque de prime abord étrange de Socrate, selon laquelle ce qu'il faudrait au contraire choisir, ce serait « cette troisième vie... dans laquelle il n'y a ni jouissance ni douleur, mais la pensée à son plus haut degré de pureté possible » (55a). N'avons-nous pas établi au contraire que la seule vie digne de choix est la vie mixte ? Certes ; mais nous savons à présent également que la vie de pure pensée n'est pas dépourvue de *tout* plaisir, puisque l'activité de la pensée est plaisante par elle-même, mais seulement des plaisirs mélangés de douleurs. Cependant, ce qui la rend bonne et donc désirable n'est pas la part de plaisir qu'elle comporte, mais bien la pensée, puisque c'est l'activité de cette dernière qui rend bons ces plaisirs. Dès lors, même si elle peut être considérée d'une certaine manière comme une vie mixte, c'est en tant que vie de pensée et non en tant que vie de plaisir qu'elle peut constituer l'objet de notre désir. La vie de pensée est donc bien la vie la plus digne de choix, car c'est seulement en concentrant notre désir sur la pensée elle-même plutôt que sur le plaisir qui en découle que nous pourrons atteindre une *bonne* vie mixte, à savoir une vie où le plaisir n'est présent qu'à titre de *conséquence* de la pensée et ne nous entraîne donc pas dans le cycle illimité de la génération et de la destruction.

Les trois arguments très rapides par lesquels Socrate clôt l'investigation sur le plaisir (55b-c) ont le même but : montrer l'absence de convertibilité entre le plaisir et le bien. Soutenir une telle convertibilité entraînerait de multiples absurdités : le bien ne pourrait caractériser que l'âme (alors qu'en tant que mesure, beauté et vérité, il peut également s'appliquer aux corps) ; il n'appartiendrait à aucune vertu (alors que le terme grec traduit par « vertu », *aretè*, signifie littéralement « excellence », et donc ce

qui est bon au suprême degré); seul serait bon, donc
« vertueux », celui qui éprouverait du plaisir au moment
même où il l'éprouverait, tandis que celui qui souffre
serait par là même mauvais, « même s'il est le meilleur
de tous les hommes » (caractérisation qui suppose que
l'on admette en réalité un autre critère du bien que le fait
d'éprouver du plaisir). Il ne s'agit pas ici de nier que le
plaisir puisse être bon, mais seulement qu'il soit *le* bien,
et donc un objet de désir légitime. Voyons à présent vers
quoi *doit* se porter notre désir pour avoir une chance de
trouver satisfaction.

TROISIÈME PARTIE

LA SCIENCE (55C-59D)

Socrate présente la division des sciences dans laquelle il s'engage comme le pendant symétrique de la division des plaisirs (55c). De fait, il va s'agir de diviser « l'intelligence et la science » sous le rapport de la pureté afin de « présenter à notre jugement » leurs parties les plus vraies. De même que pour le plaisir, le critère de la pureté est d'emblée lié à celui de la vérité, suggérant ainsi qu'il y a des sciences « moins vraies » que d'autres, voire des sciences « fausses » (voir également 62b) – ce qui ne peut valoir que si l'on entend le terme « science » dans un sens large, comme le requiert d'ailleurs son utilisation pour désigner toutes les disciplines qui vont suivre (les termes *tekhnè* et *epistèmè* étant utilisés de manière pratiquement interchangeable).

La situation dans laquelle nous nous trouvons à l'égard des sciences est toutefois très différente de celle qui était la nôtre lorsque nous avons abordé le plaisir :

1) tout d'abord, ce critère de la pureté, que nous n'avions atteint qu'au terme de la division des plaisirs, nous est ici connu dès le départ ;

2) ensuite, nous connaissons également le genre de la science : il s'agit de la cause de la limitation de l'illimité, genre qui, à la différence de celui de l'illimité sous lequel

nous avions subsumé le plaisir dans un premier temps, présente une grande stabilité et ne risque donc pas de se modifier d'une espèce à l'autre ;

3) enfin, puisqu'elles produisent des membres du troisième genre, dont nous avons à présent reconnu qu'il est le genre du bien, elles sont toutes des causes du bien, et par là même bonnes, à la différence des plaisirs – même si certaines sont meilleures que d'autres, pour des raisons qu'il faudra expliquer.

Les deux premières différences expliquent que nous allons pouvoir appliquer ici la méthode divine dans sa version la plus simple, qui part de l'un pour aller vers l'illimité en passant par les intermédiaires. De fait, loin des tâtonnements de la division des plaisirs, la division des sciences procède de manière relativement linéaire, qui se rapproche davantage des classifications systématiques présentées comme illustrations de la méthode (17a-18d). (On peut sans doute trouver une autre raison à cette différence : tandis que, autant que nous puissions en juger, le *Philèbe* constitue historiquement la première investigation détaillée des diverses espèces de plaisirs, les différentes sciences étaient déjà relativement individualisées avant ce dialogue, et Platon peut dès lors se contenter ici d'organiser systématiquement ce donné préalable.)

La division des sciences n'est pourtant pas exempte de difficultés, qui surgissent dès la première étape. Socrate commence en effet par déclarer qu'« une partie de la science qui s'attache aux objets d'étude (*to men ... tès peri ta mathèmata epistèmès*) » est « artisanale (*dèmiourgikon*) », tandis que « l'autre concerne l'éducation et la culture (*to de peri paideian kai trophèn*) » (55d). L'usage du terme *dèmiourgikon* ne contredit-il pas l'idée que toutes les sciences relèvent du genre de la cause, elle-même qualifiée antérieurement d'«artisan (*dèmiourgoun*)» de tout le reste (27b)? Certainement pas, car la manière dont la pensée et l'intelligence avaient été subsumées sous le genre de la cause, fondée sur un appel à l'intelligence divine cosmique, interdit de considérer que cette subsomption ne vaudrait que pour les seules les sciences «artisanales». Bien plus, les mathématiques et la dialectique, dont nous allons voir qu'elles constituent les sciences éducatives, ont clairement pour effet de limiter l'illimité, et la dialectique a été explicitement décrite en ces termes. La difficulté disparaît dès que l'on constate que ces «sciences démiurgiques» sont ensuite décrites comme des «arts manuels (*kheirotekhnikai*, 55d)», ce qui montre que seules les disciplines des artisans au sens strict sont ici concernées. Cette division liminaire ne s'oppose donc nullement à l'interprétation de toute science comme fondamentalement *productive* – d'ailleurs, le terme utilisé pour exprimer cette idée dans le cadre de la division quadripartite était plutôt *poioun* que *dèmiourgoun* (*cf.* 26e). La différence, toutefois, est qu'alors que les sciences artisanales travaillent une matière sensible et ont pour effet un produit extérieur, les sciences éducatives n'ont affaire qu'à la pensée et produisent des connaissances.

Socrate distingue ensuite deux espèces d'arts manuels (c'est-à-dire de sciences artisanales) selon leur pureté. Pour ce faire, il propose d'examiner la part qu'y jouent «les sciences qui commandent (*hai hègemonikai*)», à savoir la science du nombre (*hè arithmetikè*), la science de la mesure (*hè metretikè*) et la science de la pesée (*hè statikè*) (55d-e). Il convient d'être attentif à la structure complexe du passage, car ces dernières sciences, qui s'avéreront correspondre aux mathématiques, ne sont pas des sciences artisanales, mais des sciences éducatives ; simplement, elles sont mobilisées dans une mesure plus ou moins grande par les sciences artisanales et y sont ainsi d'une certaine manière « présentes ». Cette présence ne doit pas nous étonner : elle est la conséquence du fait que les sciences les plus pures doivent se retrouver dans les sciences inférieures, mais évidemment d'une manière « moins pure », puisqu'elles y sont mélangées à d'autres éléments – notamment le fait de traiter avec une matière sensible – qui les rendent moins précises.

Parmi les sciences artisanales les moins pures, Socrate cite la musique (à comprendre ici au sens de pratique musicale et non de science harmonique), la médecine, l'agriculture, l'art du pilote et la stratégie ; parmi les plus pures, les différents arts de construction : construction des navires, des maisons et « de nombreux autres arts qui travaillent le bois ». Alors que les premiers en sont réduits à l'estimation (*eikazein*), à l'exercice des sensations (*tas aisthèseis katameletan*), à l'expérience (*empeiria*), à la routine (*tribè*) et à la conjecture (*stokhastikè*), les secondes peuvent recourir à des instruments de mesure qui leur procurent davantage de précision (*akribeia*), de clarté (*saphes*) et de fermeté (*bebaion*) (55e-56c). Cette distinction n'a pas pour but de condamner les arts les moins purs : ceux-ci font ce qu'ils peuvent pour limiter l'illimité, et leurs produits ont antérieurement été cités parmi les membres du troisième genre (*cf.* 25e-26b) ; mais les moyens dont ils disposent à cet effet, fonction de leur domaine d'application, sont moins efficaces que les outils d'autres arts.

Socrate passe alors aux « sciences qui commandent » (56c). Bien qu'il ne le dise pas explicitement, celles-ci correspondent aux sciences éducatives : de fait, ces sciences comprennent les mathématiques et la dialectique, disciplines dont la progression constitue le cœur de la *paideia* telle qu'elle est décrite dans le livre VII de la *République*. La division des sciences mathématiques est toutefois différente : il s'agit moins ici d'énumérer les différentes disciplines mathématiques que de distinguer de manière transversale entre les mathématiques de la foule et les mathématiques des philosophes selon leur pureté relative, elle-même fonction de leur objet : alors que les premières traitent d'objets sensibles, qui dès lors souffrent toujours d'imperfections et entraînent des imprécisions, les secondes commencent par *poser* (cf. *thèsei*, 56e) des objets parfaits et idéaux, qui leur permettent d'atteindre une clarté et une précision incomparables (56d-57e). La division ici opérée est celle entre mathématiques appliquées et mathématiques pures ; et de fait, les premières correspondent à ces mathématiques présentes dans certaines sciences artisanales, qui avaient alors pour effet de rendre celles-ci plus pures que les autres, mais qui sont ici considérées en elles-mêmes, en tant que disciplines indépendantes. Le critère qui nous a permis de remonter de ces mathématiques appliquées aux mathématiques pures est à nouveau la précision (*akribeia*) et la clarté (*saphèneia*), qui ne sont plus toutefois attribuées à la présence en elles d'une autre science encore plus hégémonique, mais à leur objet.

La supériorité de la dialectique va être fondée de manière similaire. Socrate commence par déclarer que « la puissance de la dialectique nous renierait, si nous en jugions une autre supérieure à elle » (57e). De fait, bien que Protarque ne semble pas s'en être aperçu, c'est elle qui a procédé à toute cette division des sciences, comme avant elle à celle des plaisirs. Mais en revendiquant la première place, la dialectique ne procède-t-elle pas à son auto-glorification ? et dans ce cas, n'aurions-nous pas tout lieu de nous méfier de ses prétentions ? C'est ce que pense Protarque, qui fait remarquer que Gorgias faisait lui aussi l'éloge de son art, la rhétorique, et ce certainement en mobilisant toutes ses ressources en sa propre faveur (58a-b). La réponse de Socrate est double : il concède qu'à l'art de Gorgias appartient peut-être « la préséance quant à l'utilité pour les hommes », mais revendique pour la dialectique le premier rang quant à la pureté, en tant qu'elle « vise à la clarté, à la précision et à la vérité maximale » (58b-e).

Cette réponse mérite qu'on s'y arrête. Elle fait remarquer que s'il est vrai que c'est la dialectique qui procède à l'examen, celle-ci respecte un critère (la pureté) qui n'est pas arbitraire, mais dont la pertinence a été établie lors de l'investigation relative aux plaisirs. De ce point de vue, on peut d'ailleurs soupçonner que la rhétorique n'est en réalité même pas un art, comme Socrate y insistait dans le *Gorgias* (462b-c) : et de fait, on ne voit pas où elle pourrait figurer dans la classification des sciences qui nous est présentée à présent (elle a clairement une certaine affinité avec les sciences artisanales les moins pures, qui reposent sur l'expérience, la routine et la conjecture ; mais elle n'est pas un art manuel et ne peut donc appartenir à cette espèce). Quant à l'apparente concession selon laquelle la rhétorique serait plus utile que la dialectique, elle est clairement ironique ; car si l'utile est ce qui contribue à l'obtention du bien, et si le bien se définit en termes de mesure, de beauté et de vérité, la dialectique est évidemment la plus utile de toutes les disciplines, elle qui se voit ici décrite comme « une certaine puissance naturelle <de notre âme> d'aimer le vrai et de tout faire en vue de lui » (58d).

Si la dialectique est la science la plus précise, la plus claire et la plus vraie, c'est une fois encore en raison de ses objets, à savoir « ce qui est, et est réellement, (…) ce qui, par nature, reste toujours et en totalité identique à soi-même (*to on kai to ontôs kai to kata tauton aei pephukos pantôs*) » (58a), ou encore « le stable, le pur, le vrai et ce qu'enfin nous avons dit simple (*to te bebaion kai to katharon kai alèthes kai ho dè legomen eilikrines*) » c'est-à-dire soit « ce qui reste toujours semblablement dans la même condition, absolument sans mélange, soit ce qui leur est le plus apparenté (*ta aei kata ta auta hôsautôs ameiktotata ekhonta, è ekeinôn hoti malista esti sungenes*) » (59c). Difficile de ne pas reconnaître les Idées platoniciennes telles qu'elles sont introduites dans les dialogues dits « de maturité » derrière cette description, ce qui jette d'emblée le soupçon sur toute interprétation selon laquelle celles-ci auraient été abandonnées dans les dialogues tardifs comme le *Philèbe*. On retrouve d'ailleurs ici l'opposition à la science de la nature qui avait fourni la motivation à la « seconde navigation » du *Phédon* (99c-d), une telle « science » se voyant à présent rejetée dans le domaine de l'opinion, en tant qu'elle traite de la génération et échappe donc au domaine de la vérité *stricto sensu* (58e-59b). De même que la rhétorique, mais pour d'autres raisons, la physique se voit exclue de la classification des sciences, au bénéfice de disciplines comme la musique ou la médecine qui, elles, ont au moins l'avantage de procéder à une véritable limitation de l'illimité, fût-ce de manière restreinte.

Il importe de souligner que pas plus que les objets des mathématiques pures, les Idées ne sont des *produits* de la dialectique, et donc des membres du troisième genre : elles sont bien plutôt les objets qu'il convient de *poser* afin de permettre à la dialectique de procéder à son activité déterminante, qui s'exerce dans la pure pensée. Le produit de cette activité est la *connaissance*, connaissance qui n'est rien d'autre que cette activité déterminante elle-même. Mais cette activité ne peut se déployer que pour autant qu'elle a un *objet* ; et cet objet, ce sont les Idées, en tant qu'êtres parfaitement déterminés en eux-mêmes (par contraste avec les membres du troisième genre, êtres dont la déterminité résulte d'un mélange d'*apeiron* et de *peras*). Les Idées sont des *ousiai*, mais pas des *ousiai* advenues ; en revanche, la *connaissance* des Idées advient dans l'âme du dialecticien lorsque celui-ci pratique la dialectique – ou encore lorsqu'il désire le vrai, ce qui revient au même.

Mais en quoi la dialectique est-elle encore plus précise que les mathématiques pures ? Sans doute en ce qu'elle seule nous permet de connaître, non seulement la mesure, mais la *juste* mesure. En effet, afin de produire un membre du troisième genre, il convient d'éliminer toute trace d'illimitation de l'illimité initial, ce qui suppose d'introduire en lui non seulement une mesure, mais encore *la mesure qui convient* à la chose à produire. Or celle-ci ne peut être découverte que sur la base de la connaissance de l'*essence* de la chose en question, c'est-à-dire grâce à la dialectique. Les mathématiques constituent certes un outil fondamental pour toute limitation de l'illimité, mais elles n'y suffisent pas : elles doivent elles-mêmes être guidées par la dialectique, qui constitue dès lors la cause ultime de toute activité de ce type.

C'est en ce sens que la dialectique est la science la plus vraie. « Vraie » ne signifie pas ici qu'elle est adéquate à son objet, en tout cas pas au sens où elle se contenterait de *reproduire* le contenu de cet objet, qui lui serait donné d'avance ; cela signifie qu'elle est parfaitement *déterminée*, et que *parce qu'elle l'est*, elle correspond à une Idée, dont le contenu ne lui devient connu que par son activité. Au niveau de la dialectique, la vérité signifie la parfaite déterminité, caractéristique purement *interne* à la connaissance, en ce que son constat ne suppose pas sa comparaison à un objet extérieur ; et c'est sans doute ce qui explique que plus loin dans le dialogue, la vérité soit rapprochée de l'intelligence au point de suggérer leur identité (65d, 66b).

La dialectique est donc la science la plus pure, et pour cette raison, elle seule mérite à proprement parler d'être appelée « intelligence (*noûs*) » et « pensée (*phronèsis*) » (59c-d). Il convient d'insister sur ce passage, qui ne se contente pas d'*attribuer* la dialectique à l'intelligence et à la pensée comme leur activité, mais *identifie* purement et simplement ces trois notions. Pour Platon, la pensée ou l'intelligence *est* la dialectique, et en tant que telle une *activité*, plutôt qu'une simple faculté (*dunamis*) comme l'est en revanche la connaissance (cf. *République*, V, 477b-e). Dès lors, dire que la dialectique est l'intelligence *pure*, c'est également dire que dialectique est d'une certaine manière présente dans *tout* art et *toute* science. Comment ? En tant qu'elle lui permet d'atteindre la connaissance de la juste mesure, présupposée par tout art digne de ce nom (cf. *Politique*, 284a-b, d, 285a). Voilà ce qui explique que tout ce qui a jamais été découvert dans le domaine de l'art l'a été par la dialectique, don des dieux aux hommes qui accompagna le feu de la technique (*Philèbe*, 16c). Et c'est également cette présence de la dialectique dans tous les arts et toutes les sciences qui permet de justifier l'usage générique des termes « intelligence » et « pensée » pour les désigner tous indifféremment, même si à strictement parler ils ne s'appliquent avec exactitude qu'à la dialectique elle-même, qui est leur noyau de scientificité.

Quatrième partie

DE LA VIE BONNE À L'IDÉE DU BIEN
(59D-67B)

LE BON MÉLANGE (59D-64B)

Le rôle de la dialectique dans la production va à présent recevoir une illustration concrète : la réalisation du mélange constituant la vie bonne à partir des espèces de plaisirs et de sciences précédemment distinguées. C'est par cette question qu'est introduite la dernière partie du dialogue, où Socrate fait mine de délaisser l'argumentation rigoureuse au profit d'une démarche divinatoire (*cf.* 64a et 66b), démarche qui est toutefois inspirée par la muse philosophe elle-même (67b) et ne fait en réalité que tirer les conclusions de tout ce qui précède.

Socrate commence par rappeler la marche du dialogue avant l'application de la méthode divine. À Philèbe (tel du moins que le comprenait Protarque) qui identifiait le bien au plaisir, Socrate rétorquait que la pensée participait davantage au lot du bien que le plaisir ; mais tous deux ont été détrônés au profit de la vie mixte lorsqu'on les a confrontés aux critères de la complétude, de la suffisance et la désirabilité universelle (59e-61a). La fonction de ce rappel, outre d'insister sur l'excellence du cheminement que nous avons suivi – puisque « ce qui est beau, il faut le répéter encore et encore, deux et même trois fois » (60a) –, est sans doute de nous replonger dans le contexte de la conception « eudémoniste » du bien pour nous montrer une nouvelle fois comment elle nous conduit *inévitablement* à sa conception « formaliste ».

Socrate introduit toutefois une précision qui montre que la perspective a changé. Alors que dans le passage qui vient d'être résumé (20d-22b), la vie mixte était *identifiée* au bien, Socrate la décrit à présent comme un *chemin* en direction du bien (*hodon... tina epi tagathon*, 61a), en tant qu'elle correspond à sa *demeure* (*oikèsis*, 61a, 64c) et porte son *empreinte* (*tupos*, 61a), de sorte que le bien y est *plus apparent* qu'ailleurs (61b). Quel est cet autre bien auquel la vie mixte nous offre un accès ? Socrate le dit explicitement un peu plus loin : il s'agit ni plus ni moins que de l'*Idée* du bien (*idea*, 64a). Si la vie mixte est bonne, c'est qu'elle participe à l'Idée du bien ; en l'examinant, il nous sera donc possible de remonter jusqu'à cette Idée, qui correspondra au bien suprême. Mais commençons par effectuer le mélange.

Ce mélange, Socrate précise qu'il faut encore « bien » le réaliser (*kalôs*, 61b). N'y a-t-il pas là une pétition de principe, si la vie mixte est précisément ce qui va nous permettre de mettre au jour la nature du bien lui-même ? Non, puisqu'on apprend plus tard que le bon mélange est en réalité le seul mélange possible, tandis que le mauvais n'est même pas un mélange, en ce qu'il corrompt ses composants et se corrompt ainsi lui-même comme mélange (64d-e ; voir déjà 64a, où le beau mélange est identifié à celui qui est dépourvu de conflits internes). Réaliser un bon mélange, c'est tout simplement réaliser le seul mélange qui en soit véritablement un ; et en ce sens, c'est bien la nature même du mélange qui nous conduira vers le bien plutôt que le contraire. Remarquons que cette affirmation contraste avec ce qui était dit en conclusion du passage qui vient d'être résumé, à savoir que le mélange de plaisir et d'intelligence pouvait être effectué de différentes manières, selon qu'on accordait la priorité à l'un ou l'autre élément (22d) : sur la base de tout ce qui a été mis au jour entre-temps, Socrate va montrer que le seul mélange digne de ce nom est celui où l'intelligence domine.

Puisqu'il s'agit de garantir l'intégrité des composants du mélange, il est normal qu'on donne la parole à ceux-ci pour leur demander dans quelle mesure ils acceptent de cohabiter l'un avec l'autre. Par sécurité, Socrate propose de commencer par mêler les parties les plus pures de l'un et de l'autre (61d-e). Il se tourne ensuite vers la science et fait rapidement admettre à Protarque qu'il serait ridicule d'admettre les sciences les plus pures, mais pas les sciences imparfaites, qui nous sont nécessaires pour évoluer dans le monde du devenir auquel nous appartenons (62a-d)[1]. Le critère ici invoqué pour justifier l'inclusion de toutes les sciences est la suffisance (*cf.* 61e-62a), confirmant le résultat de l'enquête dialectique qui a montré que toutes les sciences étaient bonnes, et donc désirables. Reste toutefois à voir si les plaisirs s'associeront à cette générosité. Interrogés par Socrate, ils manifestent leur parfaite compréhension du problème, puisqu'ils admettent qu'il ne leur est ni possible ni profitable de rester seuls et sans mélange, et que la pensée est leur meilleur allié en

---

1. Ne sont toutefois concernées que les sciences qui figuraient dans la classification antérieure : il n'y a aucune raison de considérer que la rhétorique de Gorgias ou la physique seraient ici incluses, puisqu'elles ne répondent pas aux critères de la scientificité dégagés plus haut.

tant qu'elle les connaît aussi parfaitement que possible (63b-c). Les sciences, quant à elles, sont beaucoup plus circonspectes : elles admettent les plaisirs purs et vrais, les considérant « comme appartenant pour ainsi dire à [leur] famille » (63e) – de fait, ils trouvent ultimement tous leur source dans une certaine activité de pensée –, ainsi que les plaisirs nécessaires (62e-63a), pour autant du moins qu'ils aillent de pair avec la santé et la modération, et tous ceux qui accompagnent la vertu ; mais elles refusent les plaisirs excessifs, ceux qui sont liés à la bêtise et au vice, en ce qu'ils constituent des obstacles à leur naissance et à leur maintien (63d-64a).

Le contraste entre la réponse des plaisirs et celle des sciences confirme que la question est bien celle de la *compatibilité* : les plaisirs acceptent la pensée dans son ensemble, parce que loin de les corrompre, elle les préserve et les fait advenir à leur être véritable ; les sciences n'admettent que les plaisirs qui découlent de l'activité de la pensée ou ne l'entravent pas. Parmi ceux-ci, on notera l'inclusion des plaisirs nécessaires et des plaisirs liés à la vertu. Les premiers, qui n'ont encore jamais été mentionnés dans le dialogue, doivent sans doute être compris au sens de plaisirs « inévitables », en ce qu'ils sont suscités par les processus vitaux élémentaires ; leur inclusion n'est donc pas suscitée par une quelconque désirabilité intrinsèque, mais est en quelque sorte contrainte, même si elle est tempérée par leur soumission à la santé et à la modération. Quant aux plaisirs liés à la vertu, bien qu'ils aient été mentionnés dès le début du dialogue (*cf.* 12d), ils sont restés discrets dans la suite. Si l'on se souvient toutefois que la vertu est pour Platon une science, et plus précisément la science du bien, leur inclusion perd son côté mystérieux : ils ne sont qu'une variété de plaisirs de connaissance, et donc de plaisirs vrais.

Contrairement à ce qu'affirment certains commentateurs [1], il n'y a aucune raison de considérer la vie bonne ainsi produite comme un « compromis » qui présenterait le « bien humain » d'une manière accessible à tous les hommes et non seulement aux philosophes. Car s'il est vrai qu'elle fait droit à certaines préoccupations « pragmatiques » comme la possibilité de construire une maison ou de rentrer chez soi – ce que, après tout, même le philosophe peut être amené à trouver utile de temps à autre! –, Protarque insiste sur le fait que l'inclusion des sciences imparfaites est conditionnée par celle des plus pures (62d), c'est-à-dire en particulier de la dialectique ; or on voit mal qui d'autre que le dialecticien pourrait pratiquer une telle science. La vie bonne ici décrite est au contraire la vie philosophique par excellence : celle qui est tout entière dévolue à la science et aux plaisirs qui lui sont naturellement liés.

Le mélange n'est pas encore tout à fait fini, cependant. Socrate affirme qu'il faut encore ajouter la vérité, sans laquelle rien ne pourrait jamais advenir ni, une fois advenu, être (64a-b). Cet « ajout » peut sembler étrange, dans la mesure où la vérité devrait déjà être incluse dans le mélange en tant que caractéristique des plaisirs et des sciences qui s'y trouvent. Mais à vrai dire, il en allait déjà ainsi des plaisirs purs, qui auraient dû être introduits en même temps que les sciences qui les suscitent. Les différents « composants » du mélange ne sont pas indépendants les uns des autres : ils représentent

---

1. Voir en particulier D. Frede, *Platon : Philebos*, Übersetzung und Kommentar, Göttingen, Vandenhoeck und Ruprecht, 1997, p. 350-351.

plutôt différents aspects d'un tout à proprement parler indissoluble. La vérité, qui doit ici être comprise non pas comme adéquation à quelque chose d'extérieur, mais comme une caractéristique interne du mélange, donc comme *déterminité*, représente en quelque sorte le « liant » ou le « fond commun » des composants du mélange, ce qui les rend commensurables et leur permet dès lors de s'associer en préservant leur nature propre et en évitant la confusion dans laquelle toute inclusion de l'illimité nous projetterait au contraire.

Selon Socrate, le mélange ainsi réalisé représente « quelque chose comme un ordre incorporel qui gouverne harmonieusement un corps animé » (64b). Nous avons donc trouvé cette « condition de l'âme » et cette « disposition qui puisse procurer à tous les êtres humains la vie heureuse » (11d, cf. *diathesin*, 64c). N'avons-nous pas atteint ce que nous cherchions depuis le début, et ne sommes-nous pas au bout de nos peines ? Pas tout à fait : Socrate va à présent faire fond sur cette vie bonne pour remonter jusqu'à l'Idée du bien elle-même.

L'IDÉE DU BIEN (64C-65A)

Nous avons à présent atteint le seuil du bien et de sa demeure, déclare Socrate (64c). Ce qu'il nous reste à faire, conformément au programme annoncé plus tôt (61a-b), c'est pénétrer dans cette demeure pour repérer son occupant. Cet occupant, en tant qu'il se distingue de la vie bonne qui n'en est que la demeure, est l'Idée du bien elle-même, le bien « par nature » (*pephuken agathon*), dont nous allons à présent dégager l'*essence*, c'est-à-dire ce qu'il est (64a).

Comment comprendre que l'Idée du bien réside dans la vie bonne ? Tout simplement au sens où cette dernière, comme toute chose bonne, *participe* à l'Idée du bien. Mais la méthode consistant à s'appuyer sur le participant d'une Idée pour atteindre la connaissance de cette Idée elle-même n'est-elle pas problématique ? D'une part, elle paraît souffrir d'un cercle, car afin de déterminer qu'une chose participe à une Idée donnée, il semble qu'il faille déjà connaître cette Idée ; et d'autre part, dans la mesure où le participant n'exprime jamais qu'imparfaitement l'Idée à laquelle il participe, elle risque de ne nous faire atteindre qu'une représentation imparfaite de cette Idée.

En réponse à la première objection, il convient de commencer par insister sur le fait que le participant en question – la vie bonne – n'est pas un donné empirique, mais une construction dialectique. Or cette construction s'est appuyée sur des critères qui nous ont permis de déterminer le bien indépendamment de la connaissance préalable de son Idée : la complétude, la suffisance et le fait d'être universellement digne de choix. Ces critères nous ont fourni une détermination « eudémoniste » du bien, dont la suite du dialogue nous a montré qu'elle rejoignait sa détermination « formaliste » en termes de mesure et d'harmonie. Ainsi, le passage par la vie bonne nous a précisément permis d'identifier un participant à l'Idée du bien sans avoir besoin de connaître préalablement celle-ci. C'est ce qui explique que la plus grande partie du dialogue se soit déployée sur un terrain « éthique ». Cependant, ce privilège méthodologique de la vie bonne ne signifie pas que l'Idée du bien qui va en être dégagée aura une portée exclusivement « éthique » : Socrate déclare au contraire explicitement qu'elle vaudra non seulement pour l'homme, mais également pour le tout (64a), ce qui lui confère une portée également « cosmique ».

Cela suppose que le bien qui demeure dans la vie mixte n'ait pas de dépendance essentielle à l'égard de celle-ci, mais corresponde à ce qui rend bonne n'importe quelle chose bonne. En d'autres termes, cela suppose que l'examen de la vie bonne nous permette effectivement de remonter jusqu'à l'*Idée* du bien. Mais qu'est-ce qui autorise cette remontée? Aussi bonne soit-elle, la vie bonne n'est-elle pas nécessairement imparfaite, dans la mesure où elle ne peut se réaliser que dans le sensible? Si, mais cela n'implique pas que *sa caractéristique de bonté* soit elle-même imparfaite. Car ce qui fait qu'un participant quelconque n'est qu'imparfaitement ce à quoi il participe, ce n'est pas que les caractéristiques qu'il tire de cette participation seraient elles-mêmes imparfaites, mais qu'il possède toujours en même temps (mais sous un autre rapport ou relativement à autre chose) ou à un autre moment les caractéristiques opposées[1]. Comme l'explique Socrate dans un passage célèbre du *Phédon* (102d-103a), ce n'est pas seulement la grandeur en soi qui n'est que grande et ne peut être petite, mais également la grandeur en nous; Simmias peut bien être grand relativement à Socrate et petit relativement à Phédon, sa grandeur n'est pas pour autant petite : simplement, il possède les deux prédicats contraires. Il en va de même pour le bien : le bien en tant que caractéristique de la vie bonne n'est aucunement mauvais, et est donc tout aussi bon que l'Idée du bien elle-même, ce qui signifie qu'il

---

1. Pour une défense de cette interprétation de la participation, voir en particulier A. Nehamas, « Plato on the imperfection of the sensible world » (1975), repris dans G. Fine, *Plato. 1 : Metaphysics and Epistemology*, Oxford, Oxford University Press, p. 171-191.

a le même contenu qu'elle. Dès lors, la connaissance du premier nous fera accéder à celle de la seconde, puisque cette connaissance consiste à déterminer *ce qu'ils sont*, c'est-à-dire leur *contenu*.

Comment accéder à cette connaissance? Grâce à l'opérateur de la *causalité* (cf. *aition*, 64c; *aitia*, 64d). La notion de cause a déjà fait son apparition antérieurement dans le dialogue, d'abord lorsque s'est annoncée la nouvelle tâche consistant à attribuer la seconde place en déterminant ce qui, du plaisir ou de l'intelligence, était (le plus apparenté et le plus semblable à) la cause de (la bonté de) la vie mixte (22c-e), puis à titre de quatrième genre de la division quadripartite, où la cause (*aitia*, *aition*) était assimilée à un producteur (26e-27b). Par rapport à ce second passage, il est clair que la perspective a changé : ce qu'il s'agit de déterminer, ce n'est plus la cause *productive* du mélange (dont il a été établi qu'elle est l'intelligence), puisque le mélange a désormais été produit, mais les *caractéristiques* appartenant à ce mélange qui justifient sa qualification de « bon ». Cette nouvelle perspective est celle de la « seconde navigation » du *Phédon*, dans laquelle la causalité doit être envisagée « dans les *logoi* », de telle sorte que seules les Idées puissent être dites « causes » au sens propre – en ce sens que ce qui fait qu'une chose a telle ou telle caractéristique, c'est qu'elle participe à l'Idée correspondante (99c-101d). Une différence importante entre ces deux perspectives est que dans la première, la cause est emphatiquement distinguée de son effet (cf. *Philèbe*, 27a-b), tandis que dans la seconde, elle a le même contenu qu'elle, selon la conception de la participation qui vient d'être exposée. C'est cette co-présence de deux perspectives différentes à propos de la causalité qui explique l'apparente hésitation de Socrate en 22c-e et en 31a quant à savoir si l'intelligence *est* la cause (de la vie mixte et de sa bonté) ou si elle lui est seulement *plus apparentée* : elle est bien la cause productive de la vie bonne, mais elle est seulement plus apparentée à la cause « logique » ou « intelligible » que le plaisir, comme la suite va nous le révéler.

Quelle est donc la cause principale du fait que cette vie que nous venons de constituer en est venue à être aimée de tous, bref à être universellement digne de choix ? Socrate répond en citant quatre caractéristiques : la mesure (*to metron*, *hès metriotès*), la proportion (*hè summetria*), la beauté (*to kallos*) et la vérité (*hè alètheia*) (64c-e). La deuxième caractéristique a manifestement un statut intermédiaire : elle est associée tantôt à la première tantôt à la troisième, de sorte qu'on obtient tantôt la triade proportion-beauté-vérité (65a) tantôt la triade beauté-vérité-juste mesure (65b). Ces fluctuations suggèrent qu'il s'agit moins de trois déterminations distinctes que de trois *aspects* de la même détermination. C'est ce que confirme Socrate en disant que ce sont ces trois Idées (beauté, proportion et vérité) qui, prises comme unité (*hoion hen*), constituent la cause du mélange et du fait qu'il est bon (seul le bon mélange étant un mélange véritable) (65a). Autrement dit, l'Idée du bien, en tant que cause de la bonté de tout ce qui est bon, et en particulier de la vie bonne, n'est rien d'autre que l'unité de la mesure ou de la proportion, de la beauté et de la vérité.

Depuis les néoplatoniciens, les interprètes considèrent le plus souvent que ces trois Idées ne constituent pas une définition de l'Idée du bien elle-même, que Socrate reconnaîtrait avoir échoué à saisir, mais resteraient au « seuil » du bien lui-même, qui demeurerait à jamais transcendant à toute saisie de ce type – ou, au mieux, qu'elles ne correspondraient qu'à ses trois aspects principaux[1]. Le texte est pourtant clair : d'une part, il assimile le seuil du bien au seuil de sa *demeure* (64c), à savoir la vie mixte, tandis que la mesure, la proportion, la beauté et la vérité sont ce qui réside *dans* ce mélange (*cf.* 64c : *en tèi summeixei*) et correspondent donc au bien lui-même, selon ce qui a été annoncé en 61a-b et en 63e-64a ; d'autre part, il ne nie pas que nous ayons pu saisir le bien, mais seulement que nous ayons pu le saisir au moyen d'une Idée unique, *bien que nous l'ayons saisi au moyen de trois* (*sun trisi labontes*, 65a). Tout porte à croire que Socrate nous offre ce qu'il nous refusait dans la *République* : une définition de l'Idée du bien, qui, comme toute définition, implique une certaine complexité, en l'occurrence l'articulation entre trois Idées qui forment néanmoins une unité indissoluble. On peut à présent voir l'étendue du cheminement nécessaire pour relier le conflit de départ entre la pensée et le plaisir dans leur prétention au titre de bien et l'Idée du bien dont Socrate n'acceptait alors de parler que par le biais d'une analogie : ce cheminement, ce n'est rien d'autre que le *Philèbe* dans sa totalité.

L'une des raisons pour lesquelles la majorité des commentateurs refusent de considérer que le présent passage nous offre une définition de l'Idée du bien est peut-être son caractère de prime abord décevant : d'une part, la mesure, la proportion, la beauté et la vérité semblent ici dégagées sans argumentation véritable, et d'autre part, leur identification à l'Idée du bien ne paraît guère

---

1. Pour un exemple récent de ce type d'interprétation, voir G. Van Riel, « Beauté, proportion et vérité comme "vestibule" du bien dans le *Philèbe* », *Revue philosophique de Louvain* 97, 1999, p. 253-267.

informative. À la première objection, il faut répondre que ces déterminations ne sortent pas de nulle part : elles ont déjà été attribuées aux membres du troisième genre lors de la division quadripartite (*cf.* 25e, 26a, b)[1], et la division des plaisirs a montré qu'elles correspondaient au bien en tant que différence dialectique des plaisirs (*cf.* 52c-53c). Leur mise au jour résulte donc d'une investigation dialectique rigoureuse. Quant à la deuxième objection, elle ne fait que confirmer que l'essentiel de la dialectique n'est pas à chercher dans son résultat, mais dans le cheminement qui y conduit, qui seul confère un statut scientifique à ce résultat.

Tâchons tout de même d'en dire un peu plus sur ces déterminations et sur leurs rapports mutuels. La mesure semble représenter la déterminité intrinsèque d'une chose considérée dans sa simplicité, par contraste avec la proportion, terme retenu pour traduire le grec *summetria*, qui signifie plus littéralement la « commensurabilité », c'est-à-dire le partage d'une mesure commune par différents éléments. À la différence de la mesure, la proportion ou la commensurabilité renvoie donc à la déterminité de *rapports* entre une multiplicité d'éléments, que ces rapports soient internes à la chose ou se jouent entre cette chose et d'autres. La beauté est généralement associée à la *summetria* ainsi comprise, que ce soit chez Platon ou chez la majorité des Grecs. Quant à la vérité,

---

1. Elles ne correspondent donc pas au *peras*, mais sont des caractéristiques du mélange en tant que produit de l'introduction d'un *peras* dans un *apeiron*. Alors que le *peras* représente la limite en tant que *moment dans un processus de production*, la mesure, la proportion, la beauté et la vérité caractérisent le *résultat* de ce processus – mais peuvent également appartenir à des réalités éternelles comme les Idées, qui ne résultent pas d'un tel mélange.

en tant que caractéristique interne du mélange, elle ne peut désigner l'adéquation à autre chose, mais plutôt la déterminité d'un objet en tant qu'elle rend possible la connaissance, c'est-à-dire une pensée qui soit également déterminée, et donc elle aussi vraie en ce sens – comme le suggère Socrate dans l'analogie entre l'Idée du bien et le soleil, la vérité est le « lien » entre l'objet connu et la connaissance (*République*, VI, 508a). On le voit, ce qui constitue l'unité entre ces différentes caractéristiques, c'est la déterminité ; mais celle-ci est rapportée à la chose considérée tantôt en elle-même, tantôt dans ses rapports internes ou externes, tantôt dans son lien à la connaissance, selon une forme d'extériorisation progressive. Le bien consiste donc dans la *déterminité* – ce qui, à ce stade du dialogue, ne devrait plus nous étonner [1].

LE JUGEMENT ET LA HIÉRARCHIE FINALE (65A-67B)

Reste donc à prononcer notre jugement en comparant le plaisir et la pensée à l'Idée du bien ainsi mise au jour, selon la triade beauté, vérité et juste mesure (*metriotès*) (65b). Cette fois, il ne s'agit plus de déterminer lequel des deux composants de la vie mixte est la cause productive de celle-ci et de sa bonté, mais plutôt lequel a intrinsèquement des caractéristiques plus proches de celles qui constituent l'Idée du bien. Pour cette raison, Protarque compare chacun des candidats tel qu'il est lorsqu'il est isolé (autant que cela est possible) de l'autre, raison pour laquelle il s'appuie notamment sur

---

1. Dans *Le* Philèbe *de Platon*, *op. cit.*, p. 587-608, j'ai tenté de montrer que l'Idée du bien ainsi conçue permettait de comprendre les fonctions qui lui sont assignées dans l'analogie avec le soleil de *République*, VI, 506d-509c.

les plaisirs les plus grands, voire les plus excessifs, afin d'éviter de leur attribuer des caractéristiques qui leur viennent de leur mélange avec l'intelligence : certes, ceux-ci n'appartiennent pas à la vie mixte que nous avons constituée, mais ils représentent ce que serait le plaisir laissé à lui-même.

Comme on pouvait s'y attendre, l'intelligence gagne haut la main sur les trois plans (65b-e). Ici encore, les arguments invoqués semblent assez faibles ; mais ils sont en réalité inutiles à ce point du dialogue, où cette victoire apparaît comme une conséquence nécessaire de tout ce qui précède. C'est sans doute la raison pour laquelle Socrate déclare que désormais, « n'importe qui constituerait à nos yeux un juge adéquat » quant à cette question (65a). Il est néanmoins significatif que ce soit Protarque qui procède à ce jugement final, car cela montre que le dialogue a bien eu un effet déterminant sur lui : le voilà complètement gagné à la cause de la pensée.

Socrate propose enfin une hiérarchie finale qui comporte cinq degrés (66a-c). Pourquoi cinq ? En réalité, il semble que nous ayons distingué trois rangs : le premier occupé par l'Idée du bien, le deuxième par la pensée et le troisième par le plaisir (pur). Cependant, l'Idée du bien a été détaillée en trois niveaux, entre lesquels il est possible d'établir une certaine hiérarchie en considérant qu'ils correspondent à une extériorisation progressive de la déterminité. Cela permet de rejeter le plaisir à la cinquième position, l'éloignant ainsi encore du premier rang, ce qui est sans doute le but de Socrate (*cf.* 67a-b). Mais cela n'en éloigne-t-il pas corrélativement la pensée ? Pour pallier ce risque, Socrate invente un subterfuge : il dédouble la pensée. D'un côté, l'intelligence et la pensée au sens strict, c'est-à-dire la dialectique (*cf.* 59c-d) ; de l'autre, toutes les (autres) sciences (66b-c). N'aurions-nous pas alors six rangs ? Non, car se fondant sur une remarque de Protarque selon laquelle l'intelligence est soit identique à la vérité soit ce qui lui est le plus semblable (65d), il assimile par le biais d'un jeu de mots le dernier niveau de la triade constitutive de l'Idée du bien (la vérité) au premier niveau des composants du mélange (l'intelligence) (66b). La dialectique, en tant qu'activité déterminante par excellence, en devient pratiquement une composante de l'Idée du bien elle-même, du moins en tant que cette dernière est connue. Elle constitue ainsi le pivot qui nous fait passer des caractéristiques *formelles* du bien aux *composantes* de la vie mixte.

On obtient donc la hiérarchie suivante :

1. la mesure (*to metron*), la juste mesure (*to metrion*), l'opportun (*to kairion*) « et tout ce qui est de ce genre », qui correspondent à la déterminité en tant qu'elle caractérise une chose considérée isolément dans sa simplicité ;

2. ce qui est proportionné (*to summetron*), beau (*to kalon*), complet (*to teleon*), suffisant (*to hikanon*) « et tout ce qui appartient à la même génération », c'est-à-dire ce qui est déterminé dans ses rapports internes ou externes (l'ajout de la complétude et de la suffisance confirment qu'il s'agit bien ici de considérer la chose comme un ensemble de parties) ;

3. l'intelligence, la pensée et la vérité, bref la déterminité en tant qu'elle met en rapport la dialectique et son objet ;

4. les sciences, les arts et les opinions droites, c'est-à-dire toutes les activités de limitation de l'illimité moins parfaites que la dialectique ;

5. les plaisirs purs, « qu'ils accompagnent des sciences ou même des sensations », mais en tout cas toujours une certaine forme de pensée qui en est la condition de possibilité.

L'importance de cette hiérarchie tient avant tout dans le fait qu'elle remplace l'antagonisme initial entre le plaisir et la pensée – dont chacun se proclamait *meilleur* que l'autre, ce qui les projetait tous deux dans l'illimité – par un système numériquement ordonné qui fixe des rapports déterminés entre les termes impliqués. La dialectique a ainsi accompli sa fonction : elle a limité l'illimitation qui régnait avant qu'elle n'accomplisse son office et sur le fond de laquelle le dialogue émergeait. Cela ne signifie pas que ce résultat est acquis une fois pour toutes : au contraire, il n'a de sens qu'en tant qu'il est soutenu par tout le cheminement qui y conduit, ce qui explique sans doute que Socrate conclue le dialogue en retraçant une nouvelle fois tout l'argument du dialogue (66d-67b) – et en suggérant que c'est parce qu'il avait anticipé la marche de celui-ci qu'il avait avancé sa position initiale (*cf.* 66e). Car en définitive, le *Philèbe* n'est pas seulement un dialogue *à propos* du bien : il *est* le bien lui-même, à la fois dans ses caractères formels et en tant que l'engagement dans son cheminement dialectique nous fait vivre la vie bonne qu'il décrit – une vie de philosophie remplie de plaisirs dénués de toute douleur.

Mais précisément pour cette raison, le *Philèbe* (ou un entretien dialectique du même type) doit être constamment repris, sous peine de nous faire sombrer à nouveau dans l'illimité. C'est sans doute la signification de la dernière réplique de Protarque, qui déclare qu'« il reste encore un petit quelque chose » et qu'il n'imagine pas que Socrate se défilera avant lui et ses compagnons (67b).

La forme ici rendue par le verbe « se défiler » (*apereis*) est une claire allusion à l'*apeiron* dans lequel le dialogue retombe dès qu'il cesse, et donc à cette part d'illimitation et d'indétermination irréductible dont l'intelligence ne pourra jamais venir à bout. Heureusement : c'est ce qui lui permet de se relancer indéfiniment, et donc de nous procurer le bonheur sans cesse renouvelé de penser toujours à nouveaux frais.

BIBLIOGRAPHIE

Une bibliographie du *Philèbe* quasiment exhaustive pour le dix-neuvième et le vingtième siècles a été compilée par G. Van Riel (« Bibliographie », dans M. Dixsaut, *La Fêlure du plaisir. Études sur le* Philèbe *de Platon. 1 : Commentaires*, Paris, Vrin, 1999, p. 422-436). Pour les années suivantes, on peut la compléter en consultant la bibliographie platonicienne en ligne éditée par B. Castelnérac, *Pythia. Bibliographie platonicienne*, Paris, Vrin, fréquemment mise à jour. J'ai également proposé une bibliographie commentée dans la série « Oxford bibliographies online » (« Plato's *Philebus* », dans D. Clayman (ed.), *Oxford Bibliographies in Classics*, New York, Oxford University Press, 2018, DOI : 10.1093/obo/9780195389661-0326), dont celle ci-dessous est largement dérivée.

ÉDITIONS ET TRADUCTIONS

STALLBAUM G., *Platonis Philebus*, Lipsiae, Sumtibus librariae Hinrichsii, 1820.

BADHAM C., *Platonis Philebus*, with introduction and notes, London, John W. Parker and son, 1855.

POSTE E., *The Philebus of Plato*, with a revised text and English notes, Oxford, Oxford University Press, 1860.

BADHAM C., *The Philebus of Plato*, edited with introduction, notes, and appendix, London-Edinburgh, Williams and Norgate, 1878 ².

BURY R.G., *The Philebus of Plato*, edited with introduction, notes and appendices, Cambridge, Cambridge University Press, 1897.

BURNET J., *Platonis Opera*, vol. 2, Oxford, Clarendon Press, OCT, 1901.

APELT O., *Platons Dialog Philebos*, übersetzt und erlaütert, Leipzig, Meiner, 1912.

DIÈS A., *Platon. Œuvres complètes*, t. IX, 2 e partie : *Philèbe*, notice, texte et traduction, Paris, Les Belles Lettres, CUF, 1941.

ROBIN L., *Platon : Œuvres complètes*, traduction nouvelle et notes par L. Robin, vol. 2, Paris, Gallimard, Bibliothèque de la Pléiade, 1950 [1942].

HACKFORTH R., *Plato's* Philebus, translated with an introduction and commentary, Cambridge, Cambridge University Press, 1972 [1 re édition sous le titre *Plato's Examination of Pleasure*, 1945].

TAYLOR A.E., *Plato :* Philebus *and* Epinomis, translation and introduction, edited by R. Klibansky, London, Folkstone, 1956.

GOSLING J.C.B., *Plato : Philebus*, translated with notes and commentary, Oxford, Clarendon Press, 1975.

WATERFIELD R., *Plato : Philebus*, translated with an introduction, London, Penguin Books, 1982.

BENARDETE S., *The Tragedy and Comedy of Life. Plato's* Philebus, translated and with commentary, Chicago, Chicago University Press, 1993.

FREDE D., *Plato : Philebus*, translated, with introduction and notes, Indianapolis, Hackett, 1993.

– *Platon : Philebos*, Übersetzung und Kommentar, Göttingen, Vandenhoeck und Ruprecht, 1997.

LA TAILLE A. de, *Platon : Philèbe* (31 b-44 a), traduction, notes et commentaire, Paris, Ellipses, 1999.

PRADEAU J.-F., *Platon : Philèbe*, traduction et présentation, Paris, GF-Flammarion, 2002.

MUNIZ F., *Platão : Filebo*, texto, tradução e notas, Rio de Janeiro – São Paulo, Editora PUC-Rio – Erições Loyola, 2012.

RUDEBUSCH G., H. NIEHUS, B. ZGURICH, *Plato's* Philebus, Greek text with basic grammar, Seattle, Kindle Direct Publishing, 2020.

ÉTUDES SUR LE *PHILÈBE*

Commentaires

DAMASCIUS, *Commentaire sur le Philèbe de Platon*, texte établi, traduit et annoté par G. Van Riel, Paris, Les Belles Lettres, CUF, 2008.

DAVIDSON D., *Plato's Philebus*, New York, Garland, 1990.

DELCOMMINETTE S., *Le* Philèbe *de Platon. Introduction à l'agathologie platonicienne*, Leiden, Brill, 2006.

FICINO Marsilio, *The Philebus Commentary*, critical edition and translation by M.J.B. Allen, Berkeley, Publications of the Center for Medieval and Renaissance Studies, 1975.

GADAMER H.-G., *L'Éthique dialectique de Platon. Interprétation phénoménologique du Philèbe* [1931], traduit de l'allemand par F. Vatan et V. von Shenk, Arles, Actes Sud, 1994.

MIGLIORI M., *L'uomo fra piacere, intelligenza e bene. Commentario storico-filosofico al* Filebo *di Platone*, Milano, Vita e Pensiero, 1993.

RUDEBUSCH G., *Plato's Philebus : A Commentary for Greek Readers*, Norman, University of Oklahoma Press, à paraître.

Recueils

COSENZA P. (a cura di), *Il* Filebo *di Platone e la sua fortuna. Atti del Convegno di Napoli 4-6 novembre 1993*, Napoli, M. D'Auria Editore, 1996.

DIMAS P., R.E. JONES, G.F. LEAR (eds), *Plato's Philebus. A Philosophical Discussion*, Oxford, Oxford University Press, 2019.

DIXSAUT M. (éd.), *La Fêlure du plaisir. Études sur le* Philèbe *de Platon. 1 : Commentaires. 2 : Contextes*, Paris, Vrin, 1999.

DILLON J., L. BRISSON (eds), *Plato's Philebus : Selected Papers from the Eighth Symposium Platonicum*, Sankt Augustin, Academia Verlag, 2010.

JIRSA J., F. KARFÍK, Š. ŠPINKA (eds), *Plato's Philebus : Proceedings of the Ninth Symposium Platonicum Pragense*, Praha, Oikoumenè, 2016.

Articles consacrés à l'ensemble du dialogue

ISENBERG M.W., « The unity of Plato's *Philebus* », *Classical Philology* 35, 1940, p. 154-179.

KLEIN J., « About Plato's *Philebus* », *Interpretation* 2, 1971-1972, p. 157-182.

McGINLEY J., « The doctrine of the good in *Philebus* », *Apeiron* 11, 1977, p. 27-57.

RODIER G., « Remarques sur le *Philèbe* » [1900], repris dans *Études de philosophie grecque*, Paris, Vrin, 1957, p. 74-137.

Aspects dramatiques

DIXSAUT M., « L'affirmation de Philèbe (11a-12b) », dans M. Dixsaut (éd.), *La Fêlure du plaisir. Études sur le* Philèbe *de Platon. 1 : Commentaires*, Paris, Vrin, 1999, p. 27-42.

FREDE D., « The *Philebus* : the hedonist's conversion », dans G. Gill and M.M. McCabe (eds), *Form and Argument in Late Plato*, Oxford, Clarendon Press, 1996, p. 213-248.

GILL C., « Dialogue form and philosophical content in Plato's *Philebus* », dans J. Dillon and L. Brisson (eds), *Plato's* Philebus : *Selected Papers from the Eighth Symposium Platonicum*, Sankt Augustin, Academia, 2010, p. 47-55.

ROWE C.J., « La forme dramatique et la structure du *Philèbe* », dans M. Dixsaut (éd.), *La Fêlure du plaisir. Études sur le* Philèbe *de Platon. 1 : Commentaires*, Paris, Vrin, 1999, p. 9-25.

Méthodologie et métaphysique

Traitements généraux

BENITEZ E.E., *Forms in Plato's* Philebus, Assen, Van Gorcum, 1989.

CROMBIE I.M., *An Examination of Plato's Doctrines. 2 : Plato on Knowledge and Reality*, London, Routledge, 1963.

DIXSAUT M., *Métamorphoses de la dialectique dans les Dialogues de Platon*, Paris, Vrin, 2001.

HARTE V., *Plato on Parts and Wholes. The Metaphysics of Structure*, Oxford, Clarendon Press, 2002.

LÖHR G., *Das Problem des Einen und Vielen in Platons* Philebos, Göttingen, Vandenhoeck und Ruprecht, 1990.

MORAVCSIK J.M., « Form, nature, and the good in the *Philebus* », *Phronesis* 24, 1979, p. 81-104.

STRIKER G., *Peras und Apeiron. Das Problem der Formen in Platons Philebos*, Göttingen, Vandenhoeck und Ruprecht, 1970.

L'un et le multiple

CARPENTER A. D., « Nevertheless : the philosophical significance of the questions posed at *Philebus* 15b », *Logical Analysis and History of Philosophy / Philosophiegeschichte und Logische Analyse* 12, 2009, p. 103-129.

DANCY R.M., « The one, the many, and the forms : *Philebus*, 15b1-8 », *Ancient Philosophy* 4, 1984, p. 160-193.

DELCOMMINETTE S., « The one-and-many problems at *Philebus* 15b », *Oxford Studies in Ancient Philosophy* 22, 2002, p. 21-42.

HAHN R., « On Plato's *Philebus* 15b1-8 », *Phronesis* 23, 1978, p. 158-172.

MEINWALD C.C., « One/many problems : *Philebus* 14c1-15c3 », *Phronesis* 41, 1996, p. 95-103.

MIRHADY D.C., « The great fuss over *Philebus* 15b », *Apeiron* 25, 1992, p. 171-177.

MUNIZ F., G. RUDEBUSCH, « *Philebus* 15b : a problem solved », *Classical Quarterly* 54, 2004, p. 394-405.

La méthode divine

BARKER A., « Plato's *Philebus* : the numbering of a unity », dans E.E. Benitez (ed.), *Dialogues with Plato*, Edmonton, Academic Printing and Publishing, 1996, p. 143-164.

HUFFMAN C, « The Philolaic method : the Pythagoreanism behind the *Philebus* », dans A. Preus (ed.), *Essays in Ancient Greek Philosophy*, VI, Albany, SUNY Press, 2001, p. 67-85.

KOLB D.A., « Pythagoras bound : limit and unlimited in Plato's *Philebus* », *Journal of the History of Philosophy* 21, 1983, p. 497-511.

MENN S., « Collecting the Letters », *Phronesis* 43, 1988, p. 291-305.

MEINWALD C.C., « Prometheus's bounds. *Peras* and *Apeiron* in Plato's *Philebus* », dans J. Gentzler (ed.), *Method in Ancient Philosophy*. Oxford, Clarendon Press, 1998, p. 165-180.

MILLER M., « A more "exact grasp" of the soul ? Tripartition in the *Republic* and dialectic in the *Philebus* », dans K. Pritzl, O.P. (ed.), *Truth. Studies of a Robust Presence*, Washington, D.C., The Catholic University of America Press, 2010, p. 40-101.

THOMAS C.J., « Plato's Prometheanism », *Oxford Studies in Ancient Philosophy* 31, 2006, p. 203-231.

TREVASKIS J.R., « Classification in the *Philebus* », *Phronesis* 5, 1960, p. 39-44.

La classification quadripartite

COOPER J.M., « Plato's theory of human good in the *Philebus* », dans G. Fine (ed.), *Plato 2 : Ethics, Politics, Religion, and the Soul*, Oxford, Oxford University Press, 1999, p. 309-328.

DAVIS P.J., « The fourfold classification in Plato's *Philebus* », *Apeiron* 13, 1979, p. 124-134.

HAZEBROUCQ M.-F., « La cause du mixte. *Philèbe* 26e-28c », dans M. Dixsaut (éd.), *La Fêlure du plaisir. Études sur le Philèbe de Platon. 1 : Commentaires*, Paris, Vrin, 1999, p. 173-192.

KÜHN W., « Quatre catégories cosmologiques employées en éthique (23b-26d) », dans M. Dixsaut (éd.), *La Fêlure du plaisir. Études sur le Philèbe de Platon. 1 : Commentaires*, Paris, Vrin, 1999, p. 89-154.

Le choix de vie

COOPER J.M., « Plato and Aristotle on "finality" and "(self-) sufficiency" », repris dans *Knowledge, Nature, and the Good*, Princeton, Princeton University Press, 2004, p. 270-308.

COSENZA P., « Bios misto e bios divino nel *Filebo* di Platone », dans *Ethos e cultura. Studi in onore di Ezio Riondato*, Padova, Antenore, 1991, p. 79-90.

EVANS M., « Plato's rejection of thoughtless and pleasureless lives », *Phronesis* 52, 2007, p. 337-363.

HARTE V., « The life of Protarchus'choosing : Plato *Philebus* 20b-22c », dans M.-K. Lee (ed.), *Strategies of Argument*, Oxford, Oxford University Press, 2014, p. 3-20.

LEFEBVRE D., « Qu'est-ce qu'une vie viable ? La découverte de la vie mixte dans le *Philèbe*, 20b-22b », dans M. Dixsaut (éd.), *La Fêlure du plaisir. Études sur le* Philèbe *de Platon. 1 : Commentaires*, Paris, Vrin, 1999, p. 61-88.

L'argument cosmologique

HACKFORTH R., « Plato's theism » [1936], repris dans R.E. Allen (ed.), *Studies in Plato's metaphysics*, London, Routledge, 1965, p. 439-447.

MCCABE M.M., « Téléologie et autonomie dans le *Philèbe* de Platon », dans M. Dixsaut (éd.), *La Fêlure du plaisir. Études sur le Philèbe de Platon. 1 : Commentaires*, Paris, Vrin, 1999, p. 221-241.

MASON A.J., « On the status of *nous* in the *Philebus* », *Phronesis* 59, 2014, p. 143-169.

MENN S., *Plato on God as Nous*, Carbondale, Southern Illinois University Press, 1995.

TORDO ROMBAUT K., « La cosmologie parodique du *Philèbe* (28c6-30d8) », dans M. Dixsaut, *La Fêlure du plaisir. Études sur le* Philèbe *de Platon. 1 : Commentaires*, Paris, Vrin, 1999, p. 193-220.

VAN RIEL G., « Zeus'royal intellect (*Phileb.* 26e-31a) », dans J. Jirsa, F. Karfík, Š. Špinka (eds), *Plato's Philebus : Proceedings of the Ninth Symposium Platonicum Pragense*, Praha, Oikoumenè, 2016, p. 74-92.

Le plaisir

Traitements généraux du plaisir chez Platon et dans la philosophie grecque

BRAVO F., *Las Ambigüedades del Placer. Ensayo Sobre el Placer en la Filosofía de Platón*, Sankt Augustin, Academia Verlag, 2003.

FERBER J., « Platos Polemik gegen die Lustlehre », *Zeitschrift für Philosophie und philosophische Kritik* 148, 1912, p. 129-181.

GOSLING J.C.B., C.C.W. TAYLOR, *The Greeks on Pleasure*, Oxford, Clarendon Press, 1982.

JOUËT-PASTRÉ E., *Le Plaisir à l'épreuve de la pensée. Lectures du* Protagoras, *du* Gorgias *et du* Philèbe, Leiden, Brill, 2018.

RUSSELL D., *Plato on Pleasure and the Good Life*, Oxford, Clarendon Press, 2005.

VAN RIEL G., *Pleasure and the Good Life. Plato, Aristotle, and the Neoplatonists*, Leiden, Brill, 2000.

WARREN J., *The Pleasures of Reason in Plato, Aristotle, and the Hellenistic Hedonists*, Cambridge, Cambridge University Press, 2014.

WOLFSDORF D., *Pleasure in Ancient Greek Philosophy*, Cambridge, Cambridge University Press, 2013.

Traitements généraux du plaisir dans le Philèbe

BUTLER J.E., « Pleasure's pyrrhic victory : an intellectualist reading of the *Philebus* », *Oxford Studies in Ancient Philosophy* 33, 2007, p. 89-123.

CARONE G.R. « Hedonism and the pleasureless life in Plato's *Philebus* », *Phronesis* 45, 2000, p. 257-283.

FREDE D., « Disintegration and restoration : pleasure and pain in Plato's *Philebus* », dans R. Kraut (ed.), *The Cambridge Companion to Plato*, Cambridge, Cambridge University Press, 1992, p. 425-463.

TUOZZO T.M., « The general account of pleasure in Plato's *Philebus* », *Journal of the History of Philosophy* 34, 1996, p. 495-513.

Psychologie et épistémologie

DIXSAUT M., « Une certaine espèce de vie (*Philèbe*, 34d1-36c3) », dans M. Dixsaut (éd.), *La Fêlure du plaisir. Études sur le* Philèbe *de Platon. 1 : Commentaires*, Paris, Vrin, 1999, p. 245-265.

HARTE V., « Desire, memory, and the authority of soul : Plato, *Philebus* 35c-d », *Oxford Studies in Ancient Philosophy* 46, 2014, p. 33-72.

KING R.A.H., « Sensation in the *Philebus* : common to body and soul », dans J. Jirsa, F. Karfík, Š. Špinka (eds), *Plato's* Philebus : *Proceedings of the Ninth Symposium Platonicum Pragense*, Praha, Oikoumenè, 2016, p. 93-109.

MOMBELLO E.H., « Sobre el pensamiento y la expresión de la experiencia sensoperceptual en Platón, *Philebus* 38b-39d », *Elenchos* 35, 2014, p. 38-60 et 269-309.

THEIN K., « Imagination, self-awareness, and modal thought at *Philebus* 39-40 », *Oxford Studies in Ancient Philosophy* 42, 2012, p. 109-149.

Les plaisirs faux

BRANDT R., « Wahre und falsche Affekte im platonischen *Philebus* », *Archiv für Geschichte der Philosophie* 59, 1977, p. 1-18.

DELCOMMINETTE S., « False pleasures, appearance and imagination in the *Philebus* », *Phronesis* 48, 2003, p. 215-237.

JOACHIM H.H., « The Platonic distinction between "true" and "false" pleasures and pains », *Philosophical Review* 119, 1911, p. 471-497.

BRAVO F., « La critique contemporaine des faux plaisirs dans le *Philèbe* », dans M. Dixsaut (éd.), *Contre Platon. 2 : Renverser le platonisme*, Paris, Vrin, 1995, p. 235-270.

CARPENTER A.D., « Hedonistic persons. The good man argument in Plato's *Philebus* », *British Journal for the History of Philosophy* 14, 2006, p. 5-26.

EVANS M., « Plato on the possibility of hedonist mistakes », *Oxford Studies in Ancient Philosophy* 35, 2008, p. 89-124.

FREDE D., « Rumpelstiltskin's pleasures : true and false pleasures in Plato's *Philebus* », dans G. Fine (ed.), *Plato. 2 : Ethics, Politics, Religion, and the Soul*, Oxford, Oxford University Press, 1999, p. 345-372.

HARTE V., « The *Philebus* on pleasure : the good, the bad and the false », *Proceedings of the Aristotelian Society* 104, 2003-2004, p. 111-128.

MUNIZ F., « Propositional pleasures in Plato's *Philebus* », *Journal of Ancient Philosophy* 8, 2014, p. 45-74 (en ligne : https://www.revistas.usp.br/filosofiaantiga/article/view/76146).

OGIHARA S., « False pleasures : *Philebus* 36c-40e », dans R. Patterson, V. Karasmanis, A. Hermann (eds), *Presocratics and Plato. Festschrift at Delphi in Honor of Charles Kahn*, Las Vegas, Parmenides Publishing, 2012, p. 291-309.

TEISSERENC F., « L'empire du faux ou le plaisir de l'image. *Philèbe* 37a-41a », dans M. Dixsaut (éd.), *La Fêlure du plaisir. Études sur le* Philèbe *de Platon. 1 : Commentaires*, Paris, Vrin, 1999, p. 267-297.

WILLIAMS B.A.O., « Pleasure and belief », *Proceedings of the Aristotelian Society* suppl. 33, 1959, p. 57-72.

MOORADIAN N., « What to do about false pleasures of overestimation ? *Philebus* 41a5-42c5 », *Apeiron* 28, 1995, p. 91-112.

Plaisirs mélangés et plaisirs purs

FLETCHER E., « Plato on pure pleasure and the best life », *Phronesis* 59, 2014, p. 113-142.

MILLER M., « The pleasures of the comic and of Socratic inquiry : Aporetic reflections on *Philebus* 48a-50b », *Arethusa* 41, 2008, p. 263-289.

PEPONI A.-E., « Mixed pleasures, blended discourses : poetry, medicine, and the body in Plato's *Philebus* 46-47c », *Classical Antiquity* 21, 2002, p. 135-160.

SCHOFIELD M., « Who were οἱ δυσχερεῖς in Plato, *Philebus* 44a ff. ? », *Museum Helveticum* 28, 1971, p. 2-20 et 181.

WARREN J., « Plato on the pleasures and pains of knowing », *Oxford Studies in Ancient Philosophy* 39, 2010, p. 1-32.

Le plaisir comme genesis

AUFDERHEID J., « An inconsistency in the *Philebus*? », *British Journal of the History of Philosophy* 21, 2013, p. 817-837.

CARPENTER A.D., « Pleasure as *genesis* in Plato's *Philebus* », *Ancient Philosophy* 31, 2011, p. 73-94.

EVANS M., « Plato's anti-hedonism », *Proceedings of the Boston Area Colloquium in Ancient Philosophy* 23, 2007, p. 121-145.

La classification des sciences

BENITEZ E.E., « La classification des sciences (*Philèbe* 55c-59d) », dans M. Dixsaut (éd.), *La Fêlure du plaisir. Études sur le* Philèbe *de Platon. 1 : Commentaires*, Paris, Vrin, 1999, p. 337-364.

CARPENTER A.D., « Ranking knowledge in the *Philebus* », *Phronesis* 60, 2015, p. 180-205.

Le bien, la beauté et la vérité

BARNEY R., « Plato on measure and the good : the rank-ordering of the *Philebus* », dans J. Jirsa, F. Karfík, Š. Špinka (eds), *Plato's* Philebus : *Proceedings of the Ninth Symposium Platonicum Pragense*, Praha, Oikoumenè, 2016, p. 208-229.

HARTE V., « Quel prix pour la vérité ? *Philèbe* 64a7-66d3 », dans M. Dixsaut (éd.), *La Fêlure du plaisir. Études sur le Philèbe de Platon. 1 : Commentaires*, Paris, Vrin, 1999, p. 385-401.

LANG P.M., « The ranking of the Goods at *Philebus* 66a-67b », *Phronesis* 55, 2010, p. 153-169.

VAN RIEL G., « Beauté, proportion et vérité comme "vestibule" du bien dans le *Philèbe* », *Revue philosophique de Louvain* 97, 1999, p. 253-267.

Le Philèbe *et les* « *doctrines non écrites* »

BERTI E., « Dialettica e principi nel *Filebo* di Platone », repris dans *Studi aristotelici*, L'Aquila, Japadre, 1975, p. 329-346.

SAYRE K.M., *Plato's Late Ontology : A Riddle Resolved*, Princeton, Princeton University Press, 1983.

SZLEZÁK T.A., *Das Bild des Dialektikers in Platons späten Dialogen*, Berlin, de Gruyter, 2004.

SZLEZÁK T.A., « Auf dem Weg zum Guten : wie weit kommen Sokrates und Protarchos ? », dans J. Jirsa, F. Karfík, Š. Špinka (eds), *Plato's* Philebus : *Proceedings of the Ninth Symposium Platonicum Pragense*, Praha, Oikoumenè, 2016, p. 13-27.

Remerciements

Une première version de la traduction a été utilisée comme base d'un séminaire de Master à l'Université libre de Bruxelles en 2017. Je remercie les étudiants qui ont participé à ce séminaire, dont les remarques et les incompréhensions m'ont incité à effectuer des modifications parfois conséquentes. J'ai également adopté des suggestions faites par plusieurs d'entre eux.

Lors de la phase de révision, j'ai eu de fructueux échanges avec George Rudebusch, qui m'a permis de consulter une version préliminaire du commentaire au texte grec qu'il était en train de préparer. Il m'a plus d'une fois fait changer d'avis sur la construction à adopter ou les corrections à (ne pas) accepter, et je l'en remercie chaleureusement.

Dimitri El Murr, Claire Louguet et Stéphane Marchand ont accepté de relire de larges parties d'une version corrigée de la traduction. Je leur suis reconnaissant à tous les trois de m'avoir ainsi évité un certain nombre d'erreurs. Dimitri El Murr et Stéphane Marchand m'ont également fait part de leurs remarques sur le commentaire, qui m'ont incité à préciser et à nuancer plusieurs points importants.

TABLE DES MATIERES

Achevé d'imprimer en mars 2022 par *La Manufacture - Imprimeur* – 52200 Langres
Imprimé en France – N° d'imprimeur : 220279 – Dépôt légal : avril 2022